한국근현대사 교육론

한국근현대사 교육론

초판 1쇄 발행 2005년 8월 20일

지은이 김한종 외
펴낸이 윤관백
펴낸곳

등 록 제5-77호(1998. 11. 4)
주 소 서울시 마포구 마포동 324-1 곳마루B/D 1층
전 화 02) 718-6252
팩 스 02) 718-6253
E-mail sunin72@chol.com

정가·21,000원
ISBN 89-5933-011-6   93900

·저자와의 협의에 의해 인지 생략.
·잘못된 책은 바꾸어 드립니다.

한국근현대사 교육론

김한종 외

머리말
한국근현대사 교육의 올바른 자리매김을 기대하며

　근현대사는 오늘날 우리가 살아가고 있는 사회와 직접 연결되는 역사이다. 근·현대의 변화는 현재 사회를 형성하는 토대가 되었으며, 사람들의 생활에 커다란 영향을 주고 있다. 근현대사가 남긴 과제의 해결은 우리들의 몫이기도 하다. 이 때문에 근현대사의 중요성은 일찍이 강조되어 왔다. 그러나 근현대사 연구나 교육은 정치·사회적인 제약으로 인해 제대로 이루어지지 못하였다.

　1980년대 중반 이후 사회민주화와 더불어 근현대사 연구가 활성화되고, 이에 힘입어 근현대사 교육도 제자리를 찾기 시작하였다. 제7차 교육과정에서「한국근·현대사」가 독립과목으로 편성된 것도 이러한 분위기를 반영한 것이다. 그러나 학교현장에서 한국근현대사 교육은 여전히 여러 가지 문제를 안고 있다. 우선 선택과목으로「한국근·현대사」를 신설하는 대신, 고등학교「국사」에서는 사실상 근현대사를 제외함으로써,「한국근·현대사」를 선택하지 않은 학생들은 근현대사를 배우지 않은 채 고등학교 과정을 마치게 된다. 이 때문에 결과적으로 오히려 근현대사 교육을 축소한 것이 아니냐는 논란을 불러 일으켰다. 더구나「한국근·현대사」를 독립과목으로 설정하였지만, 이를 제대로 가르치기 위한 교사교육이나 교재개발 등은 충분히 뒷받침되지 못하였다. 이 때문에 많은 역사교사들은 한편으로 이전의 국사에 비해 많은 시간적 여유와 풍부한 내용을 담은 교과서를 가지고 근현대사를 가르칠 수 있다는 사실을 반기면서도, 다른 한편에서는 수업 부담을 적잖이 느끼고는 한다.

한국근현대사 교육을 둘러싸고 많은 논란이 오갔지만, 의외로 이 문제를 체계적으로 다룬 연구는 별로 없다. 그래서 우리는 고등학교 전학년을 대상으로「한국근·현대사」교육이 시작된 2004년 세미나를 통해 한국근현대사 교육의 여러 가지 문제들을 검토하기로 하였다. 근현대사 교육의 현실과 문제점을 되짚어보고 그 해결방안을 모색한다는 현실적인 문제의식이 출발점이었다. 이에 따라 각자가 근현대사 교육과 관련하여 관심 있는 주제를 택해서 정리한 다음, 매달 이를 돌아가면서 발표하고 함께 토론하였다. 세미나에서는 한국근현대사와 관련하여 역사인식, 교육과정과 교과서, 역사수업의 문제들이 다루어졌다. 이 책은 그 결과로 나온 글들을 모은 것이다.

원래 출판까지 생각하고 시작한 것은 아니지만, 세미나가 진행되면서 그 결과를 남겨놓는 것이 좋겠다는 생각이 들었다. 한국근현대사 교육의 문제점들을 확인하고 이를 둘러싼 논의들을 공유하는 것이 문제해결에 도움이 되리라고 여겼기 때문이었다. 이 책이 근현대사 교육에 대한 관심을 높이고 논의를 활성화하는 계기가 되고, 앞으로 이를 공부하는 사람들에게 조금이나마 도움이 되지 않을까 하는 기대감도 함께 하였다.

이 책은 3부로 나뉘어 있다. 'Ⅰ. 근현대사 교육, 무엇이 문제인가'는 한국근현대사 교육의 문제점들을 다룬 것이다. '1. 한국근현대사 교육의 제문제'는 총론적인 성격의 글로, 근현대사 교육을 둘러싼 여러 가지 논란들을 검토하고 있다. 이에 반해, '2. 한국근현대사 교육의 변천과 쟁점'은 해방 이후 현재까지 근현대사 교육의 변화를 교육과정을 중심으로 정리하고, 그 과정에서 발생한 쟁점들을 되짚어보고 있다.

Ⅱ부 '근현대사 교육의 현황과 대안'의 글들은 현재 학교에서 행해지고 있는 근현대사 교육의 현실을 보여준다. '3. 초등학교 근현대사 수업실태와 그 요인'과 '4. 초등학교 역사수업 속의 현대사 교훈'은 초등학교 근현대사 수업을 분석하고 있다. 중·고등학교와는 달리 초등학교에서는

한 명의 교사가 대부분의 과목을 가르친다. 「사회」과목 속에 포함되어 있는 근현대사를 가르치는 교사들도 역사를 전공하지 않았다. 이 때문에 수업의 상황은 교사에 따라 크게 달라질 수 있다. 교사들은 자신이 알고 있는 역사지식과 이해, 역사인식을 바탕으로 학생들에게 근현대사를 가르친다. 이런 점에 주목하여 이 두 편의 글은 상당 부분 교사 요인에 초점을 맞추어 수업을 보고 있다. 이 글들은 크게 관심을 끌지 못했던 초등학교 역사수업을 되돌아볼 수 있는 계기가 될 것이다.

'5. 초등학교와 중학교 근현대사 교육의 연계방안'도 초등학교 역사교육에 관심을 가져야 한다는 점에 주목한다. 학생들은 초등학교와 중학교, 고등학교에서 모두 한국사를 배운다. 학교도 달라지고 교사도 바뀌지만, 학생들은 초등학교 시기의 역사 이해를 바탕으로 중학교 역사수업을 소화한다. 「교육과정」에서도 1학년부터 10학년(고등학교 1학년)까지를 '국민공통기본교육과정'이라고 해서, 하나의 체계로 학습하도록 되어 있다. 그러나 실제 중등교육은 초등학교 학습과는 별다른 상관없이 분리되어 전개되는 경우가 많다. 근현대사 교육도 예외가 아니다. 이 글은 이러한 문제점을 지적하면서, 초등학교와 중학교의 근현대사 교육을 상호 연관시켜 체계적으로 시행할 수 있는 방안을 제시한다.

'6. 고등학교 한국근현대사 교육의 현황'은 현재 고등학교에서 이루어지고 있는 「한국근·현대사」과목의 교육 실태를 밝히고 있다. 2005년 현재 「한국근·현대사」를 선택해서 배우는 학생들은 약 31만 명으로, 대상 학생의 1/4 정도로 알려져 있다. 이 글은 고등학교에서 어떤 과정을 거쳐 과목이 선택되고 있는지를 사회과의 사례를 통해 보여준다. 또한 실제 교실수업사례를 통해 한국근현대사 교육의 실태를 진단한다.

'7. 프랑스 고등학교 현대사 교육의 내용구성과 조직'은 프랑스에서 현대사의 개념과 범위, 현대사 교육의 주안점 등 현대사 교육을 둘러싸고 어떤 논의들이 있었는지를 소개한다. 프랑스 중등학교 현대사 교육의 내용은 이러한 논의의 산물이다. '현대사'라고는 하지만, 한국의 역사교육에서는 근현대사에 가깝다. 이처럼 외국의 사례를 검토하는 것은 한국근현대사 교육에도 많은 시사점을 줄 수 있다.

Ⅲ부 '역사교과서 속의 한국근현대사'에서는 교과서의 문제를 집중적으로 다루고 있다. 점차 그 비중이 약해지고는 있지만, 교과서는 학교교육에서 여전히 절대적인 지위를 누린다. 특히 역사 과목은 다른 과목보다 교과서에 대한 의존도가 높다. 수업의 검정으로 발간된 『한국근·현대사』 교과서는 국정 『국사』 교과서에 비해서 많은 부분이 달라졌다. 학습자료가 대폭 들어가고, 탐구활동이 크게 늘어나는 등 다양한 구성을 보이고 있으며, 교과서들마다 구성요소나 내용의 진술방식에서도 차이가 있다. 역사인식이나 역사적 사건에 대한 평가에서 차이를 보이고 있는 경우도 있다. 이 때문에 『한국근·현대사』 교과서의 역사인식을 놓고 논란이 일어나기도 하였다. Ⅲ부의 글들은 이런 『한국근·현대사』 교과서를 여러 각도에서 분석하고 있다.

'8. 『한국근·현대사』 교과서의 학습자료 분석'은 고등학교 『한국근·현대사』 교과서에 실려있는 학습자료들이 실제 수업에서 어떤 기능을 하는지를 자료의 형태별로 분석하고 있다. 교과서에 학습자료가 많을수록 무조건 좋은 것은 아니다. 알맞은 자료가 적절한 형태로 제시되어야 한다. 이 글은 근현대사 자료들을 서술내용과 관련하여 어떻게 넣어야 하는지를 보여줄 수 있을 것이다.

'9. 『한국근·현대사』 교과서의 내용구성과 현대사 수업'은 교과서 내용이 어떤 과정을 통해 구성되는지를 사실적으로 밝힌다. 현재 한국의 교과서는 「교육과정」을 토대로 만들어진다. 단원구성이나 들어가야 할 내용도 「교육과정」에 이미 제시되어 있다. 이 점은 검정교과서인 『한국근·현대사』도 마찬가지이다. 그러나 교과서 서술에는 집필자의 역사인식, 교과서관, 역사수업을 보는 관점이 들어간다. 이런 요인들은 교과서 내용은 물론, 그 교과서를 사용하는 수업에도 많은 영향을 미친다. 이 글은 현대사의 사례를 통해, 수업에서 교과서의 이런 점을 어떻게 이용하며, 어떤 점들을 보완해야 하는지를 제시한다.

근현대에 일어난 대부분의 사건들은 세계사와 밀접한 관련을 가지고 있다. 세계의 상황과 관련되지 않는 중요한 사건은 없다. 그러나 「한국근·현대사」 교육과정이나 교과서는 세계사의 맥락 속에서 역사적 사실을 다루지 못하고 있다. 이는 한국근현대사를 넓은 시각에서 바라보지 못하게 하고, 역사인식의 폭을 좁힐 수 있다. '10.『한국근·현대사』교과서의 세계사 내용 강화방안'은 한국근현대사 교육을 세계사와 연계시켜 다루어야 함을 강조한다. 그리고 실제로 한국근현대사를 어떻게 세계사적 맥락 속에서 접근해야 하는지를 사례를 통해 제시한다.

'11. 중학교 세계사 교육과정과 교과서의 근현대 인식'도 그런 면에서 한국근현대사 교육에 주는 의미를 찾을 수 있다. 세계사에 대한 이해는 한국근현대사를 인식하는 토대가 된다. 중학교에서 배운 근현대 세계의 모습은 고등학교에서 한국근현대사를 인식하는데 영향을 준다. 따라서 한국근현대사 교육과 관련하여 세계사 교육에서 근현대사가 어떻게 다루어지고 있는지에 대해서도 관심을 가질만하다. 이 글에서는 중학교『사회』교과서에 포함되어 있는 세계사 중, 근현대사 부분을 검토하고 있다. 이를 통해 한국근현대사 교육이 세계사와 어떻게 연계되어야 하는지를 다른 각도에서 생각해 볼 수 있을 것이다.

   이 책에 실린 글들은 한국근현대사 교육과 관련된 여러 주제들을 포괄하고 있다. 그렇지만 한국근현대사 교육론을 체계화하려고 한 것은 아니며, 근현대사 교육의 내용, 근현대사 자료 등 앞으로 검토해야 할 여러 문제들을 남기고 있다. 단지 이 책이 이런 문제들을 체계적으로 논의하는 작은 기회가 되었으면 하는 마음이다.

   출판계의 사정이 어려운 가운데서도, 평소 많은 관심을 가지고 책을 펴내주신 선인의 윤관백 사장님께 깊이 감사드린다. 모쪼록 한국근현대사 교육이 올바로 자리잡아 가기를 기대한다.

2005. 7. 25.
필자를 대표해서 김한종 씀

차례

Ⅰ. 근현대사 교육, 무엇이 문제인가 … 15

한국근현대사 교육의 제문제 | 김한종 ·· 17
1. 근현대사 교육을 둘러싼 문제들 | 17
2. 역사인식과 근현대사 교육의 쟁점 | 24
3. 한국근·현대사 교육과정의 문제점 | 37
4. 바람직한 근현대사 교육을 위하여 | 42

한국근현대사 교육의 변천과 쟁점 | 임하영 ·· 45
1. 머리말 | 45
2. 식민사학의 극복과 한국사 연구성과의 반영 | 47
3. 국사교육의 강화와 정치도구화 | 53
4. 민중사학의 성장과 근현대사의 이데올로기 문제 | 60
5. '한국근현대사'의 분리와 '민족' 논쟁 | 68
6. 맺음말 | 76

Ⅱ. 근현대사 교육의 현황과 대안 … 79

초등학교 근현대사 수업실태와 그 요인 | 김주택 ·· 81
1. 머리말 | 81
2. 수업내용에 영향을 미치는 요소 | 83
3. 근현대사 서술 내용의 문제 | 92
4. 교사의 근현대사 지식 | 104
5. 맺음말 | 128

초등학교 역사수업 속의 현대사 교훈 | 류현종 ·· 133
1. 머리말 | 133
2. 역사의 교훈과 현대사 학습 | 135

3. 현대사 수업 : 4월의 함성을 느끼며 | 143
   4. 현대사 수업에 나타난 역사의 교훈 | 152
   5. 맺음말 | 163
   <부록> 4·19혁명 학습활동지 | 165

초등학교와 중학교 근현대사 교육의 연계방안 | 방지원 ·· 167

   1. 초·중학교 근현대사 교육의 지향점 | 167
   2. 현행 초·중학교의 근현대사 내용체계 | 171
   3. 주요개념을 이용한 연계방안 모색 | 185
   4. '근대화' 개념을 이용한 교수요목 구성 | 190
   5. 맺음말 | 200

고등학교 한국근현대사 교육의 현황 | 이해영 ·· 203

   1. 머리말 | 203
   2. 고등학교 사회과 선택과정 운영과 한국근현대사 | 205
   3. 한국근·현대사 수업실태 | 215
   4. 맺음말 | 226

프랑스 고등학교 현대사 교육의 내용구성과 조직 | 주철민 ·· 229

   1. 왜 프랑스의 현대사 교육인가? | 229
   2. 현대사 교육의 중요성 | 232
   3. 사회적 필요성에 의한 교육내용구성 | 238
   4. 연대기에서 주제별 교육내용조직으로 | 246
   5. 기억으로서의 현대사 교육을 위하여 | 255

Ⅲ. 역사교과서 속의 한국근현대사 ··· 257

『한국근·현대사』 교과서의 학습자료 분석 | 이해영 ·· 259

   1. 머리말 | 259

차례

2. 『한국근·현대사』 교과서의 구성상의 특징 | 261
3. 본문보조자료 | 265
4. 탐구자료 | 270
5. 읽기자료 | 277
6. 맺음말 | 283

『한국근·현대사』 교과서의 내용구성과 현대사 수업 | 김한종 ·· | 295
1. 현대사 교육의 어려움 | 295
2. 『한국근·현대사』 교과서의 내용구성 방향 | 300
3. 현대사 단원의 내용구성 | 315
4. 『한국근·현대사』 교과서 집필의 문제점과 현대사 수업 | 324

『한국근·현대사』 교과서의 세계사 내용 강화방안 | 방지원 ·· 333
1. 세계사와 단절된 한국근현대사 서술 | 333
2. 교육과정 및 교과서의 세계사 내용분석 | 336
3. 세계사 내용 개선방안 | 347
4. 결론 및 제언 | 372

중학교 세계사 교육과정과 교과서의 근현대 인식 | 허신혜 ·· 375
1. 세계사 교육과 세계에 대한 인식 | 375
2. 세계사 단원구성의 변화 | 379
3. 제7차 교육과정 교과서 속의 세계의 근현대사 | 389
4. 맺음말 | 401

근현대사교육 논저목록 ··· 405
근현대사 참고 사이트 ··· 413
찾아보기 | 419

I. 근현대사 교육, 무엇이 문제인가

한국근현대사 교육의 제문제

김 한 종

1. 근현대사 교육을 둘러싼 문제들
2. 역사인식과 근현대사 교육의 쟁점
   1) 역사교과서의 이데올로기
   2) 민족주의 역사교육 논쟁
   3) 근현대사의 여러 측면에 대한 논란
   4) 국가 간의 역사분쟁과 근현대사 교육
3. 한국근·현대사 교육과정의 문제점
   1) 정치사 중심의 분류사 체제
   2) 인과적 이해의 어려움
   3) 세계사와의 연관성 부족
4. 바람직한 근현대사 교육을 위하여

1. 근현대사 교육을 둘러싼 문제들

근현대사 교육의 중요성이 강조된 것은 어제오늘의 일이 아니다. 역사학계에서는 근현대사 교육을 강화해야 한다는 목소리가 높았으며 교육과정에서도 근현대사 교육이 강조되었다. 국사가 독립교과였던 제3차 교육과정부터 제5차 교육과정 시기에는 아예 교육과정에 근현대사 교육을 중점적으로 학습해야 한다고 명시되어 있다. 제3~5차「고등학교 교육과정」에 이 부분이 어떻게 서술되어 있는지 옮겨보기로 하자.

근대사와 현대사에 치중하되 세계사 및 타 교과와 관련시켜 지도하도록 한다. (제3차 교육과정)

근대사와 현대사를 중심으로 지도하되, 관련되는 다른 학문의 성과를 충분히 활용한다. (제4차 교육과정)

오늘의 현실에 직결되어 있는 근현대사를 강조하되, 한국사의 전개과정을 민족, 사회, 국가의 과제 해결이란 측면에서 인식할 수 있도록 지도한다. (제5차 교육과정)

교육과정이 어떤 관점에서 근현대사 교육을 강조하고 있는지를 대체로 짐작할 수 있다. 근현대사는 오늘날 우리 사회의 형성에 직접적인 영향을 미친 역사이므로 더욱 중요하며, 세계사적 맥락 속에서 다른 학문 분야와 연계시켜 학습해야 한다는 것이다. 교육과정의 이러한 방향 설정은 대체로 타당하다고 할 수 있다.

교육과정은 단순히 근현대사 교육의 중요성만을 선언적으로 언급하는 데 그친 것이 아니라, 그 비중을 꾸준히 높였다. 근현대사 단원의 숫자가 늘어났으며, 교과서의 서술분량도 증가하였다. 전근대사 중심으로 구성된 제7차 교육과정을 제외한 제1차 교육과정부터 제6차 교육과정까지 고등학교 국사의 단원구성과, 교과서가 검정제로 비교가 어려운 제1차 교육과정과 제2차 교육과정을 제외한 제3차 교육과정부터 제6차 교육과정까지 고등학교 국사교과서의 근현대사의 서술분량을 보면 〈표 1〉, 〈표 2〉와 같다.1)

---

1) 논란의 여지는 있으나 일반적인 구분방식을 따라서 근대를 개항~일제통치기, 현대를 해방 이후로 한다. 교육과정에서는 제4차 교육과정부터 조선후기를 '근대사회의 맹아'나 '근대사회의 태동'이라는 이름으로 근대에 포함시키고 있다. 그러나 이 글에서는 일반적인 시대구분에 따라 개항 이후만을 근대로 분류하였다. 한국사학계에서는 보통 개항 전후(1860년대)를 근대의 시작으로 보는 견해가 많으며, 제7차 교육과정의 한국근·현대사가 이 시기부터 다루고 있는 점을 고려하였기 때문이다. 다만 참고적으로 '근대'라는 이름이 붙어 있는 조선후기단원명과 단원의 숫자를 [ ]로 구분하여 제시하였다.

〈표 1〉 고등학교 국사교육과정의 근현대사 단원

교육과정	대단원의 숫자		근현대사 단원명
	전체	근현대사	
제1차	9	2	8. 조선후기의 문화(1864~1910) 9. 현대 문화와 우리의 사명
제2차	8	2	(7) 조선의 근대화 운동 (8) 민주 대한의 발달
제3차	5	2	라. 근대사회 마. 현대사회
제4차	6	2[1]	[(4) 근대사회의 맹아] (5) 근대사회의 전개 (6) 현대사회의 발전
제5차	8	3[1]	[(5) 근대사회의 태동] (6) 근대사회의 발전 (7) 민족의 독립운동 (8) 현대사회의 전개
제6차	9[1]	3[1]	[(6) 근대사회의 태동] (7) 근대사회의 전개 (8) 민족의 독립운동 (9) 현대사회의 발전

〈표 2〉 고등학교 국사교과서의 근현대사 서술 비중[2]

교육과정	연도	전체 분량(쪽수)	근현대사	
			분량(쪽수)	비중(%)
제3차	1974	232	66	28.4
제3차(개정)	1979	302	82	27.2
제4차	1982	356	120	33.7
제5차	1990	398	134	33.7
제6차	1996	454	166	36.6

 제1차 교육과정과 제2차 교육과정에 비해, 국사가 독립교과가 된 제

---

2) 근현대사의 쪽수는 개항 이후만을 대상으로 한 것이다. 조선후기 단원의 경우, 단원명에 '근대'라는 이름이 들어가 있어도 제외하였다. 전체 쪽수는 목차와 부록을 제외한 본문만의 분량이다.

3차 교육과정 이후 근현대사의 비중이 크게 높아졌다. 이런 경향은 교육과정에서 국사가 다시 사회과 속에 포함된 제6차 교육과정에서도 변함이 없다. 교과서 서술분량도 전체적으로 증가 추세에 있음을 알 수 있다. 특히 제7차 교육과정에서 심화선택과목이기는 하지만 한국근현대사를 독립시켰다는 것은 이런 추세를 반영하는 것이라고 할 수 있다.

그렇다면 근현대사 교육은 충분히 행해지고 있는 것일까? 이에 대한 평가는 그리 긍정적이지 못하다. 근현대사를 주로 다루는 대중역사지인 『역사비평』은 1990년 10명의 역사가에게 근현대사 교육의 문제에 대해 설문조사를 하였다. 설문조사 문항 중, "근현대사 교육을 전체 한국사 교육비중 가운데 어느 정도로 할 것인가?"라는 질문에, 8명은 당시의 중·고등학교 근현대사 교육이 '부족하다', 1명은 '적절하다' 그리고 1명은 '많다'고 답하였다. 응답자 중 3명은 현대사 교육이 제대로 되고 있지 않은 것이 문제라고 지적했고, 많다고 응답한 1명은 양적으로는 오히려 과도하며 질적인 개선이 이루어져야 한다고 답했다. 부족하다고 대답한 사람 중 3명은 1860년대 이후의 근현대사 교육이 한국사 교육 전체의 절반을 넘어야 한다고, 2명은 60% 이상이 되어야 한다는 의견을 보였다.[3] 이는 15년 전에 제4차 교육과정기의 교과서를 대상으로 응답한 것으로, 제5차 교육과정의 교과서에 근현대사의 비중이 4차와 거의 비슷하며, 제6차 교육과정에서는 조금 늘어나기는 하였지만, 이들의 요구에는 크게 미치지 못함을 알 수 있다.

그러나 근현대사 교육이 제대로 이루어지고 있지 못한 데는 이와 같은 양적 문제 못지않게 교육내용이나 여건 등 질적인 요인이 크게 작용한다. 교육제도나 교육과정과 같은 여러 요인들이 근현대사 교육을 효과적으로 하기 어렵게 만든다. 여기에는 정치·사회적 요인들도 포함된다. 물론 근현대사 교육의 문제점을 지적하더라도, 무엇이 문제이고, 그 문제가 어디에서 비롯되었는가를 보는 관점이 서로 같은 것은 아니다. 각각의 요

---

[3] 특별기획 「통일을 위한 근현대사 교육, 역사가 10인에게 듣는다」, 『역사비평』 계간 11호, 1990년 겨울호.

인과 이를 둘러싼 논의를 살펴보기에 앞서, 먼저 한국근현대사 교육 전반에 걸쳐 지적되고 있는 문제점들을 개괄적으로 제시해보기로 하자.

'근현대사 교육의 문제점'이라는 말을 들을 때, 가장 먼저 떠올리는 것 중 하나는 역사적 사실을 보는 관점이나 사건에 대한 평가의 차이로 벌어지는 논란일 것이다. 이는 역사연구나 역사교육 전반에 걸친 문제이기는 하지만, 근현대사의 경우가 특히 두드러진다. 계층이나 집단에 따라 근현대사에 대한 시각은 서로 다르다. 교육과정에 따라 서술되었지만, 교과서들도 구체적인 사실에 대한 인식이나 접근방법에서는 차이가 있다. 심지어 중학교 국사교과서와 고등학교 국사교과서 사이에도 현대사의 사건들에 대한 인식에서 차이가 나타난다. 특히 현재 활동하고 있는 사람이나 집단과 관련이 있을 경우, 자신들의 이해 관계에 따라 역사적 사실을 재단하거나, 역사인식의 차이로 교육외적 갈등을 빚기도 한다.

학교에서 근현대사를 가르치기 위한 기반 구축도 커다란 과제이다. 근현대사에 대한 연구와 그 성과를 보급하는 일이 크게 확대된 것은 1980년대 중반 이후였다. 물론 그 이전에도 근현대사에 대한 연구나 교육이 계속되었지만, 일부 분야에 대해서는 제대로 이루어지지 못하였다. 특히 사회주의계 민족해방운동이나 무장독립투쟁에 대한 연구는 1980년대 후반에 들어서야 본격화되었다고 할 수 있다. 한국현대사 개설서도 1990년대 이후 나왔다.

이러한 상황은 교사와 교재의 문제를 불러일으킨다. 교사양성 과정에서 근현대사 교육은 충분하지 못하였다. 1990년대 이전에 대학을 다닌 많은 역사교사들은 현대사를 배우지 못하였다. 일제통치기에 대해서도 일본의 식민지 정책과 민족주의계 독립운동만을 주로 배웠다. 1990년대 이후 근현대사에 대한 새로운 연구성과들이 교과서에 들어가기 시작하였지만, 교사들의 경우 개인적으로 관심을 가지지 않으면 이를 접할 기회가 없었다. 연수와 같은 교사 재교육에서도 1990년 중반 이전에는 근현대사 교육이 빈약했다. 예컨대 일제말의 중요한 독립운동 단체 중의 하나로 1942년 중국 화북지방에서 결성된 조선독립동맹과 그 산하 무장조직인 조선의용군은 제5차 교육과정기의 국사교과서부터 들어가기 시작하였지만[4], 중국공산당과 함께 활동하였다는 이유로 1980년대 중반 이전에는 개설서에 이름도 나오지 않았다.[5] 제7차 교육과정『한국근·현대사』교과서에 나오는 사실들 중 상당수도 마찬가지이다. 중·고등학교는 물론 대학의 교사양성 과정에서 이에 대해 배우지 못하였고, 한국사 개설서에서도 접해보지 못했던 사실에 대해 교사들이 제대로 가르치기 어려워할 것이라는 점은 쉽게 짐작할 수 있는 일이다. 2000년도 대학입학자부터는 근대사와 현대사가 역사교사 자격을 얻기 위한 기본이수과목으로 지정되어 있으나, 한국사, 동양사, 서양사를 포괄하는 것으로 애매하게 규정되어 있어서 학교마다 운영방식에는 차이가 있다.[6]

근현대사를 이해하거나 가르치는데 활용할 자료나 참고서적도 충분하지 못하였다. 1990년대 들어 근현대사나 현대사 개설서, 민족해방운동사와 관련된 책들이 나왔으며, 근현대의 주요 자료들을 모은 자료집들도 출간되었다. 그러나 중·고등학교에서 사용하기에 적합하도록 내용이 정리되거나, 자료가 편집된 것은 아니었다. 종류가 다양하고 양적으로도 방대한 근현대사 자료를 그때그때 일일이 정리해서, 수업시간에 활용하기는 쉽지 않다. 특히 그동안 제대로 다루어지지 않던 현대사는 더욱 어려운 일이었다. 이 때문에, 근래에 접어들어서는 역사교사들 사이에 '배움책'이라고

---

4) 국사편찬위원회·1종도서연구개발위원회(1990),『고등학교 국사』, 문교부, 149쪽, 172쪽 ; 국사편찬위원회·1종도서연구개발위원회(1996),『고등학교 국사』, 문교부, 159쪽, 190쪽.

5)『한국사신론』(이기백 저),『한국사통론』(변태섭 저) 등 주요 개설서는 1990년대 들어서도 조선독립동맹에 대해 서술하고 있지 않다.

6)「표시과목의 대학의 관련학부(전공·학과) 및 기본이수과목 또는 분야」, 교육부고시 제2000-1호(2000.1.28), 교육인적자원부고시 제2004-5호(2004.6.9), 교육부 홈페이지(http://www.moe.go.kr/). 2004년에 개정된 역사교사의 기본이수과목 또는 분야는 다음과 같이 되어 있다. 역사교육론(또는 공통사회과교육론), 역사학개론(한국사, 동양사, 서양사), 고대사(한국고대사, 동양고대사, 서양고대사), 중세사(한국중세사, 동양중세사, 서양중세사), 근대사(한국근대사, 동양근대사, 서양근대사), 현대사(한국현대사, 동양현대사, 서양현대사).

불리는 근현대사 자료집 겸 지도서를 만드는 경우가 늘어나고 있다.

시간 부족도 학교현장에서 근현대사를 가르치는데 부딪히는 중요한 문제 중 하나이다. 통사식으로 구성되어 있는 중학교 국사의 경우, 근현대사를 나중에 배우게 되므로 시간에 쫓기게 되는 경우가 많다. 이는 제6차 교육과정에서는 고등학교에서도 그대로 나타나는 현상이었다. 특히 고등학교 3학년의 경우, 수학능력시험에 대비하여 복습을 하기 위해 근현대사 부분에 가면 대강 정리하고 얼른 끝내버리고는 한다. 제7차 교육과정에서는 중학교와 고등학교, 고등학교 1학년 국사의 근현대 부분과 2·3학년의 한국근·현대사를 어떻게 연계시키는가도 해결해야 할 과제이다. 중학교 국사, 고등학교 1학년 국사, 2·3학년의 한국근·현대사는 내용의 상세함이나 자료 면에서 차이가 있을 뿐, 다루는 범위에서는 거의 비슷하다.

교육과정의 내용 역시 근현대사 교육의 문제점으로 지적되고 있다. 한국근현대사뿐 아니라 역사교육 전반에 걸친 문제이기는 하지만, 교육과정상의 역사과목 편제와 내용구성은 근현대사 교육을 어렵게 한다. 다른 과목과 마찬가지로 역사교육의 내용은 교육과정에 의해 정해진다. 교육과정 외에 「국사교육내용전개의 준거안」이 있기는 하지만, 기본적으로 교육과정의 틀 속에서 만들어진다. 현행 제7차 교육과정에서 고등학교 1학년의 국사는 전근대사 중심으로 되어 있다. 정치사와 경제사의 극히 일부를 제외하고는 19세기 이전의 한국사를 내용으로 한다. 2001년에 일어난 일본 역사교과서의 역사왜곡을 계기로, 『국사』 교과서에 근현대사를 다루는 단원이 추가되었지만, 그 내용은 소략하며 급히 만들어져 엉성하다. 더구나 대학수학능력시험이 교육과정을 기준으로 시행되느니만큼, 국사 과목에 응시하는 학생들은 입학시험을 위해 근현대사를 배울 필요가 없다. 또한 한국근·현대사가 선택과목으로 개설되어 있는 학교의 경우, 『국사』 교과서의 근현대사 단원 내용은 『한국근·현대사』 교과서에 훨씬 자세히 나온다는 이유로 국사수업에서는 가르치지 않고 있는 실정이다. 즉, 선택과목으로 한국·근현대사를 택하지 않는 한, 고등학교에서 근현대사를 배울 기회는 원천적으로 사라진다고 보아야 할 것이다.

2. 역사인식과 근현대사 교육의 쟁점

1) 역사교과서의 이데올로기

그동안 한국근현대사 교육은 여러 측면에서 비판을 받아 왔다. 가장 자주 지적되어 온 것은 국사교과서의 이데올로기적 편향성 문제였다. 이에 대한 비판이 본격화한 것은 1980년대 중반이었다. 민주화가 본격화되기 시작하던 사회적 배경 속에서, 국사교과서의 지배이데올로기나 획일적 역사인식에 비판의 초점이 맞추어졌다. 국사교과서의 근현대사 서술이 지나친 반공이데올로기를 내포하고 있으며, 정권의 홍보용으로 이용되고 있다는 것이다. 일제하 무장독립전쟁이 축소되었으며, 사회주의계 민족운동이 누락되고, 농민운동이나 노동운동, 대중운동이 제대로 서술되지 않았다는 비판을 받았다. 해방 이후에는 맹목적인 반공이데올로기만을 앞세운 나머지, 통일보다는 분단적 역사인식을 드러내고 있으며, 정권에 정당성을 부여하는데 이용당하고 있다는 점도 지적되었다. 전근대사의 경우, 민중보다는 지배층 위주의 서술로 일관하고 있다는 점 역시 문제가 되었다. 이와 같은 비판은 그때까지 역사학이 지배층의 관점에서 연구되고 서술되었으며, 정치권력의 논리를 뒷받침하거나 그 눈치를 보면서 사회문제를 외면하였다는 반성에서 나온 것이기도 하다. 근현대사에 대한 연구가 활발하지 못했던 것도 이와 같은 맥락에서 이해하였다. '과학적 실천적 역사학의 수립을 통해 우리 사회의 자주화와 민주화에 기여'한다거나[7], '사회의 민주화와 통일에 기여'[8]할 수 있는 역사연구와 그 성과의 보급을 목적으로 한 학회나 연구소의 설립은 이러한 반성을 기반으로 나온 것이었다.

국사교과서의 이데올로기적 편향성에 대한 비판이 거세지자, 이후 교

[7) 한국역사연구회 창립 취지. 한국역사연구회 홈페이지(http://www.koreahistory.org).
[8) 역사문제연구소의 설립 취지. 역사문제연구소 홈페이지(http://www.kistory.or.kr).

육과정이나 교과서가 개정될 때 이러한 비판이 일부 반영되었다. 제5차 교육과정 이후 일제하 무장독립운동이나 사회주의계 민족운동이 들어가고, 북한의 역사에 대해서도 다루기 시작하였다. 국내의 민족운동에서 청년운동과 소년운동이 새롭게 들어가고 소작쟁의와 노동쟁의에 대한 서술이 크게 늘어났다. 중국에서 벌어진 무장독립투쟁으로 한국독립군과 조선혁명군의 내용이 추가되었으며, 항일연군, 조선혁명당이 만든 조선의용대, 조선독립동맹의 조선의용군과 같은 사회주의계 무장독립투쟁도 처음으로 서술되었다.9) 전근대사에서도 역사의 주인공에 관심을 쏟으면서 기층민의 움직임에 주목하고, 그 생활상이나 노동 등을 서술하고자 한 것도10) 이와 맥을 같이 한다.

 1990년대 들어서는 이러한 주장에 대한 비판도 본격화되었다. 역사학계 일부에서는 '민중사관'이 마르크스 사관에 입각한 편향된 역사인식을 보이고 있다고 비판하였다. 그리고 역사를 학문이 아닌 계급투쟁에 입각한 사회변혁의 도구로 이용하고 있다고 주장하였다.11)

 이러한 비판은 역사인식이나 역사관의 차이였지만, 때로는 정치적 문제와 결부되기도 하였다. 1980년대 중반 이후 본격화된 민중 중심의 역사인식론, 근현대사에 대한 다양한 연구, 기존의 역사교육이나 교과서에 대한 비판은, 국사교과서를 정치적 정당성을 뒷받침하거나 국민에게 이념을 주입시켜 왔던 사람들에게 크게 불편한 것이었다. 이들은 사회 전반의 민주화 분위기에 따라, 국사교과서에 이제까지와는 다른 역사인식이 담겨지는 것에 대해 크게 우려하였다. 교과서 근현대사 내용에 1980년대 중반 이후의 연구성과가 반영되면, 이전까지 가르쳐온 자신들의 이념이나 정치적 정당성이 크게 위협을 받을 수 있는 것이었다. 따라서 역사교

---

9) 국사편찬위원회·1종도서연구개발위원회(1991), 『국사』(고등학교용), 문교부, 155~172쪽.
10) 최완기(1990), 「고등학교 「국사」교과서의 내용구성과 특성」, 『역사교육』 48, 189쪽.
11) 민중사학에 대한 비판은 예컨대 다음의 글을 참조. 이기동(1993), 「민중사학론」, 『현대 한국사학과 사관』, 일조각.

과서와 역사교육의 문제에 민감하게 반응하였다. 이러한 문제가 극단적으로 표면화된 것이 1994년에 일어났던 국사교과서 준거안 파동이었다. 1994년에 만들어진 제6차 교육과정「국사교육내용전개의 준거안」시안에서는 한국근현대사의 새로운 연구성과들을 반영하여, 현대사 부분에서 용어를 고치고 내용을 개정할 것을 제안하였다. 미군정기의 정치·사회적 상황, 한국전쟁, 5·16이나 12·12, 5·18과 같은 정변, 민주화 운동, 경제발전, 북한사 등에 대한 명칭과 서술 문제가 그 대상이었다. 그러나 일부 언론이나 보수 단체들은 '친북, 좌익'이라는 이념 공세를 앞세워 이를 비판하였다.12) 결국 확정된 준거안은 근현대사에 대한 새로운 인식이나 연구성과의 반영 없이 이전의 것을 부분적으로 약간 손질하는 선에서 멈추고 말았다.

근현대사 교육을 둘러싼 이와 같은 논란은 제7차 교육과정에 들어서는『한국근·현대사』교과서로 이어졌다. 2002년 교과서 검정과정에서 불거진『한국근·현대사』교과서의 '현 정부(김대중 정부) 찬양, 전 정부(김영삼 정부) 비판' 논란, 2004년 일부 잡지와 언론, 그리고 국정감사 중 한 국회의원이 제기한 '친북, 반미, 반재벌' 주장 등도 1994년의 준거안 파동과 같은 성격의 것이었다. 차이가 있다면, 당시에는 이들의 주장이 일방적으로 사실인 것처럼 받아들여져 교육부에 의해 준거안 시안의 내용이 대폭 수정된 데 반해, 이번에는 그 주장의 타당성과 현대사를 보는 시각을 둘러싸고 치열한 논란이 전개되었다는 점이다. 그만큼 약 10년의 세월동안 한국사회가 변화하였다는 것을 보여준 셈이다. 실제로 1994년 준거안 시안에 포함되었다가 정치권과 일부 언론의 비판을 받고 수정이나 삭제되었던 내용들이 현행『한국근·현대사』교과서에는 대폭 들어가 있다. 정도의 차이가 있기는 하지만, 이는 모든 근현대사 교과서에 공통적으로 나타나는 현상으로, 금성출판사 교과서와 대조적이라고 해서 비교가 되었던 출판사의 교과서에도 마찬가지이다. 다만 구체적인

---

12) 1994년 국사교과서 준거안 파동의 좀 더 상세한 내용은 이 책에 실린 임하영의 논문「한국근현대사교육의 변천과 쟁점」4장 참조.

사실에 대한 관점이나 해석에서 어느 정도 차이를 보이고 있다.

이번 『한국근·현대사』 교과서논쟁을 1994년의 국사교과서 준거안 파동과 비교해볼 때, 역사를 보는 관점이 다양해졌으며 교과서의 역사인식이 남북분단과 이데올로기적 대립에서 벗어날 수 있는 가능성을 보여주었다는 점에서 긍정적이라고 할 수 있다. 그러나 논쟁이 교육이나 학문적 차원보다는 정치적 이해관계에 따라 전개되었으며, 그 바탕에는 사회와 역사를 보는 근본적인 시각의 차이가 깔려있다는 점에서 보면 그리 유쾌한 일은 아니다. 이는 기본적으로 근현대사 교육을 정치적 이해관계에 의해 바라본 것으로, 그동안 역사교육이 얼마나 정치적으로 이용당해 왔으며, 앞으로도 이용될 수 있는지를 말해준다.

2) 민족주의 역사교육 논쟁

근래에는 우리의 역사연구나 역사교육이 지나치게 민족중심이거나 민족주의적이라는 비판이 제기되었다. 이러한 비판은 한국사 전반을 대상으로 한 것이지만, 주된 논란의 대상이 된 것은 근현대사에 대한 인식이었다. 민족중심의 역사학과 역사교육에 대한 비판은 대체로 몇 가지 관점으로 나눌 수 있다.

첫째는 포스트모던 역사인식의 입장에서 한국사 연구와 역사교육에 대한 비판이다.13) 이들은 근대적 개념인 민족과 민족주의를 한국사 연구나 역사교육에서는 초역사적 실체인 것처럼 다루고 있다고 비판한다. 또한 '민족'이라는 거대담론으로 인해 사람들의 일상적 생활상이 제대로 드러나고 있지 않다는 것도 지적한다. 그러나 포스트모던 역사인식을 비

---

13) 임지현(1994), 「한국사학계의 '민족' 이해에 대한 비판적 검토」, 『역사비평』 계간 26호 ; 임지현(2000), 「'근대'의 담 밖에서 역사 읽기 - 20세기 한국 역사학과 '근대'의 신화」, 『한국사론 30 : 21세기의 한국사학』, 국사편찬위원회 ; 김기봉(2000), 「기억과 망각 사이의 역사 - 역사교육의 새로운 패러다임의 모색을 위하여」, 『'역사란 무엇인가'를 넘어서』, 푸른역사.

판하는 쪽에서는 '민족'이란 유럽 근대사회에 한정되는 고정적인 관념이 아니라, 역사와 사회에 따라 달라지는 가변적인 성격을 가진 개념이라고 주장한다. 한국근대사가 지나치게 민족중심으로 서술되어 사람들이 살아가는 모습이 구체적으로 드러나고 있지 않다는 점을 인정하지만, 일제의 수탈과 이에 대한 저항은 한국근대사의 가장 특징적인 모습이라고 본다. 오히려 이제까지 한국근현대사는 진정한 의미의 민족적 관점이 결여된 채, 정치적 목적으로 민족이 이용당하여 왔을 뿐이라는 지적을 하기도 한다.

둘째는 식민지 근대화론의 입장에 선 비판이다. 경제사가들을 중심으로 한 일부 학자들은 일제의 지배 기간 동안 한국 사회는 성장하였으며, 봉건사회를 타파하고 근대사회를 이룩하였다고 본다. 해방 이후 한국의 급속한 경제발전의 원동력을 여기에서 찾기도 한다. 이에 대해서 역사학계에서는 이미 다양한 반론이 제기된 바 있다. 일제 식민 통치의 성격, 일제하 경제정책의 목적, 일제하 경제체제가 해방 이후 한국사회에 미친 영향 등에 전반적인 검토가 진행되었다.

셋째는 지나치게 민족을 강조함으로써, 민중적 관점을 무시하였다는 비판이다. 예컨대, 동학농민전쟁이나 의병항쟁을 민족운동의 차원에서만 서술함으로써 그 안에 내포된 계급적 성격이 사라지거나 희미해졌으며, 민중운동을 민족운동의 하위 차원에서만 다루고 있다는 것이다.[14]

'민족 중심의 역사교육에 대한 비판'이라는 공통점 아래 이들은 공동보조를 취하기도 한다. 첫번째와 두번째 입장에 있는 사람들을 중심으로 제기된 '국사 해체' 주장이 대표적이다.[15] 물론 민족을 강조하는 역사교육이나 교과서를 비판하고 있다고 해서, 입장이 모두 동일한 것은 아니

---

14) 배항섭(2003), 「현행 고등학교 근현대사 교과서 서술에서 보이는 민중상」, 『한국사연구』 122.

15) 지수걸 외(2002), 「(특집)역사교과서 비판: 내셔널 히스토리의 해체를 위하여」, 『기억과 역사의 투쟁』 당대비평 특별호 ; 임지현·이성시(엮음)(2004), 『국사의 신화를 넘어서』, 휴머니스트

다. 예컨대 국사교과서가 똑같이 일제하 식민지 근대화를 부정하고 있다고 비판한다고 해도, 식민지 근대화론에서는 한국의 역사교육이 일제의 식민지 지배 아래 이루어진 근대화의 긍정적 측면을 무시하고 있다고 주장하고 있는 반면, 근대화 지상주의를 비판하는 입장에서는 일제하의 근대화를 인정하지 않으면서 다른 시기의 근대화는 전적으로 긍정적인 것으로 묘사하고 있다는 점에 비판의 초점을 맞추기도 한다.16) 이 중 식민지 근대화론의 경우, 경제발전에 중요한 가치를 부여하는 나머지 그 정치, 사회적 의미를 외면하고, 비판적인 견해를 멀리한다. 민족을 강조하는 역사교육을 비판하기 위해 이를 민중사관과 동일시하기도 한다. 역사가 민중의 삶을 다루어야 한다고 생각하지만, 이들이 말하는 민중은 사회구조 속에 억압받는 계층이 아니라 자신의 일상적인 필요에 따라 행동을 달리하는 개별적인 존재로서 민중이다. 따라서 지배층과 대립되는 존재는 아니다. 이러한 역사인식은 결과적으로 역사를 이끌어가는 주체로서 지배층을 중시하게 한다. 비록 식민지 지배의 결과이기는 하지만 일제에 의한 근대화를 역사발전으로 평가하며, 독재정치를 하였지만 이승만에 의한 건국과 박정희의 경제개발을 긍정적으로 바라보거나 높이 평가하는 것은 이러한 관점에서 나오는 것이다. 민중의 삶을 강조하고 있지만 지배층 중심의 역사인식을 하게 되며, 민족주의 역사교육을 비판하면서 민족을 내세워 역사교육을 정치적 도구로 이용하였던 박정희정부에 대해서는 긍정적으로 평가하는 것이다.

이에 반해, 세번째 입장에서는 민족중심의 역사교육이 가지는 문제점으로 민중의 역할을 축소하였다는 점을 들고 있다. 여기에서 민중은 지배층의 수혜를 입는 수동적 존재가 아니라 많은 수탈과 억압을 이기고 저항을 통해 자신의 삶을 이끌어가는 주체이다. 이들은 민중이 가지는 계급적 성격에 관심을 둔다. 첫번째, 두번째 관점보다 세번째 관점이 기존의 한국근현대사 교육에서 유념해야 할 문제제기일 것이다. 사실 근현대사의

---

16) 지수걸(2002),「'민족'과 '근대화'의 이중주」,『기억과 역사의 투쟁』.

많은 민족해방운동은 민족운동의 성격뿐 아니라 반봉건운동의 성격을 가지고 있다. 동학농민전쟁이나 의병항쟁의 경우, 참가자의 사회계급적 성격에 따라 참여 방식이나 행동 양상은 크게 다르다. 일제하 농민운동이나 노동운동은 많은 경우 기본적으로 지주나 자본가들에 대한 투쟁이라는 성격을 가진다. 지주나 자본가가 일본인이거나 일본 경찰이 지주나 자본가를 옹호하는 경우가 많기 때문에, 반일민족운동의 모습을 띠는 것이다. 그런데 이를 일제의 식민지 지배에 대한 민족의 저항이라는 차원에서만 서술하는 것은 문제가 있다.

민족중심 역사학이나 역사교육, 포스트모던 역사인식과 역사학을 둘러싼 논란은 최근 더욱 활발해지고 있다.17) 전반적으로 한국사학계에서는 민족 중심, 민족주의 역사학이나 역사교육을 비판하는 견해를 반박하면서 이러한 경향에 대해 우려의 목소리를 내고 있다. 국사를 해체하자는 주장이 제국주의나 패권주의를 합리화하고 개발독재 정권의 민중 억압을 무시하고 있다는 지적이 대표적이다.18) 한국사 이해에서 민족주의가 폐쇄적이고 배타적이 된 것은 '유사민족주의 사학' 때문으로, 진정한 '민족주의 사학'은 제대로 뿌리내리지 못했다고 반박하고,19) 민족과 신분, 지역, 계층의 문제, 공동체와 개인의 문제, 실존적 고민과 사회적 삶의 문제를 유기적으로 관련지음으로써 통일, 민주주의, 인간의 보편 가치를 실현하는 '민주주의를 지향하는 민족주의'라는 대안을 제시하기도 한다.20) 민족주의가 속성상 배타적, 획일적 이념으로 궁극적으로는 극복의 대상

---

17) 민족중심의 역사연구와 역사서술에 대한 비판과 그에 대한 반론의 개괄적인 논지는 다음의 토론에서 알 수 있다. 「(집중토론) 한국 역사학·역사교육의 쟁점, 민족중심 역사냐 포스트모던 역사냐」, 『역사비평』 통권 56호, 2001년 가을호 ; 「(특집) 탈/국가, 탈/민족 역사서술에 대해 듣는다」, 『역사비평』 통권 58호, 2002년 봄호.
18) 이영호(2004), 「한국에서 '국사' 형성의 과정과 그 대안」, 임지현·이성시(엮음), 『국사의 신화를 넘어서』.
19) 서의식(2001), 「포스트모던시대의 한국사인식과 국사교육」, 『역사교육』 80.
20) 양정현(2002), 「포스트모던 역사이론의 '민족' 논의와 역사교육」, 『역사교육』 83.

이라는데 동의하면서도, 민족의 통합과 생존이라는 과제를 안고 있는 현실상 남북통일이 될 때까지는 존재가치가 있으며, 민족주의에 입각한 국가건설이 근대국민국가의 틀에서 벗어나 다양성을 포용하는 새로운 형태가 되어야 한다는 주장도 있다.21)

3) 근현대사의 여러 측면에 대한 논란

사회가 분화되고 복잡해지면서, 각계각층의 목소리가 높아지고 있다. 역사를 보는 눈도 그만큼 다양해지고 있다. 어떤 개인이나 집단은 한국근현대사 전체가 아니라, 이 중 어느 한 측면에 집중적인 관심을 보이기도 한다. 물론 역사의 특정 측면에 대한 인식이 별도로 존재하는 것은 아니다. 근현대사에서 일어난 사건들을 보는 관점은 전체적인 역사인식이나 근현대사의 상(像)을 토대를 두는 경우가 대부분이다. 그러나 실제 근현대사 교육을 둘러싼 논의에서는 특정 토픽이나 사건에 중점을 둔다. 이와 같은 논란 중 몇 가지 문제에 대해 살펴보기로 하자.

근래 소수(minority), 소외자(outsider) 또는 타자(others)의 역사가 역사학계의 관심을 끌고 있다.22) 그중에서도 가장 활발한 논의의 대상이 되는 것이 여성사이다. 이에 따라 여성사의 관점에서 근현대사 교육에 대한 검토도 이루어지고 있다. 현재의 근현대사 교육은 전반적으로 여성사를 소홀히 취급하고 있다는 비판을 받고 있다. 예컨대 역사교과서의 여성 관련 내용을 분석한 한 연구23)에 따르면, 『한국근·현대사』 교

---

21) 김성보(2000), 「21세기 한국현대사 연구방향」, 『한국사론』 30(21세기의 한국사학).
22) 예컨대 1923년 5월 30일과 31일 서울대학교에서 열린 제46회 전국역사학대회의 공동주제는 「역사 속의 '타자' 읽기」였다. 이 학술대회에서는 각국의 역사에서 타자를 어떻게 생각하였는지를 검토하였는데, 발표에서 다룬 '타자'에는 외국인, 하층민, 여성, 식민지 노동자 등이 포함되었다.
23) 신영숙(2003), 「젠더의 관점에서 본 역사교육과 한국사 교과서」, 일본교과서바로잡기운동본부·역사문제연구소·전국역사교사모임·한국역사연구회(편),

과서는 이전 국정 국사교과서에 비해 여성사 관련 내용을 많이 담고 있지만, 아직까지 크게 부족하다고 한다. 대부분 본문보다는 사진이나 자료로 처리하고 있으며, 피상적이고 부차적으로 마지못해 언급하고 있는 듯한 인상을 준다는 것이다. 여성이 사회적 약자라는 것만을 부각시켜 상대화하고 있다는 지적도 함께 한다. 이에 대한 대안으로 젠더사의 관점을 가미하여 기존 역사를 재구성하거나, '민족사'에 상응하는 '여성사' 서술 방안이 제시되기도 한다.24) 『한국근・현대사』 교과서가 여성사를 제대로 다루지 못하고 있는 것은 여성사에 대한 인식의 부족 때문이겠지만, 교육과정의 문제도 중요한 요인이다. 교육과정에서는 여성사를 비중 있게 다룰 수 있는 단원이 없으며, 여성사에 대한 언급도 찾아볼 수 없다. 그래서 대부분의 교과서에서는 여성사를 여성인물에 대한 이야기 등 읽기자료를 통해 보완하는 방식을 택하고 있다.

노동사에 대해서도 여성사와 비슷한 비판이 제기된 바 있다.25) 『한국근・현대사』 교과서의 노동운동 서술은 이전 역사교과서에 비해 크게 늘어났지만 아직까지 부족하며 누락된 것도 많다는 비판이다. 중요한 노동운동이 서술되지 않았거나, 노동자의 능동성, 적극성보다는 피해 상황만을 강조하고 있다고 한다. 예컨대 노동운동사의 가장 대표적인 사건 중 하나라고 할 수 있는 전태일 분신사건의 경우, 모든 교과서가 이를 서술하고 있지만, 노동자로서 전태일의 능동성, 적극성보다는 당시의 열악한 노동 상황만을 강조하는 자료로 이용하고 있다는 것이다. 그렇지만 이러한 비판은 노동운동의 관점에서 교과서 서술에 대한 분석과 사회사의 일환으로서 노동운동사를 다룬 교과서 서술상의 차이에서 비롯된 것일 수

『한국사 교과서의 희망을 찾아서 - 21세기 한국사 교과서와 역사교육의 방향』, 역사비평사.
24) 한국정신대문제대책협의회(편)(2002), 「한일역사교과서를 통해 본 전쟁과 여성」, 심포지엄자료.
25) 최규진(2003), 「노동의 관점에서 본 한국근・현대사 교과서」, 일본교과서바로잡기운동본부・역사문제연구소・전국역사교사모임・한국역사연구회(편), 『한국사 교과서의 희망을 찾아서 - 21세기 한국사 교과서와 역사교육의 방향』.

도 있다. 노동운동의 관점에서 전태일 사건을 볼 경우, 이 사건은 1970년대 노동운동의 서막을 알린 사건이자 민주노조가 만들어진 계기가 된 사건이다. 이에 반해 교과서 서술은 전태일 사건이 일어나게 된 사회 상황에 주목하고 있다. 즉, 노동운동의 양상이나 성격이 어떻게 달라졌는가 보다는, 이를 일어나게 한 노동조건을 비롯한 사회적 배경의 변화에 관심을 쏟는 것이다.

특정 개인이나 단체, 집단의 이해관계에 따라 근현대사 교육을 비판하는 경우도 있다. 근현대사의 내용 중에는 현재 활동을 하거나, 그와 직접적으로 연결되는 사람이나 단체와 관련된 것들이 많다. 자신이나 선조, 관련단체가 근현대사교육에서 어떻게 평가를 받고 있는지에 대해 민감하게 반응을 할 가능성이 높다. 새마을운동 중앙본부가 『한국근·현대사』 교과서의 새마을운동에 대한 서술을 집중적으로 문제 삼은 것은 그러한 예이다. 물론 이 단체와 교과서는 현대사를 보는 시각이 기본적으로 다르다. 새마을운동에 대한 이해를 달리하는 것도 박정희정부의 통치와 경제발전을 보는 관점의 차이에서 비롯된 것이다. 그렇지만 특히 새마을운동에 대한 서술을 집중적으로 문제 삼는 것은 해당 단체의 활동을 다루었기 때문이다. 교과서 서술이 자기 단체의 활동을 긍정적으로 평가하지 않는다고 생각하여 나온 반발인 것이다. 검정교과서 체제에 접어들어, 교과서의 역사인식과 서술이 다양화하고, 사회의 구성과 이해관계가 복잡해짐에 따라 이러한 문제제기는 더욱 늘어날 것으로 생각된다.

4) 국가 간의 역사분쟁과 근현대사 교육

한국과 중국, 일본 등 동아시아 각국의 역사는 상호 교류를 통해 영향을 주고받으면서 발전해 왔다. 특히 근현대사는 떼어놓고는 생각하기 어려울 만큼 밀접한 관련을 가지고 있다. 그러나 동아시아 국가들 사이에서는 역사인식의 차이로 갈등이 적잖게 일어나고 있으며, 이는 한국의 역사

교육에도 적지 않은 영향을 미치고 있다. 특히 자주 문제가 되고 있는 것은 일본의 역사왜곡이다. 2000년대에 들어서도 '새로운 역사교과서를 만드는 모임'(이하 '새역모')이라는 일본 우익단체가 펴낸『새로운 역사교과서』(후소샤 간행)의 역사인식이 커다란 문제를 일으키고 있다. '동북공정'이라는 프로젝트 아래 추진되고 있는 중국의 역사연구도 한국사에 대한 왜곡으로 분노를 사고 있다. 동북공정에서 주로 논란이 된 것은 고구려사 왜곡을 비롯한 고대사였지만, 간두문제를 비롯한 근현대사 관련 내용들도 포함되어 있다.26)

일본의 새역모는 1997년 1월 대학과 문학계 등의 우익인사들에 의해 만들어졌다. 이들은 제2차 세계대전 후 일본의 역사교육이 전범재판인 도쿄재판의 역사인식을 그대로 받아들인 것이라고 비판하고, 이를 '자학사관', '암흑사관'이라고 규정하였다. 그리고 학생들에게 자기 나라의 역사를 어둡고 잘못된 것으로만 가르쳐온 것은 문제라고 주장하였다. 이와 같은 잘못된 역사인식을 바로잡기 위해서는 새로운 역사교과서를 만들어야 한다는 것이 설립의 변이었다. 새역모의 이러한 주장은 일반 대중에게도 상당한 영향력을 미쳐 1999년 12월에는 회원이 1만 명이 넘었으며, 연간 4억 엔 이상의 수입을 올려서 활동을 하는 단체로 성장했다.

새역모가 만든 중학교용 역사교과서는 검정 신청 단계부터 커다란 파문을 불러일으켰다. 지난날 일본의 군국주의와 제국주의 정책, 침략을 합리화하거나 미화하였으며, 식민지 지배를 정당화하였다. 군위안부의 강제 징발이나 난징대학살 등과 같은 역사적 사실을 부정하여 피해자들의 분노를 샀다. 대일본제국의 헌법과 교육칙어를 찬미하고, 인권이나 평화론을 비판하며 전쟁을 금하는 헌법의 개정을 주장하기도 하였다. 또한 신화나 천황에 대한 서술은 그대로 두는 등 황국사관을 고수하고 있다.

---

26) 예컨대 현재 국제적으로 뜨거운 쟁점이 되고 있는 문제를 다루는 '열점취초(熱点聚焦)'에는 고구려사와 함께, 변강이론, 몽골, 투르키스탄, 남사군도, 조어도 등의 국경 문제가 포함되어 있다. 동북공정 홈페이지(http://www.chinaborderland.com) 참조.

이런 이유 때문에 『새로운 역사교과서』는 동아시아 여러 나라의 거센 비판을 받았다. 일본 문부성에 대해 검정에서 탈락시킬 것을 요구하였으며, 검정 결과가 발표된 다음에는 수십 군데에 걸쳐 내용수정을 요구하였다. 그러나 새역모는 극히 일부 사실 오류를 제외한 나머지 내용의 수정을 거부하였다. 이후 한국과 일본의 시민단체를 중심으로 『새로운 역사교과서』에 대한 불채택운동이 거세게 일어났다. 그 결과 2001년 당시, 『새로운 역사교과서』는 일반 공립학교에서 전혀 채택되지 않았으며, 사립학교와 특수학교까지 모두 합해도 불과 521권(0.039%)만이 채택되는 데 머물렀다. 이에 대해 새역모는 시민단체 등이 벌인 불채택운동은 부당한 정치개입이며, 일본 정부가 외국의 압력에 굴복하고 있다고 주장했다. 그리고 다음 번 검정 때는 '복수(revenge)'를 해서 최소한 10% 이상 채택되게 만들 것이라고 공언해왔다.

개정 교과서는 2005년 4월 5일 검정심사에서 통과되었다. 개정교과서는 이전에 비해 국수적, 군국주의적 성격을 한층 강화한 것으로 밝혀지고 있다. 신냉전주의에 입각하여 국가주의와 파시즘을 우회적으로 긍정하고, 침략이나 식민지 지배, 전쟁을 정당화하고 있다.27) 이에 따라 러·일전쟁이나 태평양전쟁 등 일본이 일으킨 주요 전쟁을 합리화하였다.28) 그리고 그 과정에서 일본이 저지른 잘못에 대해서는 의도적으로 무시하고 있다. 오히려 '조선의 근대화를 도운 일본'이라는 항목을 새롭게 두어 개항 이후 일본의 침탈을 한국의 근대화를 도운 것으로 서술하고자 하였다.29) 중·일전쟁은 중국측의 계속된 발포로 일어났으며, 2001년

---

27) 송주명, 「'새역모' 및 검정통과 교과서 분석 : 국제관계를 중심으로」, 『2005년도 일본문부과학성 검정통과 후소샤·동경·일본교과서 분석 심포지엄 자료집』, 아시아평화와 역사교육연대·역사문제연구소·한국역사연구회, 2005.4.11.

28) 예컨대 일본이 러·일전쟁을 일으킨 동기를 다음과 같이 서술하고 있다. "일본의 10배나 되는 국가예산과 군사력을 가지고 있던 러시아는 만주의 병력을 증강하고 조선북부에 군사기지를 건설하였다. 이대로 그냥 두면 극동에서 러시아의 군사력은 일본이 대적할 수 없을 정도로 증강될 것이 명확하였다. 정부는 손을 쓸 수 없게 될 것을 우려하여, 러시아와 전쟁을 하기로 결의를 굳혔다." 『新しい歷史敎科書』(檢定申請本), 扶桑社, 2005, 166쪽.

판에서는 간단하게나마 인정했던 난징학살에 대해서는 사실이 아닌 '설'로만 제시하고 있을 뿐이다.30)

　일본 교과서의 역사왜곡 문제는 한국의 역사교육에 대한 반성을 불러 일으키기도 하였다. 특히 고등학교에서 근현대사가 선택으로 바뀐 것에 대한 비판의 목소리가 높았다. 앞서 언급한 바와 같이 2001년 당시 만들고 있던 국사교과서에 근현대사 단원을 급히 추가하였던 것도 그 영향이었다. 그러나 이런 조치가 근현대사 교육의 실제적인 강화로 이어지지는 않았다. 2005년 일본의 교과서 검정에서 『새로운 역사교과서』가 다시 문제가 되면서, 한국의 역사교육에 대한 관심도 다시 높아지고 있다. 역사교육의 축소에 대한 비판이 일어나면서 근현대사 교육을 비롯한 역사교육 전반의 강화 방안도 나오고 있다. 그러나 이러한 움직임이 실제로 역사교육 강화로 이어질지는 확실하지 않다. 이처럼 역사교육에 대한 관심이 높아졌다는 것은 반가운 현상이다. 그러나 그 관심이 교육내적인 문제보다는 정치나 이념적 성격을 띤 사건에서 비롯되었다는 점은 경계해야 할 일이다.

---

29) '조선의 근대화를 도운 일본'이라는 제목 아래, " … 그래서 일본은 조선의 개국 후, 조선의 근대화를 원조했다. 조선에서도 시찰단이 와서 메이지유신의 성과를 배우려고 했다. 조선이 다른 나라에 침범당하지 않는 나라가 되는 것은 일본의 안전보장에도 중요했다."(위 책, p.163)고 서술하고 있다. 이 부분의 서술은 검정심사 과정에서 제목이 '조선의 근대화와 일본'으로, "조선의 근대화를 원조했다."는 내용은 "근대화를 시작한 조선에 대해 군제개혁을 원조했다."로 바뀌었다.

30) "이 때 일본군에 의해 민중들도 다수 사상자를 냈다."(『新しい歷史敎科書』, 扶桑社, 2001, 270쪽)는 내용이 삭제되고, "나중의 도쿄재판에서는 이 때 일본군이 다수의 중국인 민중을 살해했다고 인정되었다(난징사건). 그러나 이 사건의 실태에 대해서는 자료상으로 의문점이 있고, 여러 가지 견해가 있어서, 오늘날에도 논쟁이 계속되고 있다."(『新しい歷史敎科書』(檢定申請本), 扶桑社, 2005, 199쪽. 2001년판 교과서에서도 295쪽에 같은 내용이 나온다)는 내용만 각주로 남겨 놓았다. 중국측의 반발로 검정과정에서 "이 때 일본군에 의해 중국 군민(軍民) 중에서도 다수의 사상자가 나왔다(난징사건). 그러나 이 사건의 희생자 수 등 실태에 대해서는 자료상으로 의문점도 있고, 다양한 견해가 있어서 현재도 논쟁이 계속되고 있다."고 수정하였다.

3. 한국근・현대사 교육과정의 문제점

1) 정치사 중심의 분류사 체제

교육과정상으로 한국근・현대사는 중학교의 국사와 고등학교 심화선택과목인 한국근・현대사에서 다루도록 되어 있다. 한국근・현대사는 사회과에 포함되어 있으나, 국사와 마찬가지로 교육과정의 내용은 사회과와는 별도로 만들어졌으며, 준거안도 나와 있다. 국사와 동일한 절차를 거쳐 교육과정이 만들어지고 있는 것이다. 내용구성의 틀도 국사와 마찬가지로 분류사 체제를 취하고 있다. 이는 국사와 함께 교육과정을 만들다 보니까, 내용을 구성하는 방식도 이를 본떴기 때문으로 보인다. 다만 국사가 정치・경제・사회・문화라는 분야에 따라 대단원을 구분하고, 각각의 대단원마다 시대별로 중단원을 구분한 데 반해, 한국근・현대사는 먼저 근대, 일제의 식민지 지배 시기, 현대라는 시대별로 대단원을 나누고, 각각의 대단원 속에서 분야에 따라 중단원을 분류하는 방식을 취하고 있다.

고등학교 국사의 분류사 체제는 이미 여러 가지 점에서 그 문제점을 지적받고 있다. 그중에서도 역사적 사건들을 당시의 사회적 맥락에서 서로 연계시켜 이해하거나 종합적으로 평가하기 어렵게 만들었으며, 실제 수업에서는 중복교육을 불가피하게 만들었다는 비판의 목소리가 높았다. 한국근・현대사에서도 중단원의 무리한 분류사 체제는 여러 가지 문제점을 드러낸다. 예컨대 일제의 수탈과 이에 저항한 민족운동 중심으로 서술된 일제통치기의 경우, 민족운동의 성격에 따라 정치, 경제, 사회, 문화사를 구분하였다. 물산장려운동은 경제적 민족운동, 신간회는 사회적 민족운동, 문자보급운동은 문화적 민족운동으로 별도로 취급된다. 이런 서술 구조에서는 '청년회운동 → 물산장려운동과 민립대학 설립운동 → 자치운동 → 신간회 → 문화운동'으로 이어지는 민족운동의 흐름을 체계적으로 이해하기는 어렵다. 현대사 서술에서도 식민잔재 청산으로 함께 다루어야 할 친일파 처리 문제와 농지개혁이 별도의 단원에서 다루어진다. 근래 사회사나 문화사에 대한 관심이 높아지는 것에는 역행하는 것이다.

이와 같은 서술구조에서는 정치사 이외의 사건이 제대로 정리되지 않거나 소홀하게 취급될 가능성이 높다. 실제로, 한국근현대사 교육에서 사회사나 문화사는 소홀하게 취급되고 있다. 예컨대 교육과정 현대사의 경우, 4개 단원 중 남한의 정치사가 2개 단원, 북한의 역사 및 남북관계가 1개 단원이고, 경제사·사회사·문화사를 합쳐서 1개 단원에 지나지 않는다. 더구나 사람들의 일상생활을 다룰 수 있는 장·절은 교육과정상으로는 아예 없는 셈이다.

2) 인과적 이해의 어려움

사실들 간의 관계를 파악하는 것은 역사 이해의 가장 중요한 방식 중 하나이다. 그중에서도 우리는 많은 역사적 변화를 인과관계로 이해한다. 역사서술이 시대순에 따른 통사적 형태를 띠는 것도 변화에 따른 인과관계를 쉽게 이해할 수 있다는 장점을 가지고 있기 때문이다.

한국근·현대사는 크게 보아 시기별로 단원을 나누는 통사적 방법을 취하고 있다. 통사적 방법은 인과관계에 따라 역사적 사실을 배열하여, 역사의 흐름을 이해하기 쉽도록 한다. 그런데, 한국근·현대사 교육과정은 일부 내용구성에서 역사적 사실을 인과적으로 이해하기 어렵게 되어 있다. 한두 가지 사례를 들어 보자.

한국근·현대사 교육과정은 일제의 식민지 지배를 을사조약부터 시작하고 있다. 을사조약을 전후한 시기에 대한제국이 실질적으로는 이미 일본의 지배에 들어갔다고 보는 관점은 일리가 있다. 그러나 을사조약 전후부터 시작하여 1907~1908년에 절정에 이른 후기의병이나, 대한제국 말기에 활발히 전개된 계몽운동에 대한 서술은 앞 단원에서 나오고 있다.

이러한 내용구성은 을사조약이나 군대해산, 한일신협약 등이 의병전쟁이나 계몽운동에 미친 영향을 인과적으로 이해하기 어렵게 한다.

대한민국임시정부나 조선독립동맹의 건국강령, 건국동맹을 현대사 단원에서 다루도록 유도하는 것도 부자연스러워 보인다.31) 물론 이 내용을 교육과정에서 제시한 것과 같이 건국 준비의 차원으로 생각한다면 현대사 단원에 포함시킬 수도 있다. 그러나 대한민국임시정부나 조선독립동맹이 건국강령을 마련한 것은 실제로는 나라를 세우기 위한 기초 작업보다 일본군과 싸움에 대비하여 민족운동 단체를 통합하기 위한 것이었다. 더구나 두 단체의 건국강령은 해방 이후 나라를 건설하는 과정으로 실제로 이어지지 못하였다. 따라서 이들 단체의 건국강령은 독립운동의 차원에서 일제통치시기에서 다루는 것이 바람직하다.

들어가야 할 내용이 빠졌거나 부적절한 내용으로 근현대사의 사실을 인과적으로 이해하기 어렵게 되어 있는 경우도 있다. 한국근・현대사 교육과정은 일제통치시기를 다루는 단원의 제목을 '민족의 독립운동'이라고 붙이고 있다. 그러나 1930년대 이후 국내의 민족운동은 문맹퇴치운동이나 조선어학회 사건과 같은 일부 문화운동을 제외하고는 포함되어 있지 않다. 1930년대 이후에는 일본의 식민지 수탈과 전시동원체제만이 강조되고 있는 것이다. 물론 1930년대에 들어서 일제의 강경한 탄압으로 국내의 민족운동은 크게 약화되었으며, 표면적으로 거의 자취를 감추었다. 그러나 당시의 상황을 감안한다면 국내에서도 민족운동이 전혀 없었던 것은 아니다. 민족운동 단체로서 성격에 대해 논란이 있을 수 있으며 1930년대 후반 들어 일제에 협력하는 방향으로 변질되었지만, 수양동우

---

31) 한국근・현대사 교육과정에서는 '8・15광복과 분단'이라는 소단원의 첫번째 내용으로, "광복 직전의 건국준비 활동을 대한민국 임시정부의 건국강령을 중심으로 이해한다."고 하여, 독립운동 단체들의 건국준비 활동을 다루도록 되어 있다. 여러『한국근・현대사』교과서들은 대한민국 임시정부 외에 교육과정에는 없으나, 조선독립동맹이나 건국동맹 등에 대해서도 함께 언급한 경우가 많다. 아마도 이전『국사』교과서에서 건국준비 활동으로 이들 단체에 대해 언급한 데서 영향을 받았을 것이다.

회나 흥업구락부 등의 활동이 있었다. 혁명적 노동조합과 농민조합을 비롯한 대중운동이 종종 일어났으며, 조선공산당의 재건운동도 있었다. 해방 직전에는 독립운동의 전국적인 조직망을 모색하였던 건국동맹이 결성되기도 하였다. 이러한 사건들은 해방 이후 정치 사회 세력의 결성과 밀접한 관련을 가진다. 해방 직후 조직된 여러 정치 사회 세력들은 일제 통치기에 그 뿌리를 두고 있는 것이다. 그런데 1930년대 이후 민족운동을 전혀 언급하지 않음으로써 그 흐름이나 인과관계를 이해하기 어렵게 되어 있다.

3) 세계사와의 연관성 부족

한국사를 세계사나 아시아사와 관련지어 이해해야 한다는 데 대해서는 대부분의 사람들이 동의한다. 국사교육과정이나 교과서에도 이러한 관점이 반영되어 있다. 제5차 교육과정부터 현행 제7차 교육과정까지 고등학교 국사 대단원의 첫머리는 그 단원에서 다루는 시대의 세계상황을 소개하는 내용으로 구성되어 있다.

근현대사의 경우 세계사적 맥락에 대한 이해가 더욱 중요하다. 전근대사의 경우 주로 동아시아의 역사 변화가 한국사와 밀접한 관련을 가진다면, 근현대에서는 전 세계적 상황이 한국사의 전개에 커다란 영향을 미쳤다. 한국근·현대사 교육과정에서도 6개 항목의 목표 중 2개 항목에서 세계사와의 관련성을 제시할 만큼[32], 세계사적 맥락에서 한국사를 이해할 것을 강조하고 있다. 단원구성에서도 대단원의 첫 부분에서 당시의 사회상황을 다루도록 하고 있다. 한국근·현대사를 개관하는 도입단원의 성격을 지닌 1단원을 제외하고, 개항을 전후한 시기부터 한일병합

---

32) "우리의 역사에 대한 자긍심을 바탕으로 근현대사에 나타난 특성을 세계사적 보편성과 관련하여 이해한다." "우리 근현대사의 흐름을 객관적으로 해석하고, 이를 세계사적 관점에서 비교, 평가할 수 있는 능력을 기른다."

까지 근대사를 다루는 2단원의 첫번째 소단원은 '19세기 후반의 세계', 일제 통치기를 다루는 3단원의 첫번째 소단원은 '20세기 전반의 세계', 해방 이후의 현대사를 다루는 4단원은 '제2차 세계대전 이후의 세계'로 편성되어 있는 것이다. 제목만을 놓고 보았을 때, 이들 3개의 소단원을 합하면 19세기 후반 이후의 세계사 전체를 개관하는 셈이다.

그러나 이들 소단원의 내용은, 당시 세계정세를 간단히 언급하는데 그칠 뿐, 당시 세계의 상황을 한국사와 구체적으로 연결시키고 있지는 않다. '19세기 후반의 세계'의 경우, 제국주의 열강의 아시아 침략과 이에 대응하는 동아시아의 민족운동을 다루도록 되어 있지만, 제국주의의 아시아 전략이 실제 한국이나 그 밖의 동아시아 국가에 어떻게 영향을 미쳤는지를 알 수는 없다. '20세기 전반의 세계'는 제1차 세계대전 이후 베르사이유 체제, 공산주의와 전체주의의 대두, 중국의 변화를 학습내용으로 하고 있지만, 이러한 사실들이 일제의 식민지 지배정책이나 한국의 민족운동과 연결되지는 않는다. 기껏해야 3·1운동이 윌슨의 민족자결주의에 영향을 받았다는 기존의 국사교육에서도 반복해서 언급했던 관련성만을 이해할 수 있을 뿐이다. 단적으로 중국에서 국민당군과 공산당군의 대립이나 국·공합작이 한국의 독립운동에 어떻게 영향을 주었는지를 다루기도 어려운 구조이다. '제2차 세계대전 이후의 세계'에서는 냉전, 제3세계의 형성, 중국의 변화 등이 소개되지만, 그것이 정작 한국사와 어떻게 연결되는지를 알기 어렵다. 냉전체제가 일본의 전후처리와 동아시아 정책에 어떠한 영향을 미쳤으며, 한일관계나 한미관계와는 어떠한 연관이 있는지에 대해서는 언급하지 않는다. 한일협정이나 베트남파병, 1960년대 후반 남북관계의 악화나 1970년대 초의 남북대화, 한국경제의 변화 등도 세계사의 흐름과 연결하여 다루지 않고 있다. 이는 기본적으로 세계사 단원을 별도로 편성하여 한국사와 분리하고 있기 때문이다. 대단원 첫머리에 세계사를 다루는 하나씩의 소단원을 편성하고 있을 뿐, 나머지 단원들은 모두 한반도 안에서 일어난 사실들에 한정시키고 있다.

4. 바람직한 근현대사 교육을 위하여

　근래 근현대사 교육에 대한 관심이 높아지고, 근현대사에서 일어난 역사적 사실에 대한 인식을 둘러싼 논쟁도 활발히 벌어지고 있다. 특히, 그동안 역사교육에서 제외되다시피 했던 현대사에 대한 관심이 크게 높아지고 있다. 근현대사 교육은 한국과 일본을 비롯한 동아시아 국가 간에도 논란의 대상이 되고 있다. '역사분쟁'이라는 말이 실감날 정도이다. 거꾸로 이러한 현상은 그만큼 근현대사 교육이 중요하다는 것을 말해준다. 근현대사 교육은 어떠한 방향으로 나아가야 할 것인가? 이제까지 논의한 근현대사 교육의 문제점과 근현대사 교육을 둘러싼 논란을 중심으로 생각해 보기로 하자.

　첫째, 역사가 인간의 활동을 다루는 것이라면, 인간의 삶은 역사교육에서 다루어야 할 주요 내용이다. 근현대사 교육은 근현대 사회에서 살아가는 인간의 생활모습을 보여주어야 한다. 그동안 역사교육은 인간의 삶에 영향을 주는 중요한 요인에 대해 다루었다. 근현대사의 경우 제국주의, 민족운동, 일제의 식민지 지배, 남북분단, 민주화운동, 경제발전, 사회적 갈등 등이 중요한 내용요소였다. 물론 이러한 문제들은 사회에 절대적인 영향을 미치는 조건으로, 근현대사 교육의 주요 내용에 포함되는 것은 당연하다. 그렇지만 이러한 사회적 조건들이 사람들의 생활에 어떻게 구체적으로 반영되는 지도 알아야 한다. 사회에 존재하는 여러 계층이나 집단의 삶, 특히 이제까지 소홀하였던 소수, 타자의 역사에 관심을 쏟아야 한다. 이를 위해서는 이제까지 역사교육에서 다루던 대상의 범위를 넓힐 필요가 있다.

　둘째, 역사교육이 정치적 이해관계에서 벗어나야 한다. 그동안 역사교육은 지배층 위주로 서술되거나 그들의 관점을 반영하는 경우가 많았다. 특히 근현대사 교육은 극단적인 이데올로기적 편향성을 보이거나 집권세력의 통치행위를 정당화하는데 이용되는 경우가 많았다. 아직도 근현대사 교육을 정치적 이해관계를 뒷받침하는 수단으로 삼기도 한다. 일본 새역모의 역사교과서 편찬, 중국의 동북공정, 『한국근·현대사』 교과서에 대한 시비 등도 겉으로는 역사인식의 차이를 내세우고 있지만 한결같이 정치적 목적이 짙게 깔린 것이었다. 때로는 자신들의 정치적 관점을 감추기 위해 오히려 상대방의 역사인식이 정치적 의도를 가졌다고 몰아붙이기도 한다. 이러한 주장을 하는 것은 그만큼 근현대사 교육을 정치적 관점에서 생각하는 것이 보편화되었다고 할 수 있다. 물론 근현대사에 대한 인식이 현실사회를 바라보는 눈과 분리될 수 있는 것이 아닌 만큼, 정치적 관점과 근현대사에 대한 인식이 별개로 존재하기 어려운 면이 있다. 그러나 정치적 의도를 짙게 깔고 있으면서도 '역사교육'의 문제임을 가장하는 것은, 역사교육을 정치에 종속시켜 그 본질적 의미를 손상시킨다. 역사교육이 정치적 이해관계에서 자유로워질 때, 다양한 역사인식, 공정하고 객관적인 역사서술이 가능해진다. 물론 역사이해나 해석에서 완전한 공정성이나 객관성은 사실상 불가능하다. 오히려 다양한 역사인식과 역사서술이 나타나는 것이 바람직하다. 그러나 지나치게 편향되거나 자기중심적인 관점은 적지 않은 부작용을 일으킨다. 즉 이러한 편향된 역사인식이나 지나친 자기중심적인 역사서술은 역사교육을 정치적 이해관계에서 접근할 때 일어나기 쉬운 위험성이다.

셋째, 역사교육의 가치와 지향점에 대해 생각할 필요가 있다. 평화와 평등, 인권, 민주주의 등은 인간사회의 보편적 가치이며, 역사교육이 이루어야 할 중요한 사회적 목표이다. 역사교육을 둘러싼 분쟁은 공통적으로 자신의 이념을 관철시키고 목적을 달성하기 위해 침략과 전쟁, 갈등과 대립을 정당화하려는 데서 비롯된다. 근대 제국주의가 일으킨 전쟁이 역사왜곡을 낳았다면, 지금은 역사왜곡이 전쟁의 논리를 뒷받침한다. 지난날의 남북분단과 전쟁이 왜곡되고 편향된 역사교과서 서술을 강요하였다면, 지금은 역사교과서의 서술을 통해 남북 간의 대립을 현실화하고 갈등을 조장한다. 왜곡된 역사교육은 때로는 자신의 이익을 위해서는 남에게 피해를 입히는 것도 어쩔 수 없다는 인식을 가지게 한다. 이런 인식에는 궁극적으로 전쟁도 불가피하다는 관점이 깔려 있으며, 근대사에서 제국주의의 침략과 식민지 수탈을 정당화하는 논리가 숨어 있다. 전쟁을 막고 군국주의적 국가관과 역사왜곡의 유착관계를 깨뜨리기 위해서는, 역사교육이 평화를 지향해야 한다. 그것이 남과 북, 그리고 동아시아 각국 사이에 갈등을 해소하고 협력관계를 다지며, 공존과 번영에 도움을 줄 수 있는 길이다. 인류가 지향해야 할 공동의 가치관을 구현해가는 과정이기도 하다.

넷째, 동아시아 국가들 사이에 일어나고 있는 역사교육과 교과서를 둘러싼 분쟁을 해소할 수 있는 방안을 모색해야 한다. 이는 근현대사의 잘못된 유산을 청산하고, 정치적으로 이용되는 근현대사 교육을 제자리로 돌려놓는다는 의미에서도 중요하다. 이를 위해서는 동아시아 여러 나라들 사이에 일어났던 근현대사에 대한 공동의 인식이 필요하다. 역사인식을 통일하고 획일화한다는 것이 아니라, 불행한 과거를 되풀이하지 않도록 반성과 화해를 위한 역사인식이 필요하다는 것이다. 지난날 분쟁이나 가해－피해자의 위치에 있던 세계 여러 나라에서는 공동의 역사인식을 위한 역사교과서 서술에 노력해 왔다. 서독과 폴란드 사이에 있었던 역사교과서 서술을 위한 회담은 대표적인 예로 꼽히고 있다. 독일과 프랑스, 미국과 캐나다 사이에서도 역사인식의 공유를 위한 노력이 전개되었다. 근래 한국과 일본, 또는 한·중·일 동아시아 3국 공동의 역사인식을 위한 교재개발 작업이 다각도로 전개되고 있는 것은 이러한 점에서 의미를 찾을 수 있다.

한국근현대사 교육의 변천과 쟁점

임 하 영

1. 머리말
2. 식민사학의 극복과 한국사 연구성과의 반영
  (해방~1960년대 중반)
3. 국사교육의 강화와 정치도구화
  (1960년대 후반~1980년대 전반)
4. 민중사학의 성장과 근현대사의 이데올로기 문제
  (1980년대 중반~1990년대 중반)
5. '한국근현대사'의 분리와 '민족' 논쟁
  (1990년대 후반~현재)
6. 맺음말

1. 머리말

　근현대사는 우리가 살고 있는 현재와 가장 가까운 시대의 역사이며, 그만큼 현재와 밀접한 관련이 있다. 그래서 근현대사, 특히 현대사는 우리와 가장 가까운 시대의 역사를 알아야 된다는 이유로 강조되는 한편, 너무 가까운 시기여서 아직은 역사로 다룰 대상이 아니라는 주장이 제기되기도 한다. 현재 살아있는 사람들에게 아직 생생한 기억으로 남아있는 이 시기에 대해 언급하는 것은 매우 민감하고 어려운 일이 아닐 수 없다.
　또한 우리는 우리의 근현대사에 대해 자유롭게 이야기할 수 없었던 역사를 가져왔다. 우리나라에서는 해방 이후 '분단'으로 상징되는 냉전체제 하의 긴장상태와 이를 이용해 자신들의 권력을 합리화하던 독재정권의 지배가 계속되었다. 이들이 반공이데올로기를 전면에 내세우며 자신에 반하는 이야기를 하는 것 자체를 모두 적으로 간주함으로써 근현대사에 대한 본격적이고 체계적인 연구는 거의 불가능했다. 1980년대 중후반 이후부터 비교적 자율적으로 근현대사를 연구하는 움직임이 나타났지만, 지금도 여전히 과거의 유령은 뜻하지 않은 곳에서 나타나 발목을 잡곤 한다.

우리나라에서 역사교육에 대해 말할 때 고대사와 근현대사 부분이 주로 논란의 대상이 된다. 고대사는 역사를 함께 하는 사람들의 뿌리를 말해주는 부분이며, 근현대사는 현재를 직접적으로 규정하기 때문이다. 일제 통치기 식민사학에 의한 왜곡이 가장 심했던 부분이 이 두 시기인 것도 같은 이유이다. 이 중 고대사는 주로 학술적인 논쟁의 대상이 될 뿐 일단 교과서에 서술되고 나면 학교현장에서는 특별한 문제가 되는 일이 드문데 반해, 교과서의 근현대사 서술을 둘러싼 논란은 곧바로 정치 세력들 간의 충돌로 이어지거나 이념투쟁의 성격까지 띠게 된다. 근현대사 부분은 교과서가 서술되는 과정부터 교실수업 현장에 이르기까지 끊임없이 쟁점화되어 왔다.

근현대사 교육에서 현행 7차 교육과정은 특별한 의미를 갖는다. 처음으로 교육과정 내에서 한국근·현대사가 하나의 선택과목으로 독립되었기 때문이다. 물론 근현대사만을 분리해 선택과목으로 만든 것에 대해 부정적인 의견이 많기는 하지만, 근현대사 영역에 대한 고려와 관심의 여지가 높아졌으며 검정교과서 체제인 『한국근·현대사』가 그동안 국정으로 획일화되었던 국사교과서에 미치는 영향 또한 클 것이다. 7차에 걸쳐 교육과정이 개정되는 동안 국사교육에 대한 크고 작은 쟁점들이 있었으며 그중 근현대사와 관련된 것도 적지 않다. 근현대사의 어떤 사실을 가르치고, 어떤 사실을 가르치지 말아야 할 것인가에 대한 논쟁부터 어떤 관점으로 어떤 평가를 내려 가르칠 것인가에 대한 것까지 근현대사 교육을 둘러싼 다양한 논쟁이 전개되었다. 또한 근현대는 현재와 밀접한 관련이 있는 시기이기 때문에, 이러한 논쟁들은 당연히 그 시대적 분위기를 반영할 수밖에 없다.

이 글에서는 근현대사 교육의 흐름을 여기에 크게 영향을 미친 쟁점들을 중심으로 네 시기로 나누어 살펴보고자 한다. 첫번째 시기는 식민사학을 극복하고자 하는 시도로서 한국사 연구가 이루어지고 그 연구성과가 교과서에 반영되는 해방 이후부터 1960년대 후반까지이다. 두번째 시기는 박정희정권에 의해 국사교육 강화가 표방된 후 국사교육이 정치도구의 역할을 하게 되었던 1960년대 후반에서 1980년대 중반까지가 해당된다. 세번째 시기는 1980년대 후반 이후로, 급격히 성장한 민중사학의 영향으로 교과서를 둘러싼 이데올로기 논쟁이 벌어졌으며 이것이 국사교과서 준거안 파동으로 나타났다. 마지막으로 다루는 시기는 제7차 교육과정이 시행되었던 2000년 이후로, 한국근·현대사 과목이 독립하고 교과서의 민족 중심 서술에 관한 논란이 일어났던 최근의 시기이다.

교과서는 교육과정에 따라 서술되며, 학교에서 이루어지는 근현대사 교육이 교과서의 영향을 크게 받으리라는 것은 자명한 일이다. 그러나 근현대사 교육은 그 특성상 교과서뿐 아니라 사회적 요인의 영향 역시 클 수밖에 없다. 그러므로 이 글에서는 근현대사 교육의 변천을 단순히 교육과정을 중심으로 구분하기보다는 시대적 흐름을 중심으로 설명하고자 한다.

2. 식민사학의 극복과 한국사 연구성과의 반영
(해방~1960년대 중반)

일제식민통치가 끝나고 해방을 맞아 사회에서는 새로운 민족국가에 대한 열망이 매우 높았다. 그러한 열망의 하나로 식민지체제 아래서 제대로 이루어지지 못했던 국사교육에 대한 관심 또한 고조되었다. 근대 국민국가에서는 대체로 국가의 기틀이 확립된 다음, 국민통합을 위한 제도로서의 역사학이 구축되고, 이어 역사교육이 본격화되는 과정을 밟았다. 한국에서 제도로서의 역사학이 형성되기 시작한 것은 해방 직후이지만, 그 연구성과를 반영하는 역사교육이 본격화될 수 있었던 것은 한국전쟁 이후였다.1)

해방 직후 국사교육에 대한 사회적 열망이 높았지만, 일제말 한국어와 한국사교육이 전면적으로 폐지됨으로써, 당시 한국사를 가르칠만한 교재가 전혀 없었다. 이러한 상황에서 진단학회는 1946년 5월 『국사교본』이라는 최초의 중등학교용 국사교과서를 발간했는데, 『국사교본』의 내용구성은 이후 국사교육의 기본 틀이 되었다.2) 『국사교본』의 내용구조 및 근현대사 부분(제4편) 목차는 다음과 같다.3)

    제1편 상고(태조-삼국시대)
    제2편 중고(통일신라기-고려)
    제3편 근세(이씨조선)
    제4편 최근(국기 4243~4278, 서기 1910~1945)
      - 제1장 민족의 수난과 반항
      - 제2장 민족의 해방

『국사교본』은 근현대사에 해당하는 제4편의 분량이 불과 6페이지에 불과하고, 용어상에서 임시정부를 '가정부(假政府)'로, 일제 통치 시기 우리 민족의 독립운동을 '반항'이라고 부르는 것에서 알 수 있듯이, 당시 역사인식의 수준은 일제 통치기에서 별로 벗어나지 못한 것이었다. '민족의 수난과 반항' 부분에 언급된 민족 독립운동은 3·1운동, 대한민국임시정부, 의열단의 테러활동, 광주학생운동, 신간회 창립 등이다. 일제통치시

---

1) 도면회·박환무·임상범·임지현·윤해동(2002), 「기획좌담 동아시아 역사학의 반성: 국민국가의 담 밖에서」, 『기억과 역사의 투쟁』 당대비평 특별호, 삼인, 212쪽.
2) 홍이섭(1956), 「역사와 교육」, 『역사교육』 1, 15쪽.
3) 진단학회(1946), 『국사교본』, 군정청 문교부.

기 민족운동사를 다루는 데 있어 이 시기에 확립된 틀은 이후 교과서 검정을 통과하면서 국사교과서 민족독립운동 관련 서술의 전형으로 자리잡게 된다.4)

1946년부터 교수요목이 발표되고 체계적인 교육을 하려는 노력이 계속되었지만, 당시에 쓰인 많은 역사교과서들은 일본 교과서를 고친 것이었다. 또한 일본색의 일소를 내세웠으면서도 교육내용은 거의 일본식 교육을 답습하여 곳곳에 식민사관의 잔재가 남아있었다.5) 민족의 자긍심 회복과 자주적 민족의식이라는 시대적 분위기의 반영으로 고대사를 중시해서, 고대사의 분량이 전체의 60% 이상인 경우도 많았다. 아직은 근현대사가 교과서 서술에서 중요한 영역의 하나로 여겨지지 못했다.

1949년부터 시작된 교육과정 제정 작업은 한국전쟁으로 중단되었다가 전쟁이 끝난 후 계속되어 1954년 각급 학교의 「교육과정 시간배당 기준령」, 1955년 8월에는 각급 학교「교과과정」이 공포되었다. 이어 1958년까지는 교과서의 보급이 마무리되었다. 이때 공포된 교과과정은 현재의 교육과정과 성격이 같은 것으로, 이를 보통 제1차 교육과정이라고 한다.6) 제1차 교육과정에서 역사는 사회생활과에 포함되었다. 역사교과서는 검정제였는데, 검정교과서들 사이에 나타나는 용어와 학설상의 차이에 따른 혼란과 그 채택을 둘러싼 잡음은 뒤에 국가가 역사교과서에 대한 통제를 엄격히 하는 빌미가 되기도 하였다. 교육과정이 정착되면서 이 시기에는 현대사 교육을 강화해야 한다는 논의가 나타나기도 했다. 현대사를 교육함으로써 현재 생활을 위한 지식을 얻어 현실을 이해할 수 있을 뿐 아니라, 현대사를 전체적으로 성찰함으로써 현재성을 규정지을 수 있는 유력한 근거를 얻을 수 있다는 이유에서였다.7)

---

4) 김정인(2003), 「해방 이후 국사 교과서의 '정통성' 인식」, 『역사교육』 85, 75~76쪽.

5) 김한종(1997), 「한국 역사교육과정과 교과서의 변천」, 홈페이지(http://home.knue.ac.kr/~kimhj), 3쪽.

6) 정선영 외(2001), 『역사교육의 이해』, 삼지원, 284쪽.

한국전쟁은 우리나라 역사교육의 방향을 바꾸어놓았다. 학자들 간에 차이가 있기는 하지만, 해방 직후에는 역사교과서에서도 38선의 성립과 남북 문제에 관해 미국과 소련 양측에 공평히 책임을 돌리는 서술이 우세하였다. 그러나 분단이 고착화되고 이어 한국전쟁으로 민족의 대립이 동족상잔으로 이어지는 상황이 되자 외세, 제국주의가 아니라 민족의 다른 반쪽이 가장 중요한 적으로 등장하는 적 개념의 대체가 이루어졌다.8) 여태까지 경계할만한 적이었던 외세는 '새로운 적'인 민족의 다른 반쪽을 넘어서기 위한 지원세력으로 이해되기 시작하였다. 전쟁으로 고착화한 남북분단은 이데올로기 문제를 교육과정과 교과서 속에서 가장 중요한 핵심사안으로 자리잡게 하였다.9)

제1차 교육과정에서 고등학교 국사 내용은 다음과 같은 9개의 단원으로 구성되어 있다.10)

    1. 선사 시대의 문화 / 2. 부족 국가 시대의 문화 / 3. 삼국시대의 문화 / 4. 통일 신라와 발해의 문화 / 5. 고려의 문화 / 6. 조선전기의 문화(1392~1592) / 7. 조선중기의 문화(1593~1863) / 8. 조선후기의 문화(1864~1910) / 9. 현대 문화와 우리의 사명

전체적으로 왕조사 중심의 연대기적 구성으로 되어 있고, 여전히 고대사가 차지하는 비중이 높다. 이전 일제통치 시기를 최근세로 분류했던 것과는 달리, '현대'로 인식한 것이 인상적이다. 현대에 해당하는 9단원은 '일제의 침략과 민족운동', '대한민국의 성립과 우리의 사명'이라는 하위단원으로 구성되어 있다.

---

7) 이성수(1958), 「역사교육 목표론」, 『역사교육』 3 ; 이원순(1961), 「역사교육에 신전환을 위하여」, 『역사교육』 5.

8) 한정숙(1995), 「국가 및 이념과 역사교육 — 해방에서 6·25전쟁 종료 직후까지」, 『역사교육』 57, 91쪽.

9) 허강 외(2001), 「한국편수사 연구」(2), 한국교과서연구재단 연구보고서.

10) 교육과정·교과서연구회 편(1990), 『한국 교과교육과정의 변천』 — 고등학교, 대한교과서주식회사, 92~93쪽.

1950년대 후반부터 일어나기 시작한 세계적인 중등교육이라는 개혁 움직임의 영향과 5·16쿠데타로 정권을 장악한 군사정부의 의지로 교육 과정의 개정이 이루어졌다. 개정의 방향은 5·16의 정당성과 당시 군사정권이 내세웠던 이른바 혁명과업을 선전하는 방향으로 추진되었다. 이러한 방향에서 1963년 제2차 교육과정이 제정, 공포됨으로써 새로운 교육과정에 의한 교육이 시작된다. 2차 교육과정에서는 애국애족과 반공민주국가, 국제협조, 민족정신과 민족문화, 경제발전 등이 사회과나 역사교육의 목표로 내세워졌으며, 이를 실현하기 위한 책임과 의무, 민족적 자각과 단합, 협동적 공동의식이 강조되었다.11)

　제2차 교육과정 고등학교 국사의 전체적인 단원구성과 근현대사 단원의 세부 목차를 살펴보면 다음과 같다.12)

1. 역사의 시작 / 2. 부족 국가 시대의 생활 / 3. 삼국시대의 생활 /
4. 통일신라 시대의 생활 / 5. 고려 시대의 생활 / 6. 조선 시대의 생활 /
7. 조선의 근대화 운동 / 8. 민주 대한의 발달

7. 조선의 근대화 운동
　1) 국제 무대에의 등장
　2) 정치, 사회의 변화
　3) 민족의 자각과 신문화운동
　4) 일본의 진출과 민족의 수난

8. 민주 대한의 발달
　1) 일본의 침략정치
　2) 민족의 독립운동
　3) 민족의 해방과 독립
　4) 대한민국의 발달
　5) 우리의 할 일

　제1차 교육과정과 비교해 확연히 달라진 단원이 바로 근현대사에 해당되는 7, 8단원이다. 7단원은 단원명부터 조선이 자주적으로 근대화를 이루려 노력하고 있었다는 것을 강조하고 있으며, 8단원에서도 일본의 침략보다 대한민국이 건국되는 과정에 더 초점을 맞추고 있다는 것을 알

---

11) 김한종, 「한국 역사교육과정과 교과서의 변천」, 7쪽.
12) 김흥수, 『한국역사교육사』, 대한교과서주식회사, 238~239쪽.

수 있다.

이 시기에는 일본 식민지배의 잔재를 벗어나려는 국민적 의식이 크게 고양되었으며, 학계 또한 일제 지배하에서 이루어진 한국사 연구를 비판하면서 한국사의 올바른 인식을 위한 연구성과 축적에 많은 노력을 기울였다. 한국사 연구에서 특히 두드러진 것은 한반도에서 구석기 시대와 청동기 시대의 존재를 확인한 것과 실학에 대한 연구였다. 이전까지 국사교과서는 선사시대 문명 발달 단계를 신석기 시대-금석병용기 시대-철기 시대로 구분하였다. 이것은 일제하의 연구를 그대로 답습하는 것으로 한국사의 타율성론, 정체성론을 뒷받침하고 있다. 한국의 역사는 늦게 시작되고 정상적인 역사 발전단계를 거치지 못하였으며, 청동기 문화가 없었기 때문에 독자적인 국가성립이 이루어지지 못하고 중국의 침략에 의해 국가가 성립되었다는 것이었다. 이러한 식민주의 역사관은 선사시대의 역사부터 근대사에 이르기까지 한국사 연구 곳곳에 스며들어 있었다.13)

실학은 해방 이후 가장 많은 학자들의 연구 대상이 되었다. 이것은 조선후기에 내부에서 당시의 사회문제를 해결하려는 역사적 능력이 있었음을 밝히려는 것이었다. 이와 함께 농업생산력 증가와 상업발달 등 사회·경제적인 측면의 연구도 심화되어 조선후기의 역사가 정치, 경제, 사회, 문화적으로 크게 변화·발전하였음을 설명할 수 있게 되었다. 종래 일제의 정체성론에 대처하여 한국사의 주체적인 발전을 입증한 것으로, 이는 한국사의 내재적 발전론으로 이어졌다. 이러한 한국사의 새로운 연구성과는 제2차 교육과정 국사교과서부터 조금씩 반영되기 시작하였다.

일제 식민지 역사를 극복하기 위한 노력은 국사교육을 통해 민족의 우수함과 창조적인 문화활동, 그리고 외세의 침략에 대항하여 나라를 지켜온 민족정신을 강조하는 것으로도 표출되었다.14) 그러나 이에 대한 강조는 지나치게 우리민족의 훌륭하고 자랑스러운 점만을 강조하는 국수적 역사교육으로 흐를 위험성을 내포하고 있었다.

---

13) 김흥수,『한국역사교육사』, 242~243쪽.
14) 위 책, 245쪽.

3. 국사교육의 강화와 정치도구화
(1960년대 후반~1980년대 전반)

1969년에는 융합형 교과조직에 대한 비판 및 지식의 체계화를 명분으로 한 교육과정 부분 개정이 있었다. 그러나 이것은 사실 정부의 교육통제 강화 움직임으로서 1·21사태 이후에 나타난 남북사이의 갈등 고조와 이에 따른 반공이데올로기의 강화, 삼선개헌을 앞두고 강조되었던 경제개발이라는 명분의 강조 등 정치적 변화 때문이었다. 1969년 교육과정의 부분 개정 이후 나타난 국사교과서의 변화는 각 시대별로 대외관계를 중시하고 있으며, 현대사 부분에서 베트남파병, 경제개발 5개년 계획, 새마을운동, 국가비상사태선언, 남북대화 등 구체적인 정부시책을 홍보하고 5·16 군사혁명을 그냥 혁명으로 부르면서 합리화하기 시작하였다는 것이다. 이것은 이후 교육과정과 교과서의 방향을 짐작하게 해주는 것일 뿐 아니라, 국사교과서가 정권의 홍보수단이라는 오명을 뒤집어 쓰게 되는 시점이 되었다.15)

또한 당시 정부는 '국적있는 교육', '민족주체성 확립을 위한 교육'을 내세우면서 국사교육 강화정책을 추진하였다. 이에 따라 국사교육강화위원회가 구성되어 국사교육 강화 방안에 대한 연구를 추진하였고, 이 위원회를 중심으로 중등학교에서 국사교과의 독립, 모든 대학에서 국사의 교양 필수화, 모든 국가채용고시에 국사과목 부과 의무화 등의 정책이 진행되었다. 이에 발맞춰 제3차 교육과정이 시작되었는데, 이것은 10월 유신 체제에 대한 역사적 당위성과 유신정부의 정통성 확립을 위한 것이라는 성격이 강했다.16)

국사교육 강화정책이 추진됨과 동시에 정부의 교과서정책도 국정제를 골격으로 하는 것으로 근본적으로 변화하였다. 이에 따라 국사교과서

---

15) 김한종, 「한국 역사교육과정과 교과서의 변천」, 9~10쪽.
16) 김흥수(1992), 『한국역사교육사』, 276쪽.

도 국정화되었다. 국사교과서 국정화에 대해 국사편찬위원회 소속 몇몇 학자들을 제외한 대부분의 학자들이 반대했으며, 국사교육강화위원회 내부에서조차 반대하였다. 국정화에 찬성한 측은 검인정교과서가 한두 명의 저자에 의해 출판사와 몇몇 편찬 직원들의 도움을 받아 만들어지는 개인저서인 데 비해, 국정교과서는 집필자와 연구진, 심의진, 현장실험교사 등 100여 명의 공동참여와 작업으로 편찬됨으로써 얻어지는 긍정적인 측면을 강조했다. 이에 비해 국정화에 반대한 사람들은 여러 종류의 다양한 국사교과서를 편찬함으로써 국사학습의 자유로운 전개와 국사교육의 활성화를 가져올 수 있고, 자유로운 경쟁으로 국사교과서의 질이 향상될 것임을 강조했다. 또한 국정화가 오히려 이를 추진한 가장 큰 목적인 국사교육 강화나 국민정신교육에 부정적인 요소로 작용할 것이라고 비판하기도 했다.17) 이러한 논란에도 불구하고 국사교과서는 정부의 정책적 의지에 따라 국정으로 바뀌고 말았다.

 제3차 교육과정 고등학교 『국사』 교과서는 다음과 같은 5개의 단원으로 구성되어 있다.18)

Ⅰ. 고대 사회 / Ⅱ. 고려 사회 / Ⅲ. 조선 사회 / Ⅳ. 근대사회 /
Ⅴ. 현대 사회

단원명을 살펴보면 조선시대에서 바로 현대로 넘어가던 이전과는 달리 근대라는 시기를 정확히 명시하였으며, 8개 단원 중 두 개 단원이었던 근현대사의 비중이 5개 단원 중 두 개 단원으로 증가하였다. 근현대사에 해당하는 Ⅳ, Ⅴ단원의 세부 목차를 살펴보면 다음과 같다.

---

17) 윤종영(2000), 「국정 국사교과서 비판」, 『논쟁으로 본 한국사회 100년』, 역사비평사, 338~339쪽.
18) 문교부(1975), 인문계 고등학교 『국사』.

Ⅳ. 근대사회
1. 민족적 각성과 근대 문화의 수용
   1) 개화・척사 운동
   2) 동학의 성장과 농민군의 봉기
   3) 민족의 각성
   4) 근대문화의 성장
   5) 민족 수난의 시작
2. 민족의 독립운동과 민족문화의 계승
   1) 일제의 식민지 정책
   2) 3・1운동
   3) 민족운동의 성장

Ⅴ. 현대 사회
1. 대한민국의 정통성
   1) 대한민국의 성립
   2) 6・25의 민족 시련
2. 민족 중흥의 새 전기
   1) 민주주의의 성장
   2) 대한민국의 발전

    국정화된 국사교과서의 근현대사 관련 부분은 정부의 의도를 충실히 반영하였다. 제3차 국민학교 교육과정 6학년 국사의 '근대사회로의 전환' 단원의 목표는 "근대사회를 이룩해가는 외부세계와의 접촉 가운데 근대화를 이룩해나가기 위하여 겪었던 혼란과 고난을 이해하게 하고, 민족의 법통을 이어받은 대한민국이 이제 민족중흥의 때를 바라보게 되었음을 자각하게 하고, 조국과 민족을 위하여 봉사해야겠다는 결의를 가지게 한다"[19]라고 되어 있다. 근현대사 교육의 이러한 목표는 중・고등학교에도 해당되는 것이었다. 이는 교과서 내용구조에서 명확히 확인할 수 있다.
    위에 제시한 고등학교 국사의 '현대 사회' 단원은 민족의 시련(6・25) -민주주의의 성장(4월 학생의거, 5월 혁명)-대한민국의 발전(경제성장, 새마을운동, 10월 유신)의 순서로 서술되고 있다. 우리 민족에게 '과거의 시련'은 있었으나 '4월 학생의거'와 '5월 혁명'으로 민주주의가 성장하고 있으며, 민족중흥의 계기로 '10월 유신'이 이루어졌다는 역사인식을 규정하고자 하는 의도가 명확히 드러난다. 민족사의 정통을 계승하고 있는 유신체제하에서 민족의 중흥이 이루어질 것이라는 주장을 하고 있는 것이다.[20]

---

19) 김흥수, 『한국역사교육사』, 259쪽.

이 시기 국사교과서 내용의 특징 중 하나는 대한민국임시정부 관련 서술에 전에 없이 많은 분량의 지면을 할애한 것이다. 이것은 남북 간 체제대결에서 우위를 확보하고자 했던 박정희정권이 북한과의 정통성 경쟁에 적극 나선 결과였다. 또한 학생운동의 주도적 역할이 부각되었는데, 여기에는 학생층이 민족운동에 헌신했던 역사를 계승하여 조국근대화, 민족중흥에 동참하기를 바랬던 정권의 의도가 반영되어 있다.[21]

국정 국사교과서 이외에도 국난극복의 정신자세를 강조하면서 주로 우리나라의 대외전쟁사를 집중적으로 서술하고 있는『시련과 극복』이 교과서 단일화라는 교육정책에도 불구하고 중·고등학교 독본용 국사교재로 간행되어 보급되었다. 표면상 대외전쟁사를 다루고 있지만, 내용의 상당한 분량이 국가비상사태의 선언이나 10월 유신의 정당성에 대한 설명으로 이루어지고 있는 것에서『시련과 극복』은 정치권력의 강화와 체제유지 수단의 역할을 하였다는 것을 알 수 있다. 결국 이 당시 교과서에서 강조되었던 민족적 주체의식은 유신정권의 정당성을 보장하기 위한 정치이데올로기에 지나지 않았으며 교과서의 국정화는 이를 위한 수단에 불과하였다.[22] 정치적 이데올로기로 사용된 민족정신과 민족문화에 대한 강조는 한편으로 국수주의적 역사관을 불러일으켰으며, 이것은 한국사에 대한 일반인들의 올바른 방향의 흥미와 관심을 잃게 하는 부작용을 낳았다.

박정희정권 시기의 역사교육은 민족주체성을 강조함으로써 민족적 자긍심과 정체성을 강화하는데 일정 정도 기여했지만, 애국심을 맹목적인 국가주의나 집단주의적 정서와 동일시하면서 역사교육과 연구전반이 치러야했던 대가는 결코 무시할 수 없다.[23] 국사교과서가 국가와 민족의 순수성과 그에 대한 충성을 강조했다는 것의 가장 큰 문제는 서술의 주체가 바뀔 때마다 우월성과 순수성, 충성의 대상을 변경해야 하는 상

---

20) 문교부(1975), 인문계고등학교『국사』.
21) 김정인, 「해방 이후 국사교과서의 '정통성' 인식」, 79~80쪽.
22) 김한종, 「한국 역사교육과정과 교과서의 변천」, 11~12쪽.
23) 박명규, 「역사논쟁에 대한 사회학적 이해」,『역사비평』2002년 봄호, 90쪽.

황이 벌어지게 될 수 있다는 것이다.24) 결국 정권이 바뀔 때마다 국사교과서 현대사 부분이 바뀌면서 정권을 홍보하는 내용으로 마무리짓는 방식이 관례화되고, 이후 국사교과서는 지배이데올로기가 반영되어 서술된다는 비판에서 벗어날 수 없게 된다.

　1970년대 후반의 유신체제 반대 움직임은 민주화운동과 연계되어 반정부운동으로 전개되었다. 해방 전후의 우리나라 역사에 대해서도 식민지 청산이 불완전한 반민족적, 반역사적이라는 주장이 나오게 되었다. 이 같은 주장에 대처하여 근현대 민족사의 발전과정과 대한민국의 성립, 발전과정이 역사적 정통성에 입각한 것이었음을 밝히는 것이 국가적으로 시급해지게 된다. 이에 따라 근현대사에 대한 관심이 고조되었고, 이에 대한 교육의 필요성이 제기되었다. 국사교과서의 근현대사 부분을 늘리고 그 내용을 보완해야 된다는 논의 역시 활발해진다.25)

　제5공화국이 출범한 이후 새로운 교육과정 개편 노력을 통해 1981년 제4차 교육과정이 시작되었다. 그 이전인 1979년에 국사교과서는 교과서 제도의 변화에 따라 국정이 아니라 1종, 연구개발형 도서가 된다. 1종 도서 제도의 시행취지는 국정교과서의 단점을 보완하고 검인정 교과서의 부작용을 막기 위해서라고 설명된다. 국사교과서가 1종 도서로 바뀜에 따라 기존의 『시련과 극복』 내용을 포함하여 분량이 크게 늘어나서, 제4차 교육과정부터는 상·하권으로 분책된다. 제4차 교육과정 고등학교 『국사』 교과서의 단원구성은 다음과 같다.26)

〈상권〉Ⅰ. 고대 사회의 발전 / Ⅱ. 중세 사회의 발전 /
　　　　Ⅲ. 근세 사회의 발전
〈하권〉Ⅰ. 근대사회의 태동 / Ⅱ. 근대사회의 성장 /
　　　　Ⅲ. 현대 사회의 발달

---

24) 박명림(2002), 「역사연구와 교육의 몇몇 고려들 - 객관과 비교와 비판」, 『역사비평』 통권 58호, 2002년 봄호, 107쪽.
25) 김흥수, 『한국역사교육사』, 284쪽.
26) 국사편찬위원회·1종도서연구개발위원회(1982), 고등학교 『국사』 상·하.

이 시기 국사 교육과정 내용구성에 있어 가장 큰 특징은 근현대사의 비중이 크게 증가했다는 것이다. 위의 단원명에서 보는 것처럼 하권 전체가 체제상 근현대사의 내용인데, 이것은 1970년대 말부터 증대되고 있던 근현대사에 대한 시대적인 관심을 반영했다는 것을 강조하는 효과가 있었다. 고등학교 국사 교육과정의 전체 6개 단원에서 근대 이후에 해당하는 단원이 무려 3개 단원에 해당한다. 물론 '근대사회의 태동'은 조선후기 역사를 다루는 단원으로 근대사로 볼 수 있는가는 논란의 여지가 있지만, 이를 제외하더라도 근현대사는 전체의 1/3에 해당한다.

근현대사에 해당하는 하권 Ⅱ, Ⅲ단원의 세부목차를 교과서에서 확인해보자.

Ⅱ. 근대사회의 성장
1. 민족의 각성과 근대문화의 수용
    1) 흥선대원군의 집정
    2) 개항
    3) 개화운동과 척사 운동
    4) 동학 운동
    5) 갑오경장과 근대문물의 수용
2. 근대 국가의 성립과 시련
    1) 제국주의 열강의 대립
    2) 독립협회의 활동과 대한제국
    3) 일제의 국권 침탈과 민족의 저항
    4) 의병의 구국 항전
    5) 애국계몽운동
3. 3·1운동과 대한민국임시정부
    1) 일제 침략하의 민족수난
    2) 3·1운동 이전의 독립운동
    3) 3·1운동
    4) 대한민국임시정부의 수립과 활동

4. 독립운동의 새 단계와 민족문화의 수호
    1) 독립운동의 강화
    2) 무장독립전쟁
    3) 광복군의 대일 전쟁
    4) 민족문화의 수호

Ⅲ. 현대 사회의 발달
1. 대한민국의 정통성
    1) 대한민국의 성립
    2) 6·25 남침
2. 민주주의 발전의 새 전기
    1) 민주주의의 성장
    2) 대한민국의 발전
    3) 제5공화국의 성립
    4) 오늘의 역사적 사명

제4차 교육과정 국사는 시대이름만 쓰던 단원명에서 벗어나 '발전', '성장' 등을 덧붙이고 있다. 국사교과서 하권은 '근대사회의 태동'이라는 단원명에서 알 수 있듯이, 임진왜란과 병자호란 이후 혼란을 이겨내고 새로운 사회로의 발전이 이루어진다는 내용으로 시작된다. 이어 정치·경제제도의 개편, 산업의 발전, 자주적 학문으로서 실학의 성립과 발전, 그리고 서민사회의 발달과 새로운 문화운동의 전개 등 민족사의 발전적인 측면이 크게 강조되는데, 이는 그동안 연구성과가 쌓여온 조선후기의 자생적 근대화론이 반영된 것이다.27) 한국사의 발전과 성장을 반영하고 내재적 발전론을 강조하는 것은 그동안 정체성론, 타율성론으로 대표되어왔던 식민사학의 논리에서 벗어나고 있다는 의미이기도 하다.28) 그러나 조선전기를 근세라고 시대구분한 것, 근대의 시작을 18세기로 보고 있는 것 등은 이후 학자들 간에 상당한 논란을 불러일으켰다.29)

이 시기 국사교과서에는 당면하고 있는 여러 가지 문제를 해명하고 국가관을 확립해야 될 필요에 따라 근대 이후의 역사적 내용을 대폭 보강하였다. 19세기 말 이후 20세기 초에 이르는 시기에 추진된 개화운동과 근대화운동, 자주운동과 함께 일제 침략하에서 전개된 민족의 독립운동과 민족문화운동에 관하여 많은 내용을 수록하고 그 역사적 성격을 규정하였다.

한편 1980년대는 국사교과서의 내용에 대해 학자와 일반인들 모두가 관심을 갖는 계기가 된 몇 가지 사건이 일어났는데, 대표적인 것이 1982년의 이른바 '일본역사교과서 왜곡사건'이다. 1982년 일본 문부성이 교과서 검정에서 침략 사실을 감추고 식민지 지배를 합리화하는 방향으로 내용 수정을 지시하였다는 사실이 알려졌다. 이 문제는 한·일 양국 사이의 외교문제로까지 비화되었다. 이를 계기로 재야사학자와 일부 언론을 중심으로 우리나라 국사교과서 내용 중 곳곳에서 식민사학의 잔

---

27) 김흥수,『한국역사교육사』, 318쪽.
28) 위 책, 320~321쪽.
29) 정선영 외,『역사교육의 이해』, 291쪽.

재를 찾아볼 수 있다는 비판이 거세게 제기되었다. 특히 고대사 부분에 비판이 집중되었으며, 국사학계에서도 고조선을 비롯한 고대사의 전반적인 인식체계에 대한 문제점이 지적되었다. 일본 역사교과서 왜곡 파동의 결과, 일제침략의 만행을 후손들에게 환기하고 민족의 고난을 잊지 말아야 한다는 여론과 함께, 근현대사를 서술함에 있어 일제 침략사와 약탈사를 수록하고 보강하는 것을 중심으로 1983년에 국사교과서의 내용이 일부 수정·보완되어 간행되었다. 이는 특히 1900년대 일제침략과 관련된 사실을 수록하되 역사용어를 주체적인 시각에서 검토하여 표현하는 것에 집중되었다. 그 대표적인 몇 가지 사례를 살펴보면, '헤이그밀사사건 → 헤이그특사파견', '토지조사사업 → 토지약탈', '의병운동 → 의병투쟁 또는 의병전쟁', '창씨개명 → 일본식이름강요', '징용, 징병 → 강제징용, 강제 징병' 등이 있다.[30]

4. 민중사학의 성장과 근현대사의 이데올로기 문제
(1980년대 중반~1990년대 중반)

1980년대 중반에 접어들면서 한국사회 전반에 걸친 개혁 움직임의 확산은 역사학 연구자들에게도 영향을 미쳤다. 역사학자 중 일련의 진보적인 연구자집단이 현실변혁과 민족민주운동에 관심을 갖고 동참하게 된 것이다. 이것은 1980년대 한국사학계의 외형적인 변화를 한 축으로 한다. 근현대사 연구가 자율적이지도 않고, 연구 자체도 활발하지 못했던 시기를 넘어 젊은 학자들의 상당수가 근현대사, 특히 현대사 연구에 참가하기 시작하면서 연구풍토에 변화가 일어났다. 또한 북한학계의 연구성과가 소개되면서 남한 학자들이 어떤 형태로든 자신들의 업적을 재검토해야 할 필요성을 느끼게 된다.[31] 진보적인 성향을 띤 젊은 학자들을

---
30) 김흥수, 『한국역사교육사』, 324쪽.

중심으로 전개된 이전 시기 연구성과에 대한 비판과 계승, 당시 사회경제적 조건에 대한 문제의식은 '민중사학론'으로 표출되게 된다.32)

통칭 '민중사학'은 역사발전의 주체가 민중이라는 선언적 명제에 기초하여 역사를 민중의 주체성이 확대되어 가는 과정으로 해석하고, 이를 토대로 민중이 주인되는 사회를 건설하기 위한 변혁의 전망을 모색하는 과학적, 실천적 역사학을 추구해야 한다고 주장하는 역사학의 경향이다.33) 유신독재 붕괴와 광주민중항쟁의 격변기를 통해 그동안 급격한 경제 및 산업화의 압축성장과정을 거치면서 내재되어 온 계급적 갈등이 민주화운동과 더불어 표출되고, 이를 극복하기 위한 변혁주체로서 민중의 역사적 역할이 적극적으로 인식되기 시작한 것이 민중사학 대두의 주된 요인이었다.34) 민중사학은 식민·분단이라는 특수 경험으로 민족문제에 대한 감수성이 날카로워진 한국의 마르크스주의 역사학이 민족주의 사학과 결합하여 나타난 시도였다고 설명되기도 한다.35)

민중사학자들은 자신의 연구작업을 대중화하는데 힘썼으며, 국사교과서의 내용에도 깊은 관심을 가졌다. 그것은 국사교과서가 사회 구성원의 정치사회적 이념에 커다란 영향을 주기 때문이다. 이들의 비판은 대체로 역사교육이 봉건사회와 일제 식민지유산의 계승, 미규정 이래 반공이데올로기의 강화에 기여하고 있으며, 곳곳에 전체주의적 국가이데올로기가

---

31) 김인걸 외(1989), 「좌담 : 80년대 민중사학론, 무엇이 문제인가」, 『역사비평』계간 7호 1989 겨울호, 21쪽.
32) 사실 '민중사학'이라는 표현을 더 즐겨 쓰는 사람들은 민중사학자로 지칭되는 당사자들이 아니라, 이러한 역사 연구 경향을 비판하는 사람들이다. 그것은 사회 대중 일반을 가리켜 '민중'이라는 말을 쓰는 사람들을 좌경 내지 급진주의자로 몰았던 1990년대 이전의 정치, 사회적 풍토를 겨냥한 것이라고 할 수 있다 (김한종(2001), 『역사왜곡과 우리의 역사교육』, 책세상, 168쪽.)
33) 김성보(1991), 「'민중사학' 아직도 유효한가」, 『역사비평』계간 15호 1991년 겨울호, 49쪽.
34) 김돈(2001), 「한국사학과 국사교육의 관계 재정립」, 『한국사론』 31, 20쪽.
35) 임지현(2000), 「'근대'의 담 밖에서 역사읽기-20세기 한국 역사학과 '근대'의 신화」, 『한국사론』 30, 322쪽.

스며들어 있다는 것으로 요약될 수 있다. 이러한 점에서 국사교과서는 정권의 이데올로기를 정당화하고 그 홍보역할을 충실히 해오고 있으며 정권과 연결된 계층의 이데올로기와 이해관계를 대변하고 있다는 것이다.

특히 근현대사 부분은 해방 이후의 내용이 정권의 정당성을 옹호하는 입장에서 서술되어 왔으며, 현대사 내용에 정부의 시책이나 성과를 두드러지게 홍보하고 반공이데올로기를 맹목적으로 받아들이게 하고 있다고 비판되었다. 또한 한말, 일제 통치기 역사서술의 경우 서구식 근대화론 입장에서 개화를 역사의 주류로, 민중을 보조적인 것으로 파악하고 있으며, 부르주아 계통의 민족운동, 문화운동, 실력양성운동을 민족운동의 주류로 서술하고 일제하 농민·노동운동과 같은 민중의 민족운동을 배제하고 있으며, 사회주의 계열의 민족운동을 금기시한다는 비판이 제기되었다. 물론 전근대사 역시 지배층 위주의 사관과 역사서술이 비판되었다.36) 이러한 현상이 나타나는 원인으로 '국정(1종) 교과서' 제도가 가장 크게 비판되었는데, 국가가 역사교육을 독점함으로써 이데올로기를 통제하고 내재적 발전구조 속의 모순관계를 은폐하고 있다는 생각 때문이었다.37)

1980년대 후반부터 역사학계나 교육계 일부에서 이러한 관점과 역사인식을 비판하고 나섬으로써 역사교과서의 이데올로기 문제를 둘러싼 논쟁이 벌어졌다. 하지만 역사교과서의 이데올로기적 편향성에 대한 비판

---

36) 김한종, 「한국 역사교육과정과 교과서의 변천」, 15~16쪽.
37) 남지대(1988), 「고교 국사교과서 근현대편의 서술과 문제점」, 『역사비평』계간 1호, 1988년 여름호, 317쪽.
민중사학에 대해 당시 역사교육과정 관계자들이 어떻게 생각했는지는, 교과서 검정제에 대한 다음의 반응에서 엿볼 수 있다.

"검정 문제는 지금 학계에서도 검정화를 요구하고 있지만 국사교과서가 갖는 특수성 때문에 풀기가 어렵습니다. 요사이 우리 학계의 소장학자 가운데 진보적인 성향을 가진 일부 학자들은 극히 편향적인 계급사관의 입장에서 우리 역사를 기술하고 있는데, 만약 이들이 이러한 입장에서 교과서를 집필하고 이것이 중등학교의 교재가 된다면 앞으로 우리 역사교육에 많은 문제를 가져올 염려가 있습니다" (윤종영(1999), 『국사교과서파동』, 혜안, 157쪽.)

은 이후 개정된 교과서에서 역사교육이 정치적 예속에서 벗어나야 한다는 점을 인식시키는 계기가 되었다.

제5차 교육과정은 4차 교육과정의 골격을 따르면서도 국사교과서에 대한 여러 가지 비판들을 의식하면서 진행되었다. 특히 고대사와 근현대사 분야에서 주장된 이견 조정을 위해 국사학계의 중진학자들을 모아 국사교육심의위원회를 위촉하고, 교과서 편찬의 기준이 되는 「국사교육 내용전개의 준거안」을 만들게 된다. 또한 이데올로기적 편향성에 대한 비판을 어느 정도 수용해서 '교과서 서술에 학계의 진보적인 견해를 수용하여 역사의 주인공이 누구였는가 하는 입장에서 기층사회의 움직임과 내재적 발전론에 주목하였다'는 입장을 밝히고 있다.38) 제5차 교육과정 고등학교 국사교과서의 내용구조와 근현대사 부분의 단원명을 살펴보면 다음과 같다.39)

〈상권〉Ⅰ. 선사 문화와 국가의 형성 / Ⅱ. 고대 사회의 발전 /
         Ⅲ. 중세 사회의 발전 / Ⅳ. 근세 사회의 발전
〈하권〉Ⅰ. 근대사회의 태동 / Ⅱ. 근대사회의 발전 / Ⅲ. 민족의 독립운동 /
         Ⅳ. 현대 사회의 전개

내용구성상에서 이전과 가장 크게 달라진 점은 근현대사가 강화되어 '민족의 독립운동'이 별개의 단원으로 설정되어 있다는 것이다. 이것은 일제의 침략으로 국권이 상실된 후의 민족독립운동을 체계적으로 이해하기 위한 것이다. 민족의 독립운동 관련 내용은 종래에는 일제의 침략정책을 다루는 단원에 포함되어 있었는데, 민족의 독립운동을 수동적인 시각에서 인식할 우려가 있다는 판단에서 독립된 것으로 독립운동을 민족주체적 입장에서 이해시키고자 하는 의도를 보여준다. 국사교과서의 내용서술에서도 조선후기 민중의 동향을 보다 적극적으로 서술하고 있으

---

38) 정선영 외,『역사교육의 이해』, 294쪽.
39) 국사편찬위원회・1종도서연구개발위원회(1990), 고등학교『국사』상・하.

며, 일제통치시기 무장독립투쟁과 사회주의운동, 북한정권의 성립 등을 새로이 담고 있다. 또한 왕을 주어로 하는 서술의 변경, '동학운동'을 '동학농민운동'으로 바꾸는 등 일부 용어의 개정도 나타나고 있다.

II. 근대사회의 발전	III. 민족의 독립운동	IV. 현대사회의 전개
1. 근대사회의 전개 　1) 흥선대원군의 정치 　2) 개항과 근대사회의 서막 　3) 개화정책의 추진과 반발 　4) 개화당의 개혁운동 2. 근대의식의 성장과 　민족운동의 전개 　1) 동학농민운동의 전개 　2) 근대적 개혁의 추진 　3) 독립협회의 활동과 　　대한제국 　4) 항일의병전쟁의 전개 　5) 애국계몽운동의 전개 3. 근대의 경제와 사회 　1) 개항 이후 열강의 　　경제적 침탈 　2) 경제적 구국운동의 전개 　3) 개항 이후의 사회적 변화 4. 근대문화의 발달 　1) 근대 문명의 수용 　2) 근대교육과 국학연구 　3) 문예와 종교의 새 경향	1. 독립의식의 성장과 　3·1운동 　1) 민족의 수난 　2) 항일독립운동의 추진 　3) 3·1운동 2. 대한민국 임시정부와 　독립전쟁 　1) 대한민국임시정부의 　　활동 　2) 국내의 독립전쟁 　3) 국외의 독립전쟁 3. 경제·사회적 저항운동 　1) 민족 경제의 침탈 　2) 경제적 저항운동의 　　전개 　3) 사회운동의 전개 4. 민족문화수호운동 　1) 국학 운동의 전개 　2) 교육과 종교활동 　3) 문학과 예술활동	1. 민주정치의 발전 　1) 대한민국의 수립 　2) 북한의 공산화와 　　6·25 전쟁 　3) 민주주의의 발전 　4) 통일을 위한 노력 2. 경제성장과 사회변화 　1) 경제활동의 진전 　2) 사회개혁운동의 전개 3. 현대 문화의 동향 　1) 교육과 학술활동 　2) 종교생활과 문예활동 　3) 체육의 발전과 올림픽 　　의 개최 　4) 오늘의 역사적 사명

　이러한 변화가 있었지만 국사교과서의 이데올로기적 편향성에 대한 지적은 여전하였다. 국정 국사교과서 제도와 맞물려 국사교과서가 개정 시기 정치권력의 정당성을 강조하는 것으로 마무리되는 경향이 있다는

것이다.40) 이와 더불어 여태까지 정권의 입장을 반영한다는 것에 자본가의 입장을 반영한다는 비판까지 덧붙여졌다. 근현대사 교육에 대한 학계와 사회 일반의 관심은 더욱 높아져 『역사비평』은 1990년 겨울호에 '통일을 위한 근현대사 교육 – 역사가 10인에게 듣는다'라는 특별기획을 내놓기도 했다. 여기서도 그동안의 교육에 반영된 반공이데올로기나 근대화 지향의 허상, 과거 사실의 무의미한 나열, 각 시대의 사회적 갈등 은폐 등을 비판하면서 근현대사 교육의 비중을 높여야 한다는 목소리가

---

40) 배영순(1992), 「중등국사교과서 개정판(1990년 판)에 있어서 근현대사 기술의 몇 가지 문제 – 인식체계와 논리구성의 문제를 중심으로」, 『인문연구』 13 – 2, 영남대 인문과학연구소, 146쪽.
이와 관련해 교과서가 국정화된 뒤 3차부터 5차 교육과정까지 국사교과서의 마지막 단락을 살펴보면 아래와 같다.

"대한민국은 1972년, 급변하는 국제정세에 대처하고 민족중흥의 역사적 사명을 달성할 정치, 사회풍토를 조성하고자 헌법을 개정하고 10월 유신을 단행하였다. 이로부터 사회의 비능률적, 비생산적 요소를 불식하고 전근대적 생활의식과 사대사상을 제거하여 한국민주주의의 정립을 추진하고 있다." (3차 고등학교 『국사』(1979년판), 300쪽.)

"제5공화국은 정의로운 사회의 구현과 민주복지국가로의 발전을 지향하고, 민족의 분단을 종식시키며 조국의 평화적인 통일을 이룩할 수 있도록 계속 노력하고 있다. 또, 국제무대에서의 대한민국의 국제적 지위를 확고하게 부각시킬 제반 외교적 정책을 강력히 펴나가고 있다. 이제 대한민국은 민족중흥의 역사적 사명을 안고 우리 민족의 무한한 힘과 능력을 세계사에 펼 기반을 다지고 있다." (4차 교육과정 고등학교 『국사』 하, 176쪽.)

"1970년대 이후부터는 탁구, 권투, 레슬링, 유도, 배드민턴, 양궁 등 많은 종목에서 세계를 제패하였다. 아울러 많은 국제적 체육대회가 국내에서 열려 한국을 세계에 널리 알렸다. 특히, 1986년 서울에서 열린 제10회 아시아 경기대회에서는 중국에 이어 제2위를 차지하였다. 1988년에는 제24회 하계 올림픽이 서울에서 개최되어 올림픽 역사상 최대 규모인 160개국의 14,000명의 선수가 참가하였는데, 우리나라는 4위를 차지하는 성과를 올렸다. 서울 올림픽 대회에서는, 그동안 갈라졌던 동서 양 진영이 함께 참가하여 힘과 기를 겨룸으로써, 세계평화를 위한 인류의 이상 실현에 기여하였다. 나아가, 세계 속의 한국으로서 국제적 지위를 확고히 하는 계기가 되었고, 우리나라는 이를 계기로 북방외교를 적극적으로 추진하는 계기가 되었으며, 국력을 내외에 과시하게 되었다." (5차 교육과정 고등학교 『국사』 하, 200~201쪽.)

높았다.41)

한국사 인식과 국사교과서의 이데올로기에 대한 이데올로기 대립은 1994년 국사교과서 준거안 파동으로 폭발하였다. 주로 논쟁의 대상이 된 부분이 현대사여서, 이 사건은 '현대사 파동'이라고 불리기도 한다. 1994년 3월 18일 열린 제6차 교육과정「국사교육내용전개의 준거안」심포지엄을 전후하여 그 내용이 언론에 소개되면서 논란이 일어났다. 당시 언론들은 국사교과서에서 좌익운동사와 북한의 주체사상까지 다루어 너무 급격한 변화를 추구하고 있지 않느냐에 대한 우려를 표명하였다. 또한 '8·15광복'을 '8·15해방'으로, '6·25전쟁'을 '한국전쟁'으로, '5·16혁명'을 '5·16쿠데타'로, '12·12사태'를 '12·12쿠데타', '대구폭동'과 '제주도 4·3사건'을 '항쟁'으로 기술한다고 보도하면서 현대사 부분의 편향성을 신랄하게 비판하였다. 이것이야말로 '위험한 민중사관'의 발로이자 '좌파적 발상'의 표현이라는 식의 원색적인 비난이었다.42)

1980년대 이래 연구영역을 확대해온 민중사학에 대한 우려와 공격으로 나타난 현대사 파동은 '서울 불바다'로 상징되는 남북관계의 악화라는 사회적 분위기와 겹쳐 그 향방이 걷잡을 수 없이 일방적으로 흘러가게 되었다. 결국 준거안 연구위원회는 몇 차례의 회의를 거쳐 여론에서 집중포화를 맞았던 문제들에 대해 종래의 견해를 대폭 수용하기로 결정했다.43) 용어문제로 논란이 된 '대구항쟁', '5·16쿠데타', '12·12쿠데타'는

---

41) 이원순 외 9인,「특별기획 통일을 위한 근현대사 교육-역사가 10인에게 듣는다」,『역사비평』1990년 겨울호.
42) 정재정(1995),「국사교과서의 현대사 분야 논쟁점」,『근현대사강좌』7, 한국현대사연구회, 290~291쪽.
43) 1994년 7월 발표된『국사교육내용전개의 준거안 연구보고서』의 서론에 서술된 "그동안 시안을 둘러싸고 많은 비판적 견해가 제기되었으며, 시안에서 제시한 내용에 대한 우려의 목소리도 높게 일었다. 연구팀은 그동안 국민들이 보여주었던, 가히 폭발적인 관심에 당혹감과 함께 깊은 책임감을 느꼈으며, 보다 객관적이고 국민적 정서에 접근된 준거안을 만들기 위해 노력하였다."는 내용이 당시의 분위기를 짐작하게 한다. (이존희 외(1994),『국사교육내용전개의 준거안 연구보고서』, 1쪽.)

준거안에서 아예 제외되고, '4·3항쟁'은 '제주도 4·3사건'으로, '여수·순천사건'은 '여순사건'으로 용어가 바뀌었으며, '6·29 민주화선언'이 새롭게 들어가게 되었다. 북한사에 관해서는 김일성 독재, 유일지배체제, 부자세습 등을 간략하게 서술하고 주체사상 등은 생략되었다. 이러한 최종적 준거안에 대해 대부분의 언론들은 긍정적으로 평가하였다.

준거안의 현대사 파동은 역사교육에 여러 가지 문제를 제기하였다. 연구자의 의도나 견해를 들어보지도 않고 무차별적 공격을 감행하는 언론과 일부 학자의 인신공격적 비난과 사상공세적인 위협은 역사교육의 독자성과 중립성 확보에 계속된 멍에가 되었다. 또 현대사 내용의 구성과 방향에 관한 본질적인 문제는 정작 충분히 토론하지 못하고, 논의가 지엽적인 부분에만 치우치다가 종결되었다. 결국 이렇게 큰 사건을 겪으면서도 본질적인 문제는 하나도 해결되지 못한 채 언제든지 재발될 수 있는 형태로 파동이 마무리되었던 것이다.44)

이러한 과정을 거쳐 제6차 교육과정이 성립되었으나, 교과서 서술이나 구성방식은 제5차 교육과정과 거의 비슷했다. 근현대사에 해당하는 하권 Ⅱ, Ⅲ, Ⅳ단원의 중단원까지의 목차만 살펴봐도 그것을 쉽게 알 수 있다.

Ⅱ. 근대사회의 전개	Ⅲ. 민족의 독립운동	Ⅳ. 현대 사회의 발전
1. 근대사회로의 진전	1. 민족운동의 동향	1. 현대사회의 성립
2. 근대 의식의 성장과 민족운동의 전개	2. 민족의 시련	2. 대한민국의 수립
3. 근대의 경제와 사회	3. 독립운동의 전개	3. 민주주의의 시련과 발전
4. 근대 문화의 발달	4. 사회·경제적 민족운동	4. 경제성장과 사회변화
	5. 민족문화수호운동	5. 현대문화의 동향

6차 교육과정은 다른 교육과정에 비해 비교적 짧은 기간 유지되다가 정부에서 의욕적으로 추진한 제7차 교육과정으로 대체되었다.

---

44) 정재정, 「국사교과서의 현대사 분야 논쟁점」, 296~297쪽.

5. '한국근현대사'의 분리와 '민족' 논쟁
   (1990년대 후반~현재)

　　현행 제7차 교육과정은 수준별 교육과정, 국민공통기본교육과정과 심화선택과정의 신설 등 여러 가지 변화를 시도하여 많은 차원에서 논란을 불러일으켰다. 역사영역과 관련하여 가장 특기할만한 변화는 기존의 국사 과목이 고대에서 현대까지를 포괄하는 통사체제였던 데 반해, 이제는 심화선택과목으로 '한국근·현대사'를 신설하여 분리시킨 것이다. 그러나 제7차 교육과정의 공통필수과목인 국사의 전근대사 중심 교과내용구성은 기형적이라는 비판을 받았으며, 학교나 학생들이 한국근·현대사를 만약 선택하지 않을 경우 근현대사 강화라는 원래 취지와는 다르게 근현대사를 전혀 배우지 않을 수도 있다는 우려를 낳았다.

　　국사교과서의 내용구성에는 2001년 일본의 『새로운 역사교과서』(후소샤 간행) 관련 논쟁이 영향을 미쳤다. 1997년 1월 결성된 '새로운 역사교과서를 만드는 모임'(이하 '새역모')은 우익 성향을 보이는 일본의 학자들이 대거 참여한 역사연구 단체였다. 이들은 교육·교과서 공격과 역사개찬운동을 추진한 이후, 회원을 확대하고 전국에 지부를 만들었으며 중학교 역사와 공민교과서를 편집하여 2000년 4월 문부성에 검정을 신청했다. 이들이 만든 역사교과서는 일본의 식민지 지배를 정당화하면서 자국중심의 국가주의와 배외주의를 선동, 천황 중심의 '신의 나라'를 만들 것을 노리고 있다. 이들은 당면한 교과서 기술을 목표로 해왔으나, 진짜 목표는 일본을 '전쟁을 할 수 있는 나라'로 만들기 위한 이데올로기를 유포시키는 것이다. 일본을 '전쟁하는 나라'로 만들기 위해서 침략전쟁을 긍정하고 가해사실을 부정하는 역사인식을 어린이와 청소년을 비롯한 국민 전체에 '정착'시키는 일이 이들에게 꼭 필요하기 때문이다.[45]

---

45) 타와라 요시후미, 일본교과서바로잡기운동본부 역, 2001,『위험한 교과서』, 역사넷, 7~8쪽.

새역모가 만든 역사교과서의 내용은 '일본인의 자부심을 되찾는다'는 명분을 내세우고 있으나 많은 문제 있는 내용을 담고 있다. 한국·중국을 비롯하여 아시아 각국을 침략한 사실을 은폐하고, '대동아전쟁은 아시아 해방전쟁'이라며 침략전쟁을 부정·미화하고 있다. 일본이 일으킨 전쟁은 모두 상대국에 책임·원인이 있다고 하면서 일본의 행위를 정당화하고 있으며, 조선반도의 식민지화는 필요한 것이었다고 강변하고 있다. 또한 일본군 '위안부'에 대해서는 한마디도 언급하지 않은 채 난징대학살에 대해서 부정론을 전개하는 등, 일본의 가해·전쟁범죄를 은폐하고 있다.46)

이런 시각의 교과서가 검정을 신청했다는 것이 알려지자 일본 국내는 물론 한국·중국에서 격렬한 항의와 비판이 일어난 가운데, 이 교과서는 부분 수정으로 검정에 통과했다. 이 교과서의 내용을 놓고 우리나라 안에서도 분노와 대책 마련에 부심했고, '일본교과서바로잡기운동본부(아시아 평화와 역사교육 연대)'가 결성되어 활동하였다. 새역모가 활동할 수 있었던 배경으로 그동안 일본 교과서에서 금기시되고 배제되어왔던 내셔널리즘이 정체성의 위기와 혼란을 낳았고, 그 틈을 파고든 것이 이러한 시대착오적이고 위험한 극우 내셔널리즘이었다고 분석되기도 했다.47) 또한 이 교과서에서 정작 문제가 되는 것이 사실에 대한 왜곡과 오류가 아니라, 그들이 자신의 입장을 방어하는 기제가 역사 해석의 '구성주의적 입장'(인간이 지식을 형성하고 습득하는 과정을 개인의 인지작용의 결과로 보며, 학습자가 자신의 지식을 능동적으로 구성한다는 것)이라는 우려의 소리도 나오고 있다. 역사교육처럼 가치를 다루는 학문의 경우 개인적 혹은 사회적 차원에서 가치가 왜곡될 수도 있으며, 그들은 그것조차 자신들의 '새로운 구성물'로 여긴다는 것이다.48)

---

46) 위 책, 12쪽.

47) 김성보(2002), 「한국·일본 역사교과서의 현대사 서술 비교-냉전체제 인식과 내셔널리즘을 중심으로」, 『화해와 반성을 위한 동아시아 역사인식』, 역사비평사, 39쪽.

48) 윤해동(2002), 「억압된 '주체'와 '맹목'의 권력-'동아시아 역사논쟁'과 국민국가」, 『기억과 역사의 투쟁』 당대비평 특별호, 삼인, 38~39쪽 ; 안병우(2003), 「바

'동아시아 역사논쟁'49)이라고도 불릴 만큼 일본 후소샤 교과서는 한·중·일 3국 간, 혹은 각 국가 내부적으로 많은 파장을 불러일으켰다. 우리나라 역시 이 논쟁에 휩싸이면서 일본교과서를 떳떳하게 비판하기 위해 우리나라의 역사교육에 대해서도 다시 검토해보자는 목소리가 높아졌다. 후소샤 교과서에서 가장 크게 문제가 되었던 근대사 부분이 7차 교육과정에서 선택과목이 된다는 것은 비난받기에 충분한 사안이었다. 결국 당시 아직 인쇄되기 전이었던 고등학교『국사』교과서에『한국 근·현대사』교과서와는 별개로, 그리고 분류사 체제로 구성된『국사』의 서술체제와도 다르게 급조된 근현대사 단원('근현대사의 흐름')이 추가되었다.

이와 더불어 여전히 국정교과서 체제를 취하고 있는 우리나라의『국사』교과서에 대한 비판의 목소리도 높아졌다. 국정교과서는 국가가 역사서술과 해석을 독점하여 정부의 입장에 따른 획일적인 역사관을 학생들에게 심어줄 확률이 높다. 국정교과서 체제하에서 학생들은 교과서 내용을 진리라고 생각하게 되어, 교과서가 국민화 전략에서 유래한 것이고 그를 위한 민족사로서의 자국사 서술이 신성화된다는 사실을 자각할 수 없게 만든다.50)

일본 역사교과서를 비판하면서 함께 이루어진 우리나라의 역사교육과 교과서에 대한 검토에서 그 무엇보다 커다란 화두로 던져진 것은 '민족주의/국가주의'이다. 물론 그 이전에도 국사교과서가 '국가/민족 중심'이라는 언급이 전혀 등장하지 않은 것은 아니었지만, 한국사 서술이나 역사교육에 민족이나 민족주의를 내세우는 것 자체를 비판하는 사람들의 등장은, 역사학이나 역사교육에서 민족문제에 대한 논쟁을 본격화시켰다.

람직한 한국사 교육을 위하여」,『한국사교과서의 희망을 찾아서』, 역사비평사, 17쪽.
49) 윤해동,「억압된 '주체'와 '맹목'의 권력 – '동아시아 역사논쟁'과 국민국가」, 34쪽.
50) 위 글, 48~49쪽.

민족 또는 민족주의에 대한 논쟁은 크게 민족을 고대로부터 존재해 온 원초적인 실재로 보는가, 아니면 근대 자본주의 발전과정에서 생겨난 역사적 구성물로 보는가로 나뉜다. 후자의 입장을 대표하여 민족을 '상상의 공동체'라는 유명한 말로 설명한 앤더슨은, 민족을 특정한 시기에 사람들의 경험을 통해서 구성되고 의미가 부여된 역사적 공동체라고 정의한다.51) 여기에서 비롯된 민족주의 비판론자들은 민족이나 국가·사회는 실체가 아니므로 역사의 주체로 설정될 수 없다고 주장한다. 무엇보다 한국사 서술에서 근대적 관념인 '민족', '민족의식'을 고대부터 있었던 초역사적인 존재로 상정하여 '민족'을 하나의 도그마로 삼고 있다는 것에 비판이 집중되었다.

'민족'을 보는 이러한 견해에 대해, 서구적 관념의 'nation'이 번역되어 소개되기 전부터 우리에게 민족은 역사 속에서 의식과 전통으로 작동해온 실체라는 반론이 제기되었다. 한국민족은 '민족체'라는 형태로 먼 옛날부터 형성되기 시작하여, 고려·조선에 이르러 일정하게 전근대적 민족이 형성되어 주변의 다른 나라와 구별되는 독자의 역사와 문화를 가진 '하나'라는 인식이 역사 속에서 실제로 작동해왔다는 것이다.52) 또한 '민족주의' 비판에 대해서도 지금의 한국사는 문헌고증적 연구성과의 망라일 뿐 제대로 된 민족중심의 역사이해를 성취한 바도 없다는 주장이 제기되었다. 우리나라의 역사교과서에는 민족중심의 역사이해는 고사하고 일관된 역사이해 체계 자체가 없으며, 한국사 인식의 진전을 막은 장본인은 '민족주의'가 아니라 민족주의를 제대로 계승하지 못하도록 만든 제반 여건이라는 것이다.53)

역사적 실재로서의 민족을 인정하는 사람들이라 할지라도 민족을 중심에 두거나 강조하는 국사교육에 대한 검토와 비판의 필요성은 인정하

---

51) 베네딕트 앤더슨, 윤형숙 역(2002), 『상상의 공동체』, 나남출판, 264쪽.
52) 서중석(2004), 『배반당한 한국 민족주의』, 성균관대학교 출판부, 40쪽.
53) 서의식(2001), 「포스트모던 시대의 한국사 인식과 국사교육」, 『역사교육』 80, 13쪽.

는 추세이다. 민족을 내세우는 역사학 내지 역사교육은 하나의 정해진 사고와 활동을 강요함으로써 사람들을 획일화시킬 수 있으며, 무엇보다 이것이 권력유지를 위한 정치적 이데올로기의 수단으로 이용되었던 역사는 이러한 비판을 외면할 수 없게 한다. 이러한 입장의 사람들은 민족주의적 역사교육 자체가 문제가 아니라 그동안 민족주의를 가장하여 정치권력의 정당성을 합리화하기 위한 수단으로 사용했던 것이 문제라고 지적한다.54)

이러한 맥락에서 한국근대사 서술이 재검토되기도 하였다. 한국근대사가 국민국가와 민족·민중 중심으로 서술될 때 과거 인간의 행위는 반국민(반민족)적 행위와 애국(애족)적 행위로 양분되고 그 사이의 중간적 행위는 인정되지 않는다. 또한 근대화를 항상 긍정적 개념으로 보되, 이때 근대화는 반드시 자민족에 의해 국민국가를 수립하고 서구·일본과 유사한 사회경제체제를 성취한 상태에 대해서만 사용한다. 이러한 인식에서는 식민지 치하 조선인들은 무조건 무자비한 억압과 고통 속에서 처참한 삶을 산다는 역사서술과 함께, 자민족에 의한 근대화가 이루어졌다면 모든 국민이 행복하고 자유롭게 살아갔을 것이라는 환상을 품게 만든다.55) 민족 편향적인 서술 안에 민족 내부의 계급갈등은 감춰지거나 축소, 왜곡되는 것이다. 또한 근대 역사학이 국가와 민족을 기본단위로 하는 것이 우리나라만의 현상이 아닐지라도 한국사에서 국가와 민족이 선험적으로 전제되는 경향, 민족주의의 모습이 시기에 따라 달라짐에도 불구하고 한말과 일제하의 시점에 고정되어 있는 점56), 무엇을 가리키는지 분명하지 않은 '민족'이라는 용어를 과다 사용한다는 점57) 등은 근본적인

---

54) 김한종,『역사왜곡과 우리의 역사교육』, 110~114쪽.
55) 도면회(2002),「한국근대사 서술에서의 민족·국가문제」,『역사비평』통권 58호, 2002년 봄호, 59~62쪽.
56) 박명규(2002),「역사논쟁에 대한 사회학적 이해」,『역사비평』통권 58호, 2002년 봄호, 88~89쪽.
57) 예를 들어 7차 교육과정 중학교 교과서의 "대한민국은 역사상 우리 국토에 우리 민족의 손으로 세운 최초의 민주 공화국이다. 일제의 침략으로 나라를 잃은

검토가 필요하다고 지적되기도 했다.

한국근·현대사 교육과정에 대한 분석과 비판도 이루어졌다. 한국근현대사가 '우리민족(민족주의)'과 '근대화(근대성)'라는 두 개의 코드를 효과적으로 변주시키기 위해 '침략과 저항의 역사'라는 서사구조를 관철시키고 있다는 것이다. '우리민족'이라는 코드를 달성시키기 위해서 역사적 실재가 아닌 초역사화된 '상상된 민족'의 신성성과 무오류성을 강조하면서 민족에 대한 무조건적인 충성과 복종을 정당화한다. '근대화'의 코드는 우리역사 내부에서도 보편적인(서구적인) 의미의 자생적 근대가 태동하고 있었으나 식민지화로 말미암아 그 발전이 중단되었다는 것으로, 교과서에서 근대화가 달성해야 할 목표로 서술되고 있다. 이것은 일제하에서 지체되고 중단된 '조국 근대화'를 앞당기기 위해 일치단결, 고통분담하자는 지배이데올로기를 정당화하는 역할을 하기도 한다.[58] 교과서의 민족주의는 수난자(피해자)적 역사인식을 가지게 하여 가해자적 역사현실을 사장시키는 역할을 하며, 교과서 전체에 관철되고 있는 1민족 1국가론은 원초적 민족주의로 외국인 혐오증이나 공격적 팽창주의로 변화될 수 있음도 지적되고 있다.[59]

우리나라 일본에서 'nationalism'의 동일한 번역어인 '민족주의'와 '국가주의'는 구별해서 사용된다. '민족'이라는 개념은 국민국가를 구성하는 집단으로서의 의미보다 오히려 동일언어와 동일인종에 속하는 집단으로서의 의미에 가치를 두는 경향이 현저하다. 그러나 한편으로 이러한 '민족'이 두 나라 모두에서 국가 구성집단과 일치하기 때문에 국민통합이

이래, 우리 민족이 염원하던 우리의 정부가 수립된 것이다."라는 문장을 살펴보자. 여기에서 민족은 누구인가? 남과 북에 사는 한국인가, 남에 사는 한국인인가, 반공 한국인인가? (서중석, 「국사교과서 현대사 서술, 문제많다」, 『역사비평』 2001년 가을호, 157쪽).

58) 지수걸(2001), 「제7차 교육과정 '한국근현대사' 준거안의 문제점 — 근대사 관련 부분을 중심으로」, 『역사교육』 79, 177~188쪽.

59) 김진규(2002), 「국사교과서에 깃든 한국 민족주의의 두 망령」, 『인물과 사상』 55, 인물과 사상사, 112~114쪽.

주로 '민족'을 매개로 이루어져, '민족'이 오히려 국가주의의 강력한 무기로 사용될 수 있었다.60) 사실 우리나라에서 1960년대 이후 조국 근대화를 내세워 경제성장을 주도해갔던 집권세력은 이 시기에 고조되기 시작한 민족주의적 경향을 토대로 주체적 민족사관의 정립을 강조했으며, 민족주의는 집권세력의 권력유지를 위한 지배이데올로기로 사용되는 굴절된 모습으로 성장했다.61)

민족과 민족주의에 관한 논란이 역사교육에 미친 영향을 알아보기 위해 역사교사들이 만들어 '대안교과서'를 표방하고 있는 『살아있는 한국사 교과서』에 이러한 논쟁이 어떻게 반영되었는지를 살펴보자. 『살아있는 한국사 교과서』가 만들어지는 과정과 자료를 모아놓은 『'살아있는 한국사 교과서' 백서』를 보면, 전체적인 서술방향과 체제에 대한 기초 토론과정에서 교과서와 민족주의에 대한 고민이 빈번하게 나타나고 있다.

여러 차례 논의의 과정을 거쳐 『살아있는 한국사 교과서』는 민족주의의 다양한 얼굴 중 극복해야 할 민족주의와 지향해야 할 민족주의를 구분하고, 오늘날 '민족', '국민국가'가 실체로 인정되어야 하며 자국사 교육이 정당한 역할을 인정받아야 한다는 관점을 취하기로 결론지었다.62) 물론

---

60) 후지나가 다케시, 「일본에서 본 '포스트모더니즘 역사이론' 논쟁」, 『역사비평』 2002년 봄호, 69쪽.
61) 김돈, 「한국사학과 국사교육의 관계 재정립」, 22쪽.
   일반적으로 제3세계 민족주의 자체가 처음 성장할 때는 전근대적 사회 구성에서 자본주의 세계체제에 대한 반작용이라는 일정한 정당성을 갖지만, 저항이데올로기로서의 역사적 역할이 끝나면 민중-민족 개념에 기초한 내재적이고 혁명적인 민족주의의 지향을 가로막는 역기능만 남기 쉽다. (양정현(2003), 「대안교재 작업에서 민족 논의의 맥락」, 『'살아있는 한국사교과서' 백서』, 전국역사교사모임, 157쪽.)
62) 지금까지의 국사 교육에서 강조되어온 '민족 정체성'이라는 말 속에 포함되어 있는 정통론적 시각이 결과적으로 분단 역사인식을 심화시킬 우려가 있으며, 민족 독자성에 대한 강조가 자칫 문화민족주의나 국수주의로 갈 수 있다는 인식을 『살아있는 한국사교과서』 집필자들은 함께 하고 있다. (김육훈(2003), 「우리가 지향하는 역사교육은 어떤 것인가」, 『'살아있는 한국사교과서' 백서』, 전국역사교사모임.)

이런 결론을 내린 후에도 운명공동체로서의 민족을 과도하게 강조할 경우 사회내부의 모순구조를 극복하는 과정으로서의 역사발전이나 민족 공동체의식의 형성과정을 제대로 드러내지 못할 수 있다는 점, 한국사 교육이 '민족=국가'라는 추상적 공동체를 서술대상으로 해야만 하는가 등의 문제를 점검대상으로 남겨놓고 있다.63) 이것은 민족주의의 여러 가지 논쟁점과 한계에도 불구하고 우리사회에서 민족주의에 대해 받아들일 수 있는, 혹은 포기할 수 있는 경계를 구분 짓는 하나의 유의미한 사례가 될 수 있다고 본다.

　근대는 민족·국가 간 경쟁이 치열한 사회였으므로 근대 국민국가의 입장에서 볼 때 국가·민족 단위의 삶이 중요했다. 특히 애국심·민족정체성 함양 교육은 당연히 중요시되어야 했다. 앞으로도 당분간 국민국가의 틀 속에서 살아갈 수밖에 없으므로 어떤 식으로든 국가·민족사 교육은 계속될 것이다.64) 또한 우리사회의 성격을 규정짓는 가장 특징적인 현상 중 하나가 남북분단이라는 민족모순인 이상, 우리 역사교육에서 '민족'이라는 실체를 제외한다는 것은 매우 어려운 일일 수밖에 없다. 기존의 낡고 억압적인 국가·민족 담론을 넘어 우리의 근현대사에 대한 비판적 성찰이 가능한 새로운 민족담론을 중심으로 근현대사 교육을 재구성할 수 있어야 한다. 더 나아가 민족담론이 우리 역사를 보는 절대적인 틀이 아니라 다양한 시각 중 하나임을 인식시켜 나가야 할 것이다.

　일본의 『새로운 역사교과서』에 대한 논란과 비판, 그리고 이와 비슷한 시기에 전개된 우리나라 역사교육의 '민족'에 대한 논쟁에서 근대사 영역은 가장 크게 주목의 대상이 되었다. 이것은 그만큼 이 시기가 첨예한 시각차를 보일 수 있는 민감한 관심영역임을 보여주는 사례일 것이다. 이러한 논쟁들은 그 자체로 끝나는 것이 아니라 앞으로 근현대사 교육이 어

---

63) 양정현(2002), 「국사교과서 국정 체제의 문제점과 대안 모색 - '살아있는 한국사교과서'를 중심으로」, 『역사와 경계』 44, 부산경남사학회, 90~91쪽.
64) 지수걸(2002), 「'민족'과 '근대'의 이중주」, 『기억과 역사의 투쟁』 당대비평 특별호, 삼인, 77쪽.

떻게 이루어져야 하며, 어떤 방향을 지향해야 할 것인가에 관한 논의를 발전시킬 수 있는 자극이 되리라고 본다.

6. 맺음말

이 글에서는 한국근현대사 교육의 변천과정을 관련 쟁점들을 중심으로 살펴보았다. 교육과정 성립기에 근현대사 교육은 그다지 중요하게 여겨지지 않았다. 7차에 걸쳐 교육과정이 개정되는 과정에서 근현대사의 중요성에 대한 인식이 커지고, 그에 따라 근현대사의 비중도 점차 커져갔다. 근대사 영역은 교육과정 개정에 따라 타율성, 정체성을 강조하던 일제의 식민사학을 극복해 나간다는 것을 표방하면서 강화되어 갔다. 그러나 교과서의 현대사 서술은 정권의 홍보수단이라는 오명을 뒤집어쓴 채로 출발하였다. 교육과정 변천 과정 속에서 근현대사의 모습은 독립 운동사 중심의 근대사, 민족의 정통성 강조를 통해 정권의 정당성을 합리화하기 위한 현대사로 나타났다.

교육과정에서 근현대사 영역이 따로 분리된 것은 제7차 교육과정부터이지만, 근현대사는 고대사 영역과 함께 교육과정 내에서 가장 많은 논란의 대상이 되었다. 그러나 비슷한 논쟁을 반복하는 고대사 영역과는 달리, 근현대사 영역의 교육과정 구성에 영향을 미친 쟁점은 그 시기의 시대적인 쟁점이 무엇이었는가를 보여준다. 근현대사 교육에서의 논란 자체가 역사학계, 혹은 확대하여 사회적인 이슈의 반영이었던 것이다. 이것은 근현대사를 이야기하는 방식 자체가 시각과 정치노선의 차이를 드러내는 것이며, 근현대사가 우리의 현재를 이야기하는 것과 뗄 수 없을 만큼 가까이 연결되어 있는 민감한 영역이라는 것을 말해준다. 따라서 근현대사 교육과 관련된 논쟁은 근현대사 서술의 방향뿐 아니라 우리가 앞으로 발전해야 할 방향에 대해 합의하는 과정이기도 하다.

근현대사에 대해 이야기하는 것이 이처럼 민감한 상황에서 역사 교과 중 선택과목으로 분리·독립된 한국·근현대사는, 교과서를 만들고 검정하는 과정부터 지금까지 끊임없이 정치적인 논란의 대상이 되어왔다. 교육적 고려보다는 단순히 충격적인 정치사회적 이슈를 던지는 방식으로 반복되는 정부정책의 홍보, 친북적인 서술 등의 근현대사 교육에 대한 문제제기는 그 방식과 내용에서 현재 근현대사 교육이 어떠한 위치에 있으며, 한국에서 근현대사 교육과 교과서 서술이 얼마나 어려운지를 잘 보여준다. 이러한 쟁점과 논란들은 앞으로도 반복될지 모른다. 그러나 한국근현대사 발전과정의 성격을 규정하고 이를 통해 우리 사회가 지향해야 할 목표와 가치를 점차 합의해나간다면, 근현대사 교육만으로도 우리는 현재뿐 아니라 미래까지 설명할 수 있다. 시대정신에 투철한 근현대사 교육을 이루기 위해서는 정부의 간섭을 최소화하는 방향의 교과서 제도 개선과 정치적인 맥락에서 일방적으로 몰아붙이는 그간의 이념논쟁을 대신하여 교육에 대해 책임 있는 논의를 할 수 있는 분위기의 성숙이 무엇보다 앞서야 할 것이다. 미래지향적인 근현대사 교육은 현대사가 가야할 사회방향에 대한 합의와 통일지향성을 인식하고, 개방적 민족주의에 기초한 세계사와의 의미 있는 관련 속에서 이루어질 것이다

II. 근현대사 교육의 현황과 대안

초등학교 근현대사 수업실태와 그 요인
- 교과서 내용과 교사의 지식 -

김 주 택

1. 머리말
2. 수업내용에 영향을 미치는 요소
    1) 교과서
    2) 교사의 지식
3. 근현대사 서술 내용의 문제
    1) 개인의 위업 강조와 왜곡
    2) 주체에 의한 타자화
    3) 가시화 논리
    4) 그릇된 지식의 상식화
    5) 큰 이야기에 의한 현실감 상실
4. 교사의 근현대사 지식
    1) 무엇을 알고 있는가?
    2) 언제, 어떻게 알게 되었는가?
5. 맺음말

1. 머리말

 인식론의 주요 물음은 지식의 본질과 원천에 대한 것이다. 지식에 대한 철학적 논의를 교육적인 맥락에서 논한다면 '지식이란 무엇인가?'에 대한 물음만큼이나 '학습자는 어떤 경로를 통해서 지식을 획득하는가?'

하는 물음도 중요하다. 흔히 지식의 원천으로서 개인의 본유관념과 감각 경험, 사회를 꼽는다.[1] 둘 다 결코 간과될 수 없는 요소들이다. 이와 함께 최근 지식획득과 구성의 주체로서 학습자의 위치가 그 어느 때보다도 중시되고 있다. 그렇지만 학습자 외부에서 주어지는 지적인 자극으로서 교사와 교과서의 역할은 여전히 중요하다고 할 수 있다.[2]

사실 학습자의 인지에 대한 연구는 오랜 기간에 걸쳐 진행된 반면, 교사와 교재에 대한 연구는 상대적으로 이에 미치지 못하였다. 이에 대한 반성으로 교사교육프로그램에 대한 재고, 교과서 발행제도 개선을 위한 노력은 꾸준히 진행되어 왔다. 이는 교사의 지식과 교과서 내용이 지닌 문제가 교육활동 전반을 좌우하는 중요한 부분이라는 문제의식에서 비롯된 것이라 할 수 있다.

초등학교 근현대사 교육에서도 교사의 지식과 교과서 내용이 중요하다는 것은 다시 말할 필요가 없다. 그러나 그 중요성에 비하면 문제의 실상은 별로 부각되지 못하였다. 우선 근현대사와 관련된 주제가 다른 주제에 비해 상대적으로 주목을 받지 못하였다. 여기에는 초등학교 사회과가 지닌 내용체계상의 특수성 즉, 다양한 학문이 통합된 체제 내에서 근현대사교육을 위한 논의의 장이 충분하지 못했다는 점을 꼽을 수 있다. 그리고 그동안 근현대사교육을 비판적으로 논의할만한 정치적, 사회적 여건이 충분하게 마련되지 못했던 점 역시 이러한 결과를 초래한 원인이라고 할 수 있다. 근현대사교육을 체계적, 비판적으로 가르치려는 노력이 활발해지고 있는 상황에서, 교과서 내용과 초등학교 교사의 지식을 검토하여 근현대사 교육이 지닌 문제점을 찾고 교육적 대안을 모색하는 것은 충분히 의미있는 일이다.

---

1) 유한구(1998), 『교육인식론 서설』, 교육과학사, 35~77쪽.
2) 지식의 원천이 '사회'라는 말은 지식이 사회에 의해서 결정된다는 말로 해석해서는 안 된다. 지식은 단지 개념상 사회에 의존한다는 것이며, 다른 사람의 개입이 없이는 지식획득이 불가능하다는 말이다. 즉 지식획득의 장면에 다른 사람들과의 합의가 필요함을 일컫는 말이다. 위 책, 72쪽.

이 글에서는 초등학교 사회과에서 이루어지는 근현대사교육을 비판적으로 검토하고자 한다. 이를 위해 초등학교 사회교과서(6학년 1학기)의 근현대사 내용의 문제점을 밝히고, 교사들의 근현대사 지식정도와 그 형성과정에 대해 논의하고자 한다. 이를 위한 연구방법으로 교과서 분석과 초등학교 교사들과 반구조화된 면담을 실시하였다. 초등학교 교사들의 근현대사 지식과 관련해서는 서울 시내 5개 초등학교 6학년 교사들과 면담을 실시하였다. 시기는 2004년 7, 8월이었고, 인원은 15명이었다. 면담의 주요내용은 교사들이 연구자가 선정한 한국근현대사 사건들의 내용을 얼마나 알고 있는지, 어떤 과정을 통해서 그러한 지식을 갖게 되었는지에 중점을 두었다.

2. 수업내용에 영향을 미치는 요소

1) 교과서

(1) 내용체계의 문제

근현대사 수업 역시 교과서를 근간으로 이루어진다. 물론 교수·학습 과정에서 교사가 교과서 내용을 재구성할 수 있으나 이러한 노력에는 현실적인 어려움이 따른다. 거의 전 과목을 가르쳐야만 하는 초등학교 교육현실에서는 더욱 그러하다고 할 수 있다. 이런 이유로 교과서의 비중은 상대적으로 커져 내용체계와 내용의 오류는 주요 관심사로 부각되어 왔다.

초등학교 사회교과서 역사내용은 초등학교의 교육목표, 학습자의 인지발달 정도와 학습능력을 고려할 때 중·고등학교와 차별성이 있어야 한다. 그 차별성은 특히 내용구성 체계와 다루는 내용의 양에서 부각되어야 한다. 그렇지만 초등학교 사회교과서는 이 두 가지 면에서 고유한 모습을 띠지 못하고 있다.

먼저, 초등학교 6학년 1학기 사회 교과서 내용체계의 문제를 지적할 수 있다. 초등학교 시기는 역사학습이 처음으로 이루어지는 시기이기 때문에 학생들이 역사에 대한 흥미를 갖도록 하기 위해 교수방법 못지않게 초등학교만의 독자적인 내용체계를 확립하는 것이 중요하다.3) 그러나 초등학교 사회교과서 역사내용은 전체적으로 중학교 내용과 별다른 차이를 보이고 있지 않다. 〈표 1〉은 초등학교와 중학교 교과서 근현대사 내용을 비교한 것으로 두 교과서 모두 사건의 발생 순서대로 내용을 구성하였음을 알 수 있다. 이는 초등학교 사회교과서(6학년 1학기)와 중학교 『국사』 모두 연대기적 방식을 취한 결과이다. 그러다보니 초등학교와 중학교 학습내용의 중복현상은 피할 수 없는 일이 되어 버렸다. 물론 관련 사실을 다루는 정도에 있어서 중학교 내용이 초등학교에 비해 자세하고, 초등학교에서 다루지 않는 내용들도 포함하고 있다는 점을 알 수 있다.4) 그러나 이러한 차이점은 별 의미가 없어 보인다. 차이점보다는 유사점이 더욱 부각되기 때문이다. 중학교와 고등학교 『국사』 교과서가 각각 연대기적 방식, 주제사 접근방식을 취하면서 차별적으로 접근하는 것처럼, 초등학교와 중학교도 학습내용 간의 차별성이 확보되어야 한다. 중·고등학교 『국사』 내용체계가 다르기 때문에 초등학교 내용체계 역시 차별적이어야 한다는 것은 아니다. 오히려 초등학교만의 내용체계가 마련되지 않아 발생하는 여러 문제점 때문에 내용체계의 개선이 필요한 것이다. 그 문제점은 다음의 몇 가지로 정리할 수 있다.

우선, 연대기적 내용구성으로 인한 학습부담과 피상적인 학습이 생길 수 있다는 점을 들 수 있다.

---

3) Henry Pluckrose(1991), *Children Learning History*, Oxford : Basil Blackwell Ltd, p.6.
4) 초등학교 학습내용 중, 괄호 안의 내용은 교과서에서 관련 내용을 다루었으나 그 명칭이 명시되지 않은 경우이다. 중학교 학습내용 중 음영표시는 초등학교 교과서에서 언급하지 않은 내용이다.

〈표 1〉 초등학교와 중학교 근현대사 학습내용 비교

초등학교 학습내용	중학교 학습내용
운요호 사건, 강화도조약 개화 정책을 실시함 구식군대가 난을 일으킴 갑신정변, 갑신정변 개혁안 동학교도들의 집회, 동학농민운동 농민군의 개혁안 갑오개혁, 갑오개혁의 주요내용 청·일전쟁, 을미사변 (삼국간섭) 고종은 러시아 공사관으로 처소를 옮김 독립협회 대한제국, (광무개혁) 최익현의 주장, 단발령, 근대 문물의 도입 러·일전쟁, 을사조약 의병운동 애국계몽운동 교육활동, 국채 보상 운동, 역사 연구, 국어 연구 (국권침탈) 토지 조사, 민족 탄압, 3·1운동, 독립 선언서의 내용 임시 정부의 활동, 임시 정부 헌장 내용 김구, 한국 광복군의 창설과 활동 봉오동 전투와 청산리 대첩 한인 애국단의 활동 국내에서의 독립 운동 국내에서의 독립 운동 신간회, 문맹 퇴치 운동, 국산품애용, 조선어학회 일제의 민족 말살 정책 미군과 소련군의 주둔 (모스크바 3상 회담) 신탁통치반대 (남한 단독정부수립), 6·25전쟁의 전개 과정, 6·25전쟁의 피해 4·19혁명의 전개 과정 5·16 군사정변 5·18 민주화운동 6월 민주항쟁 수출을 통한 경제 성장, 경제 개발 5개년 계획 1990년대 말 경제 위기 국민들의 생활 수준 향상 경제 발전과 사회 문제 남북 간의 교류	운요호 사건, 강화도조약 사찰단과 유학생의 파견 개화와 척사의 대립 갑신정변, 갑신정변의 결과 거문도 사건, 방곡령 동학의 보급, 고부농민봉기 농민군의 전주 점령 동학 농민 운동의 실패 근대적 개혁의 실시, 갑오개혁의 한계 삼국 간섭, 을미사변과 단발령 을미의병, 아관 파천 독립 협회의 활동, 만민 공동회 대한 제국의 성립, 광무개혁 을사조약, 을사조약 반대 투쟁 의거 활동, 고종의 강제 퇴위 의병 전쟁의 확산 간도 문제, 독도 문제, 애국 계몽 운동 애국 계몽 운동 단체, 신민회의 활동 근대 교육의 보급, 언론 활동 경제 자립 운동, 국채 보상 운동 국권 침탈, 헌병 경찰 통치 민족 분열 통치, 토지 약탈, 산업 약탈 식량 수탈, 민족 말살 정책 물적·인적 자원의 수탈 3·1운동의 배경, 3·1운동의 전개 3·1운동의 의의 대한 민국 임시 정부의 수립 대한 민국 임시 정부의 활동 독립 전쟁의 기반, 독립군의 승리 의열단, 하이 애국단 한국 광복군의 창설 한국 광복군의 활동 경제적 민족 운동, 교육과 언론 활동 6·10 만세 운동, 광주 학생 항일 운동 국어 연구, 국사 연구, 종교 활동 문화 활동 광복을 맞이하다, 독립 지사들의 귀국 남북 분단, 신탁 통치 문제 미·소 공동 위원회 대한 민국 정부의 수립 6·25전쟁의 배경, 북한의 남침 6·25전쟁의 결과 4·19혁명, 장면 내각의 성립 5·16 군사정변, 경제 개발 계획의 추진 경제의 성장, 서울 올림픽 대회의 개최 10월 유신, 5·18 민주화운동 6월 민주항쟁 오늘날의 대한민국, 국제 정세의 변화 남북 적십자 회담, 북한의 변화 남북 간의 화해와 교류

연대기적 방식은 학습자가 역사의 전체적인 흐름을 알 수 있도록 하는 장점이 있다. 또한 전 단계 학습과 자연스러운 연계를 이루어 학습내용에 대한 혼동을 방지할 수 있다.5) 그러나 연대기적 방식이 초등학생에게도 여전히 장점이 될 수 있는지 생각해 볼 필요가 있다. 역사의 전체적인 흐름을 파악하는 것은 상당한 역사적 지식을 바탕으로 이루어지는데, 초등학생이 '상당한' 역사적 지식을 획득하는 것이 과연 가능할 수 있는지가 문제가 된다. 그리고 이러한 역사적 지식을 바탕으로 각 시대의 특징을 포괄하는 전체적인 흐름을 파악할 수 있을지도 문제점으로 나타난다. 결국 학습의 부담으로 교사와 학생은 역사적 사실을 심도있게 대할 여유를 갖지 못하고6), 제시된 내용만을 다루는 안전하고 편안한 길을 서둘러서 지나갈 가능성이 크다고 할 수 있다. 이러한 길을 가는 동안 역사학습 내용은 학생들의 이성 속에서 녹는 과정을 거치지 못한다. 학생들은 이해과정을 통해 역사학습의 기쁨을 맛보지 못하고, 역사적 사실은 흔히 말하는 '단편적 지식'으로 취급되는 불운을 겪게 되는 것이다. 다시 말하면, 교과서에 제시된 역사적 사실은 점필7)될 뿐 안목이나 마음을 형성하지는 못하게 되는 것이다.8) 이와 같은 상황에서 학생들은 사료학습, 탐구학습, 역사적 감정이입 등을 통해 과거인과 자신을 동일시하거나 만나는 경험을 갖지 못한다.

또한, 연대기적 구성방식은 역사적 비판의식을 고취시키기 어렵다. 여러 시기를 아우르는 내용구성은 '무리없는' 내용들만을 다루어 역사적

---

5) 김한종(1991), 「역사교육에서 내용의 조직과 학습방법」, 『살아 있는 삶을 위한 역사교육 2』, 푸른나무, 220쪽.

6) Stephen J. Thornton(2001), "From Content to Subject Matter", *The Social Studies*, Vol. 92 No.6 p.237.

7) '점필'(佔畢)은 예기(禮記)의 학기편(學記篇)에 나오는 단어로서, '책의 글자만 읽을 뿐 그 깊은 뜻에는 이르지 못한다'는 의미이다. 이는 단편적 사실만을 암기하는 것과 동일한 의미를 지니고 있다. 이홍우 외(2004), 『교육과정이론』, 교육과학사, 419쪽.

8) 위 책, 415~424쪽.

사실 이면에 감춰진 원인, 이데올로기, 쟁점, 왜곡, 은폐된 사실들을 덮고 지나갈 수 있다.9) 물론 초등학생들에게 지나치게 민감한 사항을 지도하는 데는 선별적인 관점을 지닐 필요가 있지만 역사적 비판의식을 고취시키기 위해서 필요한 것은 많은 시기의 많은 역사적 사실이 아닐 것이다.

이러한 상황에서 초등학교 교사들은 나름의 차별화방식을 사용한다.10) 그렇지만 그 또한 모순된 모습을 보이고 있다. 모순은 교사들이 역사교육, 특별히 근현대사교육에 대해 지닌 기본적인 생각에서 시작한다. 교사들은 많은 사건들을 지도하는 방식으로 '맛 뵈기' 방식의 적절함을 주장한다. 적절함을 뒷받침하는 주된 이유는 지도내용의 과다, 초등학교 이후 중·고등학교에서 역사를 학습할 수 있다는 기회에 대한 기대감이다. 교사들은 사건의 이름, 원인, 간략한 배경 중심으로 근현대사를 지도한다. 그리고 비판의식 등의 함양은 초등학생에게는 어렵고, 초등학교 이후 시기에 고려해야 할 대상이라고 여긴다. 그러다가 자신이 만든 차별화방식이 모순이었음을 깨닫게 된다. 우연한 수업성공의 경험, 동료교사의 수업참관, 이 두 사건이 그 계기가 된다. 아래에 제시된 한 교사와의 면담내용을 이러한 사실을 뒷받침해준다.

> 얼마 전 ⋯ 을미사변에 대한 비디오가 있었어요. 어떤 선생님이 연속극에 나온 '명성황후'라는 드라마에서 을미사변과 관련된 부분을 캡처해서 보여주셨지요. 수업진도는 끝났지만 다시 보여주고 을미사변을 되새겼더니 아이들이 노래가사, 화면 속에 인물들인 명성황후와 고종황제, 일본의 어떠한 잔인한 행위 같은 것을 제가 수업했던 것과 연결해서, 다음날 일기장에 대여섯 명의 아이들이 '을미사변 비디오보고 다시 한번 생각해보게 되었다'고 썼어요. 저

---

9) 제7차 초등학교 사회교과서는 이전 교과서에 비해 여러 면에서 상당한 진전을 이루었다고 할 수 있다. 이런 점은 관련 사실제시, 다양한 사진자료, 충실한 내용 등에서 엿볼 수 있다. 하지만 내용구성으로 인한 문제는 여전하다 할 수 있다.
10) 이하의 내용은 필자가 초등학교 교사들을 면담하는 과정에서 느낀 점을 정리한 것이다.

는 4·19를 가르칠 때… 원인, 배경 그 정도는 생각해서 물어보는데, 그 선생님께서는 … 수업을 하시더라구요. 근데 아이들에게 굉장히 새로운 충격이었나봐요. (아이들이 하는 말이) "(담임)선생님처럼 4·19가 언제 일어났고, 그런 것도 좋았지만, 화면과 ○○○ 선생님과의 수업을 통해서 4·19에 대해서 좀더 깊이 알 수 있었어요"라는 말들을 많이 했거든요. 〈중략〉 (○○○ 선생님이) <u>4·19 하나에 대해서는 확실하게 수업을 해주셨어요. 그런데 그렇게 하다보면은 우리 사회과에 나와 있는 많은 사건들을 다 시간이 부족해서 어떻게 가르칠까 하는 생각이 들죠.</u>(밑줄은 필자 강조)

이상의 계기를 통해 교사들은 초등학교 역사교육의 새로운 측면을 발견한다. 그러나 그와 동시에 교사의 의욕을 꺾는 심리적 방어선이 곧바로 형성된다. 특정교과(예컨대 사회과-역사영역), 특정사건에 들이는 노력은 비효율적이라는 생각이 그것이다. 여기서 모순은 마무리된다. 교사들은 심리적 부담으로 영역특수적인 이론과 방법 대신 여러 교과에 편리하게 적용할 수 있는 일반적인 교수방법을 선호하게 된다. 경력이 쌓이면서 교사들은 이러한 방법에 익숙해지고 점차 자신만의 교수 스타일을 형성하게 된다. 교사는 근현대사를 지도하는 데 있어서 차별화되지 못한 교과내용으로 출발한다. 그리고 스스로 근현대사교육에 대한 모순을 보인다. 그러다가 간혹 일회적인 수업성공을 경험하면서 새로운 전기를 맞이하지만 자신이 쌓은 방어선을 넘지는 못한다.

(2) 내용과다와 시수(時數)의 문제

해방 후 교육과정 변천사를 돌이켜보면 초등학교에서 역사교육은 독자적인 위치를 확보한 적이 없고, 사회과 체제하에서 이루어져왔다.[11] 다만 제3차 교육과정기에는 5, 6학년의 경우 사회과에서 국사를 분리하여 별도의 교과서를 편찬하였다. 이 당시 5, 6학년 사회과 연간 시수는 각각 140시간이었고, 주당 시수는 4시간이었다. 국사는 5, 6학년 각각

---

11) 류승렬, 「해방 후 교육과정 변천과 역사교과의 위치」, 『역사교육』 제60집, 13쪽.

70시간, 1주에 2시간씩 배당되었다.12) 이에 비해, 현행 제7차 교육과정에서 초등학교 사회과에 배당된 시수는 연간 102시간이다. 이 중 역사영역을 지도하는 6학년 1학기 시수는 51시간이다. 제3차와 비교해도 현행 수업시수가 많이 줄었음을 쉽게 알 수 있다.13) 근현대사만을 따로 떼어 생각해도 사정은 마찬가지이다. 더욱이 제3차 교육과정기『국사』교과서와 현재의 6학년 1학기『사회』교과서를 비교할 때 교과서 서술분량, 보충자료14)면에서 현재의 교과서의 내용이 훨씬 많아졌음을 알 수 있다. 이러한 문제로 인해 현장 교사들은 우선적으로 교수시수의 절대 부족을 호소하고 있는 실정이다.15) 이는 근현대사 부분도 예외일 수는 없다.16)

2) 교사의 지식

교사의 지식은 교수학습을 위한 목적을 띠고 존재한다. 그렇기 때문에 교사의 지식은 교수행위 전반에서 중요한 역할을 차지한다. 교사의 지식에 대한 논의는 현재의 상태, 지식형성의 기반으로서 과거의 경험, 교수학습과의 관련성 측면에서 살펴볼 수 있다. 현재의 상태는 교사가 현재 지니고 있는 지식의 정도, 즉 깊이와 양, 정확성을 나타내는 것이다. 과거의 경험은 교사지식의 형성배경에 대한 것으로 학습자로서 교사가 받은 교육 내지 개별적인 지식획득과정에 대한 것이다. 교수학습과

---

12) 김흥수(1992),『한국역사교육사』, 대한교과서주식회사, 249~253쪽 ; 박평식(2003),「초등학교 교육과정의 변천과 역사교육」,『역사교육』제87집, 19쪽.
13) 교육부(1999),『초등학교 교육 과정 해설(Ⅰ) : 총론, 재량 활동』, 대한교과서주식회사, 49쪽, 109쪽.
14)『사회』교과서의 보충교재 역할을 하는『사회과 탐구』는 교수상의 주 교재는 아니지만 수업에서 다루기 때문에 지도상의 부담이 있다고 할 수 있다.
15) 민윤(2003),「초등학교 역사교육의 실태」,『역사교육의 시발 - 초등학교의 역사교육』, 제46회 전국역사학대회 발표문, 50쪽.
16) 연구자가 면담한 초등학교 교사들은 근현대사지도의 가장 큰 어려움으로 제한된 시수동안 지나치게 많은 사건들을 다뤄야만 하는 부담을 꼽았다.

관련성 측면은 교사가 자신의 지식을 학습내용과 어떻게 관련지어 가르치는가와 관련된 문제이다. 이러한 문제들은 다음과 같은 물음으로 구체화할 수 있다. 첫째, '교사는 무엇을 알고 있는가?'(현재의 상태), 둘째, '교사는 해당지식을 언제, 어떻게 알게 되었는가?'(지식형성의 기반으로서 과거의 경험), 셋째, '교사는 학생들에게 어떤 방식으로 전달하는가?'(교수학습과의 관련성)가 그것이다.

'교사는 무엇을 알고 있는가?'라는 물음은 근현대사 사건에 대해 현재 교사가 알고 있는 지식의 정도에 대한 것이다. 교사가 알고 있는 지식은 학습내용의 분량, 깊이를 결정짓고, 교과서 등의 학습자료에서 제시된 내용의 정확성 여부를 판단하는 기준이 될 수 있다. 예컨대 해방 후 신탁통치를 둘러싼 대립과 혼란상황을 지도하는 경우, 교사가 관련 사실에 대한 지식을 지니고 있다면 모스크바 3상 회담 결정사항, 신탁통치와 관련된 오해, 좌우익 양 진영의 대립상황 등을 지도할 수 있을 것이다. 더불어 교과서의 오류여부, 일반적으로 잘못 알려진 부분들에 대해서도 안내할 수 있을 것이다. 이러한 모습은 수업에서 교사의 설명방식의 차이로 나타난다.17)

교사의 지식은 학생들을 가르치기 위한 것이지만 그 이전의 여러 경로를 통해서 형성된다. 이는 교사지식의 원천으로서, 교사의 학습경험과 내면의 사고과정을 통해서 형성된 것이라 할 수 있다. 다만 교사의 지식은 학교교육, 교사 자신의 독서, 생활경험, 교직경력, 동료교사와의 대화, 방송매체, 사회교육 등을 통해서 형성되었다고 쉽게 짐작할 수 있다. 근현대사교육, 특히 초등학교 상황의 특수성을 고려하기 위해서는 교사가 관련 지식을 어떠한 경로를 통해서 획득하는지 지식 형성 배경에 대한 구체적인 논의가 필요하다. 이를 위해서는 '교사는 지식을 언제, 어떻게 알

---

17) 일반적으로 교사가 교과서의 내용을 설명하는 방식은 크게 세 가지로 구분할 수 있다. 교과서 내용의 요지를 지도하는 경우, 교과서 내용에 충실한 경우, 교과서 내용을 넘어서는 경우가 그것이다. 김한종(1999), 「국사수업에 나타난 교사의 설명방식」, 『사회과학교육연구』 제3호, 한국교원대학교 사회과학교육연구소, 56쪽.

게 되었는가?'라는 물음이 의의를 지닌다 할 수 있다. 중·고등학교 교사는 중·고등학교 시절의 학습경험, 대학에서의 역사교육 관련 전공, 현장에서 해당 교과의 지속적인 지도와 관련연구를 주요 배경으로 지니고 있다. 이와 달리, 초등학교 교사는 중·고등학교 시절의 학습경험, 대학교 양과정, 제한된 현장지도경험에 의존하고 있다고 할 수 있다. 초등학교 교사들의 근현대사 지식형성 배경에 대한 이해를 통해서 초등학교 교사가 지닌 근현대사 지식의 내용, 한계를 알 수 있다. 또한 학계의 근현대사 연구성과가 어느 정도로 교사의 지식에 반영되었는지 그 정도를 살펴볼 수 있다. 이는 역으로 그동안의 반공이데올로기에 기초한 교육의 결과가 교사들에게서 어느 정도로 나타나고 있는지, 어느 정도로 지속되고 있는지 확인할 수 있다.

이렇게 형성된 교사의 지식으로 교사는 교수내용을 결정할 뿐만 아니라 학생들이 배우기 적당한 내용으로 교육내용을 구성하며, 구체적인 전달방법까지도 형성하게 된다. 슐만(Lee S. Shulman)을 비롯한 연구자들은 교사가 지녀야 할 지식을 구분하였다.18) 이들 연구에서 공통적으로 드러난 교사의 지식은 교육내용지식, 교수내용지식, 교육과정지식, 학습자에 대한 지식을 들 수 있다. 교사는 자신이 지니고 있는 교육내용지식에 기반하여 교실의 상황과 학습자의 상태를 고려하여 학습내용을 전달하는 자신만의 교수내용지식을 형성한다. 여기서 교사는 교과내용을 변환(transformation) 및 표상(representation)하는 방식을 취한다. 교사는 교과내용을 학생들이 이해하기 쉬운 형태로 바꾸어 제시한다. 이때

---

18) Sigrun Gudmundsdottir(1991), "Pedagogical Models of Subject Matter", in Jere Brophy(ed.), *Advances in Research on Teaching : Teachers' Knowledge of Subject Matter As It Related to Their Teaching Practice, Vol.2,* Greenwich : JAI Press, pp.266~297 ; Douglas Barnes(1992), "The Significance of Teachers' Frame for Teaching", in Tom Russel and Hugh Munby(eds.), *Teachers and Teaching : From Classroom to Reflection,* London : The Falmer Press, p.18 ; Lee S. Shulman(1986), "Those Who Understand : Knowledge Growth in Teaching", Educational Researcher, Vol.15, No.2, pp.8~11 ; Lee S. Shulman(1987), "Knowledge and Teaching : Foundations of the New Reform", *Harvard Educational Review,* Vol.57, No.1, pp.1~22.

사용되는 방식은 유추(analogy), 예증(illustrations), 사례 들기(examples), 설명(explanation), 논증(demonstration), 내러티브, 감정이입, 그림 그리기, 개념도, 연표, 사진과 삽화 보여주기, 시연하기 등을 들 수 있다.19)

3. 근현대사 서술 내용의 문제

1) 개인의 위업 강조와 왜곡

역사의 대상은 과거에 살았던 인물의 행위이다. 그렇기 때문에 역사에서 인물을 중시하는 것은 당연하다 할 수 있다. 역사적 사건 속에서 인물의 행위, 판단, 내면의 상황을 파악하는 것은 역사적 사건에 대한 이해를 돕는다. 그러나 역사 속 모든 인물들이 관심의 대상이 되는 것은 아니다. 인물들이 역사에 얼마나 영향을 끼쳤는지가 역사속에서 그 인물의 실존여부를 결정하기 때문이다. 실제로 한 인물의 행위가 많은 사람들의 운명, 나아가 국가의 운명을 결정지은 사례를 많이 찾아볼 수 있다. 그렇지만 위인을 지나치게 강조하는 것은 역사변동을 한 개인의 역량에 집중시키는 주역인물론(Key Person)의 오류를 범할 수 있다. 또한 인물의 업적을 과장되게 조명한 나머지 다소간의 역사를 왜곡할 소지를 안고 있다. 예컨대 명성황후는 분명 우리나라 근현대사에서 커다란 영향력을 발휘했다고 할 수 있다. 하지만 교과서에서는 근현대사 몇몇 사건과 관련지어 명성황후의 영향력을 지나치게 확대해서 해석하는 모습을 보이고 있다.

---

19) Shulman(1986), "Those Who Understand : Knowledge Growth in Teaching", p.9 ; 민윤(2003), 「사회과 역사수업에서 초등교사의 교수내용지식에 대한 이해」, 한국교원대학교 대학원 박사학위논문, 104~135쪽.

"국가적으로 개화 정책을 추진하게 된 데에는 명성 황후의 영향력이 크게 작용하였다."(87쪽)

일본과의 강화도조약 이후, 민씨 정권은 개항과 개방으로 발생한 경제침탈 상황을 추스르지 못했을 뿐만 아니라 정권 자체 내의 부정부패로 사회적 모순을 심화시켰다. 개화정책 추진과정에서 명성황후의 영향력이 작용했겠지만 위 문장만으로는 개화의 주체를 명성황후에 한정짓는 듯한 인상을 감출 수 없다. 주지하듯이 초기 개화사상은 박규수, 오경석, 유대치에게서 비롯되었고, 김옥균, 박영효, 박영교, 홍영식, 서광범, 김윤식 등에게 이어졌다. 이들은 1870년대 말에 이르러 본격적인 활동을 전개하였으나 1880년대에 이르러 개화의 방법, 외교정책, 민씨정권에 대한 인식 등에서 차이를 보이면서 서로 다른 노선을 걷게 되었다. 김홍집, 어윤중, 김윤식 등의 온건개화파들은 동도서기적 입장을 견지한 반면 김옥균, 서광범, 박영효 등은 민씨정권 타도, 청에 대한 사대관계 종식을 주장했고, 일본의 메이지유신을 조선 근대화의 모델로 삼아 서양의 과학기술문명뿐만 아니라 근대적인 사상과 제도까지 적극 받아들여야 한다는 입장이었다.20)

"조선을 침략하는 데에 걸림돌이 된 청나라를 청·일전쟁으로 물리친 일본은 승리한 대가로 중국의 요동 반도를 차지하였고, 조선에 대한 침략의 손길을 더욱 노골적으로 뻗기 시작했다. … <u>명성 황후는 외교적 노력을 통해 러시아로 하여금 프랑스와 독일을 끌어들여 일본을 압박하게 하였다(밑줄 필자 강조)</u>. 그 결과, 일본은 요동 반도를 청나라에 돌려주고 조선에 대한 침략의 기세를 누그러뜨릴 수밖에 없었다. 일본은 조선에서의 불리해진 정세를 되돌려놓기 위해 경복궁에 침입하여 명성 황후를 시해하는 만행을 저질렀다."(92쪽)

일본은 청·일전쟁 후, 시모노세키조약으로 요동반도를 차지하였으

---

20) 역사학연구소(2001), 『강좌 한국근현대사』, 풀빛, 33~41쪽.

나, 삼국간섭으로 청에 요동반도를 되돌려주었다. 이는 명성황후의 노력의 결과라기보다는 일본세력을 견제하려는 삼국의 입장과 요동반도의 대련과 여순항을 차지하려는 러시아의 의도에서 빚어진 결과였다.

2) 주체에 의한 타자화

주체는 동일시의 논리에 따라 대상을 타자화시킨다. 주체는 정당한 것으로 간주되는 반면, 타자화된 대상은 일방적인 가치판단으로 주변적인 평가만을 받을 뿐이다. 갑오개혁은 개혁의 실시배경과 자주성에서 커다란 한계를 지니고 있음에도 불구하고 개혁에서 주체의 자리를 점하고, 동학농민운동은 실패한 운동으로 자리매김되는 모습을 보이고 있다. 주체에 의한 타자화 논리는 조선의 전통 문화와 서양문물 간의 관계에서도 발견된다. 개화를 둘러싼 대립의 가열, 열강의 통상요구와 침략적 의도가 가시화되던 절박한 상황에서 당시 나라의 힘을 길러야만 한다는 주장은 상당한 설득력을 얻었기에 근대문물 도입은 당연한 수순이었다. 더욱이 자주적인 개혁을 이루지 못한 한계상황에서 서양문물은 조선의 전통적인 문화와 가치보다 우위를 점하는 풍조가 지배적이었다. 이러한 모습은 교과서 내용에서도 발견할 수 있다. 서양문물이 주체의 위치를 누리는 반면 당시 조선의 전통은 배제의 대상이어야만 했던 것으로 인식을 조장하고 있다. 편리함 / 거추장스러움, 신식 / 구식, 서양 / 동양, 빠름 / 느림의 구분에서 후자를 배제의 대상인 것으로 여기는 것이다.

> "새로운 사회를 만들고자 하는 사람들의 노력이 계속되자 조정에서도 적극적으로 개혁을 서둘렀는데, 이를 갑오개혁이라고 한다. 갑오개혁은 정치, 경제, 사회 등 전반적인 면에서 조선의 전통적인 제도를 새롭게 변화시키고자 한 것이다. 우리나라는 갑오개혁을 통하여 근대적인 제도를 갖춘 나라로 변화할 수 있는 계기를 마련하게 되었다.
> 그러나 개혁의 과정에 일본이 간섭하여 우리 민족 스스로의 완전한 자주적 개혁을 이루지 못했고, 한편으로는 일본 세력이 우리나라를 쉽게 침략할 수

있는 여건을 만들었다."(91쪽)

　첫번째 문단은 개혁의 본래의도, 주체, 개혁의 대상, 개혁의 결과에 대한 잘못된 인식 등의 문제점을 내포하고 있다. 먼저 조정에서 적극적으로 개혁을 서둘렀다는 표현은 적절하지 않다. 조정은 개혁의 필요성 인식하여 개혁을 서두른 것이 아니었다. 민씨정권은 동학농민군의 요구를 수용하면서 일본이 내정을 간섭할 명분을 주지 않기 위해 개혁기구인 교정청을 설치하였다. 그럼에도 불구하고 갑오개혁의 배경으로 작용한 동학농민운동의 역할은 배제되고, 조정이 적극적인 역할을 한 주체로 등장한다. 조정에서는 일본이 미리 짜놓은 내정개혁안에 따라 개혁을 강요받게 되었고, 결국 경복궁 점령, 민씨정권 붕괴, 친일 갑오정권 성립이 이어졌다.21)

　갑오개혁이 조선의 전통적인 제도를 새롭게 변화시키고자 한 것이라는 부분은 개혁의 대상이 조선의 전통적인 제도라는 인식을 불어넣어, 조선의 전통은 낡고, 새롭게 고쳐야 할 대상으로 비춰질 수 있다. 당시 봉건사회가 사회적인 모순을 낳았겠지만 국가사회의 근간을 이루는 제도를 일소해야 될 상황은 아니었을 것이다. 더욱이 갑오개혁은 근대적인 나라로 가는 계기를 마련했다는 문장은 갑오개혁의 한계를 나타내는 두 번째 문단과 모순된다. 일본의 내정간섭에 의해 이루어진 개혁이 근대국가로 변화할 수 있는 계기가 되었다는 점은 근대에 대한 잘못된 인식, 즉 근대화 지상주의를 조장할 우려가 있다. 교과서 91쪽 갑오개혁의 주요내용도 피상적인 인식에 그칠 수 있어 일본의 숨겨진 의도를 파악하기 어렵게 제시되어 있다.22)

---

21) 위 책, 45쪽.
22) 교과서 91쪽에서는 갑오개혁의 주요내용을 다음과 같이 네 영역으로 제시하고 있다.
　　정치 : 청나라에 의지하지 않고 자주 독립을 지향함. 과거제를 없애고 신분 차별 없이 관리를 뽑기로 함. 나라의 공식문서에 한글을 사용함.
　　교육 : 서울에 소학교, 중학교, 사범학교, 외국어 학교를 세움. 각 지방에도 소학

3) 가시화 논리

'보는 것'(seeing)은 두 차원에서 이루어져야 한다. 보이는 것과 보이지 않는 것까지 볼 수 있어야 한다. 눈으로 보는 것을 넘어 생각과 마음을 동원한 안목을 얻을 수 있어야 한다. 보이는 것에 대한 강조와 부각은 보이는 것 이면에 있는 것을 감추기 위한 미화의 기교일 수 있으며, 비판적 안목을 약화시키는 의도를 지니고 있을 수 있기 때문이다. 화려한 드러냄 이면에 있는 비논리적인 문제 상황들을 주시하는 것이 필요하다. 경제성장, 수치(數値), 발전, 편리, 새로움이 내세워지기까지의 과정에 있는 문제 상황들, 예컨대, 많은 사람들의 희생, 서구지상주의와 발전중심논리에 의한 전통의 소외현상 등은 은연중 혹은 강요된 생략으로 쉽사리 드러나지 않는다. 그렇지만 이러한 것들은 보이는 것이 자취(自取)한 성공적인 논리를 위협할 수 있기 때문에 결코 경시할 수 없다. 근대문물의 도입과 박정희정권 당시의 경제성장에 대한 내용은 여기에 해당되는 좋은 예이다.

"일본과 서양 여러 나라의 침략에 맞서기 위해서는 나라의 힘을 길러야 하고, 그러자면 그들의 문물을 받아들여야 한다는 주장이 받아들여지기 시작하였다. 그리하여 근대적인 화폐, 신문이 발행되고, 우체국이 설립되었으며, 서양식 병원이 문을 열었다. 또, 전기와 전화가 가설되었으며, 전차와 기차, 자동차 등 새로운 교통수단이 등장하였다."(94쪽)

개항 이후 서양문물 도입을 통한 근대화추구가 시대적 요청임은 당시의 지배적인 견해였다. 이에 서양문물은 각 분야에 도입되어 당시 생활에 많은 변화를 가져왔다. 근대적 화폐, 신문, 우체국, 병원, 전차, 기차, 병원, 서양식 의복 등의 등장이 그것이다. 교과서 내용은 이러한 문물도

교를 세움.
경제 : 근대식 화폐 제도를 채택함. 도량형을 통일함.
사회 : 양반과 상민의 신분 차별을 없앰. 조혼을 금지함. 과부의 재혼을 허용함.
교육인적자원부(2004), 『사회 6-1』, 대한교과서주식회사, 91쪽.

입으로 인한 변화와 편리에 초점을 두고 있다. 사실 근대적 문물들은 현재의 것들과 유사한 모습을 띠고 있다. 학생들은 현재 자신이 살고 있는 시기에 대해 정당성을 부여하며, 현재를 당연한 것으로 여긴다. 현재의 문물, 제도 등은 지금의 모습대로 존재해야 하는 당연한 것들이다. 학생들은 현재와의 유사성을 통해 근대화시기의 문물들을 인식하게 된다. 유사성은 반가운 마음을 띠게 되고, 근대화 과정을 현재 자신들이 존재하는 시기로 이행하는 당연한 절차로 여긴다. 이러한 인식의 바탕에는 문물도입을 통한 변화와 편리만이 존재한다. 당시의 고유한 생활방식, 제도, 고유문물은 낡은 것이기 때문에 배제의 대상으로 여겨질 우려가 있다. 더욱이 근대화 문물 도입이면에 있던 열강의 이권침탈과 세력 확산 과정은 간과되기 쉽다.23)

"5·16 군사정변을 일으켜 정권을 잡은 박정희 대통령은 경제 성장을 최우선 과제로 내세우고, 온 국민이 국가 발전을 위해 헌신할 것을 요구하며 오랫동안 집권하였다. 그 사이에 정부는 경제 개발 계획을 추진하여 경제를 크게 발전시켰다. 그러자 국민들은 경제 발전에 맞는 민주 정치의 발전도 원하게 되었다."(127쪽)

가시화 논리는 박정희정권에 대한 내용에서도 찾아볼 수 있다. 위 내용은 박정희정권에 대한 인식의 공통분모를 가시적인 경제발전에서 찾고 있다. 대신 대립된 가치는 무마하는 수준에 그치는 듯한 인식을 초래하고 있다. 국민들이 경제개발을 우선시하고, 정치발전이나 인권, 삶의 질을 그 이후의 일로 간주했다는 것이다. 박정희정권은 통치의 정당성을 확보하기 위해서 경제발전논리를 앞세워 가시적인 성과를 이루고자 했

---

23) 1882년 조·미수호조약 체결 이후, 미국은 조선 내에서의 우호적인 태도를 얻어내기 위해 미국 내 선교회가 조선에서 의료선교를 펼칠 것을 요구하였다. 북미 장로선교회는 선교의사, 무료 진료, 과학적 의학과 문명화 소개를 통해 조선 내에서 호감을 얻게 되었다. 1884년 9월에 알렌이 최초의 의료선교사로 입국하였고, 조선정부는 광혜원을 설립하였다. 신동원(2001), 「미국과 일본 보건의료의 조선진출 : 제중원과 우두법」, 『역사비평』 통권 56호, 2001년 가을호, 335~339쪽.

고, 양적인 성장을 이루어냈다. 그러나 동시에 구조적인 문제점도 지니고 있었다. 경제개발논리를 앞세우며 차관확보를 위해 한・일국교정상화, 베트남파병과 같은 결정을 내렸고, 도입된 차관은 독점자본가에게 낮은 이자로 지급되었고, 일부는 정치자금으로 흘러 들어갔다. 높은 성장은 화려해 보였지만 값싼 노동력, 장시간 노동, 노동자들의 빈곤, 국제수지의 만성적자와 같은 심각한 문제점을 초래하였다.24) 더욱이 경제발전논리의 강조로 인한 정치발전의 후퇴는 각종 부정부패, 정치탄압, 비인권적 행위로 이어져 가시화의 그늘을 지울 수 없게 만들었다.

4) 그릇된 지식의 상식화

상식은 보통 사람으로서 으레 가지고 있을 일반적인 지식이나 판단력을 뜻한다.25) 그러나 상식은 지식의 정확무오함을 담보하지 못한다. 부정확한 지식이 널리 유포되더라도 많은 사람들이 수용하면 상식화되는 경우도 있을 수 있기 때문이다. 우리나라 근현대사 사건들 가운데 해방 이후 전개된 사건들은 상식의 취약한 위상을 실감하게 하는 경우가 많다. 해당 사건을 둘러싼 당시 상황에 대한 다각적인 인식 없이 사건의 긍정적인 측면을 전체적인 모습인 것처럼 단순화해서 이해하는 경우를 많이 발견할 수 있다. 또한 사실 왜곡과 은폐에 의해 잘못 알려진 지식을 사실로 오랫동안 받아들여온 경우도 있다. 상식으로 초래된 이러한 결과는 근현대사 학습에 대한 부족에서 기인한다고 할 수 있다. 시기상 먼 시대의 사건은 학습의 대상이었지만 현대사는 직간접적으로 접한 상식적인 이해에 머무는 경우가 많기 때문이다. 또한 학계의 연구성과가 다른 시대에 비해 축적되지 못한 점을 지적할 수도 있다. 그러나 보다 근본적인 원인은 일반대중의 인식을 흐리게 하고, 여론몰이를 주도한 당시 권력의

---

24) 역사학연구소(2001), 『강좌 한국근현대사』, 307~343쪽.
25) 두산동아사전편찬실(1997), 『동아새국어사전』, 두산동아, 1086쪽.

이데올로기적 의도에 있다고 할 수 있다. 진실에 대한 철저한 통제, 대중들의 자각무마를 위한 우민화는 권력유지의 유용한 방법이었다. 임시정부의 활동, 미·소 양군의 점령과 분단, 신탁통치, 남한 내 총선거 실시 등은 이상의 논의에 해당되는 사례가 된다.

"임시 정부는 나라 안팎의 독립 운동 단체를 통합하여 독립운동의 기반을 마련하고, 방향을 제시하였다. 대한민국 임시 정부는 비록 해외에 있었지만, 온 겨레의 지지를 받고 모든 동포에게 우리도 독립할 수 있다는 희망과 용기를 주었다."(113쪽)

임시정부활동, 미·소군 주둔과 남북분단, 신탁통치, 남한 내 총선거 실시 등은 대한민국 건국 전후에 있었던 중요한 사건들이다. 그런 만큼 이들 사건들에 대한 인식은 보편화되어 있다고 할 수 있다. 그러나 정작 이들 사건들은 상식화되었지만 잘못 알려진 사실들이 많고, 이러한 모습은 교과서 속에도 그대로 나타나 있다. 우선 임시정부의 활동부분을 보자. 임시정부가 국내외 독립운동세력을 규합하고 독립운동 노선을 제시하려는 노력은 보였지만 위 문장과 같이 온 겨레의 지지를 받으면서 독립운동을 주도하고 독립에 대한 희망을 제시했다고 하기에는 무리가 따른다. 3·1운동 후 독립운동을 위한 임시정부는 서울, 연해수, 상하이에 각각 위치하였으나 통합하려는 노력으로 결국 상하이에 임시정부를 두게 되었다. 그러나 상하이 임시정부의 외교독립론은 무장독립단체에게 실망을 안겨주어 실질적인 지도력을 발휘하지 못하였다. 더욱이 이승만이 윌슨에게 보낸 '위임통치청원서' 문제와 임시정부의 주된 활동노선이었던 외교활동이 번번이 실패하자 임시정부 내에서 분쟁이 일어나게 되었다. 이후 임시정부의 활동을 비판하고, 새로운 독립운동의 방향을 모색하기 위한 국민대표회의도 별다른 성과없이 결렬되면서, 임시정부는 수많은 독립운동단체 가운데 하나로 전락하여 김구 등 임정고수파들에 의해 겨우 명맥을 유지하게 되었다.26)

"38도선을 기준으로 북쪽에는 소련군, 남쪽에는 미군이 주둔하게 됨으로써 우리나라는 남북으로 나뉘게 된 것이다."(120쪽)

미·소군 주둔과 남북분단 내용도 미묘하긴 하지만 내용상 분명한 차이를 지니고 있다. 위 내용과 같이 미·소 양군이 북위 38도선을 경계로 하여 점령, 군정을 실시한 것은 사실이다. 그러나 모스크바 3상 회담 이후 한반도에 통일임시정부를 세운다는 것은 미국과 소련의 기본정책이었다. 또 해방 직후 한국인은 미·소 양군의 주둔을 분단으로 보지 않았고, 당연히 통일민족국가가 세워질 것으로 기대했다. 미·소 양군의 점령으로 시간이 지나면서 분단이 진행되었으나, 분단은 1948년에 남북한에 각각 정부가 들어서면서 확고해졌다고 할 수 있다.27)

"한편, 제 2차 세계 대전을 승리로 이끈 미국, 영국, 소련 세 나라는 회의를 통해 미국, 영국, 소련, 중국 4개국이 우리나라를 일정 기간 다스리겠다고 결정하였다."(121쪽)

신탁통치 관련 내용에 대한 오류는 그 정도가 심하다고 할 수 있다. 관련 내용은 대체로 '모스크바 3상 회담의 신탁통치 결정'→'국내여론 대립(찬탁 / 반탁)'→'김구의 남북한통일정부수립을 위한 중재 노력실패'→'유엔의 남북한 총선거 실시결정'→'남한 내 총선거 실시와 단독정부수립'→'북한정부수립'과 같이 전개된다. 그러나 위 전개과정은 신탁통치에 대한 오해, 미국과 이승만 등 우익세력의 활동에 대한 잘못된 인식을 조장할 수 있다. 사실 모스크바 3상 회담에서 미국은 4개국(미, 소, 영, 중)의 신탁통치 실시를 주장한 반면, 소련은 미국과 소련의 역할은 조선의 독립과 발전을 도와주는 수준에 그쳐야 하며 신탁통치 기간도 5년을 넘어서는 안 된

---

26) 역사학연구소(2001), 『강좌 한국근현대사』, 152~154쪽 ; 역사학연구소(2004), 『함께 보는 한국근현대사』, 서해문집, 242~243쪽.
27) 서중석(2001), 「국사교과서 현대사 서술, 문제 많다」, 『역사비평』 통권 56호, 2001년 가을호, 167쪽.

다고 주장하였다. 회담 결정안도 그 중심내용이 신탁통치에만 있었다기보다는 조선을 독립국가로 재건설하기 위해 먼저 임시정부를 수립하고, 이를 돕기 위해 미·소공동위원회를 설치·운영하며 새로 들어설 정부와 신탁통치 문제를 협의한다는 것이었다.28) 그러나 회담에서 신탁통치가 기정 사실화된 것으로 국내에 알려지면서 찬탁과 반탁 주장이 대립하였고, 이승만 등은 이러한 상황을 이용하여 단독정부수립을 추진하였다.

"이렇게 어려운 상황이 되자, 국제 연합(유엔)에서는 남북한 총선거를 실시하여 통일 정부를 수립하도록 결정했다."(121쪽)

위 진술은 남북한 총선거 실시 결정이 국제적인 동의를 얻은 정당한 결정인 듯한 인상을 준다. 남북한 총선거 실시는 표면적으로 유엔의 결정이었지만 당시 유엔은 미국의 '기계적 다수'가 확보되어 있던 상태였기 때문에 미국의 영향력이 크게 작용하였다. 국내에서도 이에 대한 격렬한 반대가 있었으나 이승만을 위시한 일부 우익세력만이 이를 적극적으로 지지하였을 뿐이다.29)

5) 큰 이야기에 의힌 헌실감 상실

교과서 내용 중 '한강의 기적에서 통일로' 부분은 경제발전계획의 성과를 다루는 스케일이 큰 이야기이다. 여기에 해당연도, 구체적인 수치, 개발 분야까지 나열하며 그동안의 노력이 성공적이었음을 보여주고 있다. 때문에 이러한 큰 이야기는 이해와 비판의 대상이기보다는 수긍과 바

---

28) 역사학연구소(2001), 『강좌 한국근현대사』, 251~252쪽 ; 박현채 외(1987), 『해방전후사의 인식』, 한길사, 229~230쪽.
29) 박명림(1989), 「서론 : 해방, 분단, 한국전쟁의 총체적 인식」, 『해방전후사의 인식 6』, 한길사, 38쪽 ; 김학준(1992), 「분단의 배경과 고정화 과정」, 『해방전후사의 인식 1』, 한길사, 90~91쪽.

라봄의 대상이 된다. 목표달성 과정에서 발생하는 중대한 문제들은 묵인과 허용의 기회가 주어지기도 한다. 여기서 국가와 경제에 가려진 개인과 그들의 삶은 작은 이야기로 여겨지고, 그 중요성 또한 사소한 것으로 전락한다. 경제발전계획의 성과 위주로 내용은 구성되고 노동자들의 삶은 여기에 매몰된다. 큰 이야기만 부각시킨 채 이를 뒷받침하고 있는 현실의 이야기를 간과하고 있는 것이다.

> "1960년대 이후 '한강의 기적'이라 불린 경제 성장을 이루기까지 국민과 정부는 어떠한 노력을 하였는지 조사해보자."(129쪽)
> "우리나라는 전쟁의 폐허 속에서 1960년대와 1970년대에 경제 개발 계획을 추진하였다. 그 결과, 1971년에는 수출 10억 달러를 달성하게 되었다."(129쪽)
> "우리나라의 경제 성장 과정"(표)(129쪽)
> "우리 정부는 1960년대 초반에서 1980년대 초반까지 모두 네 차례의 경제 개발 5개년 계획을 추진하였다. 먼저, 많은 공장을 건설하였으며, 이에 따라 일자리가 늘어나고 수출도 해마다 증가되었다. 또, 도로와 항만, 발전소 등을 만들고 과학 기술의 개발에 힘써 많은 성과를 올렸다. 그리고 새마을 운동으로 식량을 자급하고 잘사는 농촌을 만들기 위해 노력하였다. 우리의 많은 건설 근로자, 광부, 간호사들이 해외로 나가 일하였으며, 이들은 많은 외화를 벌어들였다."(130쪽)

'한강의 기적'이라는 말과 같이 우리나라는 1960년대에 비해 급속한 경제성장을 이룩하였다. 1960년대 초 1인당 국민소득은 80달러 수준, 경제성장률은 1.9%에 지나지 않았지만 2차 경제개발계획 기간에는 10.5%, 그 이후에도 고도성장을 구가하였다. 그러나 전술한 바와 같이 해외차관도입, 낮은 임금을 바탕으로 한 수출주도형 발전전략은 원자재 수입을 위한 만성적자로 이어져 외형적인 성장 못지않게 심각한 문제점을 지니게 되었다. 이 과정에서 자본가가 경제개발의 최대수혜자로 등장하게 되고, 정작 정부가 '부지런한 국민', '산업역군'으로 치켜세운 노동자들의 삶은 저임금, 빈곤, 비인간적인 노동조건에 내몰려야 했다. '한강의 기적'을 위시한 큰 이야기와 건설 근로자, 광부, 간호사 등을 비롯한 노동자들의 작은 삶은 대조를 보인다. '한강의 기적', '경제개발계획', '수출 10억 달러', '도로와 항만', '발전소', '과학기술', '새마을 운동'은 스케일이 큰 이야기로 등장한다. 이러한 이야기들은 이해와 비판의 대상이 아니며, 수긍과 경외(바라봄)의 대상이 된다. 큰 이야기가 만들어낸 화려한 성과에 초점이 맞춰지고, 그와 함께 한 작은 삶들은 감춰지거나 매몰된다. 경제발전과 함께 한 사람들의 생활을 찾을 수 없는 것이다. 이 부분의 서술은 경제개발의 성과와 함께 야기된 사회적 문제점들을 함께 다뤄야 한다. 가시적인 성과 못지않게 야기된 문제점들이 심각한 수준에 이르렀기 때문이다. 물론 다음의 내용이 포함되어 있어 문제점들을 지적했다고는 할 수 있으나 그 정도가 미미한 수준이어서 경제발전의 성과에 매몰되는 듯한 인상을 준다.

> "경제 성장으로 국민들의 생활이 과거에 비해 넉넉해지기는 했으나, 잘사는 사람과 못사는 사람의 격차가 커졌고, 또 경제를 우선으로 내세운 까닭에 물질 만능주의 등의 문제가 발생하기도 하였다. 경제 개발에 따른 환경오염 문제도 심각한 문제로 대두하였고, 인구의 도시 집중 문제가 생기기도 하였다."(133쪽)

경제발전의 논리에 의한 현실감 상실은 북한에 대한 인식, 통일에 대한 내용에까지 이어진다. 통일을 위한 노력의 선결조건은 국가의 경제 성장에 있지 않다. 남북한의 통일을 위해서는 우리의 통일의지와 함께 주변국들의 이해관계를 뛰어넘는 남북한 간의 신뢰회복이 필요하다. 위 내용은 현재의 현실에 대한 인정과 통일을 이루려는 바램도 없고, 단지 경제성장을 바탕으로 한 우월감, 체제적 우위 강조를 통해 통일을 표방하는 인상을 준다.

> "지난 몇 십 년 동안 우리나라가 이룩한 경제 성장은 남북한 관계에도 영향을 끼쳤다. 우리 정부는 눈부신 경제 성장을 발판으로 북한에 대화와 교류를 제의할 수 있게 되었다."(134쪽)

이 부분은 '분단상황의 고착', '하나의 민족 두 나라'라는 현실인정을 통해 북한의 역사에 대한 이해가 필요한 곳이라 할 수 있다.30) 따라서 해방 후 남한과 북한에 각각 정부가 수립되는 과정, 북한 정권수립 후 현재까지 이르는 과정을 교과서에 수록하는 것이 나을 듯하다. 참고로 6학년 1학기 사회 교과서에는 북한의 역사에 대한 진술은 단 한 문장에 그치고 있다.

"한편, 북한에는 김일성이 이끄는 공산주의 정권이 들어섰다."(122쪽)

4. 교사의 근현대사 지식

1) 무엇을 알고 있는가?

(1) 근현대사 사건의 선정

교사들의 근현대사 사건지식은 근현대사 교육의 기초가 된다. 교사들은 근현대사 사건들에 대해서 어떻게 알고 있을까? 교사들의 지식을 알아보기 위해 다음과 같은 사건들을 선정하였다. 동학농민운동, 임시정부, 해방 후 상황, 이승만정권, 제주 4·3사건, 여순 사건, 4·19혁명, 박정희정권, 6·25전쟁 전후의 양민학살, 5·18 민주화운동이다. 이들 사건의 선정 근거는 사건들이 지닌 역사적 의미(Significance), 근현대사 사건의 특성, 우리나라 근현대사가 지닌 특수성에서 찾을 수 있다.

역사적 의미는 어떤 사건이 역사의 흐름에서 차지하고 있는 위치를 가리킨다. 그렇지만 어떤 사건이 '역사적으로 의미 있다'고 말하기는 쉽지 않다. 준거의 객관성 확보가 어렵기 때문이다.31) 이러한 어려움에도 불구하고 어떤 사건이 많은 사람들에게, 중요한 면에서, 오랜기간 동안 영향을

---

30) 이존희(2001), 『역사교육, 달라져야 한다』, 혜안, 33~36쪽.
31) W. H. Burston(1972), *Principles of History Teaching*, London : Methuen Educational Ltd, p.122.

끼쳤다면 의미 있다고 할 수 있다.32) 파팅턴(Geoffrey Partington)은 역사적 의미를 위한 준거를 다섯 가지로 제시하였는데 그 내용은 다음과 같다. ① 특정 시기의 사건이 지닌 역사적 의미를 알기 위해서는 당시대인들이 중요하게 여겼던 것에 관심을 가져야 한다. ② 사람들의 삶에 심오한 영향을 끼쳐야 한다. ③ 많은 사람들에게 영향을 끼쳐야 한다. ④ 오랜기간 동안 사람들의 삶에 영향을 끼쳐야 한다. ⑤ 현재의 삶을 이해하는데 기여해야 한다.33) 이러한 준거에서 살펴볼 때 위 사건들은 관련된 사람이 많고, 사건 발생 이후 지속적인 평가가 이루어져 왔으며, 현재까지도 많은 사람들에게 적잖은 영향을 끼치고 있기 때문에 역사적으로 의미있다고 말할 수 있다.

근현대사 사건의 영향력이 지속적인 점은 근현대사 사건이 지닌 특성과 연관지을 수 있다. 근현대사 사건이 지닌 잠정적인 특성이 그것이다.34) 잠정적인 특성은 해당 사건에 대한 활발한 역사적 평가, 관련자의 생존, 풍부한 관련 자료에서 찾을 수 있다. 근현대사 사건은 그동안 항간에 알려지지 않은 새로운 사실들의 발견으로 인해 지속적인 평가 작업이 이루어지는 경우가 많다. 이러한 경우는 해당 사건과 직간접적으로 관련된 인물들 중 상당수가 아직까지 생존해 있기 때문이다. 또한 생존자의 증언, 소장자료, 사건현장 안내와 조사, 정부문서, 언론사료는 사건에 대한 평가를 돕는 유용한 자료 구실을 한다. 이러한 특성으로 근현대사 사건은 사회적 논쟁을 불러일으키는 쟁점이 되기도 한다. 해당 사건의 실재유무에서

---

32) Tim Lomas(1990), *Teaching and Assessing Historical Understanding*, Teaching of History Series 63, London : The Historical Association, pp.5~54.

33) Geoffrey Partington(1980), *The Idea of an Historical Education*, Windsor, Berks : NFER Publishing Company, pp.112~116 ; Martin Hunt(2000), "Teaching historical significance", in James Arthur and Robert Philips(eds.), *Issues in History Teaching*, London : Routledge, pp.39~42.

34) W. H. Burston(1967), "The Nature and Teaching of Contemporary History", in W. H. Burston and D. Thompson(eds.), *Studies in The Nature and Teaching of History*, N.Y. : Humanities Press, pp.109~110.

시작해서 피해자의 증언, 가해자의 정당화와 사실 확인 기피, 진상규명과 법 적용을 둘러싼 문제로 혼란이 가중되기도 한다. 더욱이 이러한 일련의 상황은 현재의 발목을 잡는 소모적인 일이라는 주장과 뒤섞여 그 혼란은 더욱 심해지기도 한다. 위에 제시된 사건들은 '아직도 끝나지 않은 전쟁'인 양 지속적인 평가 작업이 이루어지고 있으며, 그동안 은폐되었던 많은 사실들이 새롭게 조명되고 있다.

우리나라 근현대사가 지닌 특수성과 연관지어 위 사건들의 선정근거를 살펴볼 수 있다. 우리나라 근현대사는 개항과 함께 열강의 침탈, 국권상실, 해방과 강대국의 간섭, 이데올로기에 의한 권력유지와 전쟁, 군사독재와 이에 대한 저항의 과정을 겪는다. 이상의 과정은 강대국의 개입, 이데올로기를 통한 지배, 독재와 저항으로 특징지을 수 있고, 심각한 국내 상황을 초래하게 된다. 우선, 이들 사건들은 국가의 운명을 결정지을 만한 것들이었다. 봉건정부에 맞선 동학농민운동, 이승만정권의 부정부패와 4·19혁명의 발생, 박정희정권의 쿠데타와 헌정유린, 민족상잔의 전쟁과 양민학살, 5·18 민주화운동의 파급효과는 전국가적인 수준이었다고 할 수 있다. 또한 많은 사람들이 희생과 피해가 컸다는 점을 지적할 수 있다. 동학농민운동의 실패와 농민군 수십만 명의 희생, 제주 4·3사건과 여순 사건에서 희생된 수많은 민간인, 4·19혁명 당시의 희생자, 6·25전쟁 전후 자행된 양민학살(국민보도연맹원사건, 미군의 민간인학살)과정에서 희생된 민간인과 살아남은 피해자들은 우리나라 근현대사의 비극과 잔혹함을 보여주고 있다.

(2) 교사들의 근현대사 지식

① 무지와 혼동

'무지와 혼동'은 근현대사 사건들에 대한 교사들의 지식의 특성 중 두드러진 것이었다. 특히 해방 후 전개된 주요 사건들에 대한 지식에서 이러한 모습이 집중적으로 나타났다. '무지와 혼동'은 그 특징에 따라 세 가지로 구분할 수 있다. '사건명과 이미지 지식', '동시대 부재적(不在的) 지식', '사건들의 전후관계 혼동'이 그것이다.

가. 사건명과 이미지 지식

사건의 이름과 사건에 대한 이미지가 사건에 대한 지식을 대신하는 경우이다. 이러한 경우는 사건의 실상에 대한 구체적인 사실을 배우거나 알지 못한 채 오랜시간 동안 반복적으로 사건의 이름 정도만을 들어 형성된 이미지를 축적한데서 비롯되었다고 할 수 있다. 예컨대 제주 4·3사건에 대한 인식에서 이러한 모습을 살펴볼 수 있다.

제주 4·3사건은 정부의 좌익세력 색출 및 살상과정에서 무고한 양민들이 보복적으로 학살된 사건으로 그 피해규모가 대단히 컸던 사건이었다.[35] 대부분의 교사들은 이들 사건의 이름을 들어 보았거나 사건과 관련된 인상을 지니고 있었다. 그러나 이름이나 이미지에 그친 인식은 사건의 실상에 대한 극히 제한된 인식으로 나타났다. 사건의 원인을 모른 채 '무고한 사람들의 희생이 컸다'는 결과만을 알고 있었고, 드라마 '여명의 눈동자'에서의 사람들의 희생장면을 기억하는 정도였다. 또한 제주도 출신 친구에게서 전해들은 어렴풋한 이야기를 기억하고 있었고, 공산당의 세력 확장 과정에서 발생한 사건으로 단순화시기기도 하였다.

교사 2 : 들어는 봤는데 그 사건이 왜 일어나게 되었는지 자세하게는 모르겠습니다. 피해를 입지 말아야 되는 사람들이 그런 사건을 계기로 피해를 입었다는 것을 이야기 들었거든요. 무고한 사람들의 희생이 컸다.

교사 3 : 그게 혹시 그거 아니에요? 옛날에 여명의 눈동자에서 제주도 사람 막 죽었던 것 그거 아니에요? 맞죠? 옛날에 소설에서도 그런 것 본 것 같은데… 어떤 동네에서 누구네 집에서는 고구마가 이따만한

---

35) 제주 4·3사건의 피해자 수는 그 설이 다양하나 대략 25,000명~30,000명으로 추산될 정도로 민간인이 대규모로 학살되었다. 제주4·3사건진상규명 및 희생자 명예회복위원회(2003), 『제주4·3사건 진상조사보고서』, 선인, 363~367쪽.

고구마가 자라는 거예요. 그런데 사람들이 왜 그 집만 고구마가 클까 신기해했었어요. 그런데 알고 보니까 그 집에 옛날에 제주도에서 학생사태, 사람들을 죽여서 시체를 묻어놓았던 집이었던 거예요. 그런 단편 소설을 제가 어렸을 때 보았거든요? 그것과 관련된 것 말씀하시는 건가요?
교사 4 : 제 친구 중 제주도 출신 친구(대학친구)가 있는데, "4·3사건 되게 유명하다. 그때 엄청난 일이 있었다. (자기도) 전해 들었다." 이런 이야기하고, 어렴풋이 그런 일이 있었다는 것만 알고, 저도 확실하게는 모르겠어요.
교사 5 : 음. 그게, 공산당이 세력을 넓히려고 반란 일으킨 것 아니에요? 저는 그냥 그렇게 알고 있어요. 빨갱이들이.

나. 동시대 부재적(不在的) 지식

거의 모든 교사들은 6.25전쟁 과정에서 발생한 양민학살사건에 대해 전혀 알지 못하고 있었고, 우리 정부에 의해 자행된 사실인지 연구자에게 반문하는 경우도 더러 있었다. 교사들은 학살의 주체가 이승만정부였다는 사실에 놀라움을 감추지 못했다. 이 사건들은 해결되지 않은 채 현재까지 이르고 있고, 사건의 피해자나 그 유족들이 지금도 생존하고 있는 점을 감안하면 이 사건들은 우리가 살고 있는 동시대의 사건이다. 교사들은 이들 사건과 동시대에 존재하고 있다. 그러나 교사들의 지식은 이들 사건과 같은 시대에 형성된 것임에도 불구하고 이들 사건과 함께 존재해 오지 않았다. 교사 자신이 살고 있는 시대의 사건에 대한 전무한 지식, 마치 해당시대에 살고 있지 않은 듯한 지식, 이러한 모습을 '동시대 부재적 지식'이라 부를 수 있을 것이다.

〈양민학살사건들을 알고 있는지 물었을 때〉
교사 1 : 못 들어봤어요. 처음 듣는 이야기인데요. 어머, 지금 듣는 이야기들은 다 처음이에요.
교사 2 : 못 들어봤는데요.
교사 3 : 아니오. 저거는 들어봤어요. 어떤 사람들이 교회에다 몰아넣고 불질렀던 사건 있잖아요.36)

교사 4 : 아니오.
교사 5 : 아니오. 우리 정부가요? 아니오.
교사 6 : 그냥 읽기는 했는데 뭔 내용인지 확실히 몰라요.
교사 7 : 그건 모르겠는데…….
교사 8 : 몰라요.
교사 9 : 모르겠는데요.

다. 사건들의 전후관계 혼동

해방 후 국내상황은 혼란스럽게 전개되었다. 마치 당시의 상황만큼이나 교사들의 인식도 불명확하고 혼란스러운 모습을 보였다. 우선 교사들은 당시 신탁통치를 둘러싼 대립상황의 전개원인을 소련의 야욕과 북한의 태도돌변에서 찾고 있었고, 모스크바 3상 회담 결과의 왜곡보도와 우익인사들의 반탁 여론 몰이에 대해 전혀 모르고 있었다. 이와 함께 이후 전개된 사건들과의 관계 및 순서를 혼동하는 경우도 쉽게 발견할 수 있었다. '신탁통치 결정을 위해서 투표를 했다', '선거를 치러서 신탁통치를 종결시켰다'는 인식은 전후 사건들 간의 관련성을 혼동하고 있음을 보여주는 예라 할 수 있다.

연구자 : 신탁통치에 대해 아시는 바를 말씀해주세요.
교사 4 : 제가 잘 모르는 부분이어서……. 다시 미소 양대국이 우리를 반으로 갈라놓고, 5년 동안 통치하겠다고 한 것은 당연히 우리 민족 전체가 분개할 만한 일이다. 이러면서 이승만은 남쪽에서 빨리 선거를 치르자, 김구는 아니다 시간이 걸리더라도 함께 선거를 치르자. <u>그래서 선거를 빨리 치러서 신탁통치를 오래 끌지 않고 종결시킨 점도 있다고 생각해요. (신탁통치 결정을 위해서) 투표하지 않았나요?</u>
(밑줄 필자 강조)
교사 5 : 나라가 어지러웠잖아요. 그래서 러시아와 미국이 38선을 긋고, 위에는 러시아가 보살펴주고, 아래는 미국이 보살펴주고 그렇게 알고 있거든요. 그때 냉전 상태였잖아요. 미국이 소련하고, 한반도를 놓고 싸우다가 안 되니까 사이좋게 반으로 나눈 거라고. <u>신탁통치 결정</u>

---

36) 교사 3은 일제시대에 발생한 수원 제암리교회 학살사건과 혼동하였다.

을 위해서 투표하지 않았나요?(밑줄 필자 강조)

사건들의 전개순서를 심하게 혼동하고 있는 경우도 있었는데, 교사 8은 해방 후 전개된 국내 상황을 다음과 같은 순서로 제시하였다.

해방→6·25전쟁→(미소공동위원회설치)휴전→미군과 소련의 남북한 군정
→분단→남한단독선거→대통령선출→현재

연구자 : 해방과 분단 즈음에 대해서 아시는 바를 말씀해주세요.
교사 8 : 해방과 분단, 일본으로부터 해방이 되었고, 미국, 소련이 음… 6·25전쟁이 일어났는데, 미국하고 소련이 개입해서 휴전선이 생기고, 그 다음에 뭐죠? 투표를 하자. 남한과 북한이 같이 투표를 하려고 했는데, 남한은 남한대로, 북한은 북한대로 투표를.
연구자 : 그 투표는 6·25전쟁 발생 후인가요?
교사 8 : 6·25전쟁 후죠. 음… 미소공동위원회가 설치되어서 휴전을 하자, 휴전선이 그어졌고, 그 다음에 미군은 여기 남한의 군정을 지휘하고, 북한은 소련의 군정을 지휘하고, 남북한이 갈라지게 되었다. 그렇게 알고 있고, 그 다음에 대통령 선거에서 그랬었나, 남한은 남한대로 뽑고, 북한은 북한대로 뽑고, 그래가지고 대통령이 선출되어서 오늘날까지 이어지고.

일부 교사들은 4·19혁명, 5·16쿠데타, 5·18 민주화운동을 혼동하기도 했고, 심지어 광주학생운동과 혼동하는 경우도 있었다. 이들 사건과 관련하여 교사들은 발생지역에 대해 혼동하기도 했고, 사건들의 이름에 숫자가 공통적으로 포함되어 있는 점, 무력충돌과 유혈사태로 인한 다수의 사상자가 발생한 점을 유사한 점으로 여겨 혼동하기도 하였다.

연구자 : 4·19혁명에 아시는 바를 말씀해주세요.
교사 2 : 4·19… 학생의거, 4·19학생의거. 4·19는 잘 몰라요. 그냥 학생의거. 일본 학생이 건드려서 일어난 것… 아, 그… 저도 헷갈려가지고요, 저거는 아니죠? 저 대통령하기 위해서 저, 뭐라고 그러죠? 투표 이거하고는 상관없죠?

연구자 : 부정선거.
교사 2 : 부정선거 때문에 그거하고 관련 있어요?

연구자 : 왜 발발하게 되었다고 생각하세요?
교사 3 : 그야 뭐, 그때가 박정희 대통령 때 맞죠? … 이승만 때예요? 잘 기억이 안 나요. 많이 들었는데 그게 뭐였죠? 아, 그거 삼분의 이 막 그거 말씀하시는 거죠? 그냥, 그래가지고 그냥 4·19 때, 그게 어디서 발발된 거였죠? … 아니오, 제가 알고 있는 거랑 헷갈려서 잘 모르겠네요. 그것은 광주였던 것 같은데.

연구자 : 5·18 민주화운동에 대해 아시는 바를 말씀해주세요. 언제 일어났나요?
교사 5 : 1980년대, 전두환 대통령 때. 광주에서 누가 끌려가서 죽었잖아요. 무슨 열사 죽고? 그래서. 눈에 총을 맞아서37), 그 사람도 그렇고 사람들이 강제로 끌려가서 왜 지금까지 그러잖아요. 학생들이 운동하면, 공산당이랑 연계되었다거나 그런 걸로 해서 고문당하고 그랬잖아요. 옛날에, 그런 것 때문에 일어난 것 아닌가요?
연구자 : 전두환 대통령하고는 어떤 관련이 있죠? 직접적인 관련은 없었나요?
교사 5 : 있겠죠. 전두환대통령이 해놓은 안기부에서 한 거니까. 몰래 그런 운동하는 학생들 끌고 가서.
연구자 : 그 전에 발단이 되는 사건이 전두환 대통령하고 무슨 관련이 있지 않았을까요?
교사 5 : 있었겠죠? (웃음) 잘 몰라요. 그런 사실들이 있는 자료가 주변에 흔히 있나요?

② 교과서 수준의 지식

  초등학교 교사들은 중·고등학교 당시의 역사교육, 대학교의 교양과정 이수 후 별다른 역사학습 기회를 갖지 못하고 있는 실정이다. 그리고 교수학습은 교과서를 중심으로 이루어진다. 교육경력의 축적과 함께 교사들은 교과서에 서술된 내용만을 중심으로 지도해도 별다른 어려움이

---

37) 4·19혁명 직전에 발생한 김주열 학생의 희생을 언급하는 것으로 해석된다.

없음을 알게 되고, 교사들의 인식의 폭도 자연스럽게 교과서에 한정되는 경향을 보이게 된다. 교사들은 근현대사 교육에서 중·고등학교 당시 지식을 활용하는 경우도 있으나 이는 주로 배경설명과 기타 보충설명과정에 한정된다. 교과서 수준에 한정된 인식은 교사들이 지닌 지식의 타율성을 드러낸다. 근현대사 사건에 대한 교사자신의 지식기반이 약해 공인된 지식이라 여겨지는 교과서 내용에 의존하게 되는 것이다. 더욱이 근현대사 사건들이 여전히 쟁점이 되는 잠정적인 성격을 지니고 있다는 점은 교과서에 대한 의존도를 높이는 요인으로 작용한다. 교사들은 편향된 인식을 지니는 것을 우려하고, 교과서에 대한 비판적인 인식을 유보하며, 비판적 인식을 위한 관련서적 검토는 미루고 있는 실정이라 할 수 있다. 이는 나아가 교과서 지식으로 표현된 권력에 대한 묵인으로 이어진다. 교과서에는 저자의 관점과 그 배후의 국가·사회의 이데올로기가 담겨 있다. 국가·사회는 지식선정의 주체로 등장하며, 교과서는 이러한 지식을 공적지식으로 담고 있고, 학생은 이러한 지식의 소비자가 된다. 교사의 묵인은 지식선정을 둘러싼 국가·사회 권력에 대한 무지와 방관일 수 있으며, 지식형성의 주체적인 지위를 저버리는 행위일 수 있다.

'상투적 인식'은 5·18 민주화운동뿐만 아니라 현대사 제 사건들에게도 공통적으로 적용할만한 인식의 양상이다. 이는 우리나라 현대사 사건들 대부분이 권력과 기득권층에 대한 투쟁, 이로 인한 피해와 죽음이라는 공통적인 요소를 지니기 때문에 5·18 민주화운동도 그러한 부류에 해당되는 사건일 것이라는 막연한 생각에서 비롯된 것이다. 여기에서 시민들은 으레 평화적으로 시위했고, 많은 사람들이 다치거나 죽었으며, 민주화를 위한 노력의 일환이었다는 점이 강조된다. 이러한 인식은 5·18 민주화운동의 구체적인 내용을 알지 못한 채 전체적인 인상만을 지니고 있다는 점을 드러낸다.

연구자 : 5·18 민주화운동에 대해 어떤 점을 말씀하셨나요?
교사 4 : 그 시대 때 암울한 분위기를 겪으면서, 사실은 시민들이 정당하게

항의한 평화적인 시위였는데도 불구하고, 계엄령을 내려가지고, 무고한 많은 시민들이 죽었고, 옳다고 말 못하는, 어두운 시대들이 불과 얼마 전에 있었다. 그런데 아직도 그게 해결되지 않고, 과거에 대해서 깔끔히 청산되지 않고, 묻혀진 부분들도 있다. 그냥 이제 광주에서는 그런 일들이 있었는데도 불구하고 다른 도시에서는 그런 일들이 있었는지 조차도 왜곡된 상태에서 언론이나 신문에서 보도가 되었기 때문에, 최근에 와서 그것들이 하나의 민주화운동으로서 격상되고 그 피해자들에 대해서 보상도 일어났지, 암울한 과거다 이렇게 이야기했거든요.

연구자 : 선생님이 아시는 대로 말씀해보세요.
교사 3 : 광주 민주화운동 … 아 … 쿠데타로 … 전두환이 … 그래서 그게 민주사회로 맞지 않으니까 그걸 분개한 학생들이……. (웃음). 여기까지예요.

③ 관심과 정확한 인식

교사가 역사에 대해 지닌 관심은 두 가지에서 비롯되었다고 할 수 있다. 첫째, 본래 역사에 대한 관심을 지니고 있었던 경우를 들 수 있다. 이런 경우 교사는 역사소설, TV다큐멘터리, 한국사관련 서적 등을 통해서 자신만의 근현대사지식을 형성했다. 이 과정에서 교사는 근현대사를 침략, 수탈, 권력에 대한 저항의 역사로 보며, 저항은 집난석 행동, 희생과 죽음을 동반했다는 사실을 알게 된다. 이러한 사실들 가운데 교사의 역동적인 기억을 돕는 강렬한 인상을 주는 사건들을 접하는 경험을 하게 된다. 예컨대 4·19혁명에 대한 강렬한 인상이 될만한 대표적인 예는 김주열학생의 희생일 것이다. 1960년 4월 11일, 마산 앞 바다 위로 떠오른 김주열학생의 시신은 눈에 미제 최루탄이 박힌 상태였고, 이 사건은 대대적인 군중시위의 계기가 되었다.[38] 4·19혁명에 대한 강렬한 인상을 지닌 교사들은 혁명의 원인, 전개과정, 관련사건 등을 연관지어 이해하고 있었는데, 이러한 경우는 중견교사들에게서 두드러졌다. 이들은 혁명의

---

38) 김인걸 외 편저(2003), 『한국현대사강의』, 돌베개, 204쪽.

원인으로 이승만정권의 3·15 부정선거를 말하면서 공통적으로 김주열학생의 희생을 언급하였다.

 연구자 : 4·19혁명의 원인이 뭐라고 생각하세요?
 교사 1 : 마산에서 고등학생이 떠올랐잖아요. 처음에는 마산에서만 일어난 게
    아니고 공동으로 학생들이 동시에 일어나기로 했는데 마산에서 고
    등학생이 발견되고 나서 학생들이 정말 그때 이거는 아니구나. 선거
    가 무효라는 것을 강조하기 위해서 학생들이 일어난 거죠.

 연구자 : 4·19혁명의 원인이 뭐라고 생각하세요?
 장 : 부정선거 한 이유로 사람들이 가지고 있던 불만이 폭발한 거죠.
 연구자 : 그 와중에 아시는 주요 사건들 있으세요?
 장 : 마산 앞바다에서 최루탄 맞아서 그 사건 … 그 사건이 굉장히 끔찍하다고
   생각을 하고, 그때 우리 오빠들은 대학생들이었어요. 나는 애기 때였죠.
   대학 다니던 오빠들은 내려와가지고 집에서 그냥 놀고 있고, 그랬어요.
   엄마가 불러내려가지고.

  둘째, 중·고등학교 시절 역사전반에 대해 명확하게 설명을 해준 선생님을 만난 인상적인 경험으로 역사에 관심을 갖게 된 경우이다. 경력 5년 미만의 한 교사는 5·18 민주화운동에 대한 상당한 정보와 관심을 가지고 있었다. 이 교사는 고등학교 재학당시 계엄군의 진압장면이 담긴 비디오자료 시청경험과 지도교사의 시사교육에서 받은 충격으로 5·18 민주화운동의 실상에 대한 선명한 인식을 지니고 있었다. 또한 당시 권력을 획득한 인물들의 등장배경, 대통령선거를 위한 국민투표와 관련된 역사적 배경을 알게 되었다. 이러한 경험들은 충격과 함께 확신으로 다가와 교사가 5·18 민주화운동에 대해 분명한 인식을 갖게 되는 계기가 되었다.

 연구자 : 5·18 민주화운동에 대해서 말씀해주세요.
 교사 7 : 주로 전두환 대통령 군부독재 때문에 수많은 사람들이 죽었다는 것,
    저는 그게 어떤 의미인지 몰랐는데 그 화면 보고 너무 충격적이었거

든요? 그러니까 선생님이 말씀해주시는데 그 뉴스는 땡전이었데요. 땡하면 전두환 대통령은… 이렇게. 그 화면도 전두환 대통령이 먼저 나와서 악수하고 그런 장면이었는데 갑자기 군인들이 타타타타 하더니 때리기 시작하는 거예요. 그런 것 보면서 선생님 저게 뭐예요 물었더니 저게 이러이러해서 전두환 대통령이 … 군인은 적을 죽이기 위해서 훈련된 사람들인데 갑자기 군인들이 민간인들을 죽이기 위해서 … 애들이 너무 충격적이었거든요. 음 … 저도 박정희 대통령 이후에는 민주화가 되었다고 알았어요. 80년대에는 다 민주적이었다고 생각했고, 제가 태어났을 때도 80년대여서.

연구자 : 그 생각을 언제까지 하셨어요?
교사 7 : 그 비디오 보기 전까지요. 노태우 대통령도 군부독재하고는 관련이 없다고 생각을 했거든요? 김영삼 대통령까지도 그랬어요. 그걸 보고나서, 선생님이 아주 차근차근 이러이러해서 결국은 87년도에 6·29선언에 의해서 대통령을 뽑았다 그 이야기 들었을 때 애들이 다 놀란 거예요. 박정희 대통령 때에는 그게 유신정권이라고 해서 그게 계속된다는 것은 알고 있었는데, 전두환 대통령도 투표에 의해서 뽑힌 줄 알았고, 노태우 대통령도 그런 줄 알았거든요? 거기에 대해서 의심을 해본 적이 없는데, 그 이야기를 듣고 나서 되게 충격적이었고, 그 사람이 탱크를 몰고 와서 다 짓밟아 놓고 나서 자기가 대통령이 되었다는 것을 듣고 우리나라가 과연 그럴만한 나라였을까 하는 생각을 못했었어요. 그때에는 군인이 탱크를 몰고 와서 대통령이 될 수 있구나 그것이 되게 충격적이었거든요.

④ 우연한 소통과 편린적(片鱗的) 지식

교사들의 근현대사 지식은 중·고등학교 학습내용, 대학 교양강좌를 토대로 형성되지만 시간이 지나면서 점차 제한된 형태의 개인적 지식으로 굳어지게 된다. 외부와의 소통 단절은 이를 더욱 심화시킨다. 근현대사 서적 읽기, 근현대사에 대한 동료교사와의 대화는 소통의 단절을 해소시킬 수 있는 경로가 된다. 그러나 교사들에게 가장 쉽고, 빈번한 소통 경로는 인터넷 자료검색, TV, 신문 등 영상정보매체였다. 그러나 교사들의 소통방식은 비지속성, 우연함으로 대표되는 특징을 지니고 있었다. 예컨대 역사소설, TV다큐멘터리, 한국사관련 서적 읽기를 통한 근현대사 지식추구 과정은 지속적이지 못하였으며, 그 깊이도 낮은 수준에 그치고 있었다. 역사소설 읽기는 과거의 일시적인 경험에 그치고 있었고, TV다큐멘터리는 우연한 기회에 접하는 소통의 통로에 불과했다. 교사들은 지속적인 관심을 갖고 근현대사 관련 소식을 접하지 않았고, 특정 사건이 뉴스를 통해서 한창 보도되는 시기에 이에 대해 몇 차례 접하는 정도였다. 뉴스와 신문기사 보도로 인해 부각되는 사건들에 대한 지식은 사건의 극히 일부분에 대해서만 아는 편린적 지식에 불과해 '들어본 적 있는' 수준에 머물고 있었다. 6·25 당시 미군에 의한 양민학살사건에 대해서 대부분의 교사들은 '들어본 적 있다'는 반응을 보이며, 해당 지역 이름에 대한 기억을 더듬었다. 이러한 반응들은 신문과 TV의 역할이 크게 작용한 것과 함께 그 한계와 실상까지도 드러내는 것이라 할 수 있다. 분명 교사들이 근현대사 지식형성의 매개로 삼고 있는 것들은 외부세계와의 소통이지만 그 효과나 실상은 그리 크지 않았다. 사건의 이름, 지명 등 사건에 대한 짤막한 한두 마디가 전부인 지식은 말 그대로 편린적 지식에 불과한 것이라 할 수 있다.

〈미군의 양민학살을 알고 있는지 물었을 때〉

교사 1 : 그건 요즘에 나온 이야기라 알고 있고요.

교사 2 : 미군의 민간인 학살이라는 것은 지금도 이야기 많이 나오지만 그 나 …….39) 아 노근리 사건, 요런 것도 그때 했던 거라든가. 뭐 자세하게는 모르는데 민간인이 많이 학살되었다는 것은 들어본 것 같아요.

교사 3 : 아니오, 별로 안 들어봤어요. 아, 그랬다더라. 근데 6·25에 대해서 별로 미군에 대한 이미지는 없는데요. (연구자 : 얼마 전에도 뉴스에서 노근리 사건이 …)아, 맞다. 맞다. 예, 기억나요.

교사 4 : 6·25 때요? 뭐, 빨갱이라고 오인해가지고, 죽인 적은 있다고 들었는데요. (연구자 : 그럼 구체적으로 지명도 아세요?) 그때 발굴되지 않았나요? 근 … 근 … 아니…….

───────────────
39) 교사 2는 '노근리'를 기억해내는 과정에서 '나 …'하는 말을 반복하였다. 연구자가 노근리를 상기시켜 답변을 도왔다.

⑤ 막연한 기피

우리나라 근현대사 사건들은 갈등, 대립, 반목, 폭력과 살상으로 전개된 경우가 많다. 이들 사건들은 이념, 이데올로기, 권력 등에 의해 비롯되었는데, 특히 해방 후 사건들은 더욱 두드러진 경우에 해당된다고 할 수 있다. 교사들은 관련 사건들에 대해 조심스러운 입장을 지니고 있었다. 그러나 정작 교사들은 이념과 이데올로기 대립 상황으로 인해 빚어진 사건들의 내용에 대해 모르는 경우가 거의 대부분이었다. 사건의 진상, 왜곡에 대한 지식은 부족한 반면, 사건에 대한 전체적인 인상만을 지니고 있었다. 관련 사건들에 대한 심정적 안타까움을 지니고 있으면서 동시에 일정한 거리를 두며 기피하는 모습을 보였다. 이러한 현상은 그동안 지속되어온 반공이데올로기의 내면화된 결과로 여겨지며, 레드컴플렉스(red complex)에 대한 막연한 경계심의 표출로 비춰졌다. 예컨대 제주 4·3사건과 여순사건에 대한 반응에서 그 모습을 찾아볼 수 있었다. 이 두 사건은 국가체제에 반하는 행위는 학살도 마다하지 않는 잔혹한 진압만이 있을 뿐이라는 두려움을 남겼다고 할 수 있다. 사건진압 이후 좌익세력은 사회적 경계의 대상이 되기 시작했고, 국가보안법제정(1948년), 학도호국단의 창설(1949년), 군 내부의 숙군완료(1949년)가 차례로 이루어졌다. 이후 권력에 의한 이데올로기는 오랜 기간 국가사회를 통제하는 상지로 작용하였다. 레드콤플렉스가 국가사회를 지배해온 것이다. 교육에서도 이데올로기는 성공을 거두어 학생들의 비판적 인식을 흐리게 하였는데, 이러한 교육을 받고 자라 현재 교사가 된 이들의 지식에서도 그러한 모습을 찾아볼 수 있었다. 한 교사는 여순 사건과 4·3항쟁에 대해 전반적인 이해를 하고 있으면서도 애써 공산주의가 싫다고 강조하였다. 다른 교사는 두 사건 자체에 대해서는 모르지만 6·25 당시 공산군에 의한 피해 경험을 상기하면서 두 사건을 주도한 세력들을 처단하는 것은 어쩔 수 없는 일이라고 말하여 사건의 본질과 동떨어진 개인적, 감정적 차원의 이해를 보였다.

연구자 : 원인은 뭐라고 생각하세요?
교사 1 : 원인은 이념대립이라고 생각하죠. 공산주의냐 민주주의냐 이런 건데, 저는 공산주의는 정말 싫어요. 그런데 싫지만, 제 개인적인 감정에서는 공산주의가 싫지만, 그 당시 상황에서는 공산주의, 민주주의 할 것 없이 서로 일어나고 있는 상황이었잖아요. 너무나 혼란스러웠기 때문에 그런 와중에 양민과 공산주의를 확실하게 색출하기가 너무 어려워서 할 수 없이 그 얼마 안 되는 인원을 다 그렇게 희생시킨 거라고 생각해요.
연구자 : 그 이후에 남한단독정부가 수립되면서 이걸 반대하는 사람이 있고, 제주도 4·3사건, 여순사건이 일어나거든요. 이 사건에 대해 아시는 바 있으세요.
교사 6 : 아니, 아는 것은 없고, 그 다음에 교육을 받은 것이 북한 사상은 너무나 자기 목적을 위해서 피도 눈물도 없이 행동을 한다고 배워왔고, 또 6·25 때 … 그 정말 상식적으로 판단하지 않는 지독한 사람들이 있잖아요. 갑자기 내 세상이 왔다 이러면서 지주들을 함부로 빼앗고, 죽이고, 그러한 사건들을 보면서 … 그런 빨갱이들을 처단한 것은 옳다 이렇게 생각을 하죠. 오죽하면 그랬을까 이렇게 생각을 하죠.

⑥ 일반화된 지식

이승만 대통령과 박정희 대통령에 대한 교사들의 지식은 상당히 유사한 모습을 보였다. 먼저 이승만 대통령에 대한 교사들의 평가는 부정적인 견해가 거의 대부분을 차지했다. 해외독립운동 경력에 대한 이의제기, 친미성향, 친일파문제, 부정부패의 내용으로 부정적인 평가가 집중되었다. 교사들의 지식은 정도의 차이는 있지만 거의 모든 교사들이 위의 사실들을 언급함으로써 이승만 대통령에 대한 지식이 일반화되어 있음을 알 수 있었다. 이에 반해 이승만에 대한 긍정적인 평가로 교사들은 우리나라의 초대 대통령이라는 점, 나라의 기틀을 마련했다는 점, 우리나라 민주주의를 시작했다는 점을 들었다. 그러나 이러한 긍정적 평가는 흔히 알려진 3·15 부정선거와 부정부패, 그리고 이승만정권에 의해 자행된 양민학살사건 등에 대한 무지에서 비롯된 막연한 의미부여라 생각된다. 더욱이 이승만 대통령에 대한 긍정적 평가는 어느 누가 초대 대통령이 되었든지 받을만한 평가이기 때문에 그 의미는 그리 크지 않다고 할 수 있다.

박정희 대통령에 대한 교사들의 지식은 경제와 정치에 한정되었다. 경제와 정치는 각각 긍정적, 부정적 평가의 대상이었다. 교사들은 경제성장의 예로 경제개발계획, 새마을운동, 고속도로 건설을 들며 경제성장에 적극적인 의미를 부여하였다. 박정희 대통령에 대한 부정적인 지식은 단연 독재정치로 인한 민주주의 후퇴에 집중되었다. 교사들은 분단 상황의 정치적 이용, 18년 통치, 유신헌법, 이상한 말하면 잡아가던 시대, 가부장적인 통치방식 등을 언급하였다.

교사들의 지식은 해당 분야의 긍정적, 부정적 측면을 함께 인식하는 균형 잡힌 지식과는 거리가 먼 '극단적 지식'의 모습을 띠고 있었다. '경제는 발전시켰고, 정치는 독재였다'는 두 분야에 걸친 극단적인 양상은 경제성장의 이면에 대한 교사들의 비판적인 시각이 무딘 상태였음을 보여주었다. 또한 정치 분야에 대한 평가는 개인적인 관점이라기보다는 일반대중적인 평가에 근거한 것임을 나타내었다. 이 과정에서 박정희 대통령 개인에 초점을 맞추는 모습도 발견할 수 있었다. 교사들은 박정희 대통령의 '추진력'과 '나라만을 위한 사심 없는 마음'을 언급하였다. 그러나 경제성장의 이면에 해당되는 문제들, 예컨대 만성적 국제수지 적지, 대기업위주의 경제정책, 비인간적인 노동환경과 임금문제 등에 대해서는 모르고 있거나, 경제성장과정에서 발생하는 불가피한 상황으로 인식하고 있었다.

교사 1 : 경제적으로 우리나라를 부흥시킨 것은 참 훌륭하다. 그러나 유신정권이 들어서면서 예를 들어 그 사람이 4년만 하고 물러났다면 너무나 훌륭한 대통령인데, 개인적인 욕심에, 특히 밑에 사람들이 알아서 충성하면서 개인적인 욕심에 그런 탄압하기 시작한 그때부터는 훌륭한 역할이 아니었다. 그때는 차라리 백의종군하에 스스로 물러났다면 그 사람은 정말 훌륭한 인물이 되었을 텐데, 사실 경제적으로 우리나라가 못살고 가난했던 6·25를 딛고 가난한 것을 이겨낸

것은 너무나 잘했다. 박정희한테는 밀고 나가는 힘이 있었다. 하지만 마지막에 민주화 세력을 위해서 탄압하기 시작한 것은 별로 올바른 것이 아니다……. 새마을 운동. 예전에 다들 못사는 형편에 어떤 슬로건을 내걸고 '잘살아보세'라는 서로 모두 근면, 자조, 협동이라는 요즘에는 부각이 안 되지만, 예전에 그걸로 인해서 사람들이 많이 깨닫게 되었고, 그러면서 많은 사람들이 거기에 화합을 하게 되고, 그 가운데서 희생양은 있겠죠. 땅을 잃어버리거나, 잃어버린 사람들은 있겠지만 그 경부선을 뚫어놓은 것이며 그 고속도로를 뚫어놓은 것 이거는 진짜 아무나 못하는 것이다. 이게 없었다면 우리나라는 아직까지도 헤메고 있을 텐데 그때 그 추진력이 굉장히 강하기 때문에 그 부분은 인정을 해줘야 된다 이렇게 생각을 하죠.

교사 6 : 박정희 대통령에 대해서는 우리가 근대적 의미의 국가로, 너무나 못 사는 나라에서 계획을 참 잘 세웠다. 추진력이 있었다. 그래서 발전의 계기가 마련되었다. 그리고 사심 없이 정말 자기가 대통령이 된 이 나라를 어떤 기틀 위에 올려놓으려고 애를 썼다. 이렇게 생각해요. 개인적으로도 그렇게 생각하고.

2) 언제, 어떻게 알게 되었는가?

'언제, 어떻게 알게 되었는가?'는 교사의 근현대사 지식 형성의 배경에 대한 것으로 그 시기와 경로에 대한 물음이다. 이 물음에 대한 답을 얻기 위해, 교사에게 근현대사를 가르치기 위해 많이 의존하는 자료원이 무엇인지 물었다. 교사들은 자신들의 근현대사 지식 형성에 도움을 준 요인으로 중·고등학교 학습내용, 역사소설, 한국사 서적, 인터넷 검색, TV 드라마 및 관련 프로그램, 영화, 대학강좌, 고등학교 국사참고서, 부모님에게서 전해들은 이야기 등을 꼽았다.

(1) 중·고등학교 학습내용

교사들의 근현대사 지식형성에 가장 큰 영향을 미친 요인은 단연 중·고등학교 학습내용인 것으로 드러났다. 그러나 대부분의 교사들은 중·고등학교 당시 근현대사 학습경험에 대해 부정적으로 평가하였다. 부정적인 평가의 주된 이유는 암기위주 학습과 현대사 경시(輕視)현상에 있었다.

    교사 3 : 아무래도 선사부터해서 조선후기까지는 제가 중·고등학교 때도 많이 배웠던 부분인데, 제가 근대 배웠던 것 생각하면 항상 교과서 읽고 넘어갔던 기억이 나요. 제가 배울 때부터 잘 다루지 않았던 것이어서 … 굉장히 단편적으로 배웠고요. 그냥 암기, 무슨 사건, 아관파천 이런 식으로만 배웠어요.
    교사 5 : 그렇게 자세히는 못 배웠다고 생각해요. 갑신정변의 저런 것은 좀 배웠는데요. 광복 후에는 별로 자세히 안 배운 것 같아요. 별로 기억이 안 나요……. 그냥 거의 학기말이라서, 선생님들이 그냥 설렁설렁 넘어갈 수도 있는 거고. 그냥 간단하게 배웠던 것 같아요.
    교사 11 : 자세하게 흔히 알고 있는 고려나 조선에 대해서는 자세히 배경 같은 것을 하나하나 역사적 사건에 대해서는 자세하고 비중 있게 배운 것 같은데, 근현대사에서는 제 기억에서는 깊이 있게 배웠다거나 자세하게 배운 기억이 없거든요. 제가 생각해봐도 비중 있게 가르치셨던 분야는 근현대사부분보다는 그 전 역사에 대해서 비중 있게 가르치셨거든요.

  이와 같은 중·고등학교 학습경험의 결과는 대학 진학, 교사임용을 거치면서 세 가지 형태로 나타난다. '대학에서의 자기 찾기', '근현대사 사건들에 대한 불명확한 인식', '근현대사 지도의 어려움 직면'이 그것이다.
  대학진학과 함께 교사들은 근현대사에 대한 인식의 변화를 초래하는 계기를 맞이하게 된다. 독서토론, 선배와의 대화, 시사문제 접촉의 자유로움 등의 계기로 교사들은 고등학교에서 배웠던 내용과 다른 사실들, 학교에서 배우지 않았던 사실들로 인해 충격을 경험하게 된다. 이로 인해 교사는 몰랐던 사실에 대한 자기반성의 과정을 겪게 되고, 역사를 통해 자기 찾기 노력을 시도한다.

    교사 12 : 대학교 가면서 독서토론을 하면서 이제 그런 한 사건 같은 것을 친구들하고 토론하면서 그러면서 아, 내가 먼저 알아야할 게 역사인데 그걸 너무 모르고 있었다. 잘못된 부분이 참 많은데 모르고 지나왔구나. 그때부터 시중에 있던 책을 읽으면서 사고가 바뀌었던 것 같아요……. 저는 문제가 있을 정도로 학교하고, 집, 선생님이 가르쳐준 것 외에는 옆을 안 쳐다보았거든요. 시키는 그것만 했기 때문에 선생님이 알려주는 것 외에는 전혀 모르고 대학을 갔어요. 하면서 가서 공부를 하면서 느낀 게 미국에 대한 개념이, 그 전까지 교과서에 담긴 내용은 미국에 의해서 우리가 많이 도움을 받고 성장했다는 개념이 많이 바뀌었구요. 미국이 우리에게 무조건 도움만을 주었던 나라가 아니었다는 것을 알게 되었고, 두번째로 느낀 것이 우리나라 역사 중 근현대사 부분은 일제에 의해서 왜곡된 것이 많았다는 것. 우리가 알아야 할 역사를 우리가 챙기지 못했기 때문에 묻혀버린 역사가 많다는 것.

교사 11 : 오히려 저는 신문, 방송을 통해서라든가. 그리고 근현대사 중에서 제가 많이 들었던 게, 광주항쟁 정도 그 정도지. 오히려 제가 기억하는 것은 학교에서 배운 것보다도 고등학교 졸업 이후에 다른 매체에서 들은 것이 더 많다고 생각을 하거든요.

'자기 찾기'에 별다른 노력을 기울이지 않은 교사들은 교사로 임용된 이후에도 근현대사 사건들에 대해 상당히 혼동하고 있는 모습을 보였다. 교사들의 혼동 양상은 다음과 같이 정리할 수 있다.40)

첫째, 교사들은 단편적인 지식으로 인해 해당 사건에 대한 자신만의 스토리를 지니지 못하고 있었다. 즉, 해당 사건의 발생 원인, 전개 과정, 관련 사실, 결말에 이르는 과정을 충분히 알고 있지 못한 채 몇몇 사실들에 한정된 지식만을 지니고 있었다.

둘째, 널리 퍼진 잘못된 지식을 무비판적으로 수용하고 있었다. 예컨대, 해방 후 신탁통치결정과 관련하여 국내에 잘못 알려진 사실을 여전히 사실로 알고 있었다.

셋째, 사건들을 피상적으로 인식하고 있었다. 사건의 구체적 실상은 모른 채 이름만을 알고 있는 경우, 관련 사실에 대한 전형적인 이해 등이

---

40) 앞 절(1. 무엇을 알고 있는가?)의 내용 참조.

여기에 해당된다. 예컨대 교사들은 제주 4·3항쟁이나 여순사건에 대한 실상은 거의 모른 채 이름만을 알고 있는 정도였고, 임시정부가 겪은 어려움을 상투적인 수준에서만 이해하고 있을 뿐 정작 무장독립운동단체들과의 갈등 등에 대해서는 잘 모르고 있었다.

넷째, 사건에 대한 막연한 이미지와 내용의 뒤섞인 인식을 들 수 있다. 해당 사건의 내용을 구체적으로 알지 못한 채 어렸을 때 읽었던 동화책 이야기, 영화 속 주인공의 이미지를 지니고 있어 사건의 본질을 제대로 알지 못하는 경우가 있었다. 또한 현대사 속에서 전개된 일련의 사건들, 예컨대 4·19혁명, 5·16쿠데타, 5·18 민주화운동 등의 사건의 이름, 해당지역, 관련자 등은 알고 있지만 정작 사건의 내용을 뒤섞어 이해하고 있어 오해와 혼동의 정도가 심한 수준임을 알 수 있었다.

이들 교사에게 교사 임용과 함께 시작된 근현대사 지도는 또 다른 어려움의 시작이었다. 교사들은 면담 과정에서 근현대사지도의 어려움으로 자신의 부족한 근현대사 지식을 꼽았고, 그 원인을 중·고등학교 교육, 개인적 노력의 부족에서 찾았다. 교사들은 중·고등학교 당시에는 근현대사 내용을 외우기만 했기 때문에 사건과 관련된 배경지식이 없어 지도하는데 어려움이 있다고 말하였다. 예컨대, 열강의 이권쟁탈과정에서 조선과 주변국들 간의 관계, 각 사건들의 행위주체와 시간들의 순서, 무상독립운동활동에 얽힌 이야기 등에 대해 많이 알지 못해 교사 자신이 혼동하는 경우도 있고, 알고 있는 사실을 단편적으로 전하고 있을 뿐이라고 말했다.

교사 3 : 이거를 저는 가르칠 때, 저도 몰랐는데, 개화할 때, 대한제국도 있고, 그 전에 을미사변 그런 것이 있는데, 저는 단편적으로 배웠는데, 이거를 가르치려고 역사책 같은 것을 쉽게 나온 것, 그런 것을 그냥 읽어봤거든요? 그걸 보니까 이게 그냥 단순히 일본하고만 관련된 게 아니라 그 주위에 러시아랑, 청나라, 힘의 알력 같은 것이 있어 여러 가지 복잡한 이유 같은 것이 있더라구요……. 그러니까 제가 헷갈렸던 어디냐면요? 그 명성왕후가요, 그 시해당하기 전에 썼던 정책이 세 나라의 힘의 균형을 이루는 거였잖아요. 어떤 사건일 때는 어디하고 가까웠고, 어떤 사건일 때는 어디하고 가까웠고, 그러면서 사건이 일어나는 거잖아요. 그런데 그 나라가 헷갈리는 거죠.

교사 5 : 을미사변 같은 경우에, 명성왕후가 갑신정변이 일어나고 급하게 여러 가지 사건이 일어날 즈음해서 청나라가 개입하고, 일본이 개입하고, 방해하고 이런 이야기를 하는데, 단 시간에 여러 사건이 일어나고, 미묘한 갈등 구조를 설명하는데……. 그 부분에 대해서 제가 예민하게 이해가 없었기 때문에, 이렇기 때문에 민비가 청나라 편을 들다가 어떻게 되고, 갑신정변이 일본의 힘을 빌어서 했지만, 그 사람들이 애국자가 아닌 사람들이 아닌데, 왜 하필 일본의 힘을 빌려서 하려고 했을까 저는 의문을 갖고 있었는데 이게 잘 안 풀리고, 얼버무려가지고, 일본과 청나라 이런 게 있었다 이래지고 넘어간 부분이 있었거든요. 그런 부분이 좀 어려웠던 것 같아요.

교사 5 : 사건들을 제가 좀… (웃음) 그게 좀 어려웠어요. 누가 일으켰고, 각 사건의 주인공이 누군지, 뚜렷하게 교과서에 안 나와 있는 것 같거든요? 어떤 것은 정부에서 하고, 어떤 것은 주체가 누가 되고, 그게 좀 달라서요. 그게 좀 헷갈리더라구요.

교사 7 : 만주에 의병운동했던 것을 그걸 그냥 외우기만했거든요. 고등학교 사회시간에 누가, 김좌진 장군이 청산리에서 뭘 했다더라. 아니면 어떤 사람이 어떻게 했다더라. 근데 그거에 대한 큰 의미부여는 별로 못했던 것 같아요. 결국에 요약되는 것은 우리나라 선조들이 일본 사람들하고 싸우기 위해서 우리나라에서 심하니까 만주에 가서 싸웠다더라 정도밖에 해줄 말이 없어서. 저도 이해한 바가 그것밖에 없어서.

이상의 경우와 달리 중·고등학교 근현대사 학습경험에서 상당한 영향을 받은 교사들도 있었다. 이들은 당시의 학습경험을 상기하면서 당시 선생님의 교수방법과 노력을 언급하였다. 교사 1의 말에 따르면, 당시 한 선생님은 사건의 원인, 전개, 결말을 명쾌하게 설명해주어 학생들의 이해를 도왔다고 한다. 이러한 가르침을 받은 교사 1은 재학시절에도 사건들의 내용을 잘 이해하게 되었고, 교사가 된 이후에도 근현대사 사건들을 지도하는데 별다른 어려움을 겪지 않고 있다고 말했다. 또한 교사 1은 근현대사를 지도하는데 당시 선생님이 지도했던 교수방법을 적용하고 있는 것으로 드러나 중·고등학교 학습경험이 근현대사 사건에 대한 이해뿐만 아니라 근현대사 교육에도 영향을 미치고 있음을 알 수 있다.

연구자 : 근현대사 부분에서 선생님께서 지도하시기 어려우셨던 점은?
교사 1 : 제가 역사를 되게 좋아했어요. 거의 꿰뚫고 있다시피 … 사회과 대학교 때도 그랬고 … 고등학교 때도 그랬고, 사회를 좋아하고, 재미있었어요. 특히 고3 때 너무 좋은 역사 선생님을 만나서. 아주 사건에 대한 이야기를 원인, 전개, 정리까지 쫙 해주시는 분을 만났거든요. 그래서 뭐 어렵다고 생각해본 적은 별로 없었어요. 왜냐하면 어느 정도는 제가 이해를 하고, 근현대사에서도 왜 그런 일들이 일어났는지 그런 부분들에까지 이해를 하고 있었기 때문에 애들한테 가르칠 때 이야기하면 애들이 굉장히 놀라워하더라구요. 어느 사건이 어렵다 이런 것은 별로 없었고요.

교사 7의 경우, 고등학교 재학시절 현대사 학습에서 커다란 충격을 받은 경험을 지니고 있다. 당시 선생님의 의욕적인 지도로 교사 7은 4·19혁명, 5·18 민주화운동 관련 비디오테이프를 보았으며, 선생님은 학생들의 호기심과 놀라움을 해소시키기 위해 관련 사실을 자세하게 설명하였다. 당시 교사 7에게 감추어졌던 현대사의 새로운 사실은 충격으로 와 닿았고, 선생님의 적절한 설명은 교사 7의 확신이 밑바탕이 되었다. 교사 7 역시 자신의 확신에 바탕을 두고 현대사 사건을 가르칠 것이라고 말한 것으로 보아 중·고등학교 재학시절의 학습경험의 영향을 알 수 있었다.

교사 7 : 현대사는 저희 선생님께서요 그런 부분에 관심이 많으셔가지고 뭐 5·18이라든지 아니면 광주학생 그런 것 같은 비디오를 많이 보여주셨거든요. 그것에 대한 이해는 오히려 더 많은 편이에요. 만일 진도가 나간다면 거기에 대해서는 할 말이 많을 것 같아요……. 주로 전두환 대통령 군부독재 때문에 수많은 사람들이 죽었다는 것, 저는 그게 어떤 의미인지 몰랐는데 그 화면 보고 너무 충격적이었거든요…….

(2) 역사관련 서적

교사들의 근현대사 지식형성에 영향을 미친 두번째 요소로는 역사소설과 한국사관련 서적을 들 수 있다. 교사들은 이러한 책들을 대학교 재학시절에 읽은 경우가 많았고, 근현대사 지도를 위해 읽은 경우도 있었다. 교사들이 읽은 역사소설은 『태백산맥』,『아리랑』,『장길산』,『무궁화 꽃이 피었습니다』,『남부군』이었다. 이들 책들을 통해 교사들은 근현대사를 더욱 풍부하게 인식하는 계기를 갖게 되었다. 교사들은 소설 속의 가공된 상황, 줄거리를 접하게 되면서 이미 알고 있는 역사적 사실들을 실감나게 이해하게 되었다. 이러한 경험으로 교사는 근현대사 사건들에 대해 자신만의 이야기를 구성하게 되고, 관련 사건을 지도할 수 있는 자신감을 갖게 되었다.

> 연구자 : 어떤 책을 많이 읽으셨어요?
> 교사 1 : 예전에 조정래씨의 대하소설, 아리랑, 태백산맥 이런 것들을. 그냥 소설이지만 그분들도 그걸 쓰기 위해서 굉장한 자료를 모았잖아요? 아이들한테 그 부분에 설명할 때 (애들이) 우리나라가 얼마나 수난을 당해왔나 잘 모르잖아요. 그런 걸 한번 읽고 나니까 아, 일제시대 때 그렇게 우리한테 힘들었구나 개항 이후로 우리나라에 너무나 어려운 일들이 많았구나 하는 것들을 자연스럽게 애들한테 접목이 되더라구요. 아이들이 조사를 해와도 어느 정도 한계가 있고, 그냥 줄줄줄 읽을 뿐인데, 그것을 쉽게 이야기식으로 얘기해주면 좋아하죠.

교사들이 읽은 한국사 관련 서적은 『나는 조선의 국모다』,『거꾸로 읽는 한국사』,『해방전후사의 인식』,『교과서보다 쉬운 한국근현대사』 등이 있었다. 교사들은 이러한 책을 읽으면서 인식의 전환을 맞이하게 되었다. 학교, 집, 선생님의 가르침만을 중시했던 한 교사는 대학에서 독서토론을 하면서 미국에 대한 새로운 시각을 갖게 되고, 우리나라 근현대사의 왜곡사실을 접하였다. 가정과 학교의 보호에서 벗어나 자신만의 새로운 인식을 갖는 자기 찾기의 과정을 거친 것이다.41) 교사 13의 경우 명성황후에 대한 새로운 평가를 내린 책, 잘 알려지지 않았던 역사적 사실을 소개한 책을 통해 인식의 전환을 맞이하였다. 교사는 저자의 견해를 긍정적으로 받아들이며 그동안 막연히 민비라고만 생각했던 자신의 생각을 수정하였고, 그동안 숨겨져 왔던 역사적 사실들을 재미있게 받아들인 경험을 지니고 있었다.

(3) TV프로그램

세번째 요인은 TV프로그램을 들 수 있다. TV프로그램은 교사들이 가장 손쉽게 접할 수 있으면서도 관련 정보를 많이 놓치는 분야이다. 교사들은 역사스페셜, 근현대사 특집다큐멘터리, 시사프로그램, 뉴스 등을 통해서 근현대사 지식을 얻는다고 하였다. TV프로그램 중 교사들이 선호하고 고정적으로 시청하려 했던 것은 심도 있는 내용으로 구성된 프로그램이었는데, 〈역사스페셜〉이 그 대표적인 예에 해당되었다. 교사들은 특집다큐멘터리의 내용을 인상 깊게 간직하고 있었는데, 특집다큐멘터리는 관련사건을 단시간 내에 많은 자료를 동원하여 집중적으로 다루기 때문에 교사들의 근현대사 지식에 상당한 영향을 미치고 있었다.42) 그밖에 교사들은 시사프로그램이나 뉴스 등을 언급하였지만 지속적으로 시청하는 편은 아니었다. 더군다나 시청당시 프로그램 내용에 대해 별다른 문제의식이 없는 경우가 많아 일회적인 시청으로 그치는 경우가 많았고, 지속적인 관심을 갖고 관련 서적을 읽은 경우는 없었다. 그러다보니 관련 내용에 대해 알고 있는 것도 극히 단편적인 사실이 많았고, 사건에 대해 알고 있는 수준은 '한번 들어본 정도'였다. 그렇지만 TV프로그램은 교사들이 근현대사에 대해 외부 세계와 소통할 수 있는 통로 역할을 하기 때문에 교사들의 근현대사 지식에 중요한 역할을 한다고 할 수 있다.

---

41) 앞 부분(2. 언제, 어떻게 알게 되었나? 가. 중·고등학교 학습내용)의 교사 12의 면담 내용 참조.
42) 앞 부분(2. 언제, 어떻게 알게 되었나? 가. 중·고등학교의 학습내용)의 교사 11의 두번째 면담 내용 참조.

그 밖의 요인으로는 인터넷 자료, 교사용 지도서, 고등학교 국사참고서, 전해들은 이야기 등이 있었다. 교사들은 부정확한 자신의 지식을 확인하고, 그 간극을 메우기 위해 인터넷 검색을 자주 하는 편이었다. 이러한 경향은 정보검색의 용이함 때문이었고, 해당 정보의 신뢰도에는 별다른 문제의식을 지니고 있지 않았다. 교사들은 교과서 내용을 보충하기 위해 교사용지도서의 내용을 참고하는 경우가 많았다. 그러나 정작 교사용지도서의 내용은 관련내용을 심도 있게 다루는 대신 지도방법 등을 많이 다루고 있어 만족스럽지 못하다는 견해를 보였다. 고등학교 국사참고서에서 많은 도움을 받는 교사도 있었는데, 이 교사는 관련 자료가 풍부해 근현대사 사건들을 자세하게 알 수 있어 지도에 큰 도움을 얻는다고 하였다.

(4) 주변에서 들은 이야기

주변사람들에게서 전해들은 이야기에서 도움을 받는 경우도 있었다. 한 교사가 어머니로부터 들은 가족사에 얽힌 이야기는 우리나라 근현대사 사건들과 상당부분 연관 있었다. 아버지의 독립운동, 6·25전쟁의 피해, 4·19혁명 당시 오빠들에 얽힌 이야기를 듣고 자란 교사는 어머니의 이야기를 토대로 근현대사 사건들을 알고 있었고, 가족사와 연관된 내용 특히 임시정부의 독립운동내용을 힘주어 가르친다고 했다. 다른 교사는 남편과의 대화를 통해 해방 후 친일파 처단의 실패와 이승만정권에 얽힌 사실들을 알게 되었다. 그러나 관련내용을 대화의 주제로 삼았던 경우는 많지 않았고, 관련사실에 대한 교사의 인식도 대화 당시의 경험에 머무르고 있는 수준이었다.

5. 맺음말

본 글에서는 초등학교 근현대사 교육의 문제로 교과서 내용과 교사의 근현대사 지식에 대해 살펴보았다. 교과서가 지닌 문제는 초등학교 사회교과 내 역사영역의 내용체계상의 문제와 과다한 학습량을 꼽을 수 있다. 교과서에는 근현대사의 많은 사건들과 관련 내용들이 수록되어 있다. 이들 내용들은 중학교『국사』내용과 상당부분 중복되고 있어 계열성의 문제를 보여주고 있다. 더구나 초등학교『사회』의 넉넉지 않은 지면에 담긴 많은 사건들과 관련 내용들, 부족한 시수로 교사는 지도의 어려움을 겪고 있다.

또한 교과서에는 학생들의 근현대사 인식을 흐리게 할 수 있는 내용들이 있다. 사건 내용에 대한 분명하지 않은 설명, 잘못된 지식이 상식으로 둔갑하여 교과서에 게재되는 경우도 쉽사리 발견할 수 있다. 큰이야기 위주의 내용도 여전히 그 정당한 논리로 교과서에서 그 위치를 점하고 있다. 교사들은 이러한 내용들을 재구성해서 지도할 수 있지만 현실적인 어려움 앞에 수업은 교과서 위주로 진행되는 것이 다반사이다. 더구나 근현대사에 대한 웬만한 비판적 인식을 갖고 있지 않은 교사들은 교과서는 자료 이상의 권위를 지니기 때문에 그 서술내용은 정확성까지도 담보한다는 망령 앞에 쉽사리 굴복한다. 교사들은 공적지식으로 표현된 교과서지식을 전달하는 위치로 쉽사리 전락하게 되는 것이다.

교과서에 대한 비판적 안목을 지니고 내용을 재구성할 수 있는 힘은 교사의 지식에서 비롯된다. 그러나 초등학교 교사들의 근현대사 지식은 우려할만한 수준이라고 할 수 있다. 과거 우리나라 근현대사가 외세침략, 국권상실, 군사독재정권을 거치면서 강요된 침묵은 사회 전체적으로 만연하였다. 지배이데올로기에 의한 지식통제와 사실은폐가 이루어졌던 당시 상황은 교사들의 근현대사 지식에서 그 흔적을 엿볼 수 있었다. 국가권력이 지배이데올로기를 공고히 하고자 할 때마다 교육적 조치를 신속히 그리고 지속적으로 취해왔기 때문이다. 교사들에게 근현대사는 여전히 민감한 사안이었고, 근현대사를 배우는 학생은 나이 어린 초등학생이라는 사실은 교사들이 근현대사 교육을 주저할 수 있는 쉬운 합리화기제였다. 더욱이 근현대사 사건들이 지니는 특성 즉, 관련자가 여전히 생존해 있으며, 사회적인 쟁점이 되는 사건들을 '어떻게 함부로 가르칠 수 있는가?'하는 머뭇거림과 의문시여기는 태도가 많았고, 교사 자신에게는 부담스러운 것으로 보였다. 이와 함께 교사들의 근현대사 지식은 상당한 문제점을 드러내었다. 교사들은 교과서 수준의 인식을 보이는 경우가 많았다. 사건들에 대한 구체적인 이해 없이 전반적인 이해에 머무르고 있었다. 더욱 심각한 경우는 사건들 자체에 대해서 거의 모른다고 할 정도의 인식을 보이는 경우가 많았다. 사건의 이름, 사건에 대한 이미지로 사건에 대한 지식을 대신하는 경우, 전혀 들어본 적이 없다는 반응을 보인 경우, 사건들 간의 전후 관계를 혼동하는 경우가 많았다. 그나마 TV뉴스, 신문보도를 통한 짤막한 지식을 획득한 경우도 있었으나 이는 '들어본 정도'로 그쳤다. 사건에 대해 비교적 상세히 알고 있는 경우도 있었으나 그 실상에 대한 이해와는 별도로 해당 사건은 아직까지 금기시되는 대상으로 교사들 마음에 자리 잡고 있었다.

이상과 같은 문제점을 개선하기 위해서는 교과서와 교사의 지식에 대한 새로운 논의와 연구가 필요하다 하겠다. 우선 초등학교『사회』역사영역과 중학교『국사』간의 계열화에 대한 진지한 논의와 현실적인 개선안이 마련되어야 한다. 다음으로 초등학교 교사의 근현대사 지식 형성에 대한 다각적인 배려가 필요하다. 본 글의 연구결과에서 살펴본 바와 같이 초등학교 교사의 근현대사 지식 형성에 영향을 미치는 것은 중·고등학교 시절의 역사학습 경험, 대학 재학시절의 독서, 현장지도 경험 등이다. 초등학교의 내실 있는 근현대사 교육을 위해서는 중·고등학교의 심도 있는 역사학습이 선행되어야 한다. 심도 있는 역사학습은 향후 초등교사가 될 학생들의 비판적 역사인식에 중대한 영향을 끼치게 되기 때문이다. 중·고등학교 당시 양질의 역사교육을 받은 학생들은 대학에서도 폭넓은 독서를 통해서 비판적 의식을 갖게 될 것이며, 이는 초등교사의 근현대사 지식의 자양분이 될 것이다. 그리고 현장교사들의 어려움을 돕기 위해 근현대사 자료집과 같은 도움자료들의 개발이 시급히 요청된다 하겠다.

우리가 처한 현실에서 교육은 기본적인 읽기와 쓰기(Literacy) 이상의 것을 추구한다. 학생들은 읽고, 쓸 수 있는 능력을 바탕으로 세상을 볼 수 있어야 한다. 결국 글을 읽고, 쓰는 것이란 항상 세상을 읽는 것이 선행되어야 할 문제인 것이다. 이 과정에서 학생들은 대상을 인식함으로써 자신을 인식하게 된다. 교과서와 교사가 세상을 읽는 비판적인 실천을 하지 않으면서 학생들을 가르치는데 이용되거나, 가르친다면 학생들은 과학적으로, 정치적으로, 그리고 교육적으로 무력한 존재로 자라날 것이다. 많은 교과서와 교사들은 스스로를 진보적이라고, 이전보다는 나아졌음을 표방한다. 그러나 정작 학생들의 비판적 세계 읽기를 돕지 못한다면 이는 여전히 조작과 권위주의 아래 있음을 스스로 보여준다.[43] 우리가 처했던, 처하고 있는 세상을 바라볼 수 있는 교과서의 개발과 교사의 인식을 위한 노력이 경주되어야 할 것이다.

---

[43] 파울로 프레이리(교육문화연구회 옮김)(2002), 『희망의 교육학』, 아침이슬, 123쪽.

초등학교 역사수업 속의 현대사 교훈
- '4·19혁명' 활용을 사례로 -

류 현 종

1. 머리말
2. 역사의 교훈과 현대사 학습
   1) 교훈으로서 역사
   2) 현대사 학습의 유용성
3. 현대사 수업 : 4월의 함성을 느끼며
4. 현대사 수업에 나타난 역사의 교훈
   1) 교사의 교훈 만들기
   2) 학생의 교훈 찾기
5. 맺음말
<부록> 4·19혁명 학습활동지

1. 머리말

　역사수업은 역사의 의미를 전수하는 하나의 장이다. 수업을 통해 교사의 역사 혹은 역사적 사건에 대한 인식은 학생들의 역사인식으로 전환되기 때문이다.[1] 교사의 역사인식 및 관점은 다양한 역사수업의 모습을 이루는 하나의 틀이 된다. 교사는 어떤 주제로 어떤 역사적 사건을 다룰 것이며 이를 어떤 방식으로 가르칠 것인가를 궁리한다. 수업내용을 선정

---

1) 김한종(1999), 「역사인식과 역사교육의 방법」, 『교원교육』 15, 89쪽.

하고 조직하는데 교사의 역사인식 및 관점이 들어갈 수밖에 없다.

하나의 사건은 그 자체로 고립되어서는 단순한 표면효과에 불과하다.2) 어떤 사건의 계열 내에 자리해야 의미가 발생된다. 이는 어떤 사건 뒤에는 특별한 의미가 없다는 것을 뜻한다. 한 사건의 의미는 그것과 이웃하는 사건들과의 계열화를 통해서 성립한다. 그 사건 앞뒤로 어떤 사건들을 계열화하느냐에 따라 그 사건의 의미가 결정되는 것이다. 역사수업에서 사건들은 특정 방식으로 계열화되어 있다. 교사는 역사적 사건들을 계열화시키면서 특정한 의미를 구성한다. 달리 말하면, 교사는 역사나 과거를 활용하여 어떤 교훈을 심어주려 한다고 할 수 있다.

역사에서 교훈을 찾으려는 시도는 과거에 대한 현재적 사고에서 기인한다. 역사를 배워서 인류의 집단 경험을 활용하고 과거 인간의 잘못된 경험을 반성하여 현재나 미래 활동과 생활에 도움을 얻고자 하는 것이다.3) 교사들이 과거를 현재와 연결시킬 때는, 필연적으로 특정한 가치와 교훈을 전달할 수밖에 없다. 그리고 교사마다 특정한 사건들을 계열화하면서 나름의 교훈들을 찾기 때문에 동일한 사건에서 다른 교훈들을 학생들에게 가르칠 수 있다.

현대사를 가르치는 수업은 다른 시기보다 교훈을 찾는 것이 두드러질 수 있다. 현대사는 해방 후부터 현대에 이르는 시대의 역사를 다룬다. 이 시기는 현재와 유사한 모습을 띤다. 그리고 이 시기에 일어난 사건들은 우리 현 사회의 특징과 정체성을 만드는데 중요한 역할을 했다. 이 시기에는 일제에 부역한 사람들에 대한 청산 노력, 해방 후 이념대립, 한국전쟁, 민주주의 투쟁 등의 커다란 사건들이 있었다. 따라서 일제잔재 청산, 남북문제, 보수와 개혁의 대립 등과 같은 현 쟁점 및 사안들을 해결하는 실마리를 현대사 속에서 찾을 수 있다. 곧 현대사의 교훈을 활용하여 현재를 이해하는 기회를 갖게 되는 것이다.

본 논의는 역사수업이 궁극적으로 교훈 찾기를 하는 것이라 보고, 현

---

2) 이정우(1999), 『시뮬라크르의 시대 : 들뢰즈와 사건의 철학』, 거름, 133~135쪽.
3) 정선영 외(2001), 『역사교육의 이해』, 삼지원, 118~119쪽.

대사 수업에서 교훈 찾기가 구체적으로 어떤 식으로 이루어지는지 살펴본다. 이를 위해서 4·19혁명을 다룬 초등학교 역사수업을 분석대상으로 삼는다. 분석대상이 되는 역사수업은 본 필자가 2003년 7월 14일에 초등학교 6학년을 대상으로 했던 수업이다. 수업 분석을 통해 초등학교 교사가 4·19혁명을 활용하여 어떤 교훈을 어떤 방식으로 찾고 있는지 알아보며, 학생들의 수업소감문을 통해 학생들이 4·19혁명의 교훈을 어떻게 새기고 있는지 살펴본다.

2. 역사의 교훈과 현대사 학습

1) 교훈으로서 역사

교훈은 삶의 지침이다. 교훈을 바탕으로 우리는 참된 삶을 살 수 있다. 과거 사건이나 역사를 배우는 것이 의미 있는 이유 중의 하나는 교훈이 있기 때문이다.[4] 역사의 유용성을 역사의 교훈과 연결시키는 경우는 주로 과거의 잘못된 실수에서 배우려 할 때이다. 예를 들어, 참혹한 전쟁이나 홀로코스트와 같은 인간학살을 통해서 우리는 인간의 소중함을 다시 한번 느낀다. 그리고 이런 역사를 반복하지 않아야 한다고 생각한다. 이런 경우를 '부정 사례에서 교훈 찾기'라고 부를 수 있을 것이다.

이와 달리, 역사에서 잘된 점을 배우는 경우도 있다. 국가의 어려운 상황을 극복한 지도자의 노력, 그리고 나라와 정의를 위해 자기 목숨을 바친 사람들의 헌신들은 우리가 삶을 살아가는데 본보기가 된다. 역사 속의 이런 사람들을 마주하면서 우리도 국난을 슬기롭게 극복하고, 나라와 정의를 위해 힘써야 한다고 생각한다. 이런 경우를 '긍정 사례에서 교훈

---

[4] Peter Seixas(1994), "Student's Understanding of Historical Significance", *Theory and Research in Social Education* Vol.22, No.3, pp.293~294.

찾기'라고 부를 수 있다.

부정 사례에서 교훈을 찾든, 긍정 사례에서 교훈을 찾든, 역사에서 교훈을 찾으려는 시도는 역사를 현재와 관련하여 활용하려는 생각에서 비롯된다. 역사는 현재의 쟁점을 이해하는 배경이 되고, 현재 문제를 해결하고 의사를 결정하는 지침이 된다.5) 우리가 알고 있는 과거 사실들은 현재를 바라보는데 이롭다. 역사가 결코 되풀이되지 않더라도 우리는 사건들이 어떻게 전개될지 혹은 어떻게 하면 발생하지 않을지에 대한 직관적인 이해를 얻을 수 있다.6) 유사한 사건들로부터 교훈을 찾을 수 있기 때문이다. 이런 관점에서 보면, 역사수업에서 중요한 것은 역사와 현재의 관련성을 이해하는 것이다. 우리가 살고 있는 세상에는 많은 문제점이 있는데, 우리는 이를 해결해야 할 의무가 있다. 역사 속에서 우리는 의무를 이행할 수 있는 답을 찾을 수 있다. 따라서 학생들은 공동체에 적극적으로 참여하기 위해서 역사에서 배워야 하는 것이다.

'역사가 현재와 관련이 있다'는 이런 생각에는 역사가 현재 상태에서 통제될 수 있고 더 나은 세상을 만들기 위한 실마리를 가져다 줄 수 있다는 낙관론이 숨어 있다. 또한 여기에는 역사가 서로 다른 이해 관계나 권력 관계가 있다는 것을 내포하고 있다. 역사는 하나의 담론이며, 이해 당파들이 자신을 위해 직접 과거를 조직해내는 방식이다.7) 역사란 무색투명한 진리로 존재하지 않으며 이데올로기와 연결된다. 이런 의미에서 모든 역사는 다른 색깔의 옷을 입는 동시대사(contemporary history)8)라고 할 수 있다.

역사가 하나의 담론이라는 사실로 볼 때, 역사의 교훈은 단일하거나

---

5) Ronald W. Evans(1989), "Teacher Conceptions of History", *Theory and Research in Social Education* Vol.17, No.3, p.224.
6) Frank Stricker(1992), "Why History? Thinking About the Use of the Past", *The History Teacher* 25(3), p.302.
7) Keith Jenkins(최용찬 역)(1999), 『누구를 위한 역사인가』, 혜안, 18쪽.
8) Eric Hobsbawm(강성호 역)(2002), 『역사론 : 에릭 홉스봄』, 민음사, 365쪽.

고정적일 수 없다는 것을 알 수 있다. 과거를 활용하는 의도와 방식에 따라 동일한 사건 속에서 다른 교훈을 찾을 수 있기 때문이다. 베트남전쟁을 바라보는 미국 내의 상반된 시각을 예로 들어보자.9) 베트남전쟁은 비극적인 실수이며 미래의 베트남전쟁은 있어서는 안 된다는 자유주의자의 입장이 있다. 이에 반해 베트남전쟁은 공산주의 확산을 막기 위한 영웅적인 노력이며, 민주주의와 자유를 침해하는 한 전체주의적 공산주의를 막아야 한다는 보수주의자의 입장이 있다. 베트남전쟁의 교훈에 대한 이런 논쟁은 과거를 국가정책과 관련하여 현 쟁점들과 연결시켰기 때문에 발생한다.

이런 점에서 역사 속의 교훈 찾기는 교훈을 만들어가는 과정이라고 할 수 있다. 우리가 사건을 해석하려는 행위는 사건 뒤에서 무언가를 발견하려는 것이 아니다.10) 해석은 그 사건에 연루된 사람들, 집단들의 욕망과 권력의 놀이를 둘러싸고 벌어지는 것이다. 의미는 사건 뒤에 있는 것이 아니라 바로 우리 문화, 삶, 정치 속에 있는 것이다.11)

역사의 교훈이 갖는 다양성은 교훈을 선택적으로 만든다. 극단적으로 상반된 교훈 중 어느 쪽을 선택하는가는 선택자의 가치관에 달렸다.12) 어떤 민족, 성, 연령, 계층에 서 있든, 역사가 우리에게 교훈을 준다는 믿음만큼은 동일하다. 하지만 역사에서 만들어내는 교훈은 각자의 입장에 따라 달라질 수밖에 없다. 역사적 의미나 중요성이 다르게 포착되기 때문이다. 역사적 의미나 중요성은 가치 척도로서, 이를 통해서 의의가 있는 역사가 무엇인지를 말할 수 있다.13) 즉 전체 과거 중에서 어떤 부분을 서로 모아 의미 있고 정합적인 이야기가 되도록 하는 것이다. 여기서 보다

---

9) Ronald W. Evans(1988), "Lessons From history : Teacher and Student Conceptions of the Meaning of History", *Theory and Research in Social Education* Vol.16, No.3, p.204.
10) 이정우, 『시뮬라크르의 시대 : 들뢰즈와 사건의 철학』, 136쪽.
11) 작금에 과거사 청산을 둘러싸고, 과거를 활용하여 의미를 구성하려는 정부·여당과 야당의 논쟁은 이를 잘 보여주는 사례라 할 수 있다.
12) 차하순(1988), 『역사의 본질과 인식』, 학연사, 63쪽.
13) Seixas, "Student's Understanding of Historical Significance", pp.281~282.

적절하다고 생각되는 과거는 선택되고 적절하지 않다고 생각되는 과거는 배제된다.

이런 선택과 배제는 역사수업에서도 재현된다. 교사는 역사적 사건에서 특정한 이야깃거리를 만들어낸다. 이 이야기는 교사가 특정 사건을 해석하는 방식, 역사에 대한 관점, 현실 인식 등이 어우러져서 만들어진다. '1945년 해방'을 다루는 교사들의 예를 가정해보자. 한 교사는 해방을 일구어낸 우리 선조들의 끊임없는 저항과 투쟁에 중점을 둔다. 또 한 교사는 우리나라 해방을 둘러싼 열강들의 움직임에 초점을 둔다. 이 두 경우에 있어, '1945년 해방'을 둘러싼 사건들을 선정하고 조직하는 방식은 달라지게 마련이다. 전자의 경우에는 항일무장투쟁을 비롯한 우리의 독립운동들이 사건 계열에서 중요한 위치를 차지하게 될 것이며 후자의 경우, 강대국의 회담을 중심으로 한 국제정세가 사건 계열에서 중요할 것이다.

여기서 만들어지는 교훈 또한 다른 모습을 띨 것이다. 전자의 경우, '현재의 역사는 그냥 이루어진 것이 아니라 우리 조상들의 끊임없는 노력으로 이루진 것이며, 이를 바탕으로 우리도 국난극복을 위한 힘을 모으자'는 교훈을 만들어낼 수 있다. 후자의 경우는 '우리 역사는 강대국 힘의 논리에 좌지우지되었다. 이런 힘의 논리를 이해하고 대처해야 역사 속에서 살아남을 수 있다'는 교훈을 제시할 수 있다. 결국, 역사수업에서 교사는 자기의 역사인식 및 관점을 바탕으로 역사에 대한 의미구성을 하여 현실 인식을 위한 교훈을 만들어내는 것이다.

역사의 교훈은 역사적 사실의 일반화에 기초한다. 역사상 일어난 개별적 사실들과 사건들을 동일한 범주로 분류하여 공통된 특성으로 묶을 수 있을 때 우리는 역사적 교훈을 얻을 수 있다.[14] 1960년 4·19혁명, 1980년 5·18 민주화운동, 1987년 6월 항쟁에서 '민주주의를 위한 투쟁'에 대한 역사의 교훈을 얻을 수 있다면, 그것은 상이한 세 사건에서 공통된 특성을 찾아낼 수 있기 때문이다. 무수한 사건들이 어떤 의미에서 공

---

14) 차하순, 『역사의 본질과 인식』, 61쪽.

통성을 지니는 것은 보편적인 인간성 때문이다.15) 인간은 시공간 변화에 영향을 받지 않은 요소를 간직한다. 따라서 개인들, 사건들, 제도들이 따로 분리되어 있지만, 하나의 일반적 경향이나 추세 속에 존재하는 것이다.

사건들을 일반화하거나 혹은 역사에서 교훈을 찾으려는 과정에서 유추가 활용된다. 우리는 세상을 우리가 그리려는 관점에서 바라본다. 그 그림은 유사 혹은 비유사의 감각에 따라 경험을 조직하고 분리하는 분류과정의 산물이다. 이 과정은 학습된다. 유추는 어떤 학습 경험에서 비롯된 실재의 이미지에 의해 만들어진다. 이런 사실은 역사학습이 왜 그렇게 중요한지 알려준다. 유추는 현재에 대한 인식 혹은 현재 행동을 결정하기 때문이다.16) 역사지식은 현재를 살펴보는 조회체계가 되며, 이를 통해 우리는 유추하여 현재를 맥락화할 수 있게 되는 것이다.

역사에서 교훈을 찾을 수 있다는 생각에 대해 문제점이 제기되기도 한다.17) 역사적 사건은 고유하고 개별적이기 때문에 비슷한 유형의 사건은 있지만 똑같은 사건은 되풀이되지 않는다. 따라서 개개 사건을 역사화하여 개별적인 특성을 살펴보는 대신, 동일한 종류의 일로 취급하는 것은 문제가 있고 위험하다는 것이다. 또한, 역사로부터 교훈을 얻고자 할 경우 과거 인간행위를 선과 악의 논리로 보기 쉽다는 것도 문제로 지적된다. 이러한 이분법적 논리 속에서 인간행위의 의미를 두껍게 읽을 수 없는 것은 당연하다.

하지만 지금까지 논의했던 것처럼, 역사수업은 본질적으로 역사의 교훈을 다룬다고 할 수 있다. 역사수업을 통해 특정 역사적 사건이 어떤 의의가 있고 왜 중요한지가 드러나기 때문이다. 역사수업에서 교사는 역사에 대한 자기 관점을 드러낼 수밖에 없다. 그리고 자기의 가치관에 따라

---

15) 위 책.
16) Peter Rogers(1987), "History-The Past as a Frame of Reference", in Christopher Portal(ed), *The Hisotry Curriculum for Teachers,* London : Falmer, pp.11~12.
17) 정선영 외, 『역사교육의 이해』, 36쪽.

과거와 역사를 활용하게 된다. 이런 노력 속에서 역사수업은 교사가 심어주고자 하는 역사의 교훈을 갖게 마련이다. 역사가 하나의 담론이라는 점에서 그리고 자기의 역사적 관점과 가치에 의해서 역사수업내용이 선정되고 조직된다는 점에서 역사수업은 교훈을 띨 수밖에 없다. 여기서 '교훈'은 교사의 '역사의 의미구성' 내지는 '의의 만들기'의 다른 이름이라 할 수 있다. 따라서 역사의 교훈 만들기가 어떤 양상을 띠는지 그리고 어떤 과정을 통해 학생들에게 내면화되는지에 대한 분석이 중요하다 할 수 있다.

2) 현대사 학습의 유용성

현재에 많은 사건들이 일어나며 이에 따라 다양한 쟁점들이 제기된다. 현재에 일어나는 문제들은 현대사에 일어난 사건에서 기인한 경우가 많다. 따라서 현재를 살아가면서 여러 사안들을 바르게 바라보고 해결할 필요가 있다는 점에서 현대사 학습은 중요한 의의를 지닌다. 현대사 학습의 의의를 보여주는 사례 하나를 들어보자. 다음은 미군에 의해 일어난 사고를 처리하는 모습을 지켜본 학생들의 글이다.18)

> 우리나라가 월드컵에 흥분되어 있을 때 하나의 큰 사건이 있었다. 하지만 월드컵 때문에 가려져서 지금에야 우리는 그 사건을 알게 되었다. 두 명의 여중생이 미국 장갑차에 치여 끔찍하게 죽게 되었다. 근데 미국은 무죄로 판결하여 우리나라가 촛불 시위까지 하는 것이다. 판결만 잘 났어도, 재판을 우리나라가 했어도 이 정도까지는 안 왔을 것이다. … (김병태)

> 몇 달 전 미군의 장갑차가 죄 없는 여중생을 쳐서 여중생이 사망했다. 하지만 미국은 사과는커녕 자기의 잘못이 없다고 했다. 일본에서도 이런 일이 있었는데 일본한테는 군인 대장이 와서 사과했는데 아무리 우리나라가 후진국이라도 그렇지 너무 차별하는 것 같다. 그래서 우리 나라 사람들이 촛불 시위도

---

18) 이 글은 초등학생들의 2002년 12월 16일자 일기 내용에서 뽑은 것이다.

하고 시민의 권리로 정부에게 항의했는데 효과는 없고 경찰에 맞아서 부상자
만 늘어나고 있다. 그런데도 정부는 앉아서 구경만 하고 있으니 우리나라 사
람도 아니다. 하지만 내가 정부라도 어떻게 할지 고민했을 것이다. …

(김태원)

… 장갑차에 치여 아팠을 것 같다. 그 생각만 해도 끔찍하다. 미국이 미선이
효순이 언니와 언니들의 부모님께 정중하게 사과를 해주었으면 좋겠다. 그리
고 미국은 우리나라가 작다고 권력을 무시하는 것 같은데 나는 우리나라도
다른 나라와 같이 권력이 있다고 생각한다. … (강유란)

미군범죄문제는 대중매체에서 빈번히 등장하는 기삿거리다. 초등학
생들은 우리나라에 주둔한 미군의 범죄 소식과 그 처리 과정을 계속 접
하면서 의아해 한다. 우리나라에서 죄 지은 사람을 왜 처벌하지 않는지,
그리고 우리나라에서 잘못을 저질렀으면 당연히 우리나라 법 집행 절차
를 거쳐 죗값을 받아야 하는데 왜 그렇지 않은지를 이해하지 못한다.19)
'미군범죄처리문제'를 접한 초등학생들은 자신들의 현실인식과 모순되는
우리 사회의 현 모습을 마주하고 있는 것이다. 학생들은 자기 상식만으
로 이 문제를 풀 수 없다. 자신들의 궁금증과 의문을 풀려면 현대사를 되
짚어야 한다. 현대사의 전망이 필요한 것이다. 현재 쟁점이 되고 있는 미
군범죄처리문제를 이해하기 위해서는 주한 미군의 지위에 관한 협정이
처음 체결된 1948년 상황으로 거슬러 올라가야 한다.20)

---

19) 학생들은 죄를 받으면 벌을 받는다는 사실을 일상생활에서 경험해왔다. 그리고
 이런 일상경험을 바탕으로 미군범죄 문제도 판단하려 한다. 국가 간의 미묘하
 고 미시적인 관계가 있다는 사실을 알 수 없기에 상식적인 수준에서 사고하고
 있는 것이다.
20) '주둔군 지위 협정(SOFA, Status of Forces Agreement)'은 군대 파견국과 접수국 간
 외국군대의 주둔으로 야기되는 제반사항을 규정하기 위해 체결되는 국가 간 약
 속이다. 주한미군의 지위에 관한 최초의 협정은 1948년 8월 15일 대한민국 단
 독정부가 세워지면서 주한미군의 법적 지위 문제가 제기되어 체결된 것이다.
 그 협정 명칭은 '과도기에 시행될 잠정적 군사 안녕에 관한 행정협정'(1948년 8
 월 24일)이다. 한국 정부가 미군 기지 및 시설 사용권은 물론 일체 권리를 포기
 하는 내용을 담고 있다. 이를 출발점으로 1950년 '대전협정', 1966년 '한미 주둔

이렇게, 현재 계속해서 불거지는 쟁점들은 현대사에서 그 발단 및 기원을 찾을 수 있는 경우가 많다. 따라서 학생들이 현 사회의 모습과 특징을 올곧게 이해하려면 현대사를 알아야 하는 것이다.

현대사 학습이 유용한 또 다른 이유는 현대사 시기가 지금 현재와 가까운 시기의 역사라는 데 있다. 달리 말해, 다른 시기보다 현재와 많이 닮아 있기에 현재 문제 해결을 위한 실마리를 현대사에서 찾을 수 있는 것이다. 시간의 광막한 흐름 가운데 하나의 짧은 기간을 분리해볼 수 있을 듯하다. 현대사는 비교적 가까운 과거에서 시작하여 지금 우리가 살고 있는 시대에 겹쳐지는 시기다. 이 단기간을 두고 보면, 사회적·경제적인 측면의 현저한 특징이나 물질적인 설비, 문명의 일반적인 조류에 이르기까지 그 어느 것도 현대 우리의 세계와 그다지 현격한 차이를 드러내지는 않는다. 말하자면 이 시기는 우리와 매우 뚜렷한 정도의 '동시대성'을 띤다.[21] 현대사가 우리 현재를 올바르게 알게 하고 문제 해결의 실마리를 제공하며 미래의 전망을 주는 이유는 바로 '동시대성'이란 특징 때문이다.

현대사 이해가 주는 이런 이점에서 볼 때, 역사교육의 본질적 가치는 현대사 학습을 통해 구체적으로 실현된다고 해도 과언이 아니다. 버스톤(W. H. Burston)의 말을 빌리자면, ① 현재 문제가 어떤 기원을 가지고 어떻게 발달했는가에 대한 지식을 제공하고, ② 과거 사회와 현재 사회를 서로 비교할 수 있는 기회를 제공하며, ③ 현재 및 미래 문제를 해결하는 데 의미있는 교훈을 제공하기 때문에 역사학습이 가치가 있다.[22] 이 가치에서 보면, 현 사회 성격 및 당면 과제 이해라는 역사학습의 목적은 현대사 학습을 통해서 보다 구체적으로 달성된다고 볼 수 있다. 학생들은 자기가 속한 사회와 직접 관련된 문제들을 공부하면서 역사적 사실을 보다 생동감있게 이해할 수 있으며, 현재 사건을 해석, 분석, 평가하는 작업을 하

군 지위협정', 1991년 SOFA 1차 개정, 2001년 SOFA 2차 개정이 이루어졌다. 김일영·조성렬(2003), 『주한미군- 역사, 쟁점, 전망』, 한울아카데미, 203~205쪽.
21) Marc Bloch(정남기 역)(1979), 『역사를 위한 변명』, 한길사, 52~53쪽.
22) 정선영 외, 『역사교육의 이해』, 118~119쪽.

면서 역사적 사고력도 기르게 된다.23)

과거를 모르면 현재를 바르게 인식하지 못하고 현재 행동까지도 위험한 영향을 받게 된다. 인간은 역사를 통해 나름의 존재 당위성을 가질 수 있다. 역사적 기원을 통하여 자기 존재의 당위성을 확인한 사람은 자기에게 부여된 일이 무엇인지 인식하게 된다.24) 현대사를 이해하면서 초등학생들은 현 사회를 바르게 바라보고 올바른 자아의식을 가질 수 있게 된다.

역사학습의 목적은 역사변화의 과정 속에서 자기 자신을 인식하는 것이다. 여기서 자기 자신에 대한 이해는 개인으로서 자기뿐만 아니라 사회에 대한 이해까지 포함한다. 자신을 이해할 때, 사회 변화가 자신의 삶에 주요한 영향을 미치며 자신의 말과 행동이 사회변화에 중요한 영향을 미칠 수 있다는 것을 인식할 수 있다.25) 변화를 인식하며 실천적 삶을 살아가는 인간을 기르는 것이 역사교육의 역할이라 할 때, 현대사 학습은 그 역할을 구체적으로 담당하게 한다.

3. 현대사 수업 : 4월의 함성을 느끼며[26]

1.

교사는 모 방송사의 TV 프로그램인 '느낌표'로 수업을 시작한다. 칠판에 이 프로그램의 코너인 '청소년 할인하자'와 '아시아 아시아'를 적고 이 프로그램에서 왜 이런 코너를 다루는지 묻는다. 한 아이가 우리 사회 주변

---

23) 위 책, 34~35쪽.
24) 임희완(1994), 『역사학의 이해』, 건국대학교출판부, 18~19쪽.
25) 김한종(2001), 「역사변화 인식과 역사교육의 역할」, 윤세철교수정년기념 역사학논총간행위원회, 『시대전환과 역사인식』, 솔출판사, 27쪽.
26) 수업의 중요 흐름을 중심으로 분석할 수업을 정리하였다. 번호는 수업활동의 계기이며 수업의 제목은 수업에서 사용했던 활동지의 제목인 "4월의 함성을 느끼고 생각하며"를 바탕으로 붙였다.

의 일이라고 답한다. 교사는 더 구체적인 답을 요구하지만 아이들은 반응이 없고 교실은 조용하다.

2.

교사는 수업의 흐름을 바꾼다. "4월의 함성을 느끼고 생각하며"라는 활동지를 나눠준다. 여기에 두 개 글이 실려있다. 4·19혁명 당시 초등학생이 쓴 글인 '나는 알아요'와 신동엽의 시 '껍데기는 가라'이다. 교사는 학생들에게 두 글을 낭송하게 한다. 그런 후 오늘 배울 수업내용을 소개한다.
"이 두 글을 가지고 수업을 해보도록 하겠어요. 여러분 미리 과제를 해온 거 있죠. 4·19혁명이 무엇이고 여기서(4·19혁명) 무엇을 배워야 되는가를 설명을 하겠어요. 그리고 선생님이 왜 이 이야기(느낌표)를 꺼냈는가도 4·19혁명을 공부한 후에 다시 한번 이야기해 보겠어요."
교사는 먼저 시 '껍데기는 가라'를 학생들과 살펴본다. 칠판에 껍데기를 핵심어로 해서 마인드 맵을 그려나간다.
"껍데기 하면 생각나는 게 뭐예요?"
"조개", "달걀", "사과껍질"
"은총이는 뭐가 생각나요?"
"벼"
"벼 낱알. 처음에는 그런 생각이 들죠. 너 껍데기야 그러면 … 또?"
"사람의 겉모습"
"겉모습. 또?"
"사계절"
"봄, 여름, 가을, 겨울이 껍데기로 보이죠. 탈바꿈하는 거죠."
"그 사람 단점"
"겉만 번지르하고 속이 빈 사람"
교사는 1연을 읽어보게 한다. 그리고 시 내용을 살펴본다.
"'껍데기는 가라 사월의 알맹이만 남고 껍데기는 가라' 여기서 껍데기와 반대되는 말이 뭐가 나왔어요?"
"알맹이"
"껍데기는 가고 뭐만 남으라는 거지요?"

"알맹이"
"단점, 겉모습이랑 그런 거는 가라고 하고 알맹이만 남으라고 했는데, 그 알맹이가 뭔지 같이 한번 알아봅시다. 여러분 4·19혁명에 대해서 공부는 다 해왔죠? 언제, 어떻게 일어났는지 다 공부해왔죠?"

3.

교사는 학생들이 과제로 해온 4·19혁명을 다시 정리하는 뜻으로 4·19혁명에 대한 영상자료를 보여주려 한다.
"비디오를 보면서 정리를 한 번 해봅시다. (칠판에 적으며) 4·19죠. 1960년 3월 15일부터 4월 26일까지 일어났던 사건을 통틀어서 4·19혁명이라고 하거든요. 비디오를 볼 때, 3월 15일, 4월 19일, 4월 26일에 어떤 일이 일어났는지 한 번 살펴보세요. 그리고 이 비디오에는 1번 글 있죠? 초등학생이 썼던 글과 관련된 장면도 나와요. 약 10분 가량 됩니다."
교사는 영상물을 보여주면서 중간 중간 장면에 다음 설명을 덧붙인다.
"4·19혁명은 3·15 부정선거를 반대한 거죠?"
"선거를 하는데, 이승만 자유당이 선거유세에 학생들이 모이지 못하게 한 거죠."
"학생이 죽었잖아. 그것 때문에 격분해서 데모를 하는 거야."
"첫번째 글하고 관련된 거야. 국민학생들까지 나왔다는 거."
"경무대는 지금의 청와대를 얘기하는 거예요. 청와대."
"지금 총 쏜 거지. 경찰이 시민들에게 총을 쏜 거야."
"하야는 물러나라는 얘기야."

4.

비디오를 시청하고 난 후 교사는 4·19혁명의 과정을 학생들과 함께 살펴본다.
"왜 이렇게 시민들이 들고일어났는가. 누가 이야기해볼까?"
"어린이의 죽음으로 데모가 시작되었습니다."
"어린이는 왜 그렇게 죽게 되었지?"

"3·15 부정선거에 항거하다……."
"(칠판에 쓴 '3월 15일', '4월 19일', '4월 26일'을 가르키며) 선생님이 이 날짜대로 (비디오를) 잘 보라고 했는데. 3월 15일은 무엇입니까?"
"정부통령선거"
"정부통령선거죠. (칠판에 '정부통령선거'라고 쓴다). 대통령하고 부통령 선거. 지금으로 말하자면 대통령하고 국무총리로 생각해볼 수 있겠죠. 대통령에 누가 뽑혔어요?"
"이승만이요."
"(이승만을 칠판에 적고) 부통령에는?"
"이기붕"
"(이기붕을 칠판에 적고) 이게 왜 문제가 된 겁니까?"
"공개적으로 했다."
"우리 선거할 때 공개적으로 합니까? 안 합니까? 공개적으로 해요?"
"비밀선거로 해요."
"선거할 때 나 누구 찍었다 합니까? 안 하지요. 공개적으로 하니까 소신 껏 뽑겠다는 거지. 이 선거할 때는 어땠어? 공개적으로 했다는 거지. 그 래서 소신껏 뽑을 수가 없었죠. 그런 선거의 부정이 있었고. 그 다음에 다른 거는 원래 투표용지는 하나씩만 받아야 하는데 어떤 사람은 3장씩 받았다던가 그랬죠. 이 전에 뭐해요? 선거유세를 하죠. '내가 대통령이 되면 뭘 하겠습니다' 하죠. 요새는 TV 토론하는데. 옛날에는 운동장에 모아 놓고 유세를 했죠. 그런데 유세에 참여해야 누군지 아는데 유세에 참여하는 것을 막았죠. 왜? 자기가 떨어지는 것이 두렵기 때문에 그래서 그 유세기간 동안에 시험을 본다든지 일을 시켜서 고등학생들이 뛰쳐나 온 거고. 아까 봤죠? 이게 부정이라 해가지고 데모를 했는데 누가 죽었 다고 했어요?"
"김주열"
"김주열이란 학생이 죽었죠? 마산에서. 최루탄이 눈에 박혀 죽어서 마산 앞 바다에 둥둥 떠오른 거예요. 이걸 보고 격분한 거죠. 그렇죠. 그래서 일어났죠. 그럼 4월 19일은 뭐예요?"
"데모"
"전국적으로 데모가 일어난 상황이죠. 4월 19일에 어떤 일이 일어나요?

가장 중요한 일이 일어났는데. 지금의 청와대 앞으로 시민이 몰려갔지요. 왜 몰려갔어요?"
"이승만이 물러나야 한다고"
"이승만은 물러나야 한다고. 그런데 여기서 어떤 일이 벌어졌어요?"
"총을 쐈어요."
"총을 쐈어요. 시민들한테 경찰이 총을 쏜 거예요. 4월 26일은 무슨 날?"
"물러난 날"
"이승만 대통령이 나 물러나겠다고 발표를 한 날이죠. 그래서 물러난 게 4월 29일이죠.
그래서 이런 전 과정이 4·19혁명이라고 이름 붙여졌어요. 여러분 이것도 생각해 봐야 될 것 같아. 분명히 3월 15일부터 4월 29일까지 과정인데 왜 '4·19'라고 붙었을까?"
"그때 많이 죽어서"
"왜 그랬을까? (한 학생을 가르키며) 그래 일어나서 말해봐. (답변을 들은 후에) 선생님 질문을 이해 못했구나. 왜 4·19라고 이름이 붙었을까라는 거지. 중요한 일이 일어난 날짜가 여러 가지가 있는데 왜 '4·19'라는 이름이 붙었을까?"
"4월 19일에 일어난 일이니까요."
"맞아요. 그런데 왜 그 날짜를 사건의 이름으로 붙였을까? 여러분 6학년 5반인데, 6학년 5반을 '박명점' 이렇게 붙일 수 있어요? 박명점 이렇게 안 붙이잖아? 왜 안 붙여? 박명점 선생님 이름을 붙이면 박명점 선생님의 특성만 나타나잖아. 그죠? 다른 이름을 붙여야지 전체적인 특징을 잡아내지. 여기서도 뭔가 있기 때문에 '4·19'라 붙인 것 같은데. 채령"
"(채령은 자기 숙제 읽는다) 4·19혁명은 정치발전의 하나의 획기적인 사건으로 기록된다"
"잘 읽었어. 선생님 질문에 대한 답은 아니야."
"그 날이 중요하니까?"
"왜 중요해? 왜?"
"막 사람들이 몰려나와서. 총도 쏘고 그래서 제일 중요하니까."

"박수 좀 쳐줘요. 70점"
학생들은 박수를 친다.
"누가 30점까지 해가지고 100점 만들어볼까?"
"가장 큰 데모가 일어났고 그날 많은 사람들이 죽어서요."
"90점"
학생들은 '와'하며 박수를 친다.
"아까 봤지만, 전국적으로 데모가 많이 일어났고, 사람이 많이 죽었죠. '왜 이 사람들은 총을 맞으면서까지 이렇게 했을까'하는 것을 생각해봐야 되고."

5.

교사는 다시 활동지에 담긴 두 글로 되돌아온다. 그리고 이 글을 지금까지 살펴본 4·19혁명과 연결시켜 설명한다.
"허면, 아까 비디오에서 첫번째 글하고 관련된 게 나왔죠? 초등학생들까지 나왔죠? 보세요, 글을 보면 뭐라고 나왔어요? 무엇을 알고 있다는 것입니까? 무엇을?"
"부정선거 했다는 거", "데모를 해서 죽어간 거", "형제들이 여럿이 죽어가는 거"
"어린 아이들이 누가 나쁘다는 거는 사건을 통해 알 수 있다는 것이고, 언니 오빠들이 잘못이 아니라는 것을 알고 있고, 누가 잘못이라는 거예요? 대통령과 그의 사람들의 잘못이라는 것을 알고 있다는 거겠죠? 마지막으로 두번째 시 한번 알아보자. 첫번째 연에 나오는 역사적 사건은 4·19혁명을 말하는 거예요. 첫번째 연을 보자. 지은이가 '알맹이'로 생각한 게 뭘까?"
"4·19에 있었던 일"
"(칠판에 정리) 조금 보충해 보면 좋겠죠? 4·19에 어떤 일이 있었는지?"
"깨끗한 정치"
"어, 깨끗한 정치. (칠판에 정리) 또? 뭘 알맹이로 생각한 거예요?"
"정정당당"
"정정당당 코리아. (칠판에 정리) 또 없을까? 깨끗하지 못하면 어떻게 해야 한다?"
"단결. 시민의 힘"
"데모 때 많은 사람들이 뭉친 거. 그죠? 껍데기는 누구야 상대적으로?"
"이승만, 자유당"
"깨끗한 정치니까 껍데기는 더러운 정치, 정정당당 반대는 부정한 것, 그 다음에 시민들 힘의 반대는?"
"정부의 힘"
"정부의 힘인데, 이런 정부가 자기 맘대로 하는 걸 뭐라고 해?"
"독재"
"그렇지. 그러니까 껍데기는 독재정치지. 알맹이만 남으라. 여러분 4월이 되면 기념일 해 가지고 나오는데, 4·19에 담긴 뜻을 알았으면 합니다."

6.

교사는 다시 수업의 도입에 소개한 '느낌표'를 제시한다. 이를 4·19혁명과 연결 지어 생각해본다.
"그렇다면 왜 선생님이 '느낌표' 이야기를 했을까?"
"청소년이 많이 죽어서"
"무슨 얘기야. '청소년 할인하자'에서, 옛날 학생들이 많이 죽어서. 아~(웃음) 자, 관계를 좀 맺어줘봐 좀. 무슨 얘긴지는 알겠어. 4·19 때 청소년들이 일어났다는 거, (느낌표에 관한 판서 내용을 가르키며) 이것도 청소년이다. 근데 '아시아 아시아'도 있잖아. 청소년 문제만이 아니라. 누가 한번 얘기해볼까? 없어요? 여기"
"가족"
"그게 4·19혁명하고 어떤 관계야?"
"4·19혁명 때 가족하고 헤어졌는데……."
"아~ 4·19혁명 때 가족하고 헤어졌지? 이것도 (아시아 아시아) 가족하고 헤어져서 못 만나. 가정의 헤어짐이란 그런 말이지? 물론 그것도 되겠지만 더 중요한 게 있을 것 같은데."
"모두가 평등하게 사는 사회"
"지금 뭐라고 얘기했어요? '평등' 얘기했죠. 학생 아니면 할인 안 해줘요. 불평등하지요. 외국노동자라고 해서 우리노동자들과 다른 대우를 받아. 4·19혁명에서 주장한 게 뭐예요? 왜 그렇게 데모를 해? 왜 부정을 하면 안 된다는 거야?"
"깨끗한 정치를 하자고"
"왜 깨끗한 정치를 해야 해?"
"우리나라가 바로 설 수 있기 때문에"
"우리국민의 민주주의는 우리국민의 뜻에 따라 정치가 이루어지지요? 국민의 뜻에 반대되는 거는 국민을 무시하는 거죠? 그렇죠? 그런 문제 때문에 4·19혁명이 일어난 거죠. 시간이 많이 흘렀네요. 한 사람만 더 이야기해보자. 여기서 이야기 조금만 나오면 좋을 것 같은데."
"존중"
"존중. 그렇죠? 아주 중요한 얘기죠. 무엇을 존중해줘요?"
"4·19혁명은 시민들을 존중해주고 느낌표는 청소년을 존중해주고."
"맞아요. 중요한 얘기죠. 시민들을 존중해주고, 인간을 존중해주고."
"나라의 평화"
"그것도 관련되는 거네요. 인간존중을 다른 말로 뭐라고 하지요? 인권이라 하지요. 2학기에 배울 거예요. 근데, 4·19혁명에서 아는 것은 껍데기를 봤을 때, 껍데기는 가라고 말할 수 있는 목소리가 중요하다는 거지. 느낌표도 왜 이렇게 좋은 프로냐면, 우리가 껍데기라고 생각하지 않은 것들을 이렇게 고치잖아. 그치? (청소년 할인, 이주노동자) 여러분 솔직히 이 문제에 대해 심각하다고 느낀 적 없었지? 그런 사람 손 들어봐? 그 사람은 대단한 사람이야? 선생님도 지나쳤어. 이게 껍데긴지 아닌지 몰랐다고. 그런데 이 프로그램이 이게 인권을 존중한 건지 아닌지 그걸 가르쳐준 거지, 이것도 마찬가지로. 외국인 노동자 문제는 심각했지만 이렇게 가족을 만나게 해줌으로써 우리가 쉽게 느낄 수 있는 프로그램이지. 4·19정신하고 느낌표의 정신이 맞아떨어진 것 같아요. 다 같이 뭘 존중하는 거예요."
"인권"
"인간존중이고 인권. 이런 4·19가 있었기 때문에 오늘날에 우리가 인간을 존중한다는 생각이 더 어떻게 되었을까?"
"굳어졌어요."

"더 굳어질 수 있었겠지. 만약 이승만이 물러나지 않고 지금까지 나라를 다스렸다면 어떻게 되었을까? 우리나라 민주주의가 성장할 수는 없었 겠지. 다른 나라를 보면은 한 대통령이 30년, 40년 하잖아요. 독재국가 라고 얘기하지요. 그래서 오늘은 4·19혁명에 대해서 알아봤고, 그리고 '껍데기는 가라'라는 시를 통해서 껍데기와 알맹이의 의미를 알아봤고, 활동지를 정리해보기 바래요.

7.

교사는 수업내용을 정리하고 학생들의 질문을 받는다. 학생들이 질문을 하지 않자, 미처 이야기하지 못한 내용을 덧붙여 수업을 정리하고자 한 다.

"질문 있으면 해봐요. (침묵) 다음에 5·18, 6·10도 똑같은 흐름이에요. 선생님하고 공부할 때 혁명의 뜻을 잘 알고 … 안타까운 게 그런 거지. 아까 조회시간에 교장선생님이 7월 17일이 제헌절이라고 했지요. 기념 일에 담긴 뜻을 알았으면 해요. 여러분이 기념일, 발렌타인데이나 화이 트데이는 잘 챙기죠. 머리 속에 잘 기억되어 있어요. 이런 기념일, 역사 적인 기념일에 대해서는 그냥 무시하는 경우가 많아요. 만약 이런 사건 이 없었다면 우리나라의 민주주의나 인권 같은 게 어느 정도였다는 것을 생각해본다면 얼마나 4·19혁명이 소중한 건지 알 수 있죠. 죽어 간 사람 의 피가 정말 소중한 거죠. 질문이 뭐예요?"
"혁명이 뭐예요?"
"중요한 질문이에요. 누구 아는 사람 있어요? 중요한 질문이에요. 혁 명?"
"목숨까지 걸고 싸우는 거."
"혁명이라고 얘기하면 정권이 바뀌는 거예요. 시민들이 이승만 대통령 을 떠나게 했잖아요. 쉽게 이야기하면. 그런 걸 혁명이라고 해요."
"그걸(당시 사진) 어떻게 찍는 거예요?"
"찍고 싶어. 아~ 그 당시 상황을. 요새 뉴스 보면 우리 노동자들이 데 모하면 찍잖아요. 그 당시에도 기자들이 있었고 기자들이 찍은 거죠. 누 가 찍은 건지 확실치는 않지만. 됐나요? 그럼 마치기로 하겠습니다."

4. 현대사 수업에 나타난 역사의 교훈

1) 교사의 교훈 만들기

(1) 교훈 하나 : 4·19혁명은 인권을 위한 투쟁이다

교사는 모 방송사에서 방영되는 '느낌표'라는 프로그램을 수업 도입 부분에 제시하였다. 이 프로그램의 '청소년 할인하자'와 '아시아 아시아'라는 코너를 소개한다. '청소년 할인하자'는 대중교통수단이나 여러 시설을 이용할 때 학생만 할인되는 불공정함을 지적하여 학교에 다니지 못해 학생으로서 혜택받지 못하는 청소년들을 주목하게 한다. '아시아 아시아'는 몇 년 동안 우리나라에서 일한 외국인 이주노동자들과 그들의 가족들을 상봉시켜주어, 이주노동자의 문제를 가족의 만남이란 따뜻한 시선으로 접근한다. 교사는 학생들에게 왜 '느낌표'에서 이런 내용을 다루는지 물으며, 이를 '4·19혁명'과 관련지으려 한다.

〈6〉[27)]

교사 : 그렇다면 왜 선생님이 '느낌표' 이야기를 했을까?
학생 : (침묵)
교사 : 왜 그랬을까?
학생 : 청소년이 많이 죽어서.
교사 : 무슨 얘기야. '청소년 할인하자'에서, 옛날 학생들이 많이 죽어서. 아~(웃음) 자, 관계를 좀 맺어줘 봐 좀. 무슨 얘긴지 알겠어. 4·19 때 청소년들이 일어났다는 거, (느낌표 판서 가르키며) 이것도 청소년 이다. 근데 '아시아 아시아'도 있잖아. 청소년 문제만이 아니라. 누가 한번 얘기해볼까? 없어요?
학생 : 4·19혁명 때 가족하고 헤어졌는데……
교사 : 아~ 4·19혁명 때 가족하고 헤어졌지? 이것도 (아시아 아시아) 가족

---

27) 여기서 붙인 번호는 3장에 제시한 현대사 수업 '4월의 함성을 느끼며'의 수업 계기 번호이다.

하고 헤어져서 못 만나. 가정의 헤어짐이란 그런 말이지? 물론 그것도 되겠지만 더 중요한 게 있을 것 같은데.
학생 : 모두가 평등하게 사는 사회.
교사 : 지금 뭐라고 얘기했어요? 평등 얘기했죠. 학생 아니면 할인 안 해줘요. 불평등하지요. 외국노동자라고 해서 우리노동자들과 다른 대우를 받아. 4·19혁명에서 주장한 게 뭐예요? 왜 그렇게 데모를 해? 왜 부정을 하면 안 된다는 거야?
학생 : 깨끗한 정치를 하자고.
교사 : 왜 깨끗한 정치를 해야 해?
학생 : 우리나라가 바로 설 수 있기 때문에.
교사 : 우리국민의 민주주의는 우리국민의 뜻에 따라 정치가 이루어지지요? 국민의 뜻에 반대되는 거는 국민을 무시하는 거죠? 그렇죠? 그런 문제 때문에 4·19혁명이 일어난 거죠. 시간이 많이 흘렀네요. 한 사람만 더 이야기해보자. 여기서 이야기 조금만 나오면 좋을 것 같은데.
학생 : 존중.
교사 : 존중. 그렇죠? 아주 중요한 얘기죠. 무엇을 존중해줘요?
학생 : 4·19혁명은 시민들을 존중해주고 느낌표는 청소년을 존중해주고.
교사 : 맞아요. 중요한 얘기죠. 시민들을 존중해주고, 인간을 존중해주고.
학생 : 나라의 평화.
교사 : 그것도 관련되네요. 인간존중을 다른 말로 뭐라고 하지요? 인권이라 하지요. 2학기 때 배울 거예요. 근데, 4·19혁명에서 아는 것은 껍데기를 봤을 때, 껍데기는 가라고 말할 수 있는 목소리가 중요하다는 거지. 느낌표도 왜 이렇게 좋은 프로냐면은 우리가 껍데기라고 생각하지 않은 것들을 이렇게 고치잖아. 그지? (청소년 할인, 이주노동자) 여러분 솔직히 이 문제에 대해 심각하다고 느낀 적 없었지? 그런 사람 손들어 봐? 그 사람은 대단한 사람이야? 선생님도 지나쳤어. 이게 껍데긴지 아닌지 몰랐다고. 그런데 이 프로그램이 이게 인권을 존중한 건지 아닌지 그걸 가르쳐준 거지, 이것도 마찬가지로. 외국인 노동자 문제는 심각했지만 이렇게 가족을 만나게 해줌으로써 우리가 쉽게 느낄 수 있는 프로그램이지. 4·19정신하고 느낌표의 정신이 맞아떨어진 것 같아요. 다 같이 뭘 존중하는 거예요.
학생들 : 인권.

교사는 4·19혁명에서 인간답게 살 수 있는 권리, 즉 '인권'의 문제를 본다. 4·19혁명을 통해, 교사는 국민들의 뜻을 저버린 위정자들에 대해 항거했으며 인권이 파괴된 상황에서 국민들은 침묵하지 않았다는 점을 보여주려 한다. '느낌표'도 청소년 인권과 외국인 이주노동자들의 인권 문제를 다룬다. 인권문제를 생각해볼 수 있기에 이 수업에서 '느낌표'와 '4·19혁명'은 닮아 있다.

교사는 4·19혁명을 활용하여 다시금 우리 인간됨의 문제를 살펴본다. 4·19혁명은 잘못된 정치에 대한 항거이자 비민주적인 것을 부정했던 역사였다. 하지만 교사는 이런 역사성을 확대하여 4·19혁명을 인간의 문제로 포섭하고 있다. 즉, 국민 뜻을 저버린 행동은 우리가 인간으로서 가져야 할 권리를 침해하는 행위이며, 인간답게 살 수 있는 조건을 상실하게 한다는 것이다. 인권의 문제를 다시 새기는 측면에서 4·19혁명을 다룬 교사는 유추를 사용하여 '느낌표' 프로그램을 수업에 도입하였던 것이다.

'느낌표'가 '4·19혁명'과 만나면서 역사는 현재진행형이 된다. 과거 역사가 고정된 명사가 아닌 현재 꿈틀대는 동사가 된다. 역사는 현재의 관점에서 조명되고 구성된다. 역사는 무엇보다도 현재를 문제 삼고 있다. 교사는 '느낌표'를 끌어들여 역사가 지금 이 순간에도 운동하고 있다는 것을 보여준다.

정리하자면, 이 수업에서 4·19혁명은 우리에게 이렇게 얘기하며 교훈을 주고 있다.

"인권은 소중한 것이며 사람은 누구나 평등하며 우리 모두는 행복하게 살 권리가 있다. 인권이 침해되지 않도록 우리는 항상 깨어 있어야 한다."

(2) 교훈 둘 : 역사 속에는 알맹이와 껍데기가 있다

껍데기는 가라
사월도 알맹이만 남고
껍데기는 가라

교사는 신동엽의 시를 이용하여 4·19혁명의 정신에 접근한다. 시 '껍

데기는 가라' 속에서 '껍데기'와 '알맹이'의 의미를 살펴보고, 4·19혁명에 담긴 알맹이가 무엇인지 찾아본다. 교사는 먼저 학생들이 껍데기하면 연상되는 것을 말하도록 한다.

〈2〉

교사 : (칠판에 마인드 맵을 그리며) 껍데기 하면 생각나는 게 뭐예요?
학생 : 조개, 달걀, 사과껍질.
교사 : 은총이는 뭐가 생각나요?
은총 : 벼.
교사 : 벼 낟알. 처음에는 그런 생각이 들죠. 너 껍데기야 그러면 … 또?
학생 : 사람의 겉모습.
교사 : 겉모습. 또?
학생 : 사계절.
교사 : 봄, 여름, 가을, 겨울이 껍데기로 보이죠. 탈바꿈이죠.
학생 : 그 사람 단점.
교사 : 그 사람 단점.
학생 : 겉만 번드르 하고 속이 빈 사람.
교사 : "껍데기는 가라 사월의 알맹이만 남고 껍데기는 가라" 1연만 보세요. 1연만 같이 한 번 읽어봅시다. 시작.
학생 ; (읽는다.)
교사 : 여기서 껍데기와 반대되는 말이 뭐가 나왔어요?
학생 : 알맹이.
교사 : 알맹이. … 껍데기는 가고 뭐만 남으라는 거지요?
학생 : 알맹이.
교사 : 단점, 겉모습이랑 그런 거는 가라고 하고 알맹이만 남으라고 했는데, 그 알맹이가 뭔지 같이 한번 알아봅시다. 여러분 4·19혁명에 대해서 공부는 다 해왔죠?

학생들은 껍데기에서 '조개껍데기', '달걀껍데기', '사과껍질', '벼', '사람의 겉모습', '사계절', '사람의 단점', '겉만 번드르하고 속이 빈 사람'을 떠올린다. 교사는 다음으로 학생들이 껍데기에서 연상한 내용을 바탕으로 4·19혁명의 '껍데기'를 생각하고자 한다. 4·19혁명에 관한 영상물을 보고 4·19혁명의 전개과정을 정리한 후, 교사는 다시 시로 돌아온다.

〈5〉

교사 : … 마지막으로 두번째 시 한번 알아보자. 첫번째 1연에 나오는 역사적 사건은 4·19혁명을 말하는 거예요. 첫번째 연을 보자. 지은이가 알맹이로 생각한 게 뭘까?
학생 : 4·19에 있었던 일.
교사 : (칠판에 정리) 조금 보충해 보면 좋겠죠? 4·19에 어떤 일이 있었는지.
학생 : 깨끗한 정치.
교사 : 어, 깨끗한 정치. (칠판에 정리) 또? 뭘 알맹이로 생각한 거예요?
학생 : 정정당당.
교사 : 정정당당 코리아. (칠판에 정리). 또 없을까? 깨끗하지 못하면 어떻게 해야 한다.
학생 : 단결. 시민의 힘. 데모 때 많은 사람들이 모여가지고.
교사 : 데모 때 많은 사람들이 뭉친 거. 그죠? 껍데기는 누구야 상대적으로?
학생 : 이승만, 자유당.
교사 : 깨끗한 정치니까 껍데기는 더러운 정치, 정정당당 반대는 부정한 것, 그 다음에 시민들의 힘의 반대는?
학생 : 정부의 힘.
교사 : 정부의 힘인데, 이런 정부가 자기 맘대로 하는 걸 뭐라고 해?
학생 : 독재.
교사 : 그렇지. 그러니까 껍데기는 독재정치지. 알맹이만 남으라. 여러분 4월달이 되면 기념일 해가지고 나오는데, 4·19에 담긴 뜻을 알았으면 합니다.

4·19혁명 정신은 알맹이다. 깨끗한 정치, 정정당당, 시민의 힘을 상징한다. 이와 반대로 껍데기는 더러운 정치, 부정, 독재이다. 이 시에 나타난 '알맹이'와 '껍데기'를 해석하면서 학생들은 4·19혁명에 담긴 뜻에 다가간다. 교사는 수업을 통해 4·19혁명의 알맹이를 찾고 껍데기를 버리라고 얘기한다. 여기서 4·19혁명은 깨끗한 정치를 위한 시민의 힘을 표상한다. 이 점을 4·19혁명에서 배워야 하는 것이다.

또한, 시를 활용한 수업은 4·19혁명 자체의 교훈을 넘어서, 역사를 활용하는 관점이나 태도에 관한 교훈을 주고 있다. 그것은 '알맹이'와 '껍데기'란 은유 사용에서 비롯된다. 먹는 것에 빗대어 볼 때, 알맹이는 우리가 먹을 수 있는 것이고 껍데기는 먹을 수 없는 것이다. 이 은유는 '알맹이는 갖고 껍데기는 버려야 한다'는 당위를 말해준다. 따라서 역사를 활용하는 관점을 보여준다. 즉, 역사에는 참된 것(알맹이)과 참되지 않은 것(껍데기)이 존재한다. 그중 참된 것은 택하고 그렇지 않은 것을 버리라는 것이다. 참된 것과 그렇지 않은 것의 기준으로 역사를 바라보아야 한다는 점을 알려준다.

4·19혁명, 사건 자체의 분석보다는 '알맹이'와 '껍데기'라는 두 개념을 중심으로 수업이 이루어졌다. 이는 4·19혁명에 담긴 의미 찾기에 초점을 둔 것이라 할 수 있다. 교사는 수업 속에서 4·19혁명의 의미를 찾기 원했고, 이 의미들이 하나의 교훈이 된다는 믿음을 학생들에게 심어주었던 것이다. 정리하자면, 역사 속에서 참된 것들을 찾으면 우리가 현재 삶을 살아가면서 적용할 수 있는 의미를 찾게 되리라는 교훈을 주고 있는 것이다.

(3) 교훈 셋 : 역사는 참여자의 희생으로 이루어진다

교사는 오늘날 인권존중이란 면으로 발전해 왔고, 이런 발전을 가능하게 한 동인으로 4·19혁명을 들고 있다. 역사는 하루아침에 발전하지 않는다. 매 시기 역사가 누적되어 이루어진다. 교사는 수업에서 역사는 발전하며 이런 발전 배경에는 사람들의 노력과 참여가 있었다고 말하고 있다.

〈6〉

교사 : 인간존중이고 인권. 이런 4·19가 있었기 때문에 오늘날에 우리가 인간을 존중한다는 생각이 더 어떻게 되었을까?
학생 : 굳어졌어요.
교사 : 더 굳어질 수 있었겠지. 만약 이승만이 물러나지 않고 지금까지 나라를 다스렸다면 어떻게 되었을까? 우리나라 민주주의가 성장할 수는 없었겠지. 다른 나라를 보면은 한 대통령이 30년, 40년 하잖아요. 독재

　　　　국가라고 얘기하지요…….

　　역사 속의 사람들의 노력과 참여는 대부분 희생으로 이어진다. 큰 뜻을 위해 이런 희생을 무릅쓴 사람들의 숭고한 정신은 오늘날 우리가 본받아야 할 모습이다. 우리가 현재 이렇게 숨쉬고 있는 것은 역사 속에 참여한 많은 사람들의 피의 대가로 가능한 것이다.

〈7〉
　　교사 : … 안타까운 게 그런 거지. 아까 조회시간에 교장선생님이 7월 17일이 제헌절이라고 했지요. 기념일에 담긴 뜻을 알았으면 해요. 여러분이 기념일, 발렌타인데이나 화이트데이는 잘 챙기죠. 머리 속에 잘 기억되어 있어요. 이런 기념일, 역사적인 기념일에 대해서는 그냥 무시하는 경우가 많아요. 만약 이런 사건이 없었다면 우리나라의 민주주의나 인권 같은 게 어느 정도였다는 것을 생각해본다면 얼마나 4·19혁명이 소중한 건지 알 수 있죠. 죽어 간 사람의 피가 정말 소중한 거죠.

　　4·19혁명은 한낱 지난 과거사일 수 없다. 현재 우리와 호흡하는 사건이어야 한다. 과거사인 4·19혁명을 기억해야 하는 이유는 현재 삶을 비판적으로 보고 행동할 수 있는 교훈을 주기 때문이다. 교사가 학생들이 4·19혁명을 올곧게 기억하고 기념하기를 바라는 것은 과거 사람들의 희생을 통해서 이루어진 현재 우리 삶을 소중하게 여기도록 하기 위해서이다. 교사는 수업에서 역사는 참여자들의 희생으로 이루어진다는 점을 깨우쳐 주고 있는 것이다.

2) 학생의 교훈 찾기

　　첫번째 교훈유형은 학생들이 4·19혁명 자체의 역사적 의미나 평가를 내리면서 교훈을 되새기는 경우이다. 학생들이 4·19혁명에서 찾아낸 가장 두드러진 교훈은 '인권존중'이었다. 이는 교사가 '느낌표'라는 프로그램과 4·19혁명의 관계를 '인권'이란 개념으로 설명했기 때문으로 보인다.

    4·19혁명은 공권력의 횡포에 대한 시민의 승리를 의미하는 것으로 주권재민 (주권이 백성에게 있다)의 민주주의 원리를 그대로 입증하였다. 국민의 지지와 신망을 받지 못하는 정권은 결코 이어갈 수 없음을 보여주었다. 느낌표의 〈청소년 할인하자〉와 〈아시아 아시아〉의 내용과는 4·19혁명은 무슨 상관이 있을까? 이 질문에 많은 친구들이 어려워하였다. 이 질문의 가장 정확한 답은! 인간존중이었다. 즉, 인권! 4·19혁명에는 시민들의 인권을 위해 데모했었다. (이채령)28)

    비디오에서 알게 된 4·19혁명 … 부정선거로 인하여 많은 학생과 국민들은 희생당하였다. 이렇게 국민이 목 놓아 통곡하는 모습을 보고도 민주주의 정신은 어디로 간 채 총을 쏘는 경찰들만 사방을 가로막고 있었다. 대통령은 나라를 평화적으로 다스리고, 국민의 생각을 무시해선 안 되는 의무가 있는데, 이승만 할아버지는 이렇게 해서라도 대통령 자리를 차지하고 싶었을까? 4·19혁명을 통해 우리 사회에서는 이제 부정선거가 사라졌다. 인권존중이란 이 사회에서 꼭 필요로 하는 것일 것 같다. 어린 나이에 죽음을 맞이하면서도 깨끗한 정치를 추구한 우리 국민들이 자랑스럽기도 하다. 이제 4·19혁명 같은 일이 일어나지 않길 바란다. (강유미)

  이와 관련하여 '평등'이나 '평화'를 4·19혁명의 교훈으로 내세우는 학생들도 있었다. 평등은 인간존중을 기본으로 삼는 민주주의를 떠받치는 정신이라는 점에서 인권존중과 관련되어 있다고 할 수 있다. 따라서 평등한 사회를 인권을 존중하는 사회로 동일시한 것으로 보인다.

    … 이 사건에서 느낀 점은 평등, 사회 모두가 평등해야 한다. (김혜정)

    언젠가 … 평등한 사회와 인권을 존중하고 평화를 주의하는 사회가 꼭 올 것이다. (박우민)

---

28) 학생들의 서술 내용은 수업을 마치고 학생들이 2003년 7월 14일에 작성한 수업 소감문에서 뽑은 것이다. 학생들이 생각하는 4·19혁명 교훈과 관련된 내용을 정리한 것이다.

4·19혁명의 교훈으로 민의를 중시하는 것을 되새기는 학생도 있었다. 민주주의란 대의정치가 기본인데, 이때 국민의 뜻을 대변하는 것이 중요하다. 바로 대의민주주의정치의 근본 원리를 되새기는 사건으로 4·19혁명을 바라본 것이라 할 수 있다.

> 4·19혁명에 이승만 때문에 죽는 사람이 너무 많았던 것이 안타까웠다. 부정선거도 … 사망한 사람과 부상 입은 사람이 데모한 사람의 반을 가지고 있었던 것이다. 그때는 사람들이 아프고 많이 울었을 것이다. … 대통령이 됐으면 국민의 소리를 듣지 … 내가 대통령이면 제일 먼저 국민의 소리를 들을 것이다. (서민정)

두번째 교훈유형은 과거와 현재의 관련성을 생각하면서 4·19혁명에서 찾은 교훈이다. 현재 우리 삶은 과거가 있기에 가능한 것이며, 그런 점에서 4·19혁명은 우리의 민주발전에 커다란 영향을 미쳤다고 생각한다. 4·19혁명이 없었으면 오늘날같이 민주화될 수 없었기에 4·19혁명은 의미가 있다는 것이다.

> … 아마 데모가 없었다면 지금의 사회가 안 되었을 것이다. (장년호)

> … 4·19혁명에 대해 더 자세히 알고, 우리나라가 이렇게 민주화 될 수 있었던 과정을 알 수 있어 유익하였다. (심지선)

세번째 교훈유형은 4·19혁명의 희생자에 대한 고마움을 되새기면서 교훈을 찾는 경우이다. 역사에 참여한 많은 사람들의 노력과 희생이 없었다면 현재의 삶이 존재하지 않는다는 생각을 갖고 있다. 이런 생각은 두번째 교훈유형과 비슷하지만, 이 유형에서는 역사발전의 동인으로 사람을 들고 있다는 데 차이가 있다. 4·19혁명에서 우리가 배울 것은 바로 피 흘리면서 쓰러져간 사람들의 숭고한 정신이다. 4·19혁명은 바로 이런 사람들의 희생정신을 되새기게 한다.

만약 4·19혁명이 없었더라면 우리나라의 민주주의는 발전하지 못하였을 것이다. 4·19혁명에 참여하다가 죽은 사람의 희생이 없었더라면 우리는 어떻게 되었을지 모르는 일이다. 그래서 죽은 사람의 피 한 방울이라도 소중한 것 같다. (김서연)

4·19혁명으로 인해 죄 없는 생명들이 죽은 것과 자기만의 이익을 느끼게 하는 독재정치에 대해, 민주정치에 태어난 이 세대들을 위해 혁명을 하며 죽었던 여러 사람들에게 감사하는 마음을 갖게 해 주었다. (박장호)

이런 희생정신은 바로 국민의 힘과 참여의 의미를 되새기는 것으로 이어진다. 학생들은 부정한 일이 생겼을 때 이를 넘기지 않고 당당하게 일어설 수 있는 참여의지를 4·19혁명에서 확인한다. 그리고 자신도 불의에 맞서 의연하게 행동할 수 있는 마음을 다지기도 한다.

… 4·19혁명에 대한 우리나라의 국민의 힘과 대한민국은 민주주의라는 중요한 것을 알려주었다. (김영재)

김주열 학생의 시신이 발견되었을 때는 국민들이 얼마나 분이 올랐을까? 내가 그 당시에 있었던 국민이라면 온 힘을 다해 4·19에 참여해서 시위할 것이다. 그리고 총을 쏘아 국민들과 시민들을 죽이던 경찰들이 이해가 안 된다. 한 사람의 죽음이 별일 아니라는 듯 여러 명을 죽이다니 … 이런저런 이야기를 듣고 느꼈다. 그 당시 사람들이 얼마나 열심히 시위를 했는지 … 우리 민족의 역사는 무섭고 복수심이 강한 것 같다. (전다희)

희생정신과 참여정신을 되새기려는 학생들의 태도는 김주열이란 인물을 본받을 대상으로 삼는 것으로 구체화되기도 한다. 김주열은 바로 이런 정신을 구현한 인물로 표상된다. 영상자료 속의 처참한 모습이 학생들에게 강한 인상을 심어주었던 것이 하나의 이유이다. 그리고 나이가 많지 않은 학생 신분으로 4·19혁명의 중심에 서서 많은 사람들의 시위를 촉발시켰다는 점에서 그렇다.

… 김주열이라는 학생은 참 존경스럽고 고마우신 분 같다. 이유는 자기 몸을 아끼지 않고 나라를 위하여 몸을 바쳐 자기 몸을 희생시킨 점에서 본받을 점이라고 생각한다. (김희수)

가장 기억에 남는 것은 김주열이었다. 김주열 형이 용감하게 데모를 하다 죽었다. 비디오에서 김주열 형의 시신을 보여주었는데 정말 끔찍했다. 나는 그 시신을 볼 때 경찰과 이승만 대통령이 정말 나쁘다고 생각했다. 그리고 혼내주고 싶었다. 그렇게 소중한 생명을 죽이다니 … 내가 만약에 대통령이라면 이 나라를 평등한 나라로 만들어 우리나라가 평화롭게 살 수 있을 것이다. 그리고 김주열 형처럼 용감한 사람이 되겠다. (최재철)

네번째 교훈유형은 4·19혁명을 기억해야 하는 이유를 되새기면서 교훈을 찾는 경우이다. 교사는 발렌타인데이나 화이트데이와 같은 국적 불명의 기념일을 기억하는 것보다 역사적인 기념일을 기억해야 한다고 설명한 바 있다. 학생들은 4·19혁명을 통해 역사를 기억한다는 것의 의미를 되새기고 있는 것이다.

학생들은 4·19혁명과 관련된 사람들은 역사 속으로 사라졌지만, 그 정신의 표상물들은 우리 앞에 영원하다는 점을 되새긴다.

민주주의를 갈망하는 시민 앞에서 자유당은 무릎을 꿇었고 이승만 대통령은 하와이로 하야했다. 4·19 묘지는 아직도 남았다. (김은총)

그리고 전쟁과 같은 역사적 사건과 견줄 만큼 4·19혁명도 우리에게 던져준 역사의 파동이 크다는 것을 느끼며 4월 19일의 의미를 되새기기도 한다. 우리가 기억해야 할 역사나 시간이 무엇인지를 되새기고 있는 것이다.

오늘 수업을 마치고 발렌타인데이나 화이트데이 보다 역사적인 기념일을 더 알아보자는 선생님의 말씀이 제일 기억에 남았고 오늘 사회수업의 내용을 쉽게 잊지 못할 것 같다. (강미주)

그 당시 국민들의 마음을 알 수 있었다. … 오늘 이 수업을 통해 6·25처럼 4·

19혁명을 4월 19일에 생각할 것이다. 그리고 우리나라 국민들의 엄청난 애국심을 알게 되었다. (김필수)

5. 맺음말

지금까지 현대사 수업에 나타난 역사의 교훈을 살펴보았다. 역사수업은 본질적으로 역사의 교훈을 다룬다고 할 수 있다. 역사수업을 통해 특정 역사적 사건의 의의가 드러나며, 이 과정에서 교사의 역사관점이 나타나기 때문이다. 따라서 수업을 구성하는 교사는 학생들에게 심어줄 역사의 교훈을 갖게 마련이다.

사례로 제시한 수업에서도 교사가 학생들에게 심어준 교훈을 찾을 수 있었다. 교사는 '4·19혁명은 인권을 위한 투쟁이다', '역사 속에는 알맹이와 껍데기가 있다', '역사는 참여자의 희생으로 이루어진다'라는 교훈을 만들어내고 있다. 첫번째 교훈은 4·19혁명 자체의 의미를 다소 포괄적으로 생각하면서 만들어낸 교훈이다. 두번째 교훈은 역사를 참과 거짓 혹은 실한 것과 허한 것의 기준으로 파악해야 한다는 점을 되새기는 교훈이다. 세번째 교훈은 현재가 과거 사람들의 희생 없이는 존재할 수 없다며, 과거와 현재를 연결짓는 생각에서 비롯된 교훈이다.

학생들도 4·19혁명에서 여러 유형의 교훈을 찾았다. 교사가 만든 교훈의 영향을 많이 받았다. 그 구체적인 예가 4·19혁명 속에서 인권이나 평등을 배우려 한다든지, 현재 삶은 여러 사람의 희생으로 이루어진다는 사실을 배우려 한다는 점이다. 이는 교사가 만든 첫번째 교훈과 세번째 교훈에 상응한다. 첫번째 교훈의 영향을 많이 받은 이유는 수업 흐름이 '인권존중'이라는 개념을 중심으로 이루어졌기 때문으로 보인다. 세번째 교훈의 영향을 많이 받은 이유는 영상자료를 통해 역사 속에서 활동한 사람들의 구체적인 이야기를 들었기에, 보다 쉽게 감정이입을 한 것으로 보인다.

여기서 교사가 만든 두번째 교훈에 대해서는 학생들이 언급하지 않았다는 점을 주목해야 한다. 물론, 4·19혁명의 역사적 의미를 되새기는 생각 속에는 이미 역사 속의 알맹이가 무엇이고 껍데기가 무엇인지가 붙박여 있다. 하지만 무엇을 알맹이로 볼 것인가 혹은 무엇을 껍데기로 볼 것인가를 가름하는 기준을 명확히 학습하지 않았다. 교사는 자신이 이미 가정한 4·19혁명의 알맹이와 껍데기를 학생들과 살펴보려 했다. 따라서 학생들은 4·19혁명의 의미를 스스로 생각해보는 기회를 갖기보다는 교사의 가치와 관점을 따를 수밖에 없었다. 이 지점에서 본 수업의 교훈 찾기가 교사의 가치전수로 흘렀다는 것을 보여준다.

역사수업의 교훈 만들기가 곧 가치전수로 이어지는 것은 아니다. 흔히 역사수업에 접근하는 방식으로 교훈 중시와 역사적 사고력 중시를 대별한다. 본 논의에서 살펴보았다시피, 역사의 교훈이 역사적 사고력과 대별되는 것은 아니다. 교사가 역사에 대한 의미를 구성하는 것이 곧 역사의 교훈 만들기라고 볼 수 있기 때문이다. 이런 점에서 역사의 교훈을 달리 해석해야 할 것이다. 따라서, 문제는 교사가 만든 교훈을 학생과 어떤 방식으로 의사소통하느냐이다. 이 글에서는 볼 수 없었지만 학생들의 의미구성을 존중하면서 교사의 교훈이 의사소통되는 것은 가능하다.

교사의 역사관점 및 인식에 따른 역사수업의 의미구성이 역사의 교훈 만들기라고 본다면, 교사가 만든 교훈의 진정성이 무엇보다 문제되어야 할 것이다. 이는 역사적 사건 및 역사에 대한 심도 있는 이해와 현실인식이 병행되어야 한다는 것을 뜻한다. 현대사 인식은 바로 현재를 살아가는 우리에게 현실을 비판적으로 바라볼 수 있는 안목을 줄 수 있다. 이런 안목은 현대사를 통해서 끊임없이 교훈을 찾는 교사의 노력에서 비롯된다. 그리고 교사는 역사수업에서 자기의 교훈을 학생들과 적극적으로 나누어야 한다. 역사수업은 바로 교사가 과거를 보는 방식, 현재에 대한 믿음, 미래의 전망을 표현하는 수단[29]이기 때문이다.

---

29) Evans(1989), "Teacher Conceptions of History", p.238.

〈부록〉 4·19혁명 학습활동지

4월의 함성을 느끼고 생각하며…

6학년 (　)반 (　　)

※ 4·19혁명을 담은 다음 글들을 읽고 생각해보자.

1.

나는 알아요

아… 슬퍼요 / 아침 하늘이 밝아 오며는 / 달음박질 소리가 들려옵니다. /
저녁놀이 사라질 때면 / 탕 탕 탕 총소리가 들려옵니다. /
오빠 언니들은 / 책가방을 안고서 / 왜 총에 맞았나요. /
도둑질을 했나요 / 강도질을 했나요. /
무슨 나쁜 짓을 했기에 / 점심도 안 먹고 / 저녁도 안 먹고 / 말없이 쓰러졌나요. /
자꾸 눈물이 납니다.

(4·19 당시 초등학생이던 강명희가 쓴 것임)

◆ 지은이는 무엇을 알고 있다는 것인가?
◆ 초등학생 눈에 비친 4·19혁명은 어떤 모습인가?

2.

껍데기는 가라 　　　　　　신동엽 껍데기는 가라, 사월도 알맹이만 남고 껍데기는 가라. 껍데기는 가라. 동학년 곰나루의, 그 아우성만 살고 껍데기는 가라.	그리하여, 다시 껍데기는 가라. 이곳에선, 두 가슴과 그 곳까지 내논 아사달 아사녀가 중립의 초례청 앞에 서서 부끄럼 빛내며 맞절할지니 껍데기는 가라. 한라에서 백두까지 향그러운 흙가슴만 남고 그, 모오든 쇠붙이는 가라.

◆ '껍데기'와 '알맹이'가 뜻하는 것은 무엇인가?
◆ 이 시에서 지은이는 4·19혁명의 어떤 점을 노래하고 있는가?

《참고자료》 전국역사교사모임 - 역사학습노트

초등학교와 중학교 근현대사 교육의 연계방안

방 지 원

1. 초·중학교 근현대사 교육의 지향점
2. 현행 초·중학교의 근현대사 내용체계
   1) 내용체계 비교
   2) 현행 초·중학교 근현대사 학습내용의 계열성 검토
3. 주요개념을 이용한 연계방안 모색
   1) 주요개념을 이용한 역사학습내용의 계열화
   2) 근현대사의 주요개념 : '근대화'
4. '근대화' 개념을 이용한 교수요목 구성
   1) 현행 교과서 속의 '근대화' 개념
   2) '생활의 변화'로 표현된 근대화 : 초등학교
   3) '근대사회의 형성'으로 표현된 근대화 : 중학교
   4) 교수요목 구성방안
5. 맺음말

1. 초·중학교 근현대사 교육의 지향점

초등학교 6학년 1학기 『사회』 교과서(7차).
흥선대원군의 통상수교거부정책을 설명하는 부분이다.

"… 두 차례에 걸친 서양의 침략을 물리친 흥선 대원군은 서양과 교류하지 않겠다는 결의를 다지기 위해 전국에 다음과 같은 내용을 새긴 척화비를 세우고 … 백성들에게 서양의 침략을 일깨우고 서양과 교류하지 않겠다는 생각을 더욱 굳혔다. 그러나 서양의 침범을 막기 위해서는 기술을 익혀 나라의 힘을 길러야 한다고 생각하는 사람들이 점점 늘어 갔다."(6학년 1학기『사회』85쪽)

중학교『국사』교과서의 같은 내용 부분.(7차)
교사용 지도서의 연간 계획에 의하면 이 부분은 아마도 3학년 2학기에 배우게 될 터이다.

"… 조선정부는 서양과의 통상 수교를 반대하는 정책을 백성들에게 알리기 위하여 전국 각지에 척화비를 세웠다. … 조선의 통상 수교 거부 정책은 우리나라가 서양의 새로운 문물을 받아들이는 시기를 늦어지게 한 문제점도 있었으나 외세의 침략을 막기 위한 자주적 성격도 지니고 있었다."(중학교『국사』194쪽)

한 눈에도 다루는 내용요소와 접근방식이 매우 비슷하다는 것을 알 수 있다. 이러한 모습은 초등학교 6학년 1학기『사회』와 중학교『국사』근현대사 내용의 많은 부분에서 눈에 띈다. 이는 현재의 초등학교와 중학교 근현대사 교육내용이 각자가 지향해야 할 특성을 반영하여 학습내용을 구성하는데 그다지 성공적이지 못하였음을 반영하는 것이라고 하겠다.

우리 역사에 대한 사실적 지식을 익히고, 역사적 기능과 사고력을 기르는 것은 초·중·고등학교 역사교육이 다같이 지향하는 바이다. 그러나 각기 다른 성숙의 단계에 있는 학생들을 대상으로 한 학습내용은 학교급별 특성을 살려 구성되어야 한다. 즉, 초등학교에서 배우는 근현대사 내용과 중학교에서 배우는 내용은 그 폭과 깊이에서 차별성을 갖는 동시에 초등학교에서 배운 것을 토대로 이후의 학습을 이어간다는 측면에서 내적인 연결성도 있어야 한다.

그렇다면 초등학교와 중학교에서 배우는 근현대사는 어떻게 달라야 할까? 그와 동시에 어떻게 연결되어야 할까?1) 다음과 같은 질문을 던지고 그에 대한 답을 찾아보는 것으로 논의를 시작할 수 있을 것이다.
'초등학교와 중학교의 근현대사 교육은 무엇을 지향해야 할까?'

근현대사의 가장 큰 특징은 우리가 몸담고 있는 현재와 바로 이어진 시기라는 데서 찾을 수 있다. 따라서 역사를 가르치고 배우는 목적이 과거에 대한 인식을 토대로 현재를 이해하고 미래에 대한 전망을 만들어나가는 데 있다는 점에 동의한다면, 근현대사 교육은 역사교육 전체의 성패에 막대한 영향을 끼치는 위치에 서게 된다.

오늘날의 사회가 할아버지, 할머니 세대의 역사적 경험을 토대로 만들어졌음을 깨닫는 것, 앞 세대의 경험이 현재의 바탕이 되었다는 것을 인식함과 동시에 내가 누리고 있는 삶의 조건들이 역사적 맥락을 갖고 있다는 것을 이해하는 것은 성숙한 역사의식을 갖는 출발점이 된다. 초등학교 근현대사 교육은 바로 그러한 '출발점'을 제대로 마련하는데 중점을 두어야 하지 않을까?

---

1) 역사학습 내용이나 목표의 학교급별 계열성을 마련하려는 문제는 꾸준한 관심과 연구의 대상이었다. 그러나 지금까지의 논의는 주로 중학교와 고등학교의 역사학습 계열화의 원리나 기준을 마련하는데 관심을 두어 왔다. 앞으로는 특정한 주제나 학습과제를 대상으로 한 계열화 방안, 학생들의 활동을 계열화할 수 있는 방안 등에도 관심을 가져야 할 것이다. 지금까지 진행되어 온 역사학습의 계열화 논의에 대해서는 다음의 글들을 참고할 수 있다.
김철(1974), 「국사교육과정의 계열성」, 『사회과 교육』 7 ; 이원순·김용만(1980), 「학교급별 국사교육내용의 체계화에 관한 연구」, 『교육과정 및 교과용 도서 개발을 위한 기초연구』 2, 한국교육개발원 ; 정선영(1987), 「사회과 역사내용의 계열성 연구」, 『사회과 교육』 20 ; 김항구 외 2인(1995), 「중·고등학교 국사 교육의 계열화 연구」, 연구보고 RR-95-VI-5, 교과교육공동연구소 ; 김한종·송상헌(1997), 「중·고등학교 국사교육 목표의 설정방안」, 『역사교육』 63 ; 김항구·김한종(1999), 「중·고등학교 국사교육내용의 선정 방안」, 『청람사학』 창간호 ; 김한종(2000), 「국사교육 계열화의 원리와 방안성」, 전국역사교사모임 6월 월례강좌자료집 ; 양정현(2000), 「단군과 고조선 내용구성 사례-계열성을 염두에 두고」, 전국역사교사모임 6월 월례강좌자료집 ; 이병희(2000), 「중·고등학교 국사 교육 편제와 내용의 계열화」, 『21세기 국사 교육의 새로운 모색』, 역사교육연구회 학술발표회 자료집.

'우리나라는 언제부터 남북한으로 갈라지게 되었나요?'
'옛날에도 영어를 배웠나요? 영어는 언제부터 배웠나요?'
'서울에는 언제부터 지금처럼 자동차가 많았나요?'
'옛날에는 서당에 다녔다는데, 지금과 같은 학교는 언제 생긴 것인가요?'

일상생활 속에서 스쳐가듯이 던지는 초등학생들의 질문 가운데는 자신들이 현재 누리고 있는 것, 자신들의 삶을 구성하고 있는 요소들의 시원에 관한 호기심과 궁금증이 들어 있다.2) 초등학교 근현대사 교육은 이와 같은 정서적·지적 요구에 부응하면서 중·고등학교 과정을 거쳐 성숙한 역사의식을 지닌 사람으로 자랄 수 있는 토대를 닦는 데 힘을 쏟아야 한다.

중학교에서는 '나의 오늘날'을 만들어낸 친근한 시기로 근현대사를 이해하는 데서 한걸음 나아가, 우리의 근현대 시기에 있었던 급격하고 다양한 사회 변화들을 다루는 수업을 전개할 수 있을 것이다. 그러는 가운데 우리의 근현대사가 지닌 특징을 객관적으로 이해하면서 우리의 앞 세대가 제대로 수행해내지 못한 시대적 과제는 무엇이며, 그 결과는 어떠했는가에 대해 자기 나름대로 질문을 던지고 대답을 찾아보는 등, 한층 깊어진 역사이해에 도달할 수 있을 것이다.3)

---

2) 이 질문들은 필자가 주변에서 만날 수 있는 초등학생들과 대화하면서 접했던 질문들을 모아 정리해 둔 것 가운데 일부이다. 초등학생들이 과거에 대하여 질문을 던지는 방식들을 경험적으로 조사하는 연구가 진행된다면 교육과정이나 학습내용을 체계화하는 작업에도 많은 시사점을 발견할 수 있을 것이다. 가령 '옛날에는 이것을 사용했나요?'와 '이것은 언제부터 사용했나요', '이것의 옛날 모습은 어떠했나요?'라는 질문이 갖는 미세한 차이에 주목한다면 초등학생들의 '역사적 관심과 흥미'가 자라나는 모습을 좀 더 구체화하는 데 유용한 경험적 자료를 축적할 수 있을 것으로 생각한다.

3) 초·중학교 근현대사 교육의 방향이나 목표를 구분하여 논의한 연구는 아직 눈에 띄지 않는다. 이 글에서는 근현대사 교육의 목표로 거론되는 일반적인 사항들을 염두에 두고, 제7차 교육과정의 해당 내용체계에서 달성하고자 하는 바를 분석한 뒤, 필자의 개인적인 의견을 더하여 대체적인 방향만을 제안해 보았다. 학습자의 역사의식 발달에 관한 기존의 연구성과들도 참고하였다. 이원

2. 현행 초·중학교의 근현대사 내용체계

1) 내용체계 비교

현행 제7차 교육과정에 의하면 근현대사는 초등학교 6학년 1학기 중반 이후 약 반 학기 동안 다루어진다. 초등학교 사회과 교육과정의 6학년 1학기는 역사영역에 해당하며 (1) 우리겨레, 우리나라 (2) 새로운 사회, 문화로 가는 길이라는 두 개의 대단원을 틀로 삼아 조상의 활동을 줄기로 한 인물사, 생활사적 주제중심 접근으로 되어 있다.4) 그러나 이를 구체화시킨 실제 교과서 내용은 왕조의 흐름을 따른 통사적 모습을 띤다. 다음의 목차는 교과서를 기준으로 한 것이다.

다음은 6학년 1학기『사회』의 목차이다.

〈표 1〉에서 굵은 글씨로 된 부분이 근현대사 내용에 해당한다.5) 근현대사 학습내용을 좀 더 자세히 살펴보기 위해 소단원별로 구체적인 내용을 정리하면 다음과 같다.

순·이정인(1985),『역사교육』, 정음문화사, 65~66쪽 ; 송춘영(1997),「역사적 사고력을 기르기 위한 사료활용방안」, 양호환 외(1997),『역사교육의 이론과 방법』, 삼지원, 348~363쪽.
4) '(1) 우리겨레, 우리나라' 대단원은 다시 (가) 나라를 일으킨 조상들, (나) 문화를 빛내고 외침을 물리친 조상들, '(2) 새로운 사회, 문화로 가는 길' 대단원은 (가) 국가의 부강과 국민의 복지를 위해 노력한 조상들, (나) 자주와 독립을 위해 싸운 조상들의 중단원으로 구성되어 있다. 각 중단원에는 5~7개의 진술로 내용요소들이 제시되어 있는데, 교과서 편찬 과정에서 소단원과 주제명을 추려내면서 왕조 중심의 통사적 흐름이 나타나게 된 것으로 보인다.
5) '근대'의 시작을 언제로 보아야 할 것인가에 대해서는 다양한 의견들이 있으나, 이 글에서는 제7차 교육과정에 의한 고등학교『한국근·현대사』에 따라 개항 이후의 시기를 근대의 시작으로 본다.

〈표 1〉 6학년 1학기 『사회』 목차6)

대단원	중단원	소단원
1. 우리 민족 국가의 성립	1) 하나로 뭉친 겨레	(1) 처음으로 세운 나라 조선 (2) 힘을 겨루며 성장한 세 나라 (3) 삼국을 통일한 신라, 고구려를 계승한 발해
	2) 민족을 다시 통일한 고려	(1) 고려의 건국으로 달라진 정치 (2) 역경을 이겨내며 꽃피운 고려문화
	3) 유교를 정치의 근본으로 삼은 조선	(1) 정치개혁으로 세운 새로운 나라 (2) 문화의 발달과 백성들의 생활모습 (3) 두 차례의 전란 극복
2. 근대사회로 가는 길	1) 새로운 사회로의 움직임	(1) 사회변화를 위한 서민들의 노력 (2) 잘사는 백성, 부강한 나라로 (3) 복을 빌고 평등한 세상을 바라고
	2) 외세의 침략과 우리 민족의 대응	(1) 척화비를 세운 까닭 (2) 조선, 어디로 가야 하는가? (3) 대한제국을 선포한 뜻은
3. 대한민국의 발전	1) 나라를 되찾기 위한 노력	(1) 총과 펜을 들어 싸운 조상들 (2) 대한독립만세, 한국광복군 만세
	2) 대한민국의 수립과 발전	(1) 분단을 딛고 일어선 대한민국 (2) 민주시민이 승리하던 날들 (3) 한강의 기적에서 통일로

〈표 2〉 6학년 1학기 『사회』 근현대사 학습내용7)

중단원	소단원	학습내용
(2) 외세의 침략과 우리 민족의 대응	1) 척화비를 세운 까닭	*흥선대원군의 개혁정치(국내외 정치상황 / 흥선대원군의 개혁정책) *흥선대원군의 외세침략극복(병인양요 / 신미양요) *흥선대원군의 대외정책(통상수교거부 / 척화비건립 / 통상수교거부 정책의 한계)

---

6) 교육인적자원부, 『사회』 6-1. 대한 교과서 주식회사, 2002 초판 발행.
7) 초등학교 사회수업에는 『사회』 교과서 외에 『사회과 탐구』라는 별도의 교재가 함께 사용된다. 『사회과 탐구』는 교과서의 내용에 따라 학습자료와 활동 아이디어, 보충 및 심화활동으로 구성되어 있다. <표 2>는 6학년 1학기 『사회』와 『사회과 탐구』의 내용을 종합한 것이다.

중단원	소단원	학습내용
(2) 외세의 침략과 우리 민족의 대응	2) 조선, 어디로 가야 하는가	*강화도조약(운요호 사건 / 강화도조약의 불평등조항 / 강화도조약의 의의) *개화정책의 추진(별기군 조직 / 수신사와 영선사 파견 / 개화반대 세력) *임오군란(원인 : 군대의 불만 / 결과 : 청의 내정간섭) *갑신정변(원인 : 급진개화파 불만 / 결과 : 정변, 청군개입, 청간섭 노골화) *동학농민운동(원인 / 경과 / 의의) *갑오개혁(뜻 / 주요내용 : 정치, 교육, 경제, 사회 / 의의와 한계)
	3) 대 한제국을 선포한 뜻은	*을미사변(원인 / 과정 / 결과) *독립협회(서재필 설립 / 독립신문 / 독립문 / 만민공동회 / 고종환궁요구) *대한제국선포(경운궁 환궁 / 황제즉위) *강화도조약 이후 달라진 조선의 모습(근대적 조약 체결과 교역 / 다양한 근대문물 수용 / 크리스트교 선교자유 등)
(1) 나라를 되찾기 위한 노력	1) 총과 펜을 들어 싸운 조상들	*을사조약 체결 전의 국내외 상황(청일전쟁 / 러일전쟁) *을사조약(체결 / 내용 / 저항운동) *의병활동(을미사변 / 을사조약 / 군대해산 / 만주와 간도의 독립군) *애국계몽운동(뜻 / 운동의 배경) *민족의 힘을 기르기 위한 노력(교육활동 / 국채보상운동 / 국어연구 / 역사연구)
	2) 대한독립 만세, 한국광복군 만세	*일제의 민족탄압(국권찬탈 / 조선총독부 / 토지조사사업 / 식민지 교육 / 쌀수탈) *3·1운동(배경 / 전개 / 결과) *대한민국임시정부(수립이유 / 수립 / 활동내용 / 의의) *국외독립운동(봉오동, 청산리 전투 / 한인애국단) *국내독립운동(신간회 / 문맹퇴치운동 / 물산장려운동 / 조선어학회) *일제의 침략전쟁과 민족말살정책(중국침략, 태평양전쟁 / 전쟁물자수탈 / 징병, 징용, 정신대 / 창씨개명, 신사참배, 한국어사용금지)
(2) 대한민국의 수립과 발전	1) 분단을 딛고 일어선 대한민국	*8·15광복과 대한민국수립의 배경(광복 / 미군과 소련군 진주 / 민주주의 공산주의 도입 / 신탁통치) *대한민국의 수립(총선거 결정 / 5·10총선거실시 / 헌법제정 / 정부수립) *6·25전쟁(과정 / 결과)
	2) 민주시민이 승리하던 날들	*4·19혁명(원인 / 전개과정 / 결과 / 의의) *5·18 민주화운동(원인 / 전개과정 / 결과 / 의의) *6월 민주항쟁(원인 / 전개과정 / 결과)
	3) 한강의 기적에서 통일로	*우리나라의 경제발전(노력 : 경제개발계획추진 / 결과) *외환위기 원인과 극복(원인 / 극복과정) *국민의 생활모습 변화(교육 / 의료 / 장애인 복지) *통일을 위한 노력(남북회담 / 식량원조 / 금강산 관광사업 / 문화교류 등)

위의 〈표 1〉과 〈표 2〉를 바탕으로 초등학교 근현대사 내용구성상의 대체적인 특징을 추려본다면 먼저, 학습내용에서 근현대가 차지하는 비중이 절반 분량에 해당할 정도로 매우 크다는 점을 지적할 수 있겠다. 개항에서부터 국권피탈까지를 한 시기로, 일제 강점기와 해방 이후를 각각 구분되는 시기로 하여 세 시기로 나누어 구성한 것은 뒤에서 살펴볼 중학교 근현대사의 시기 구분과 같다.(이는 고등학교 근현대사도 마찬가지이다.)

　또한 개항 이후 일제 강점기를 거쳐 현재까지의 중요한 역사적 사건들을 이어 다루는 방식으로 구성되어 있어, 정치사 중심의 내용 전개를 보인다는 점도 특징으로 들 수 있다. 다음은 초등학교 내용체계와의 비교를 위해 중학교『국사』의 근현대사 내용을 정리한 것이다. 중학교의 근현대사는 3학년 1학기 말경부터 배우도록 되어 있다.(교사용 지도서의 학습계획 기준)

〈표 3〉 중학교『국사』의 근현대사 학습내용[8]

학년	대단원	중단원	소단원	학습내용
9학년 중3	(7) 개화와 자주운동	1. 흥선대원군의 정치	1) 흥선대원군은 무엇을 개혁하려 하였나?	국내외 정세 / 내정개혁
			2) 흥선대원군이 서양과의 통상수교를 거부한 까닭은?	천주교박해 / 병인양요 / 신미양요 / 척화비 / 통상수교거부정책의 의의와 한계
		2. 개항과 개화운동	1) 강화도 조약의 내용과 성격은 무엇일까?	운요호 사건 / 강화도 조약(체결, 주요 내용, 의의)
			2) 개화와 척사의 대립은 왜 일어났을까?	사찰단(수신사, 영선사, 조사시찰단)과 유학생의 파견 / 개화정책 추진(통리기무아문, 별기군)개화와 척사의 대립(임오군란, 위정척사)
			3) 개화당이 갑신정변을 통하여 이루려 했던 것은?	갑신정변(전개과정, 결과, 개혁정강내용과 의의)
		3. 동학농민운동과 갑오개혁	1) 농민들의 생활은 개항이후 어떻게 변화했을까?	거문도 사건 / 방곡령
			2) 동학농민운동의 전개과정과 그 의의는?	동학의 보급 / 고부농민봉기 / 농민군 전주점령 / 농민운동의 실패
			3) 갑오개혁의 내용과 그 한계는?	근대적 개혁 실시의 배경(동학농민운동, 청일전쟁) / 갑오개혁의 추진과정과 주요 내용 / 한계

---

[8] 교육인적자원부, 중학교『국사』, 대한교과서주식회사, 2002 초판 발행.

학년	대단원	중단원	소단원	학습내용
9학년 중3	(8) 주권수호 운동의 전개	1. 독립협회와 대한제국	1) 을미의병이 일어난 까닭은?	삼국간섭 / 을미사변 / 단발령과 을미개혁 / 을미의병(배경, 의의, 의병장)
			2) 독립협회 지도층이 만들고자 한 사회는?	아관파천 / 이권침탈 / 독립협회활동(조직, 구성원, 활동내용) / 만민공동회 / 독립협회 해산
			3) 대한제국의 개혁은 왜 큰 성과를 거두지 못하였을까?	대한제국의 성립 / 광무개혁(성격 / 배경 / 내용 / 한계)
		2. 일제의 침략과 의병전쟁	1) 우리 민족은 을사조약에 어떻게 저항하였는가?	을사조약체결 / 반대투쟁 / 의거활동
			2) 군대 해산 이후 의병전쟁의 확산과정은?	고종강제퇴위 / 의병전쟁의 확산(서울진공작전) / 의병의 해외이주와 독립군
			3) 간도와 독도, 어떻게 되었나?	간도문제(역사적 내력, 간도협약) / 독도문제(영유권 분쟁, 불법점령)
		3. 애국계몽운동	1) 신민회가 민족실력양성운동을 추진한 까닭은?	애국계몽운동의 뜻 / 애국계몽운동단체 / 신민회 활동(실력양성, 독립군 기지 건설)
			2) 근대교육과 언론활동이 민족운동에 끼친 영향은?	근대교육의 보급(각종 개혁의 학교 설립, 사립학교) / 언론활동(각종 신문간행)
			3) 국채보상운동은 왜 일어났는가?	경제자립운동 / 국채보상운동(계기, 경과, 결과)
	(9) 민족의 독립운동	1. 민족의 수난	1) 일제의 헌병경찰통치의 실상은?	국권침탈(과정) / 헌병경찰통치(성격, 통치내용) / 민족분열통치(문화통치의 성격)
			2) 일제의 경제수탈과정은?	토지약탈(토지조사사업의 목적과 진행과정, 결과) / 산업침탈(금융정책, 회사령, 전매제) / 식량수탈(산미증식계획의 추진과 결과)
			3) 우리 민족의 민족 말살 통치하에서 겪은 고난은?	민족말살정책(성격과 내용) / 물적 및 인적 자원의 수탈(징병, 징용, 정신대 등)
		2. 3·1운동의 전개	1) 3·1운동의 전개과정과 그 의의는?	3·1운동의 배경(민족 자결 주의 등) / 3·1운동의 전개(확산과정, 해외의 만세시위) / 3·1운동의 의의
			2) 대한민국 임시정부의 수립과정과 그 활동은?	대한민국 임시 정부의 수립(배경, 목적, 과정) / 대한민국임시정부의 활동(외교활동, 연통제 등)

학년	대단원	중단원	소단원	학습내용
9학년 중3	(9) 민족의 독립운동	3. 독립전쟁의 전개	1) 독립군의 무장 독립 전쟁이 거둔 성과는?	독립전쟁의 기반(한말 독립운동 기지의 건설) / 독립군의 승리(청산리, 봉오동 전투)
			2) 애국지사들은 어떤 의거 활동을 전개하였는가?	의열단 / 한인애국단
			3) 한국 광복군의 조직과 활동상은?	한국 광복군의 창설(중일전쟁, 독립전쟁의 변화) / 한국 광복군의 활동(선전포고, 연합군에 협조 등)
		4. 국내의 민족운동	1) 민족 실력 양성 운동의 추진 방향은?	경제적 민족운동(노동쟁의, 소작쟁의 등) / 교육과 언론활동(문맹퇴치 운동 등)
			2) 6·10 만세운동과 광주 학생 항일 운동은 왜 일어났는가?	6·10 만세운동(배경, 의의), 광주학생항일운동(경과, 의의) / 신간회 활동
			3) 우리 민족이 민족 문화의 수호를 위해 벌인 노력은?	국어연구(조선어 학회 등) / 국사연구(민족주의 사학, 진단학회 등) / 종교활동(대종교 등) / 문화활동
	(10) 대한민국의 발전	1. 대한민국정부의 수립	1) 8·15광복이 가능했던 까닭은?	광복을 맞이하다(광복의 배경) / 독립 지사들의 귀국
			2) 대한민국정부의 수립과정은?	남북분단(군정) / 신탁통치문제 / 미소공동위원회 / 대한민국정부의 수립(과정)
			3) 6·25전쟁의 원인과 그 영향은?	6·25전쟁의 배경 / 북한의 남침 / 6·25전쟁의 결과
		2. 민주주의의 시련과 경제 발전	1) 4·19혁명과 5·16 군사정변은 왜 일어났는가?	4·19혁명(배경, 경과, 결과, 의의) / 장면 내각의 성립 / 5·16 군사정변(군정실시, 베트남파병 등)
			2) 경제 개발 계획의 추진 과정과 그 성과는?	경제개발계획의 추진(박정희정부의 경제개발계획) / 경제의 성장 / 서울 올림픽 대회의 개최
		3. 민주화 운동과 통일을 위한 노력	1) 1970년대 이후 민주화 운동의 전개 과정은?	10월 유신과 시민의 저항 / 5·18 민주화운동 / 6월 민주항쟁 / 오늘날의 한국
			2) 우리의 평화 통일을 위한 노력은?	국제정세의 변화 / 남북적십자 회담
			3) 남북 간 화해와 협력의 진행과정은?	남북 간의 화해와 교류

〈표 3〉에서 볼 수 있듯이 중학교 『국사』의 근현대사 내용은 모두 4개의 대단원에서 주제중심의 하위 단원으로 구성되어 있다. 앞서 말한

것처럼 개항 이후를 세 시기로 구분하고 있다는 점은 초등학교의 경우와 같다.

일본을 비롯한 열강의 침략적 접근이 진행되는 가운데 조선의 각계각층 구성원들이 자주적 근대국가 수립을 위해 전개한 노력, 국권 회복을 위한 국내외 움직임, 해방과 분단 및 대한민국 수립, 경제개발과 민주화를 내용 흐름의 중심으로 잡은 것도 초등학교 내용구성 방향과 크게 다르지 않다.

더욱이 생활사·인물사 중심의 내용구성이라는 교육과정상의 기본 취지와 달리 초등학교 근현대사가 정치사 중심의 내용구성으로 흘러, 결과적으로 중학교 근현대사와 뚜렷한 차별성을 갖기 어렵게 되었다.

그러나 초등학교의 내용구성이 '외세 침략에 대한 저항'의 측면을 좀 더 강조한 반면 중학교의 내용은 '개화'와 '개화운동'을 '주권수호운동'과 함께 중요한 시대적 특성으로 부각시켰다. 그리고 중학교에서는 일제의 통치정책과 그에 저항하는 민족운동을 양대 축으로 삼아 내용을 구성하고 있는 것과 달리 초등학교에서는 민족운동에 무게 중심을 더 두고 있다는 점에서 차이가 있다. 여러 사건들의 내적 연관성을 드러내거나 역사적 평가 및 의의를 담고 있는 서술, 주요 사건에 관련된 세부 사실을 다루는 서술이 상대적으로 많다는 것도 중학교 근현대사에서 찾아볼 수 있는 특징이다.

이어서 근현대사 학습내용에 나타난 계열성9)을 교육과정이 표방하고 있는 기준에 따라 좀 더 자세히 살펴본 뒤, 덧붙여 학생 활동을 위한 탐구과제를 초·중등 차별성 차원에서 검토하겠다.

---

9) 이 글에서 '계열성'이라는 용어는 학교급별 목표나 내용 체계에서 차별성과 연계성이 동시에 드러나야 한다는 의미로 사용한다.

2) 현행 초·중학교 근현대사 학습내용의 계열성 검토

(1) 인물사·생활사 대 사건 중심 정치사

현행 제7차 사회과 교육과정에서는 사회과의 성격을 밝히는 부분에서 초등학교의 인물사 및 생활사, 중학교의 사건 또는 주제사를 표방하였다.10) 현재 초등학교와 중학교 학습내용 계열화의 주요 근거가 되는 부분을 옮기면 다음과 같다.

> 사회과는 학습자의 성장 발달과 그들의 사회·문화적 경험을 고려하여 학교 급별로 주안점을 달리한다. … 중학교에서는 … 국사는 초등학교에서 학습한 인물사, 생활사를 토대로 사건 또는 주제에 따른 구체적인 활동상을 주제적으로 이해하고 발전적으로 이해하는데 힘쓰도록 한다. (제7차 사회과 교육과정, 29쪽)

이에 따른 중학교『국사』는 정치사 중심의 사건 또는 주제로 구성되어 있으므로 실제 계열성 기준은 인물사·생활사 대 정치사라고 보아도 무방할 것이다.

결론부터 말하자면, 사회과 교육과정이 제시한 '인물사·생활사 대 정치사'의 구도로 초등학교와 중학교의 근현대사 내용 계열성을 검토할 경우, 긍정적인 결과를 기대하기 어렵다.

---

10) 교육부 고시 제 1997-15호 별책 7,『제7차 사회과 교육과정』, 106쪽.
생활사와 인물사를 중심으로 한다는 계열성의 기준에 따른 초등학교의 역사영역 내용체계가 생활사를 중심으로 한 3~5학년 내용과 통사를 다룬 6학년 1학기 내용의 두 부분으로 나뉘어진다고 보는 의견도 있다. 이에 대해서는 안지원(2003),「초등학교 교과서의 역사영역 서술과 문제」, 제46회 전국역사학대회 역사교육부 발표집, 33쪽 참조.
그러나 실제 6학년『사회』의 근거가 되는 교육과정에는 인물사 중심의 접근을 강조하고 있는 가운데 생활사에 대한 관심이 지속적으로 나타나고 있다. 단, 이러한 관심이 교과서 내용으로 이어지는가는 또 다른 문제이다.

선사시대부터 대한민국까지를 통사적으로 접근하는 초등학교 6학년 1학기 『사회』는 각 시대별로 신분제나 사회시설, 사회정책을 서술하면서 당시의 생활모습을 싣고자 하였지만, 내용 전반의 흐름을 이끌고 있는 것은 정치사라고 할 수 있다. 그러다보니 위의 〈표 2〉에서 확인할 수 있듯이 교육과정의 사회과 성격에서 표방한 바와 달리, 실제 교과서 내용에서 생활사는 주변적인 역할에 그치는 상황이다.11) 그러한 경향은 근현대사에서 한층 강하게 나타난다.

또한 인물사라는 기준은 정치사의 흐름을 채우는 내용소재의 의미를 갖는데 그치는 경우가 대부분이다. 근현대사 부분에서는 흥선대원군, 명성황후, 최익현, 서재필, 전봉준, 김구 등 다양한 인물이 내용서술 과정에서 활용되고 있으며, 『사회과 탐구』도 인물에 관한 보충설명에 많은 지면을 할애하지만 교과서에서 다루는 인물의 대부분이 정치적 맥락에서 의미를 지니고 있다는 점에 유념해야 한다.

이처럼 근현대사 학습내용을 이끌어가는 중심 줄기가 사건 중심의 정치적 흐름이다보니 '개화', '근대화'와 같은 개념에 접근하는 방식 또한 매우 정치적이다. 이에 관해서는 '갑오개혁' 관련 부분이 좋은 예가 될 수 있을 것이다. 다음은 초등학교 6학년 1학기 『사회』의 갑오개혁 관련 내용을 옮긴 것이다.12)

---

11) 초등학교『사회』3~5학년의 역사 영역과 6학년 1학기 내용에서 다루는 생활사 내용이 역사학에서 의미하는 생활사의 성격을 제대로 구현하고 있는가 하는 점은 다시 검토해볼 여지가 있다. 과거 한 시점을 배경으로 한 구체적인 삶의 모습들을 통하여 당시 사회의 성격을 이해하려는 것이 생활사적 접근이라면 현재 초등학교의 내용은 생활사로 보기에는 무리가 따른다. 다른 한편으로, 초등 역사 내용을 생활사 중심으로 구성해야 한다는 지금까지의 논의들은 생활사가 초등학생의 역사학습에 적절하다는 설득력 있고 타당한 근거를 충분히 제시하였다고 보기 어려울 것이다. 현재 상황에서는 경험확대법(환경확대법)이라는 사회과 내용선정과 조직원리에 가장 근접하게 활용할 수 있는 역사학 분야나 주제가 생활사라는 판단이 배경으로 작용하고 있는 것은 아닐까라는 생각도 든다. 만일 초등역사 내용이 생활사나 인물사를 중심으로 구성되어야 한다는 주장이 앞으로도 영향력을 가지려면 초등학생의 역사 이해나 역사학의 인식론적 측면에 대한 논의를 바탕으로 한 설득력 있는 근거를 마련해야 할 것이다.

… 새로운 사회를 만들고자 하는 사람들의 노력이 계속되자 조정에서도 적극적으로 개혁을 서둘렀는데 이를 갑오개혁이라고 한다. 갑오개혁은 정치, 경제, 사회 등 전반적인 면에서 조선의 전통적인 제도를 새롭게 변화시키고자 한 것이다. 우리나라는 갑오개혁을 통하여 근대적인 제도를 갖춘 나라로 변화할 수 있는 계기를 마련하였다.

(갑오개혁의 주요 내용 : 교과서 본문에 포함된 도표를 옮긴 것임)

정치	교육
* 청나라에 의지하지 않고 자주 독립을 지향함 * 과거제를 없애고 신분 차별 없이 관리를 뽑기로 함 * 나라의 공식문서에 한글을 사용함	* 서울에 소학교, 중학교, 사범학교, 외국어 학교를 세움 * 각 지방에도 소학교를 세움
경제	사회
* 근대식 화폐 제도를 채택함 * 도량형을 통일함	* 양반과 상민의 신분차별을 없앰 * 조혼을 금지함 * 과부의 재혼을 허용함

다음은 중학교 『국사』의 해당 부분 내용이다.

… 군국기무처는 임시 기관으로서 정치·경제·사회 등 국가의 주요 정책에 대한 개혁안을 심의하였다. 이 때 실시된 개혁을 갑오개혁이라고 부른다. 갑오개혁은 조선후기 이후 새로운 사회를 기대하는 농민들의 움직임으로부터 시작하여 개화운동으로 이어진, 전통사회를 개혁하려는 민족의 욕구가 담긴 개혁이었다. 개혁의 내용은 이미 갑신정변에서 개화당이 제시하였거나 동학농민운동에서 농민들이 주장하였던 내용이 포함되었다. 또 정치, 경제, 사회의 각종 제도를 근대적으로 개혁하는 중요한 내용이 많았다. …

(갑오개혁의 중요한 내용 : 교과서에 제시된 자료를 옮긴 것임)
1. 정치 － * 개국 기원의 사용 * 왕실 사무의 행정 사무 분리 * 과거제 폐지
2. 경제 － * 재정의 일원화 * 조세의 금납화 * 도량형의 개정통일
3. 사회 － * 신분제의 폐지 * 조혼금지 * 과부의 재혼허용

---

12) 『사회』 6-1, 91쪽.

현재 초등학교 교과서에서 갑오개혁을 다루는 방식은 위에서 살핀 바와 같이 중학교의 정치사적 접근과 크게 달라 보이지 않는다. 물론 초등 단계에서도 갑오개혁이 이루어낸 정치 경제적 변화상을 다룰 수도 있겠지만 '생활사'를 지향한다는 기준에 비추어 보았을 때, '갑오개혁'이 실제 생활의 변화로 이어진 부분을 좀 더 구체적으로 풀어내려는 노력이 아쉽다고 하겠다.

만일 '갑오개혁'에 관한 내용을 생활사적 접근으로 구성한다면 당시 사람들의 일상적인 삶이나 사고방식에 좀 더 구체적인 변화를 초래한 개혁 내용을 집중적으로 다룰 수 있어야 할 것이다. 쉽게 떠올릴 수 있는 예로, 양력의 채용과 근대적 시간의 도입이 생활모습에 어떤 변화를 가져왔을지 생각해 보도록 하거나, 새로 도입된 학교에서 다루는 근대적인 과목이 무엇이었을지 알아보는 방식도 고려할 수 있다.

초등학교와 중학교 근현대사 학습내용의 차별성과 연계성, 즉 계열성과 관련된 좀 더 근본적인 문제는 '인물사·생활사 대 사건중심 정치사' 기준 자체가 갖는 한계이다. 지금까지 초·중등 간 계열성의 근거였던 이 기준은 크게 두 가지 측면에서 한계를 갖는다.

첫째, 초·중등 역사학습 내용을 차별화하는 기준으로는 일정한 역할을 기대할 수 있으나 양자 간의 연계성 측면에서는 명확한 시사점을 주지 못한다. 가령 생활사를 다루고 학습하는 과정에서 ─생활사 내용이 잘 구현된 교과서를 전제하고─ 획득한 지식과 능력이 이어지는 정치사 중심의 학습을 소화할 수 있는 기초가 된다는 면에서 넓은 의미의 연계성을 말할 수는 있을 것이다. 그러나 '생활사적 학습내용의 심화·확대가 (사회사나 문화사가 아닌) 정치사로 이어지는 근거가 무엇인가?'라는 질문에는 분명한 대답을 하기 어렵다.

게다가 생활사나 인물사를 초등학생들에게 우선 적용할 수 있는 역사학 분야라고 단정할 수도 없고, 정치적 흐름의 일정한 부분을 초등학교에서 소화해야 할 필요가 생길 수 있으며, 고등학교에서도 인물을 적절히 활용하여 수준 높은 역사인식에 이르는 수업을 계획할 수 있다. 그렇기 때문에 만약 현재의 기준을 계속 유지하고자 한다면, 학교급별 역사학습의 특성과 계열성 기준을 연결짓기 위한 후속 논의가 필요해 보인다.

두번째 한계는 '생활사·인물사 대 정치사 중심'이라는 근거가 구체적인 학습내용 선정기준으로 너무 막연하다는 것이다. 이 원리가 구체적인 내용선정에 영향을 주려면 생활사의 어떤 내용을 초등학교에서 가르칠 것인지, 인물사를 통해 무엇을 가르치고자 하는지, 중학교에서 정치사의 어떤 부분이나 측면을 가르칠 것인지, 그리고 왜 그렇게 해야 하는지 대한 고민이 함께 진행되었어야 했다.

결국 이러한 한계들은 교육과정에서 제시한 기준이 학습내용으로 구체화되지 못하고, 초·중등 근현대사 내용이 모두 정치사 중심으로 구성되는 결과를 가져오는 주요 배경으로 작용하였다.

비록 초등학교와 중학교의 근현대사 서술내용이 근현대의 시대적 특성을 제시하는 맥락을 달리한 점(초등 : 독립운동 중심, 중등 : 식민지 정책과 독립운동 중심), 연대기적 이해 강조(초등), 내용 전개의 복잡성과 세부사실의 제시(중등) 등에서 차이를 보이지만, 이런 차이점을 들어 초등학교와 중학교 근현대사 내용의 계열성-차별성과 연계성-을 충분히 말하기는 어려울 것이다.

초·중등 근현대사 내용의 계열성은 각각이 지향하는 근현대사 교육의 특성을 한 축으로, 실제로 학습되어야 할 내용(생활사, 인물사가 아닌 구체적 주제)을 또 하나의 축으로 삼아 좀 더 구체적인 논의가 진행되는 가운데 그 기준이 마련되어야 하기 때문이다.

(2) 추체험에 기초한 탐구과제

한편, 탐구과제의 형태로 제시되는 학생활동도 초등학교와 중학교의 계열성 측면에서 검토할 수 있다. 역사교육이 역사적 지식 습득과 역사적 사고력 함양을 동시에 지향해야 한다는 데 대체적인 합의가 이루어진 현 상황에 비추어 볼 때, 다양한 탐구과제를 학교급별 학습내용에 포함시키려는 노력은 앞으로 적극성을 더해갈 것으로 예상할 수 있다.
　탐구과제와 관련된 문제는 이 글의 중심주제는 아니지만, 그 중요성이 점차 커지는 현실을 감안하여 잠시 덧붙여 검토하도록 하겠다.
　현재 초등학교『사회』와 중학교『국사』의 탐구과제는 추체험적 역사이해를 바탕으로 해야 가능한 경우가 많다. 추체험은 최근 역사교육에서 주목받고 있는 역사이해 방식이자 수업의 원리13)로서, 역사라는 학문의 성격상 과거 사람들이 했던 활동, 그들의 경험과 생각을 직접 생생하게 체험하는 것이 불가능하므로, 그들이 겪었던 것과 같은 조건이나 상황을 설정한 다음 그들의 생각을 미루어 짐작함으로써 활동을 추적해 보는 역사 이해14)를 뜻한다.
　초등학교 6학년 1학기『사회』에 있는 흥선 대원군과의 가상대담15), 대외정책을 결정하는 조정회의 역할극16), 척화비를 본 당시 사람들의 생각 추론하기17), 내가 강화도조약 체결 당시 조선 대표라면 어떻게 담판할 것인가 생각하기18) 등은 모두 추체험적 이해를 요구하는 활동과제이다.
　다음은 근현대사의 동일한 주제에 대하여 초등학교와 중학교에서 제시하고 있는 탐구과제를 비교하기 위한 것이다.
　〈표 4〉와 같은 한두 가지 탐구과제 비교만으로 탐구활동의 성격과 계열성 문제를 단정하여 말하기는 어렵지만, 대체적인 경향을 짐작할 수는 있을 것이다.

---

13) 역사신문제작이나 극화학습, 시뮬레이션 등은 기본적으로 추체험의 원리에 따라 이루어지는 대표적인 학습활동이다.
14) 김한종(2000),「추체험, 대안적 역사수업 방법인가?」, 전국역사교사모임,『역사교육』49, 161쪽.
15)『사회』6-1, 81쪽.
16) 위 책, 83쪽.
17) 위 책, 85쪽.
18) 위 책, 86쪽.

〈표 4〉 초·중학교의 탐구과제 비교

학습주제	초등학교	중학교
강화도조약	*강화도조약의 내용을 살펴보고(사회과 탐구 91쪽) 내가 만일 강화도조약 체결 회담에 참석하여 일본의 대표와 담판을 하게 된다면 어떻게 할지 이야기해 보자.(초등학교 『사회』, 6-1, 86쪽)	*다음의 강화도조약 일부 조항에 담겨진 의미를 살펴서 이것이 불평등 조약임을 살펴보자.(중학교 『국사』, 203쪽)
단발령과 근대적 개혁	*당시 사람의 입장이 되어 개화에 대하여 생각해보고, 찬성과 반대로 나누어 토론하여 보자.(초등학교 『사회』, 6-1, 94쪽)	*1895년에 내려진 단발령에 대해 당시의 사람들은 어떤 반응을 보였을까? 찬성한 사람들과 반대한 사람들은 어떤 사람들이었고 그 이유는 무엇이었을까?(중학교 『국사』, 229쪽)

〈표 4〉에 제시된 탐구활동은 초등학교와 중학교 학생들의 수준을 고려하였다고 보기는 어렵다. '강화도조약'에 관한 활동은 오히려 중학교 국사 교과서 쪽이 구체적이고 접근하기 쉽게 구성되어 있다. 초등학교 교과서대로 '일본대표와 만나서 어떻게 할 것인지'에 대하여 학생이 제 나름의 대답을 만들려면, 먼저 강화도조약에서 불평등한 내용이 무엇인지, 왜 불평등한지를 알아야 하고 그러한 불평등성을 바로 잡으려면 어떻게 해야 하는가를 추론할 수 있어야 한다. 좀 더 현실성 있는 대답이 되려면 정치적 이해관계 및 국가 간 조약이 국내에 미칠 영향 등 훨씬 더 복잡한 요소들을 고려한 정치적 판단이 이루어지는 상황에 자신을 상상적으로 위치시킬 수 있어야 한다.

'단발령과 근대적 개혁'에 대한 활동도 마찬가지이다. 중학교 교과서에서는 구체적으로 '단발령'이라는 대상을 주고 당시 사람들의 반응을 생각해보도록 하였지만, 초등학교 교과서는 막연하게 '개화'라는 개념을 대상으로 생각해 보도록 하였다. 이외에도 초등학교 교과서의 탐구활동이 오히려 중학교의 경우보다 덜 구체적이면서 모호하게 제시된 사례가 적지 않게 발견된다.

추체험은 단순한 상상력만으로는 불가능한 매우 복잡한 사고활동을 포함한다. 추체험은 '역사적 행위자의 사고를 관련된 증거에 입각하여 재사고함으로써 역사적 행위를 상상적으로 재구성하고 인식하는 활동'이며, 구체적으로 역사적 자료의 해석, 행위자의 행위 동기나 목적에 대한 인식, 역사적 행위에 대한 비판적 평가, 역사적 행위의 재구성 등이 포함된다. 따라서 역사를 배우기 시작하는 초등학생들에게 추체험적 학습활동을 요구하려면 활동 자체를 단계별로 세분화하여 아주 구체적으로 제시하는 배려가 반드시 필요하다.

또한 다양한 상황 변수들을 고려하는 등 고도의 정치적 판단을 요구하는 추체험(조정회의 역할극, 강화도조약체결의 조선대표 등)은 정치행위 자체에 대한 기본개념 이해가 부족한 초등학생에게는 적절치 않을 수 있다.

역사를 실제 상황처럼 생동감있게 느끼도록 하고, 과거의 구체적인 상황 조건 속에서 행동한 인간의 내면을 이해하도록 함으로써 역사가 인간에 관한 이해를 추구한다는 점을 자연스럽게 인식시켜 줄 수 있다는 점에서 추체험은 학생의 요구와 역사학의 요구를 모두 만족시킬 가능성이 큰 수업원리이다. 따라서 추체험에 기반한 탐구활동을 학교급별 특성을 살려 구성할 수 있는 현실적 방안을 찾으려는 관심과 노력도 지속되어야 할 것이다.

3. 주요개념을 이용한 연계방안 모색

1) 주요개념을 이용한 역사학습내용의 계열화

앞서 말하였듯이 현재 초·중등 계열성의 근거인 '인물사·생활사 → 정치사'는 실제로 학습해야 할 구체적인 내용을 어떻게 구성할 것인가에 대한 기준이 될 수 없다는 한계를 갖고 있다. 인물사와 생활사, 정치사는 내용구성에 활용될 수 있는 자료의 성격이나 대강의 접근 방향을 제시할 수는 있지만, 그 자체가 학습내용이 될 수는 없기 때문이다.

만일 '인물사・생활사 → 정치사'를 그대로 유지하더라도 초・중 고등학교 역사학습 내용의 계열성 논의가 좀 더 현실성 있게 진전되기 위해서는 지금까지와 같은 막연한 차별화 기준을 제시하는 것으로는 부족하며, 구체적인 학습내용이나 주제에 학교급별 특성을 어떻게 반영할 것인가를 탐색하는 쪽으로 고민의 방향을 수정할 필요가 있다.

가령 초등학교에서 생활사와 인물사를 활용한 접근방식이 유용하다는 점을 인정하더라도 생활사나 인물사 가운데 어떤 부분을 학습내용으로 활용할 것인지 선택할 수 있는 기준이 마련되어야 하며, 다양한 측면을 포함하는 정치사를 중학교 단계에서 지향하는 역사학습의 성격에 맞도록 어떻게 재구성할 것인지 초등단계의 학습내용을 고려하면서 논의를 진전시켜야 한다.[19]

이런 점에서 역사학습 내용의 범주를 설정하고 각 범주에서 다룰 내용 범위를 정한 다음 학교급별로 계열화할 것을 제안한 선행 연구는 시사하는 바가 매우 크다.[20] 역사학습 내용을 A.시간개념, B.변화에 관한 개념, C.역사의 본질과 구조, D.사회과학적 개념이라는 네 범주 나눈 뒤, 각 네 범주의 개념들을 다시 조직개념으로, 조직개념을 하위개념으로 세분화하고 하위개념을 구성하는 학습내용을 학교급별로 계열화하여 조직하는 방식을 취한 선행연구[21]로부터 얻을 수 있는 중요한 시사점은 다음

---

[19] 이런 점들을 생각하면 계열성 논의는 단순히 내용을 어떻게 심화시켜 배열할 것인가에 그치는 것이 아니다. 계열성은 초・중・고등학교 역사학습의 방향 또는 목표 설정에도 깊이 관련되어 있다.

[20] 김한종(2000), 「국사교육 계열화의 원리와 방안」, 전국역사교사모임 6월 월례강좌 자료집.

[21] 위 글, 6쪽.
다음은 이 글에서 제안된 내용 체계표 가운데 A와 C 범주에 해당하는 부분을 옮긴 것이다. 김한종은 이 연구에서 제시된 개념의 분류와 예시된 학습내용이 아직은 시험적인 것이므로 제안의 한 가지로 받아들여야 한다고 덧붙였다.

과 같다.

첫째, 학습대상이 되는 역사적 사실이나 내용을 묶을 수 있는 개념이나 범주를 활용하여 좀 더 현실성 있는 계열화 논의를 진전시킬 수 있다.

둘째, 학교급별 내용의 계열성 준거는 국가 수준의 교육과정 구성뿐 아니라, 실제 교과서를 서술하고 학습 프로그램을 계획하는데 활용될 수

기본 개념	조직개념	하위개념	역사학습내용(예)		
			초등학교	중학교	고등학교
A. 시간 개념	A1. 시간표현 개념	A.1.1. 일반적 시간표현	옛날, 오늘날, 삼국시대, 조선후기, 일제의 식민지 지배	세대, 세기~, 10년대, 선사시대, 역사시대, 기원전, 기원후, 개항기, 일제 강점기	나말여초, 여말선초, 광무연간
		A.1.2. 대강의 시간표현			
		A.1.3. 구체적 시간표현			
		A.1.4. 역사적 시기			
	A2. 연대개념	A.2.1. 역사적 위치	왕조, 연표	전환기, 왕위계보	이행기
		A.2.2. 시간지속			
		A.2.3. 역사적 거리감			
		A.2.4. 동시대성			
	A3. 시대/ 시대구분	A.3.1. 시대구분론	선사시대, 근대, 근대 이후	고대, 중세, 근세, 근대, 현대	시대구분, 시대구분이론, 원시공동체, 노예제 사회, 봉건사회, 근대 자본주의 사회
		A.3.2. 시간의 원근			
		A.3.3. 사회발전단계			
		A.3.4. 도구의 발달			
C. 역사의 본질과 구조	C1. 역사학의 성격	C.1.1. 사실/기록/지식으로서의 역사		역사의 개념, 역사서, 역사인식, 한국사 특성, 국사교육의 목적	사실/기록/ 지식으로서의 역사, 역사적 해석, 역사적 평가, 사료분석, 역사적 판단, 역사적 편견, 추론, 역사서술, 발전적 시각
		C.1.2. 역사적 가설			
		C.1.3. 역사적 설명			
		C.1.4 역사적 이해			
		C.1.5. 역사적 일반화			
		C.1.6. 역사적 판단			
	C2. 역사적 자료	C.2.1. 역사적 증거	유물, 유적, 역사지도, 연표, 문헌자료, 건국이야기, 사료, 문화재	향토사자료	사료, 사료가치, 사료비판
		C.2.2. 사료비판			
		C.2.3. 1차사료/2차사료			
		C3. 역사적 사실			

있어야 한다.

셋째, 역사학습내용은 다양한 범주로 나뉠 수 있으며, 각 범주별로 계열화의 준거에 대한 검토가 필요하다. 예컨대, A.시간개념을 학교급별로 계열화하는 준거와 C.역사의 본질과 구조를 계열화하는 준거가 각기 어떻게 마련될 수 있을 것인가에 대한 면밀한 검토가 필요하다는 것이다.

이 글에서 제안하려는 '주요개념'을 이용한 방안은 위 연구의 'C.역사의 본질과 구조' 가운데 'C3. 역사적 사실'을 계열화하려는 시도에 해당한다.(각주 20 참조) 'C3. 역사적 사실'은 실제 교과서 내용의 대부분을 차지하는 실질적인 내용에 해당하는 것으로 볼 수 있다.22) 위의 연구에서 '역사적 사실'의 하위개념과 그에 따른 학교급별 학습내용의 예를 들지 않은 것은, 기본적으로 모든 역사적 사실이 초등학교와 중·고등학교의 학습내용으로 포함될 가능성이 있기 때문인 것으로 짐작된다. 가령 역사적 사실로서의 '갑오개혁'과 '위정척사'는 모든 학교급별 근현대사에서 다룰 수 있다는 것이다.

이 글에서 '주요개념'이 뜻하는 바는 초등학교의 역사학습은 물론 이후의 역사학습에서도 중요하게 다루어야 하는 학습내용으로, 각 시대의 특징적 측면이나 성격을 담고 있는 개념들이다. 근현대를 포함하여 우리 역사의 여러 시대 혹은 시기들은 다른 시기와 구분되는 특징적인 모습이나 성격을 가지고 있다. 역사적 사실의 습득을 통해 한 시대의 특성을 인식하는 것이 역사교육의 주요 목표 가운데 하나라는 점을 감안한다면 '주

---

22) 김항구·김한종(1997), 「중·고등학교 국사교육내용의 선정 방안」, 『청람사학』 창간호, 53쪽.
이 글에서도 위의 연구와 거의 같은 방식으로 국사교육내용의 범주를 나누어 접근하였는데, C3. 역사적 사실에 대한 예를 다음과 같이 들었다.

	중학교	고등학교	중·고등학교
C3. 역사적 사실	채집경제, 생산경제, 역성혁명, 세도정치, 민족분단, 임시정부, 분할점령, 단독정부, 민주화운동	초기국가, 부세제도, 지주전호제, 전주전객제, 수조권적 토지제도, 군현제, 농민전쟁, 좌익과 우익	선민사상, 율령제, 신분제, 사대주의, 조공질서, 붕당정치, 실학, 척사와 개화, 민족운동, 신탁통치안

요개념'을 학교급별 내용구성에 활용하는 것도 의미있을 것이다.

'각 시대별 특성, 다른 시대와 구분되는 그 시대의 성격을 잘 드러내는 개념'으로는 조선시대의 '유교 질서'를 예로 들어 볼 수 있다.23) 만일 '유교 질서'가 초등학교부터 그 이후까지 조선 시대에 대한 학습에서 지속적으로 다루어야 하는 주요개념이라면 학교급별로 '유교 질서'가 지닌 다양한 측면을 드러내 보여줄 수 있는 구체적 내용을 선정할 수 있을 것이다.

가령, 초등학교 단계에서 '유교적 질서'가 개인의 생활 속에서 작용하는 구체적인 사실들을 다루고, 중학교에서는 '유교적 질서'가 국내 정치와 국제 질서에 작용하는 모습에까지 외연을 확대할 수 있을 것이다. 그 결과 조선 사회의 '유교적 질서'가 지닌 복잡다단한 모습과 속성을 점차 폭넓게 이해하면서 조선사회를 '유교적 질서'의 측면에서 전체적으로 바라보는 시각을 갖추게 될 것이다.

우리 근현대사의 특성을 담고 있는 주요개념을 설정하여 마찬가지 방식으로 내용을 구성한다면 '인물사·생활사→정치사'라는 지금까지의 계열성 논의가 갖는 한계를 보완할 수도 있을 것이다.

2) 근현대사의 주요 개념 : '근대화'

그렇다면 전근대사와 비교하여 근현대사에 두드러지게 나타나는 특징적인 측면을 담을 수 있는 주요개념으로는 무엇이 있을까?

근현대사도 개항에서 대한제국에 이르는 시기와 일제 식민지 시기, 해방 이후의 현대로 나뉘며, 각각의 시기들은 그 나름의 시대적 과제와 특성을 가지고 있기 때문에, 세 시기별로 주요개념을 설정하는 방안도 생

---

23) 각 시대의 특성을 무엇으로 볼 것인가 하는 것이 중요한 문제가 될 수 있으나, 이 글에서는 따로 논의하지 않겠다. 단 '교육'을 전제로 교육과정을 구성하는 과정에서 일정 수준의 합의에 이른 주요 개념의 추출이 가능할 것으로 생각한다.

각해 볼 수 있을 것이다.

또 한편으로는 근현대사 전체를 통틀어 적용 가능한 주요개념도 찾을 수 있을 것이다. '세계'24), '근대화', '민족운동'25)이 여기에 해당한다는 것에는 별다른 이견이 없을 것으로 생각된다. 이 글은 '주요개념'을 활용하여 초·중학교의 근현대사 내용을 연계할 수 있는 방안을 모색하고자 하므로 짧은 시기에 한정된 개념보다는 근현대 전체를 통틀어 적용 가능한 개념 가운데 '근대화'를 택하여 논의를 계속하도록 하겠다.

4. '근대화' 개념을 이용한 교수요목 구성

1) 현행 교과서 속의 '근대화' 개념

근대화는 널리 사용되고 다양하게 논의되는 용어이지만 아직 그 개념

---

24) 여기서 말하는 '세계'는 개항 이후 조선의 정세가 국제질서와 환경의 변화에 따라 민감하게 영향을 받아온 것을 설명하기 위한 것이다. '세계'는 중학교 이상에서 다루는 것이 좀 더 적절해 보인다. 근현대사 학습과 당시 세계적 상황을 관련지으려면 '제국주의', '자본주의', '사회 진화론'과 같은 추상적이고 어려운 학습내용을 피하기 어려우므로 일단 초등학교 단계에서는 적절치 않아 보인다.

25) '민족운동'은 매우 다루기 힘들고 예민한 주제이다. 만일 '민족'의 정의에서부터 우리 역사 속 '민족'의 실체에 대한 논쟁까지 염두에 둔다면 그 범위가 매우 넓다. 현재의 교육과정과 교과서는 근현대 시기를 '외세의 침략과 민족운동'이라는 측면에서 바라보고 있기 때문에 학습내용 전반에서 '민족'이 지닌 비중이 매우 크다.

실제 초등학교의 교수요목 구성에서는 '저항 민족주의' 관점에서 개항 이후 일제 강점기를 거치며 '민족'을 지키려는 움직임과 활동이 '존재하였다'라는 현상적인 측면을 제시하는 방안을 검토할 수 있을 것이다. 초등학교에서 저항 민족주의가 당시에 '존재'하였음을 다룬다면 중학교 이상에서는 저항 민족주의의 '형성과정'을 다룰 수 있을 것이다. 또한 일제 강점기에 민족주의가 분화하여 변화하는 것을 다룰 수 있을 것이다. 고등학교에서는 근대 민족주의의 개념, 제국주의 침략과의 관계도 다룰 수 있을 것이다.

규정이나 내용에 관해서는 일치된 견해가 없다. 경우에 따라 서구화·공업화·민주화·합리화·도시화 등을 의미하기도 하며, 심지어는 발전과 같은 뜻으로 사용되기도 한다.

거칠게 정리한다면, 지금까지 근대화의 개념 규정에는 크게 2가지 입장이 있어왔다고 볼 수 있다. 봉건사회에서 자본주의 사회로의 이행을 뜻하는 근대화와 보편적 개념의 근대화가 그것이다. 전자의 입장, 즉 근대화를 자본주의 사회의 생성 전개 과정으로 파악하는 것은 주로 경제사적 관점에 의한 견해로서 근대화 = 서유럽화로 인식한다.

후자, 즉 보편적 개념으로서의 근대화는 지역 차원을 넘어서, 모든 사회가 도달해야 할 보편적인 변화와 발전의 과정을 의미한다. '전근대적인 상태로부터 근대적인 상태로 이행하는 과정', 또는 '후진적 상태에서 선진적 상태로 발전해 가는 과정'이라는 접근은 이러한 입장에 선 것이다.

현재 학교급별 교육과정과 교과서에서 취하고 있는 입장은 대체적으로 보편적 개념으로서의 근대화로 볼 수 있다. 교과서 서술에서 근대화라는 개념을 따로 정의하지는 않지만, 서술 내용 전반을 검토해보면 '정치·경제·사회·문화·가치관 등 모든 분야에서 일어나는 구조적인 변화가 좀 더 향상된 생활조건을 조성해 가는 과정'으로서의 근대화를 전제한다고 보이도 큰 무리가 없다.

현재 초등학교와 중학교 근현대사에서 근대화 관련 내용은 개항 이후 대한제국기를 다루는 부분에서 주로 찾아볼 수 있다. 각종 서구 문물의 수용, 여러 차례의 개혁이 지향하거나 초래한 정치·경제·사회적 변화들, 새로운 문화양상과 의식의 변화 등에서 보편적 개념으로의 근대화에 해당하는 내용요소들이 발견된다.

그러나 현재 교과서 내용에 의하면 일제 식민지 시기는 근대화와 무관한 듯이 보인다. 우리 역사에서 '근대화'는 개항 이후 현대까지를 관통하는 중요한 흐름이자 화두였으며 그 안에 진보성과 침략성을 모두 포함하고 있었다. 이러한 '근대'의 성격은 개화 대 위정척사, 위로부터의 개혁 대 아래로부터의 개혁, 계몽운동 대 의병항쟁 등 개항 이후의 거친 물결 속에서

늘 부딪히며 격동의 시대를 만들어내는 요인으로 작용했다. 또한 일제 통치기 동안 '근대'는 왜곡된 모습으로 우리의 생활 곳곳에 파고들었다.

사실, 우리의 근대화 과정은 열강의 침략 및 식민지 지배를 겪는 과정과 동시에 진행되었기 때문에 단순한 '총체적인 사회변화의 과정'만으로 제시하기 어려운 측면이 존재하며, 근대화를 이끌어간 동인이 어디로부터 왔는가의 문제 등은 매우 예민한 가치판단을 요구하기도 한다. 이러한 측면은 근현대사 교육에서 '근대화'를 좀 더 분명한 맥락으로 다루기 어려운 요인으로 작용하기도 했을 것이다.

그러나 근현대사의 주요개념으로 '근대화'를 제대로 다루기 위해서는 그것이 지닌 복합적인 성격과 그 진행 과정을 둘러싼 여러 가지 문제점들도 학습내용으로 포함시켜 다룰 수 있는 방안을 찾는 노력이 좀 더 적극적으로 진행되어야 할 것으로 생각된다.

이처럼 총체적인 사회변화로서의 '근대화'가 가지고 있는 측면은 매우 다양하고 복잡하며 여러 차원으로 접근될 수 있다. 근대화를 주요개념으로 삼아 초등학교와 중학교의 근현대사 내용을 연계지을 수 있는 방안을 마련하기 위해서는 근대화가 지닌 다양한 측면들 가운데 학교급별 근현대사 학습에 적절한 측면을 선정하고 그러한 측면들을 담아낼 수 있는 구체적인 사실이나 내용을 찾아내는 작업이 진행되어야 한다. 이어지는 논의에서는 부족하나마 그러한 시도를 통해 교수요목을 제안하고자 한다.

시대의 특성을 담고 있는 주요개념으로서의 근대화가 초등학교와 중학교의 근현대사를 연계 짓는 역할을 하되, 근대화 개념을 구체화하는 학습내용에서 학교급별로 차별성을 두는 것이 이어질 제안의 기본적 특징이다.

2) '생활의 변화'로 표현된 근대화 : 초등학교

학습내용과 학생의 능력을 함께 고려하는 것은 어느 교과를 막론하고 학습내용을 선정하여 체계화하는데 중요한 요건이다. 이 글에서는 초등학교 단계의 '근대화' 개념을 생활사 내용으로 구체화하는 방향을 취하고자 한다. 이는 초등학교 역사영역 내용기준으로 생활사가 주로 언급되어온 관행에 따르거나 그대로 수용해서가 아니다.

생활사는 초등학생들이 역사적 상황과 현상을 그들의 경험세계에 접목시켜 이해할 수 있는 주제를 제공해 줄 여지가 많고 역사를 자신들의 삶과 연결된 것으로 받아들이도록 하는데 적절하다고 여겨지기 때문이다.

앞서 여러 차례 지적했듯이 생활사 중심이라는 방향만으로는 학습내용 선정의 기준 역할을 할 수 없다는 한계가 있지만, '근대화'라는 주요개념과 이어짐으로써 좀 더 구체적인 계열화 기준 역할을 할 수 있을 것이다. '근대화'가 지닌 전반적이고 구조적인 변화양상 가운데 초등학교에서는 '개항 이후 일어난 생활의 변화' 라는 측면의 내용을 중점적으로 다룬다는 것이다. 그러기 위해서 초등학교의 생활사는 '생활과 관련된 소재'를 활용한다는 단순함을 뛰어넘어 '생활모습을 통해 시대의 성격을 이해'하기 위한 내용을 구성하는 방향으로의 변화를 모색해야 하며, 지금처럼 환경확대법에 '생활'을 엮는 방식에서 벗어나야 한다.

'개항 이후 일어난 생활의 변화'로 주요개념인 근대화를 구체화할 수 있는 학습내용을 좀 더 구체적으로 생각해 보면, 근대적 문물의 수용을 다루되 개인의 의·식·주, 교통·통신 생활의 변화, 일상생활에서의 경제활동, 학교생활과 여가활동의 변화라는 측면에서 내용을 선정하고 구성하는 방안을 고려할 수 있다.

또한 갑오개혁이나 을미개혁, 광무개혁의 내용 가운데 학교의 설립이나 신분제의 폐지, 양력의 사용, 단발령 등 일상생활 전반에 좀 더 직접적인 영향을 주었던 사항들을 가려내어 활용할 수도 있을 것이다.

일상적인 경제활동에는 석유와 서양 의약품, 일본산 면제품의 확산이라든가, 서양 상인과 청·일 상인들의 상업활동이 조선 사람들의 일상생활과 만나는 부분의 내용이 세부사항으로 들어갈 수 있을 것이다. 이러한 접근을 통해 생활모습의 변화 및 편리함의 확산과 더불어 서구 문물이 지닌 침략성도 함께 다룰 수 있을 것이다. 즉 구체적인 내용을 선정하고 조직하는 과정에서 근대화의 이중성을 드러낼 수 있는 여지를 만들어야 한다.

일제 식민지 시기에는 철도와 통신, 점차 조밀해지는 도로망, 자동차의 확산, 공장 노동자라는 새로운 직업의 등장, 총독부에서 운영하는 학교 제도, 달라진 도시의 모습과 행정 관청들, 일본어 사용과 창씨개명 등을 다루면서 점차 일상생활 속에 깊이 뿌리내리는 현대적인 생활양식과 그에 비례하며 심화되는 식민지의 어두운 생활상을 다룰 수 있을 것이다.

이렇게 일상생활에서 경험할 수 있는 대상이나 주제의 역사적 성격을 탐구하는 방식으로 자신의 존재가 갖는 역사성에 대한 감각을 친근한 방식으로 키우는데 생활사적 접근은 많은 장점을 가지고 있다.

또한 생활사적 접근은 추체험을 바탕으로 한 초등학생의 학습활동에 적절한 주제를 제공하는 데 좀 더 유리할 수 있다. 국내외의 복잡한 변수들을 고려하면서 대외 정책을 결정해야 했던 정부 관료의 입장보다는, 일제 식민지 시기 학교에서 일본사와 일본어를 강제적으로 배워야 하는 학생의 입장을 추체험하는 것이 초등학생들에게 더 친근할 것이기 때문이다.

3) '근대사회의 형성'으로 표현된 근대화 : 중학교

중학교에서는 초등학교에서 다룬 생활사적 내용을 바탕으로 하되, 개인과 공동체 삶의 변화에 결정적 조건이 되는 사회 변화의 측면을 내용구성의 기본 방향으로 삼을 수 있다. 다시 말해, 초등학교 단계에서 개인과 가족의 일상생활에 중심을 두고 내용을 구성했다면, 중학교에서는 생활사적 주제의 일부분을 좀 더 심화하는 가운데 사회 구성원으로서의 삶, 당시의 사회적 삶에 좀 더 무게를 두면서 '근대사회의 형성'으로 근대화를 구체화하는 방안을 검토할 수 있다는 것이다.[26]

---

26) 예를 들어 철도와 통신의 경우 일본의 대륙 침략에 사용되는 정치적·군사적 측면을 좀 더 강조할 수 있을 것이다. 또 초등학교에서 다룬 근대적 의료시설

역사의식의 발달에 관한 국내외의 연구성과를 종합하여 정리한 바에 의하면[27] 중학교 단계에 이르면 인간을 시대와 사회적 배경 속에서 파악할 수 있을 정도의 역사의식을 갖추게 된다고 보아도 무리가 없다. 이 시기가 되면 역사적 사실을 시대적 배경과 관련지어 파악하면서 역사속 인물의 사회 도덕적 측면에도 관심을 갖게 된다. 이는 사회적 변화의 맥락 속에서 근현대의 삶을 조명하는 학습을 위한 지적, 정서적 동기가 충분히 형성되었음을 뜻한다.

이와 같은 조건들을 종합해 볼 때, 당시 조선 사람들이 전근대적인 '백성'에서 근대적 '국민'으로 변화하는 과정을 권리와 의무에 대한 사고방식의 변화, 여성 및 소외계층의 사회적 참여 증대 등 여러 측면에서 조명하는 내용도 포함될 수 있을 것이다.

정부가 추진한 여러 차례의 개화·개혁 정책과 민중들의 개혁 요구에서 지향한 사회의 모습, 근대화 과정이 동반하는 제도적 변화의 내용도 근대사회의 형성 측면에서 재구성될 수 있다.

이러한 주제를 다루는 가운데 학생들은 '근대화'가 사회 전반에 걸친 총체적인 변화라는 것을 인식하게 될 것이며, 그 변화를 요구하는 힘이 무엇인가에 대해서도 생각해 볼 수 있을 것이다.

이와 함께 개항 이후 추진된 각종 개혁과 제도적 변화의 성공적 수행은 자주적 국민국가의 건설로 귀결되었어야 하는데 결과적으로 그렇지 못했다는 것, 그것을 좌절시킨 요인에 대해서도 좀 더 깊이있는 이해를 유도해야 한다.

외세의 침략과 식민지 지배라는 측면에서 초등학교에서는 개인과 가족 단위의 일상생활 속에서 발견되는 외세의 침략적 성격을 현상 중심으로 다룬다면, 중학교에서는 그러한 침략성을 좀 더 사회 전체적인 맥락에서, 가령 일본 제국주의의 정책이 초래한 사회적 변화라는 면에서 접근할

확충의 외연을 확대하여 그 이면에 있었던 일제의 식민지 정책 방향을 드러냄으로써 당시의 사회 환경을 생각해 보도록 할 수 있을 것이다.
27) 송춘영(1999), 『역사교육의 이론과 실제』, 형설출판사, 137~140쪽.

수 있을 것이다.

일제 식민지 시기에 조선 사람들은 국가에 대한 무거운 의무는 지되, 정치활동과 같은 기본권리가 금지되었다는 점, 각종 신식문물이 쏟아져 들어오고 도시의 모습이 오늘날과 비슷한 모습을 띠기 시작하였으나 조선 사람들의 대부분은 그러한 혜택으로부터 비켜난 생활을 했다는 점, 각종 근대 산업이 자리를 잡아가는 과정에서 조선 사람들도 새로운 직업과 산업 활동을 적응해갔지만 그것은 결국 일본을 중심으로 하는 경제 질서에 예속된 것이었다는 등을 당시의 식민지 정책에 의한 사회적 변화의 맥락 속에서 다양하게 바라볼 수 있도록 해야 한다. 그러한 과정에서 식민지 시기에 조선 사회가 겪은 다양한 변화들을 인식하면서 복합적인 근대화의 성격을 서서히 인식해 나갈 수 있을 것이다.

4) 교수요목 구성방안

(1) 단원구성방안

다음의 단원구성 방안에서 사회과 통합 체제와 같은 조건이나, 각급 학교에서 어느 정도의 기간 동안 근현대사를 배우게 될 것인가와 같은 현실적 요인은 일단 고려하지 않았다.

★ 초등학교

근현대사에 해당하는 두 개의 대단원을 설정한다. 앞 대단원은 개항 이후 현대에 이르는 정치적 변화와 민족운동, 민주화운동 등을 연대기적 흐름으로 구성한다. 또 하나의 대단원은 '우리는 지난 100년 동안 어떻게 살았을까'라는 명칭으로 생활사로 접근한 주요 개념으로서의 '근대화'를 중심으로 구성된다. 아래 교수요목의 ( )는 소(중)단원으로 제시된 주제를 구체화하는데 활용할 수 있는 생활사 내용들이다. 교수요목의 내용은 대단원 Ⅱ. '우리는 지난 100년 동안 어떻게 살았을까'를 구체화한 것이다.

★ 중학교

근현대사의 흐름을 시기별 성격 중심으로 파악하기 위하여 개항~1910년, 1910년~1945년, 1945년~현재의 세 시기를 각각의 대단원으로 구성한다. 각 대단원은 다시 정치적 흐름 / 민족운동 / 사회변화를 다루는 단원으로 구분된다. 주요개념으로서의 '근대화'는 사회변화를 다루는 중단원의 내용구성에 활용된다.

(2) 교수요목 구성(예시)

★ 초등학교

초등학교		
대단원	중단원	주제(소단원)
우리는 지난 100년 동안 어떻게 살았을까?	우리의 일상생활은 어떻게 변화하였을까?	의생활의 변화(단발령 / 양복의 착용)
		식생활의 변화(일본 음식 / 서양 음식 / 서양식 식당 등)
		주거생활의 변화 (한옥의 특징 / 일본식, 서양식 건물의 도입 / 개항장 / 일본인 거주지의 형성)(마을 모습의 변화)
		대가족의 해체(한국전쟁 등 사회변동 요인과 관련)
		생활공간의 변화 및 확대 (마을에서 전국으로 이통 / 촌락에서 도시로)(교통수단의 발달과 관련)
	학교생활과 여가생활은 어떻게 변화하였을까?	근대식 학교의 등장 (갑오개혁 / 광무개혁에 의한 소학교과 각종 학교 설치) (학교의 위치와 학생 수) (학교생활학습내용 중심)
		일제 식민지 시기의 학교(시기별 학교생활의 변화) (학교일과 / 교사 / 교우관계 / 학습내용 / 학교행사) (현재 학교생활과의 비교)
		100년간 어린이들에게 많이 읽힌 책 (위인전 / 방정환의 작품 / 일제 시기의 아동용 도서 등)
		야구, 축구, 테니스(서양식 스포츠의 등장)
		놀이문화의 변화 (마을 굿 / 대동놀이 / 전통 세시 풍속 / 일제 시기 전통의 왜곡)

초등학교			
대단원	중단원	주제(소단원)	
우리는 지난 100년 동안 어떻게 살았을까?	새로운 병원, 신문, 직업, 서양 문물은 생활에 어떤 영향을 주었을까?	근대의료 (전통 의료 / 민간 의술 / 알렌와 근대식 병원 / 금계랍 등)	
		석유와 석탄(사용처와 생활양식의 변화 / 석유수입 / 유통)	
		서양 문물(전차와 전등 / 전화 / 라디오 / 축음기 등)	
		근대적 신문(신문의 종류 / 독자층 / 배달방법 / 기사내용 / 사람들의 관심사 / 구독료 / 광고 / 신문의 역할 / 오늘날과의 비교)	
		직업의 변화(교사 / 법관 / 공무원 혹은 관료 / 운전기사 / 공장 노동자 등 새로운 산업의 등장과 관련한 직업의 다양화)	
	새로운 시간과 교통수단은 생활을 어떻게 변화시켰을까? (철도 / 화륜선 / 우편 / 근대적 시간)	교통수단의 변화(전통적 교통수단 : 말, 가마, 수레 / 새로운 교통수단 : 인력거, 자동차, 자전거, 기선, 전차, 철도 등)	
		철도부설(이용자 입장 : 시간, 이용요금 등 / 철도의 이중성 / 당시 세계의 철도 현황 참고)	
		우편제도 (우정국 / 우편 배달부 / 개인편지 / 우표발행 등)	
		화륜선(화륜선 운행 / 요금 / 이용방법 / 일본회사의 독점 등)	
		근대적 시간(전통적 시간 / 을미개혁 / 양력 / 하루 24시간 개념 / 분과 초 / 공장과 학교의 시간훈련 / 오포)	
	시장 구경하기 (개항장 구경)	인천 개항장 구경(중국인 거리 / 해관 / 항만시설 / 기독교의 전래 / 기상관측 / 도서관과 박물관 / 유원지)	
		종로 저잣거리 구경 (전통 상점 / 파는 물건들 / 외국인 상점 / 파는 물건들)	
		시골 5일장 구경 (보부상 봇짐 속 들여다보기 / 5일장에서 사고 판 물건 / 기타)	
		물건 구입하기(시뮬레이션 수업 혹은 역할놀이) – 신식화폐 / 구식화폐 / 서양 상인의 침투 등	
		구입한 물건의 산지 알아보기 (면직물, 곡물, 각종 수입품 등 : 제국주의 성격 이해)	
	우리 지역 사람들은 100년간 어떻게 살았을까?	인천 중구의 사례	
		서울 지역의 사례	
		부산 지역의 사례	
		농촌 지역의 사례 1, 2	
		조선의 전통도시와 일본에 의한 계획도시 비교하기	
		우리 지역의 100년간 모습 변화 사례 구성하기	

★ 중학교

중학교		
중단원	주제(소단원)	내용요소(예시)
개항 이후 조선 사회는 어떻게 변화하였을까? (대단원 : 개항~1910년 전후)	백성에서 근대 국민으로	신분제 폐지 (갑오개혁이 가져온 사회생활의 변화양상 / 만민 공동회에 참여한 사람들, 평민층의 다양한 사회참여 등) 신교육과 교육기회의 확대 (갑오개혁과 광무개혁에 의한 학교제도의 확충 / 학교 교육을 통해 어떤 사람을 기르고자 하였을까?) 여성의 지위 변화 (사회 의식의 변화 / 제국 신문 / 신여성 / 여성교육 등)
	새로운 조선 사회를 지향하다	김옥균이 만들고자 한 조선의 모습 (인민평등 / 깨끗하고 위생적인 도시 / 공정한 세금 등, 개화세력이 지향했던 사회변화) 갑오개혁과 을미개혁이 가져온 사회변화 (법제적, 제도적 변화가 실제 사회 변화로 이어지는 모습을 살필 수 있도록 구성함) 농민들이 바라는 조선 사회 (동학농민군이 바라던 사회 모습을 통하여, 당시 사회의 문제점과 변화해야 할 방향에 대한 내용을 다룰 수 있도록 함) 새로운 사회를 이끈 사람들 (외국어나 신식 학문을 익혀 변화하는 사회에서 필요로 하는 역할을 하였던 사람들의 예를 다룸) 새로운 사회, 새로운 생각들 (동학의 평등사상, 서구의 민주주의 사상, 자본주의적 사고방식, 기독교(천주교 포함), 과학기술 중시 경향, 서양 철학과 사회이론 (예 : 사회 진화론 등) 등이 어떻게 유입되어 영향을 주었는지 다룸 / 유교 등 전통 가치와 서구적 가치의 갈등에 관한 내용도 포함됨)
일제 식민지 시기 조선 사회는 어떤 변화를 겪었을까? (대단원 : 1910~1945 전후)	식민지 통치와 조선 사회의 변화	일제의 식민지 정책이 가져온 사회생활의 변화 (정치적 제 권리의 박탈 / 현재의 헌법에서 보장하고 있는 기본권과 비교 / 경제생활의 제약) 식민통치를 위한 법률에는 어떤 것이 있었을까? (법률 조항을 통해 당시의 생활을 생각해볼 수 있도록 함) 총독부에 의한 치안과 재판은 누구를 위한 것이었을까? (경찰권과 사법권이 실제 조선 사람들의 삶에 어떤 영향을 주었는지 생각할 수 있도록 함)
	식민지 농촌과 도시의 모습	식민지 시기 조선의 농촌 사회 (일본인 유입 / 식민지 농업 정책과 농업 경영 방식의 변화 / 농민들의 일상 / 해외 이민) 일본의 계획적 도시개발과 도시민의 생활 (식민지 시기 사회계층 구성 / 도시의 일본인 거주지역과 조선인 거주지역 / 근대 도시의 이모저모)

중학교		
중단원	주제(소단원)	내용요소(예시)
일제 식민지 시기 조선 사회는 어떤 변화를 겪었을까? (대단원 : 1910년~ 1945 전후)	근대 문물과 조선 사람들	근대문물과 식민지 주민의 일상생활 (식민지 시기에 도입된 각종 근대문물 및 서구적 생활양식 / 식민지 시기 근대 문물 수용의 특성 / 일제에 의한 왜곡된 근대화)
	전통의 왜곡과 억압	전통종교의 왜곡 (불교와 유교의 왜곡 및 그 영향 / 무속의 억압과 신도 / 신사참배와 궁성요배) 전통교육과 문화의 억압 (서당교육 / 전통의술의 도태 / 전통 음악의 쇠퇴와 서양음악의 발전 전통미술과 서양미술 / 창씨개명과 호적법 변경)
해방 이후 우리 사회의 모습은? (대단원 : 1945년 이후)	민주화된 사회를 향하여	사회 민주화 (노동운동 / 여성운동 / 환경운동 / 사회보장정책 / 언론운동 등을 대다수 사람들의 권리와 삶의 질 향상이란 측면에서 일제 시대까지 시야에 넣고 통시적으로 접근) 사회적 쟁점의 변화 (해방 이후~현재에 이르기까지 우리 사회에서 가치 갈등을 가져왔거나 첨예한 대립을 초래한 쟁점들을 다룸) 교육과 학술 (우리의 교육, 학술 등을 근대적 변화라는 관점에서 조망) 예술과 문화 (전통예술과 서구적 예술 / 예술 영역의 다양화 / 우리 사회의 문화적 역량 / 대중문화의 성장 / 정보화 사회)
	우리 세대의 과제	과거청산문제 (친일, 기타) 통일문제 (세계 정세와 한반도 문제 등) 사회통합문제 등 (사회윤리와 가치관 정립) 기타

5. 맺음말

초등학교와 중학교의 근현대사 교육을 어떻게 연계 지어 구성할 수 있을 것인가는 결국 초등 역사교육과 중등 역사교육의 정체성과 관련된 문제이다. 각각 '근현대사 혹은 역사를 왜, 어떻게 가르쳐야 하는가'라는 질문을 내포하기 때문이다.

바람직한 학습내용의 계열화 방안은 학교급별 교육내용의 차별성과 연계성을 균형있게 고려한 것이어야 한다. 사실상 지금까지의 계열화 논의에서는 연계성보다는 차별성에 중점을 두어 왔다고 할 수 있다. 그러나 학습내용의 차별화가 중요한 만큼 연계성이 지닌 중요성에 대해서도 진지한 검토가 필요하다.

이 글에서는 현행 제7차 사회과 교육과정과 초등 6학년 1학기『사회』, 중학교『국사』의 근현대사 내용을 바탕으로 '인물사·생활사' 대 '정치사'의 계열화 방식이 지닌 문제점을 검토한 뒤, 계열성 논의의 현실성 있는 진전을 위한 방안의 하나로 '근대화' 개념을 활용한 초등학교와 중학교 근현대사 내용 연계 방안을 모색해 보았다. 또한 '역사는 당시 사람들의 삶으로 이루어진다'는 점이 교수요목에 지속적으로 반영되도록 애쓰고자 하였다.

이 글은 두 학교급별 근현대사 교육의 연계에 대하여 실효성 있는 대안을 제시하는 데는 한참 미치지 못하고 앞으로 갈 길이 멀다는 것을 재확인하는데 그친 느낌이 강하다. 학교급별 역사교육내용의 계열화는 교육과정의 핵심적인 문제이다. 초등학교의 교육과정까지 염두에 둔 '역사교육 전체의 내용체계' 마련을 위한 지속적인 관심과 연구를 촉구하면서 글을 맺는다.

고등학교 한국근현대사 교육의 현황

이 해 영

1. 머리말
2. 고등학교 사회과 선택과정 운영과 한국근현대사
3. 한국근·현대사 수업실태
4. 맺음말

1. 머리말

    역사교육의 중요한 목적 중 하나는 사회를 올바르게 인식하고 사회 모순을 해결하는 데 능동적으로 참여하는 주체적인 인간을 길러내는 데 있다. 근현대사는 이러한 목적을 달성하는 데 적당하다. 학생들은 근현대사 교육을 통해 현대사회의 성립과정을 파악함으로써 통찰력을 가지고 우리 사회가 가지고 있는 문제점을 인식할 수 있다. 이를 통해 사회 모순을 꿰뚫어보고 자신이 가지고 있는 문제의식을 역사와 오늘의 상황에 투영하게 된다.[1] 어떤 면에서 보면 우리 사회의 모순, 계층 갈등은 모두 근현대사에서 비롯되었다고 할 수 있다. 봉건제의 극복, 즉 근대화를 달성하려는 역사주체인 민중의 항쟁은 봉건 반동세력과 제국주의 침략세력의 결탁으로 실패했다. 이 과정에서 우리의 반봉건 근대화의 역사적 과제는 반제국주의로부터 해방이라는 과제를 첨가하게 되었다. 이런 민족적 역

---

1) 김한종(2001), 『역사왜곡과 우리의 역사교육』, 책세상 48, 60~61쪽.

사적 과제는 불완전한 해방 이후 현재까지 지속되어 오고 있다. 이런 점에서 우리의 근현대사에 대한 인식은 바로 우리의 현재 인식과 직접 연결되고 있는 것이다.2) 그러나 기존 국사교과서의 현대사 부분은 양적인 면이나 내용의 질에 있어서 매우 빈약하여 학생들은 현대사에서 중요한 사실을 얻는 것조차 어려웠다. 그리고 입시에서 거의 제외되었기에 학교에서는 제대로 가르치지 않았고, 정권이 바뀔 때면 관련 내용은 정권을 홍보하는 방향으로 달라지곤 했다.3)

이런 문제에 대한 대안으로 제7차 교육과정에서는 한국근·현대사라는 교과목을 신설하였다. 그러나 신설된 한국근·현대사는 많은 이들에게 기대와 우려의 엇갈린 반응을 자아내게 하였다. 먼저 지금까지 여러 가지 이유로 인해 제대로 가르치지 못했던 근현대사를 좀 더 자세히 다룰 수 있는 기회를 제공했다는 점과 검정교과서로 전환하여 획일적인 교과서 서술에서 벗어나 다양한 자료 제시와 서술로, 학생들이 폭넓은 역사인식을 얻을 수 있는 장을 마련했다는 점에서 환영을 받고 있다. 반면 한국근현대사가 선택과목에 포함되게 된 것에 대한 우려의 목소리도 만만치 않다. 이런 조처는 고등학교 1학년 국사에서 근현대사 내용을 사실상 배제하여 오히려 근현대사 교육이 약화되는 결과를 초래할 가능성이 높다고 보기 때문이다. 실제로 학교나 개인의 사정으로 선택에서 배제된다면, 학생들은 가장 중요시되어야 할 근현대사를 배우지 않은 채 고등학교 과정을 마치게 된다.

한편 새로운 『한국근·현대사』 교과서를 가르치면서 교사들은 여러 가지 고민에 빠져 있다. 중·고등학교 및 대학 시절에 제대로 배워본 적이 없는 근현대사 부분을 가르쳐야 한다는 부담감이 먼저 교사를 어렵게 한다. 그리고 국사보다 상당히 늘어난 수업시수를 어떻게 운영할 것인가도 고려해야 한다. 그런가 하면 검정제로 여러 출판사에서 간행되고 다양한 자료를 수록하고 있는 교과서를 수업 중에 어떻게 활용할 것인가도 새

---

2) 신병철(1990), 「왜 중고교에서는 현대사 교육을 면하나」, 『역사비평』 11, 59쪽.
3) 김한종, 『역사왜곡과 우리의 역사교육』, 61쪽.

롭게 고민해야 할 문제 중의 하나가 되었다.

이 글에서는 이런 여러 가지 복잡한 상황하에 고등학교 심화선택과목으로 편성된 한국근·현대사가 학교 현장에서 어떻게 운영되는지 알아보고자 한다. 먼저 한국근·현대사가 학교에서 선택과목으로 선정되는 과정을 구체적인 사례를 통해 살펴봄으로써 학생들의 선택 폭을 확대한다는 교육과정의 취지가 실제 학교 현장에서 어떻게 적용되고 있는지 살피고, 한국근·현대사가 여러 선택과목 중 어느 정도의 위치에 있는지 알아볼 것이다. 또 수업 중에 교사들은『한국근·현대사』교과서를 어떻게 활용하고 있는지를 실제 수업사례로 통해 알아보고자 한다.

2. 고등학교 사회과 선택과정 운영과 한국근현대사

제7차 교육과정에서는 학생 선택권을 더욱 강화했다. 국가가 필수로 정한 과목 이외에는 모두 선택 영역으로 제시하고 선택 영역 중에서 반드시 배워야 할 필요가 있는 과목은 시도 교육청이나 학교에서 정하도록 하되, 그중의 일부는 학생 스스로도 결정할 수 있도록 하였다. 학생 개인의 흥미와 적성을 고려한 교과 체제를 갖추어 다양한 선택과목을 개설함으로써 학생들이 자신의 흥미와 적성에 따라 선택, 심화 학습을 할 수 있도록 방향을 전환시킨 것이다.

제7차 교육과정은 크게 국민공통기본교육과정과 선택중심교육과정으로 나뉘어진다. 선택중심교육과정은 교과와 특별활동 2개 영역으로 구성되어 고등학교 2학년과 3학년에서 편성·운영하고 있다. 선택중심교육과정의 총 이수단위는 144단위로 선택과목 136단위, 특별활동 8단위로 나누어 편성되었다. 그리고 선택과목에 배당된 136단위 중에서 학생의 선택 비율은 최대 50%까지 하되, 지역이나 학교의 실정에 따라 가능한 학교부터 점진적으로 시행하도록 하고 있다. 보통 교과의 선택과목은 일반선택과 심화선택으로 나뉜다. 일반선택은 교양 증진 및 실생활과 연관된 과목이며, 심화선택과목은 학생의 진로, 적성과 소질을 계발하는 데 도움이 되는 과목이다. 이 중 심화선택과목은 고교 전체 이수 단위 216단위 중 112단위로서 절반 이상을 차지하고 있다. 일반계 고등학교의 교육과정에는 학생의 진로에 관한 엄격한 과정을 따로 두지 아니하며 개별 학생은 자신이 선택하여 이수한 과목들을 모아 자신의 과정을 만들어 가는 것을 원칙으로 하고 있다. 단 학생들이 싫어하는 과목이지만 교육적으로 필요한 경우나 과목 간의 균형적인 이수가 필요한 경우는 교육청이나 학교가 반드시 이수하도록 특정한 과목을 지정할 수 있다.

이러한 선택중심교육과정은 다음과 같이 운영하도록 되어 있다. 먼저 교육청이 선택과목 중 일정한 숫자를 지정·선택하면, 그 나머지 과목 중에서 학교가 지정 선택을 하게 된다. 학생들은 학교 선택에서도 제외된 과목 중에서 다시 선택을 할 수 있다. 즉 시·도교육청 지정 선택과목, 학교 지정 선택과목, 학교 선택과목이 존재한다. 따라서 시·도교육청 지정은 어느 정도 필수에 가깝다고 할 수 있다. 둘째, 선택이 의미있게 이루어지기 위해서는 학생 개인이 선택권을 주체적으로 발휘할 수 있을 정도로 선택 대상에 관한 정보를 숙지할 수 있도록 사전교육이 이루어져야 한다. 셋째, 교육청과 학교는 학습체제 및 그에 따른 선택과목에 대해 교사, 학생, 학부모들의 의견을 종합하여 학생의 진로, 교사 수급, 학교 실정 등을 고려하여 정한다. 현재의 교사 여건, 즉 당해 학교 소속 교사들의 복수전공 자격을 고려한 여건과 보통 교실, 다목적 교실, 교과 교실 등의 시설 여건을 종합적으로 고려하여 파악해야 하며, 학생 선택 현황에 따라 교과별 교원 정원 조정, 계약제 교원의 활용도 모색해야 한다. 넷째, 학생들의 선택권을 실질적으로 보장하는 것이 중요하다. 현실적으로 어려움이 있는 경우에는 지역이나 학교의 실정에 따라 가능한 학교부터 점진적으로 시행하도록 하고 있다. 그러나 7차 교육과정의 근본 취지가 학생의 선택권이 최대한 보장된 교육과정의 운영임을 염두에 두어 학교는 학생 개인별 과목선택을 적어도 28단위 이상 보장하되 연차적으로 학생의 선택권 확대를 위한 노력을 해야 한다. 따라서 학교장은 자신의 학교에서 개설하지 못한 선택과목의 이수를 희망하는 학생이 있을 경우 시·도가 정한 지침에 따라 그 과목을 개설한 다른 학교에서의 이수를 인정하거나 공공성 있는 지역 사회의 학습장에서의 학습도 허용해야 한다.4)

궁극적으로 선택과목은 학생들의 학습에 방향과 초점을 주고 선택 결과가 학생들의 향후 진로에 도움이 되는 방향에서 체계적이고 계열성 있게 집중적으로 개설 이수시키는 것이 바람직하다.

제7차 교육과정 고등학교 사회과 편제를 보면 다음과 같다.

제7차 교육과정기의 사회과 편제

학년	고등학교 1학년	고등학교 2, 3학년		
구분	국민 공통 기본 교과	선택중심교육과정		
		일반선택 과목	심화선택과목	
사회	사회 10단위 (국사4)	인간사회와 환경	한국지리 8단위, 세계지리 8단위, 경제지리 6단위 한국근·현대사 8단위, 세계사 8단위 법과사회 6단위, 정치 8단위, 경제 6단위, 사회문화 8단위	

일반선택과목은 국민공통기본교과와 심화선택과목을 연결하는 과목의 성격을 지니고 있는 것으로 국민공통기본교과별로 1개의 과목을 개설하여 선택하도록 하고 있다. 사회과의 경우 '인간 사회와 환경' 과목이 여기에 해당한다. 심화선택과목은 국민공통기본교과에 대한 학습과 일반선택과목에 대한 학습을 기초로 각 교과 영역별로 2~4과목씩을 선택하여 학습할 수 있다. 지리 영역의 경우에는 심화선택과목으로 한국지리, 세

---

4) 교육인적자원부(2002), 『선택 중심 교육과정 편성·운영의 실제 – 고등학교』, 경기도교육청 연수자료, 6~22쪽 ; 전국역사교사모임(2000), 「7차 교육과정 무엇이 문제인가?」, 『역사교육』 51호, 68~73쪽.

계지리, 경제지리 과목이 선정되었으며, 역사 영역에서는 한국근·현대사, 세계사 과목이, 그리고 일반사회 영역에서는 법과사회, 정치, 경제, 사회·문화가 심화선택과목으로 개발되었다. 이렇듯, 선택과목의 개설은 동일한 교실 속에서도 지적, 정서적인 측면에서 다양한 차이를 인정하면서 아울러 학생들의 흥미 및 장래 진로를 반영할 수 있게 한다는 점에서 의미를 찾을 수 있다.5)

그렇다면 실제로 학교 현장에서 선택과목 선정도 이와 같이 잘 이루어지고 있을까? 선택과목들이 어떻게 선정되는지를 구체적으로 알아보기 위해 두 개의 학교를 실례로 사회과의 과목 선정 과정을 알아보았다.

1. 수원시 C 고등학교 선택교과 선정 사례

과목선택의 업무 총괄은 교무부에서 담당한다. 교무부에서는 교육과정위원회협의를 통한 각 교과 시수 및 과목 편성을 결정하고, 이를 토대로 각 교과별 협의회에서 선택과목을 결정해 주기를 희망했다. 교과별 협의회에서 심화선택과목 11개를 모두 개설할 수 없다는 것은 암묵적인 동의에 의해 모든 교사들이 수긍하고 있는 상태이다. 이때 담당자는 학교에서 교육과정위원회 협의를 통해 만든 초안을 제시하는데 이 학교의 경우 경기도 교육청 지정 윤리와 사상, 학교 지정 한국지리를 2학년에 가르치기로 하고 각 학년에서 2개 과목씩 가르치기로 했음을 알렸다. 한국지리를 학교 지정 과목으로 선정하기로 한 것은 윤리과목은 도교육청 지정과목이고, 국사는 필수 과목으로 안정적으로 확보되어 있기에 일반사회와 지리 과목 중 하나를 선택하기로 했다는 것이다. 당시 교육과정위원회에는 각 교과협의회를 거쳐 선발된 대표가 들어가 학교 지정 과목을 선택하는데 사회과 대표는 지리 교사였다. 그 자리에서 한국지리가 학교 지정과목으로 정해졌고, 이 사실을 나중에 알게 된 교사들은 불만이 있었으나 그대로 정해졌다. 이제 남은 한국근·현대사, 세계사, 세계지리, 경제지리, 정치, 경제, 사회·문화, 법과사회, 전통윤리 과목을 어떤 방식으로 운영할지를 사회과 교사들이 회의를 통해 결정해야 했다.

참여 교사는 역사, 윤리, 일반사회, 지리 교사들이다. 교사들은 과목선택이 자기 영역 지키기와 밀접한 관련이 있기 때문에 회의석상에서 선뜻 나서기

---

5) 교육부(1997), 교육부 고시 1997-15호 『고등학교 교육과정 해설 — 사회』, 대한교과서 주식회사, 10~11쪽.

를 주저했다. 사회과 부장이 개인 의견을 냈다. 각 과목 영역을 침범하지 않는 선에서 과목별로 묶어서 선택할 수 있는 과목 종류를 줄이자는 것이었다. 최선의 방법이라는 판단 하에 역사 과목은 한국근·현대사와 세계사를, 지리과목은 세계지리와 경제지리를, 일반사회 과목에서는 정치, 경제, 사회·문화, 법과사회를 묶기로 했다. 윤리 과목은 '수학능력시험에서 윤리와 사상, 전통윤리가 윤리라는 과목으로 출제되므로 시험을 보기 위해서 2과목을 공부해야하는 번거로움이 있다'라는 전제하에 전통윤리 과목은 제외하기로 의견이 모아졌고, 윤리 교사들도 여기에 수긍을 했다. 그래서 한국근·현대사와 세계사를 하나로 묶어 택일을 하고, 세계지리와 경제지리, 정치와 경제, 사회·문화와 법과사회를 각각 묶어서 택일을 하도록 했다. 처음에는 경제지리와 사회·문화를 같이 묶었으나 사회·문화가 쉬워 경제지리를 포기하는 학생이 많이 나올 거라는 지리교사들의 반발로 인해 일반사회와 지리 영역을 그대로 고수하기로 했다고 한다.

이와 같은 합의 내용이 교육과정위원회에서 결정이 되자 교육과정 담당자는 이에 따라 희망서를 작성했다. 이미 희망서는 교사들에 의해 한 차례 걸러진 상태이다. 그러나 선택과목 선정이 여기서 끝나는 것은 아니다. 이 과정 중에 어떤 과목이 다른 과목에 비해 선택한 학생 수가 적은 경우는 폐강이 되거나 암묵적으로 다수를 차지하는 과목으로 옮기게 하는 경우가 생긴다. 예컨대 역사의 경우 한국근·현대사, 세계사 중 세계사를 선택한 학생 수가 적어 한 반 구성을 하기가 어려우면 세계사 과목은 폐강이 된다. 또 학생 선택대로 가르치면 교사는 1학년의 국사와 2, 3학년의 한국근·현대사, 세계사 세 과목을 가르쳐야 하니, 선택과목 중 한 과목으로 유도를 하면 국사와 한국근·현대사 혹은 국사나 세계사로 과목 수가 줄어들어 부담을 줄일 수 있는 점을 감안하여 선택 과목수를 줄이려고 한다. 이런 과정을 거쳐 이 학교에서는 현재 한국근·현대사 5개 반, 세계사 3개 반으로 편성되어 인문과정에 개설되었다. 한편, 2학년 때 사회 과목 중 하나를 이수해야 하는 자연공학과정에서는 쉽다는 이유를 들어 사회·문화를 선택했는데, 수학능력시험과 무관하고 내신에만 반영하기 때문에 학생의 편의를 고려해야 한다는 것이 선택의 이유다.[6]

---

6) 이 사례는 수원시 인문계 고등학교에서 근무하고 있는 일반사회 교사와 역사 교사와의 면담을 토대로 구성하였다. 이 학교는 약 1,450여 명 정도의 학생과 99명의 교사로 구성되었다. 그리고 한국근·현대사 과목이 배정된 3학년은 총 15반으로 인문 8반, 자연 7반이다. 이 중 한국근·현대사는 인문 5개 반에서 수업이 이루어졌다.

2. 부산시 K 고등학교 선택과목 선정 사례

사회과 부장에게서 연락이 왔다. 사회과도 다른 교과와 마찬가지로 선택과목을 선정했으면 한다는 것이다. 학생들에게 선택권을 주면 복잡해지니 교사들이 신중함을 기하여 선택과목을 결정하라는 통지도 같이 왔다. 학생에게 일체의 선택권을 주지 않겠다는 뜻이었다. 역사 교사는 4명으로 교과 협의회를 통해 세계사와 한국근·현대사에 대한 결정을 해야 했다. 평소에 4명은 수업 방식이나 평가관의 차이로 인해 교과와 관련한 일에 대해서는 자기 주장이 강한 편이었다. 그러나 이 날은 회의에서 4명의 교사는 의견 차이가 별로 없이 쉽게 결정했다. 한국근·현대사와 세계사를 어떻게 안배를 할 것인가에 대해 고심을 하다가 '두 과목 모두 신경을 쓸 수는 없다. 한 과목만이라도 제대로 살리자'라는 취지하에 한국근·현대사를 중심으로 운영하자는 데 의견을 통일했다. 그 결과 세계사를 과감히 포기하고, 한국근·현대사만 채택하였다. 그리고 수능이라는 입시의 부담에서 벗어나 가르치기 위해 2학년에 배정해줄 것을 강력하게 주장해 수용되었다. 결과적으로 이 학교에서 세계사는 폐지되고, 한국근·현대사 과목이 2학년에 배정되었다. 이외 다른 사회과 과목들도 일반사회 교사와 지리 교사들이 따로 모여 결정하여 정치를 2학년에, 한국지리와 사회·문화를 3학년에 배정하여 실시하고 있으며 학생의 선택은 일체 허락하지 않았다. 또 교사의 수급 문제 특히, 사회 과목과의 수업시수의 형평성을 맞추기 위해 한국근·현대사는 6단위로 결정하였다.[7]

선택중심교육과정의 도입은 7차 교육과정의 중요한 변화 중의 하나다. 선택과목의 결정을 교육청, 학교, 학생이 분산하여 선택하도록 하였으나 학생들의 선택권을 강화하는 것을 근본 취지로 하고 있다. 그러나 위의 두 학교 사례에서 보듯, 선택중심교육과정의 '선택'이라는 말이 별 의미가 없어 보인다. 학생들의 순수선택은 거의 찾아보기 어렵고 심지어 6차 교육과정과 유사한 형태를 유지하기도 한다. 학교가 이처럼 선택을 허용하지 않는 이유는 여러 가지가 있지만 일반적으로 다음과 같다.

먼저 학생들이 원하는 대로 사회 과목 9개를 순수 선택하게 하면 한

---

7) 이 사례는 부산시 인문계 고등학교에서 한국근·현대사 수업을 담당하고 있는 교사와의 면담 내용을 토대로 구성한 것이다. 이 학교는 교사 97명, 학생 수가 약 1,360명 정도의 큰 단위 학교로, 한국근·현대사가 배정된 2학년은 인문 9반, 자연 5반으로 구성되었다.

반의 구성이 불가능해지므로 이동수업이 이루어질 수밖에 없다. 그러나 학교의 건물 구조와 배치, 시설 여건이 교과별 이동수업을 하기에 적합하지 않다. 이동수업을 하기 위해서는 교실의 크기가 다양하고 책걸상의 수가 학생의 수보다 많아야 한다. 그러나 모든 교실의 크기가 동일할 뿐만 아니라 학교가 보유하고 있는 책·걸상의 수와 학생의 수가 정확히 일치하기 때문에 이동수업을 전면화한다면 자신의 책걸상을 가지고 옮겨 다녀야 한다. 이런 어수선한 상황을 막기 위해 학교는 사전에 선택교과를 제한해 버린다.

둘째, 교실 공간의 확보문제가 발생한다. 학생들이 다양한 교과목을 선택했다면 선택된 모든 교과목 개설을 위해 교실 수가 많이 있어야 한다. 그러나 과학실, 사회과실, 어학실 등을 모두 사용하더라도 특별실 마련이 어렵다는 것이다.[8]

셋째, 교사 수급문제의 어려움이 학생들의 순수선택을 방해하고 있다. 학생들의 선택이 한 교과로 집중되는 경우 선택되지 못한 과목을 담당하는 교사들은 학교를 옮겨야 하는 사태가 발생한다. 그러다보니 학교 측은 학교에 있는 사회과 교사의 수를 미리 파악하여 이에 맞게 역사과, 지리과, 사회과의 교과목들을 적절하게 안배하게 된다. 또 여러 과목의 개설이 이루어지기 위해서는 그 과목을 가르칠 수 있는 여러 과목의 교사들이 필요하다. 교육부에서는 교사들에게 복수전공이나 부전공 연수 등을 통해 여러 과목을 가르칠 수 있는 자격을 갖추기를 원한다. 그러나 이는 교사의 전문성을 훼손하는 일이기에 학교 현장에서 실행하는 것은 여러 가지 무리가 따른다. 교사에게 있어 교과내용지식도 중요하지만 그에 못지않게 교수내용지식도 중요하다. 연수를 통해서 그 교과의 내용은 배울 수 있을지라도 그 과목에 대한 신념체계나 그 교과의 학문적 특성 및 독특한 앎의 방식을 경험하는 것은 아니다. 역사를 전공하지 않은 사회과 교사들이 역사과목을 가르치는 경우, 역사학습에서

---

[8] 전국역사교사모임(2000), 「7차 교육과정 무엇이 문제인가?」, 『역사교육』 51호, 70~71쪽.

사실, 해석, 증거의 활용, 인과관계의 역할을 제대로 깨닫지 못하기에 제대로 학생들에게 전달하는 것은 불가능하다. 또 전공과목에 대해 교사가 가지고 있는 견해는 교과를 가르치는 방법과 내용에 크게 영향을 끼치고 있다.9) 이를 반영하듯, 실제로 통합교과 차원에서 실시하고 있는 '공통과학'과 '사회'의 경우, 교사들은 한 과목임에도 불구하고 전공별로 나누어 가르치고 있는 경우가 많다. 재량시간을 확보하여 과학 교사들은 물리, 화학, 생물, 지구과학을 각 교사들이 전공분야를 나누어 가르치고, 사회 과목의 경우도 두 교사가 일반사회와 지리 과목을 분리하여 가르치는 사례가 많다. 이런 상황에서 짧은 기간 안에 이루어진 연수로 교과를 가르칠 자격을 부여하며 가르치라고 하는 것은 교과의 전문성을 고려하지 못한 경우라고 할 수 있다. 결국 이런 부담을 느끼는 교사들은 학생들의 선택권한을 줄여가는 방향으로 부담에서 벗어나려고 한다.

네번째 문제는 교사들의 편의주의와 교과 영역 지키기를 꼽을 수 있다. 학생의 희망을 고려하여 선택하게 되면 교사가 1학년의 국사와 2, 3학년의 한국근・현대사, 세계사로 3과목을 가르쳐야 하나, 선택과목을 한 과목으로 유도를 하면 국사와 한국근・현대사 혹은 국사나 세계사로 과목 수가 줄어들어 교사의 부담감을 줄일 수 있다. 또 위의 첫번째 사례에서 한국지리가 학교지정과목이 되는 과정에서 볼 수 있듯이 교사들의 자기 교과 영역 지키기도 학생 선택을 어렵게 한다. 한국지리가 학교지정과목이 된 데에는 지리과 교사가 사회과 부장이었던 것과 경력 있는 지리 교사들의 힘이 크게 작용을 했다. 한국지리가 학교지정과목으로 정해진 사실을 나중에 알게 된 여러 교사들이 그 문제에 대해 부당함을 이야기했지만 바뀌지 않았다. 또 처음 교육과정 초안에 경제지리와 사회・문화를 같이 묶어 선택하도록 하였는데 학생들이 쉬운 사회・문화를 많이 선택할 거라며 지리교사들이 경제지리와 세계지리를 묶어주길 희망했

---

9) 양호환(1997), 「역사교과 교육이론의 가능성과 문제점 - 교수내용지식의 성격과 의미」, 『역사교육의 이론과 방법』, 삼지원, 20~23쪽.

다. 여기에서 조금이라도 자기 교과의 영역을 지키고 싶어 하는 교사들의 보이지 않는 경쟁이 전개되고 있다는 것을 알 수 있다. 이런 여건들로 인해 선택되지 않는 과목들이 생겨나 선택의 입지가 줄어들고 있다.

마지막으로 위의 조건 못지않게 수능출제나 대학이 학생 생활기록부 성적을 요구할 가능성이 높은 과목을 위주로 선택한다는 점이다. 아직까지 대학의 서열화가 지속되고 있는 가운데 모든 학교, 학생, 학부모의 고민은 어떠한 교육과정이 좋은 대학에 입학하는데 유리할 것이냐에 달려 있을 것이다. 그러다보니 과목선택은 현실적으로 어떤 과목이 대학입학에 유리할 것인가에 따라 정해져 선택과목의 획일화를 가져올 가능성이 있다. 2005학년도 수학능력시험에서 대부분 수험생이 사회탐구 영역의 경우, 쉬운 과목을 위주로 선택했다는 신문기사도 이를 뒷받침하고 있다.10) 대학 진학을 하는 방식이 변화하지 않는 한 학생들에게 선택권을 준다고 하더라도 시간표의 획일성은 크게 변화하지 않을 것이다.

선택중심교육과정이 효율적으로 운영되기 위해서는 학생의 능력, 적성, 관심의 차이를 반영하는 다양한 과목을 개설하고 학생 스스로 자신의 진로와 능력 수준에 알맞은 과목을 선택할 수 있도록 선택권을 부여해야 한다. 그러나 현재 많은 학교에서 선택중심교육과정은 학급당 학생 수의 축소, 다양한 교육 공간 확보 등의 물적 토대가 갖춰져 있지 않은 상태에서 시행되고 있다. 이에 대해 교육부는 선택과목 136단위 중에서 학생의 선택 비율은 최대 50%까지 하되 구체적으로 어느 정도 부여할 것인가에 대해서는 지역의 특수성과 학교의 실정을 고려하여 가능한 학교부터 점진적으로 확대 시행하도록 하여 운영의 융통성을 부여하였다.11) 이런 조건을 이용하여 학교에서는 교실공간 확보 문제와 이동수

---

10) 2005학년도 수학 능력 평가를 참고로 보면 대부분 수험생이 사회·과학 탐구 영역의 경우, 쉬운 과목을 위주로 선택한 것으로 나타났다. 올해 사회 탐구 영역은 총 1,299,352명이 응시하였는데, 그 중 한국지리(17.88%), 사회·문화(17.63%), 윤리(13.83%), 한국근·현대사(13.20%), 세계사(2.30%), 경제지리(2.28%), 세계지리(2.27%) 순으로 선택 비율이 높았다.-한국교육과정평가원 분석 자료 (http://www.kice.re.kr 참고).

업의 번거로움, 그리고 시간표 운영의 어려움 등을 들며 여러 선택과목 개설을 하지 않고 있다. 그리고 교사들은 과목을 지키기 위한 욕심과 부담에서 조금 더 벗어나기 위해 선택의 의미를 되새기지 않는다. 또 선택이 의미있게 이루어지도록 하기 위해 선택대상에 관한 정보를 숙지할 수 있도록 사전교육이 이루어져야 한다고 했지만 정작 학생들은 선택해야 할 교과에 대한 사전지식을 전혀 들어보지 못한 채, 과목의 이름만 보고 다음 학년에서 배워야 할 과목을 선택해야 하는 것이 다반사다. 그들이 들을 수 있는 가장 많은 정보는 이미 상급학년이 된 선배들의 입이다. 선배들은 이렇게 말한다. '시험에 가장 쉽게 나온 과목은 ○○ 과목이다.'라고.

  이와 같은 이유들로 심화선택과정은 최대 50%까지 선택권을 보장하겠다는 취지는 없어지고 6차 교육과정과 크게 변화 없이 운영되고 있는 실정이다. 현재 한국근·현대사의 선택과목 채택률에 대한 공식 발표는 없지만 추정해보면 다음과 같다. 교육부 통계로 하면 2003년 고등학생은 176만여 명이다. 교과서 주문부수를 기준으로 하면, 올해 한국근·현대사를 배우는 학생은 2, 3학년을 합하여 31만 명 정도로 추산된다. 2, 3학년 학생을 176만여 명의 2/3, 117만 명 정도라고 한다면, 고등학교 중 겨우 1/4을 약간 넘는 정도의 학생만이 한국근·현대사를 배우는 셈이다.12) 결국, 심화선택으로 하여 한국근·현대사 부분을 강화하겠다는 교육부의 취지와는 달리, 이러 저러한 이유로 한국근·현대사 수업은 선택에서 배제된 채 학생들은 배울 기회를 박탈당하고 있다.

---

11) 교육인적자원부(2002), 『선택 중심 교육과정 편성·운영의 실제-고등학교』, 경기도 교육청 연수자료, 16쪽.
12) 김한종(2004). 「학교 역사교육의 실태 왜곡」, 『역사교육』 91호, 269쪽.

3. 한국근·현대사 수업실태

『한국근·현대사』교과서를 보면 우선 눈에 띄는 점 중의 하나는 본문 이외에 다양한 볼거리와 읽을거리를 제시하고 있다는 것이다. 이는 한국근·현대사의 교육목표 중 하나인 '학습자료를 조사, 분석, 종합하는 기능과 역사인식을 토대로 문제를 해결하는 능력을 기른다.'는 취지하에 출판사별로 약간의 차이는 있지만 크게 본문보조자료, 읽기자료, 탐구자료들을 제시한 것이다. 교과서 집필자들은 학생들이 여러 자료들을 본문과의 밀접한 연관 속에서 학습하여 다양한 지식과 비판적 안목을 획득하는데 도움을 주고자 이런 자료들을 수록했을 것이다. 그렇다면 실제 수업시간에 이런 교과서는 어떻게 활용되고 있을까?

수업내용, 교수·학습활동과 함께 교재는 수업의 성격과 효율성을 결정하는 중요한 구성요소이다. 교재는 수업내용을 담은 그릇이나 전달하는 도구 역할을 하고 학생들은 교수·학습활동을 통해 교재 내용을 학습한다. 이때 교사들은 교재를 통해 여러 가지 역사학습의 목적을 세밀하게 생각하면서 수업을 하기보다는 그와 무관하게 교재를 통해 역사적 사실을 알게 하는 것에 더 주의를 기울이기도 한다.13) 따라서 역사수업 중에 어떤 교재를 사용하고 어떻게 활용하는가는 수업시간을 어떻게 운영하고 있는가를 알 수 있게 하는 방법이 될 수 있다.

교사가 교재를 활용하는 방법은 크게 3가지 유형으로 나눌 수 있다.

첫째는 교과서 본문만을 가르치는 경우다. 이 수업은 본문내용을 중심으로 하고 교과서 안의 다른 자료는 학생들이 알아서 읽도록 하고 있다.

두번째는 본문뿐 아니라 교과서가 제시한 자료까지 충실하게 다루는 방법이다. 이런 경우 교사는 본문을 가르치다 본문과 관련된 자료가 나오면 자료를 이용한다.

세번째는 교사가 교과서 이외의 자료를 더 찾아서 보충하는 경우이다.

---

13) 김한종(1999), 「역사인식과 역사 교육의 한 방법」,『교원교육』제15권, 85쪽.

교과서를 중심으로 해서 가르치다가 보충을 하거나 효과적으로 설명하기 위해 필요할 경우 다른 자료들을 준비해서 사용한다.

1. 수원 C 고등학교 한국근·현대사 담당 교사와의 인터뷰

(3학년에 배정된 교과 담당자로서 가장 큰 부담이 뭐냐는 질문에) 우선 선택 교과지만 3학년에 배정되었기 때문에 빨리 끝내줘야 한다는 부담감이 제일 크지요. 아마도 10월 초쯤은 마무리 해주고 스스로 공부할 수 있도록 해줘야 하니까요.
수업 시간은 그냥 진도 나가는데 충실합니다. 4시간이라고 해도 방금 말했다시피 빨리 끝내줘야 하기 때문에 바쁩니다. 수업교재는 교과서로만 나갑니다. 교과서에 줄치고 중요한 부분 좀 더 자세하게 설명해주고요. (교과서 자료를 모두 다 풀어주느냐는 질문에) 교과서 사료를 모두 보여주면 진도가 빠듯하지요. 탐구활동 같은 경우 조사하자, 토론하자 이런 것들은 거의 할 수 없고요. 자료 중에서 시험에 잘 나오는 것은 학생들에게 중요하니 체크하고 읽어보라고 합니다…….

정해진 시간에 정해진 범위를 마쳐야 한다는 수업시간의 모습은 항상 무엇인가 쫓기는 듯한 인상을 받는다. 가끔은 정해진 진도보다 빨리 끝내서 학생들에게 다시 복습할 수 있는 시간을 주겠다는 배려 아닌 배려의 모습도 보인다. 특히 입시와 직접적으로 관련이 있는 3학년 수업시간의 경우 이러한 현상은 더욱 두드러진다. 이 때문에 교과서에 실린 사실과 정보를 역사의 기본요소로서 전달하는데 급급한 경우가 대부분이다. 이런 경우 교과서에 여러 자료가 실려 있더라도 본문 이외의 과제자료나 보조자료, 읽기자료는 전적으로 학생의 몫이 된다.

일반적으로 교과서 본문은 역사적 지식의 전달이나 역사흐름의 이해를 목적으로 적절한 용어, 지시어, 접속 표현을 사용하여 내용이 명료하고 정교하게 서술된다. 이를 통해 주요한 역사적 사실이나 개념을 명확히 전달하고 과거 사실들을 인과 관계 속에서 파악하며 그 의미를 해석한다. 학생들에게 역사의 변화와 발전을 이해시키는 것이 본문의 서술로 전달되는 텍스트이다.14) 아직도 많은 학생들은 교과서를 대할 때 '교과서에 없는 내용은 중요하지 않다.'라는 말처럼 교과서 본문에서 다루지 않은 주제나 내용을 아는 것은 필요하지 않다고 생각하는 경향이 있다. 교사가 교과서에서 벗어난 설명을 할 때 학생들은 의심의 눈초리로 바라보거나 진심으로 수용하기를 거부한다.15) 교과서가 역사적 사실 그 자체라기보다는 집필한 사람의 관점이 이미 들어간 하나의 텍스트일 뿐이라는 사실을 잘 인식하지 못하고, 마치 정확한 사실, 즉 성전적인 내용만을 전달한다고 여기기 때문이다. 학계에서 과거 사실에 대한 내용의 진위, 정오, 의미에 대해 많은 이의가 제기되고 있다고 하더라도 학생들은 이를 잘 모른 채 교과서에 담겨있는 과거에 대한 해석을 진실로 받아들이게 된다.16)

이런 현상은 수업에서 교과서의 본문내용만을 다루면 더욱 두드러지게 나타날 수 있다. 본문서술이야말로 교과서 집필자의 관점이 그대로 들어가 있다. 그러나 본문서술의 출처를 밝힐만한 자료들을 제시해 주지 않는다면 학생들은 아무런 비판의식 없이 서술 자체를 진리로 받아들이기 쉽다. 본문서술만으로 수업을 할 경우, 자료를 보고 '이런 자료에 근거하여 본문서술이 나타났구나.' 혹은 '이런 사료를 보고 본문처럼 생각할 수 있을까?'라는 의구심을 갖게 하는 최소한의 근거를 찾지 못하게 된다.

『한국근·현대사』교과서 안의 친일파 청산과 관련된 본문서술을 보면 다음과 같다.

> 1) … 정부 수립 이후 친일파를 처벌해야 한다는 여론이 높아졌다. 이에 힘입어 국회에서는 반민족행위처벌법을 만들고 반민족행위특별조사위원회를 구성하여 주요 친일파에 대한 체포와 조사에 나섰다. 그러나 행정부나 경찰 곳곳에 주요 자리에 친일 행위를 한 인물들을 등용하고 있던 이승만정

---

14) 김한종(1999), 「역사교육에서 미술사자료의 텍스트성과 그 활용」, 『문화사학』 11·12·13합집, 932~933쪽.
15) Mary Beth Norton(1994), "Rethinking America History Textbook", In Lloyd Kramer, Donald Reid, and Willian L. Barney, (eds.,), *Learning History in America : schools, cultures, and politics,* University of Minnesota Press, pp.29~30.
16) 김한종·이영효(2002), 「비판적 역사읽기와 역사 쓰기」, 『역사교육』 81, 3쪽.

부는 친일파의 처벌에 소극적이었다. 더 나아가 반민특위의 활동이 활발해지자 이를 비난하면서 노골적인 방해에 나섰다. … 이로 인해 친일파 처벌은 거의 이루어지지 못했으며 민족정신에 토대를 둔 새로운 나라의 출발은 수포로 돌아갔다.(금성교과서, 266쪽)

2) … 친일파 처벌을 위해 반민족행위처벌법과 반민족행위특별조사위원회가 설치되어 친일 인사들을 조사했다. 그러나 반민특위의 활동은 정상적으로 이뤄질 수 없었다. 반공정책을 더 중요하게 생각했던 정부가 반민특위 활동에 협조적이지 않았으며 일부 경찰이 포함된 친일파의 체포 및 처벌을 방해했다. 결국 반민특위의 활동은 소기의 목적을 거두지 못한 채 종결되었고 반민족행위처벌법은 6·25전쟁의 와중에 폐지되었다.(천재교육, 278쪽)

교과서 본문은 지면 제한 등의 이유로 몇 개의 문장으로 내용을 압축하여 전달을 한다. 위 본문을 보고 학생들이 알 수 있는 것은 다음과 같은 역사적 사실이다.

1. 친일파 처벌을 위해 반민족행위처벌법과 반민족행위특별조사위원회를 설치했다.
2. 특별조사위원회는 친일파 처단을 위해 활동을 했다.
3. 그러나 정부는 친일파 처단에 소극적이었다.
4. 이유는 친일 인물이 정부의 주요 인사로 있으면서 이를 반대했기 때문이다.
5. 결국 친일파 처벌은 목적을 달성하지 못한 채 실패로 돌아갔다.

이승만정부가 친일파 처단에 소극적인 이유에 대해 1번 서술을 읽은 학생은 친일 인물들이 주요 요직을 차지하고 있었기 때문이라고, 2번 서술을 본 학생은 반공정책을 중요하게 생각했기 때문이라고 생각할 것이다. 그러나 여러 자료를 접한 적이 없고 교과서를 서로 비교해 보지 못한 학생들은 교과서 안의 서술이 절대적으로 보일 수밖에 없다. 그러다보니 어떤 학생들은 친일파 처단을 정부가 소극적으로 한 이유에 대해 여러 가지 방향에서 생각하지 못하고 이 중 어느 한 측면에서만 생각하게 될 확률이 높다. 본문의 서술을 보고 '과연 그랬을까?', '왜 그랬을까?'라는 의구심이나 여과없이 교과서를 그대로 받아들이며 자신의 소신과 관점을 박제화시키게 되는 것이다.

2. 수원 T 고등학교 한국근·현대사 교사와의 인터뷰

(교과서 활용에 관한 질문에) 예전에 국사 수업을 할 때는 시간이 없어서 심화문제를 다루지 못한 것이 내내 걸렸는데요. 한국근·현대사 수업은 시간적 여유가 있기 때문에 교과서 자료를 짚어줄 수 있어서 좋아요. 주로 교과서 본문을 설명한 다음 본문과 관련이 있는 자료를 학생들에게 읽어보게 한 후 함께 자료를 체크하고 풀어봅니다.17)

이 수업은 교과서 본문과 자료를 모두 참고하여 수업을 하는 사례이다. 교사는 본문을 읽다가 관련 자료가 나오면 본문과 자료를 오가면서 다루거나 본문을 다 설명한 후에 자료를 보게 한다.

연구 결과에 의하면, 아직 많은 학생들은 역사교과서의 내용을 제대로 이해하지 못한다고 한다. 특히 교과서 내용 중 많은 부분은 사전지식이 없으면 제대로 이해하기 힘들고 명료하게 설명되어 있지 않아서, 많은 학생들은 그 의미를 정확하게 파악하지 못하고 마음대로 해석하고는 한다. 역사적 사실을 많이 알고 있는 학생들이라고 하더라도 역사 텍스트의 숨은 뜻을 제대로 이해하지 못하여 서술 간의 상호 관련성을 검토하지 못한다. 또한 역사의 학문적 절차와 기준에 입각하여 텍스트를 이해하려 하지 않으며 역사적 사건의 중요성에 대한 판단기준도 수립하지 못한다고 한다.18) 이와 같이 교과서 내용에 대한 텍스트 이해를 하지 못하는 것은

---

17) 수원시내 T 고등학교 한국근·현대사 담당 교사의 구술이다. 한국근·현대사 수업을 하고 있는 시점에서 느낀 점을 대략적으로 설명해 달라는 요청에 느낀 점과 수업 상황 등을 간단하게 스케치해 준 것이다. 참고로, T고는 인문계고등학교로 한국근·현대사 수업은 3학년 인문반에서 이루어지고 있다. 3학년은 총 17개 학급으로 구성되어 있고 인문반 9반, 자연반 8반이다.

18) Samuel S. Wineburg(1991), "On the Reading of Historical Texts : Notes on the Research between School and Academy", *American Educational Research Journal*, 28(3), 이 연구에

학생들이 역사를 보는 관점이 정립되어 있지 않고 일정한 흐름 속에서 역사를 이해하거나 여러 가지 역사적 사실들을 상호 연관 속에서 파악하지 않은 채, 단편적으로 기억하려고 하기 때문이다.19)

이런 문제를 해결하기 위해서는 자료의 활용이 필요하다. 일반적으로 교과서에 수록된 자료들은 본문내용과 관련된 주요사실에 대해 과제나 읽을 만한 도움글을 제시하고 있다. 이 자료들을 적절하게 이용한다면 본문내용을 심화시키거나 더 폭넓게 이해하는 데 도움을 줄 수 있다. 즉 교과서 보조자료나 읽기자료만이라도 적절하게 활용한다면 본문을 읽을 때 사전지식이 부족해서 힘들어하거나 불명확했던 텍스트로 혼란스러워 했던 학생들이 본문 텍스트에 수록된 역사적 사건이나 개념 간의 관련성, 그리고 문맥의 숨은 뜻을 이해하기가 더 쉬울 것이다. 또 '본문서술이 이렇게 기록되어 있으니 이것이 진리다.'라는 생각에서 벗어날 수 있다. 최소한 '이러한 자료들을 통해 본문서술이 구성되었구나.'라는 생각을 하거나 '이런 자료로 본문서술을 쓰기에는 부족한 거 같다.'고 나름대로 비판을 할 수 있어 본문의 내용만을 절대적인 진실이라고 생각하지는 않을 것이다.

6종의 『한국근·현대사』 교과서 안에는 친일파 처벌과 관련된 다음과 같은 자료들이 실려 있다.

• 반민족 행위 처벌법 규정〔법조항〕(금성, 두산, 법문사, 중앙, 천재), • 반민족자들의 친일 행위〔읽기자료〕(금성), • 프랑스의 나치협력자 대숙청〔읽기자료〕(금성, 법문사), • 한국의 반민족 행위의 처벌〔읽기자료〕(금성), • 이

따르면, 역사적 사실을 더 많이 기억하는 학생들이 적게 기억하는 역사학자들보다 자료의 정보를 종합하여 텍스트에 깔려있는 관점을 인식하거나 그 사회적 의미를 밝히지 못하였다. 학생들은 단지 자료의 한쪽 측면에만 집중하여 정보를 모으고, 이를 다른 사람에게 전달하는데 머무른 반면, 역사학자들은 사실적 지식이 부족한 경우에도 텍스트를 비판적으로 읽을 수 있었다. 역사학자들은 텍스트의 속성을 알고 있으며, 텍스트에서 저자의 의도나 관점을 읽어내는데 익숙하기 때문이다.

19) 김한종, 「역사교육에서 미술사적 자료의 텍스트성과 그 활용」, 928~929쪽.

광수의 변명〔읽기자료〕(금성), ▪윤치호의 일기〔사료〕(천재), ▪대물림하는 친일파 재산〔신문기사〕(대한), ▪고아원에서 자란 독립운동가의 후손〔신문기사〕(대한), ▪반민족 행위자 특별조사위원회의 활동〔읽기자료〕(대한), ▪반민 특위에 대한 반발과 방해 공작〔읽기자료〕(대한), ▪반민 특위의 실적〔도표〕(대한), ▪반민족 행위 특별 조사 위원회〔사진〕(천재), ▪반민족 행위로 체포되어 끌려가는 친일파〔사진〕(금성, 대한, 중앙), ▪대일협력 혐의로 공판정에 선 최남선〔사진〕(금성), ▪반민족 행위 처벌법 법령집〔사진〕(천재), ▪반민족 행위 특별 조사 위원회 전남 조사부에서 설치한 투서함〔사진〕(금성), ▪친일파 군상 표지〔사진〕(중앙)

이런 자료들은 친일파 문제를 다룬 본문을 좀 더 구체화시키고 본문 서술이 나오게 된 근거를 보여준다. 또 여러 서술로 이루어진 본문을 잘 이해할 수 있도록 문맥의 흐름을 잡아 주거나 본문내용에서 부족한 점을 보완, 심화하여 불명확한 서술을 이해시켜주기도 한다. 한 예로 일부 교과서는 "친일파 처벌을 위해 반민족행위처벌법과 반민족행위특별조사위원회를 설치했다."라는 본문을 보충하기 위해 반민족행위처벌법의 구체적인 내용을 보여주고 위원회의 활동상을 보여주는 자료를 수록하고 있다. 이 자료를 접하게 된 학생들은 최소한 우리가 친일파라고 부르는 사람들이 어떤 행위를 한 사람인지 그리고 그들의 구체적인 친일 행위가 무엇인지 알게 되고 어떤 형벌을 받아야 하는지를 알 수 있게 된다. 그리고 반민 특위의 활동에 대해 좀 더 구체적으로 알 수 있게 된다. 또 "그러나 정부는 친일파 처단에 소극적이었다.", "결국 친일파 처벌은 목적을 달성하지 못한 채 실패로 돌아갔다."라는 본문서술 이후의 상황을 보충해 주기 위해 친일파 자손과 독립운동가 자손의 활동을 비교하는 자료를 제시하여 자신의 과거를 속이고 사회 지도층으로 변신해서 잘 사는 이들과 독립운동자 자손들의 어려운 생활상을 보여줌으로써 부끄러운 과거 청산을 강조하면서 본문내용을 더 심화하였다.

이러한 자료를 접할 경우, 학생들은 최소한 교과서 본문의 친일파 관련 서술이 여러 자료를 근거로 나온 것이라는 것을 알게 될 것이다. 또 제시된 과제들을 해결해 나가면서 단편적인 지식암기에 머물지 않고 친일파 처리 문제에 대해 여러 자료들을 유기적으로 결합하여 이해할 수 있는 능력을 키울 수 있을 것이다.

3. 수원 Y 고등학교 한국근·현대사 교사와의 인터뷰

주로 제가 프린트물을 만들지요. 본문내용은 간단히 요약하고 사료를 주로 많이 인용해서 넣습니다. (책에 있는 사료를 인용하냐는 질문에) 현재 보고 있는 출판사의 책에 있는 사료를 넣기도 하지만 쉬운 사료들을 찾으려고 노력합니다. 또 틈틈이 인터넷 뒤지다가 괜찮은 내용도 집어넣구요. 시사만평이나 책 내용이나 서평 같은 … 뭐 이런 것들요.
그래도 시간적인 여유가 좀 생기니까 책에 있는 수행평가나 탐구활동 같은 경우도 학생들에게 시간을 주고 풀어보게 하고 발표도 시킵니다. 태도 점수라는 게 있기 때문에 잘 하지요. 또 틈틈이 시청각 기자재들을 이용해서 관련된 영화나 만화, 다큐멘터리 등을 보구요. 이런 것들을 많이 활용하기 위해 노력하지요. (사전에 계획을 세운 후에 수업을 하느냐는 질문에) 거창한 계획은 따로 없구요. 연간 계획 이런 것도 세우진 않았구요. 프린트물을 만들면서 3~4시간 정도의 일정은 개략적으로 잡는 거 같아요. 그리고 필요한 자료가 있으면 그 기간 안에 구하려고 하구요.[20]

많은 숫자는 아니지만 일부 교사들은 교과서 외의 학습자료들을 준비해서 수업에 사용한다. 교사 나름대로 교과서의 내용이나 그 밖의 자료들을 재구성하여 만든 교재를 가지고 수업을 전개한다.[21] 교사가 수업에서 교과서 외의 자료를 활용하는 경우는 다음과 같다. 먼저 교과서만으로는 역사적 사실을 설명할 때 부족함이 있다고 생각하여 사실을 더 효과적으로 설명할 수 있는 자료를 제시하는 경우가 있다. 또 최근 사회적인 이슈를 과거 역사적 사실을 연관시켜 사회적 문제를 바라보는 시각을 기르기

---

20) 이 학교는 수원 인문계 고등학교로 학생 수는 약 1,500명으로 구성되었다. 이 중 한국근·현대사 과목은 2학년과 3학년에 배정되어 있으며 이 중 2학년은 자연반에서, 3학년은 인문반에서 수업이 진행되고 있다. 이 교사는 2학년 자연반 수업을 담당하고 있다. 2학년 자연반은 총 17반 중에서 5반으로 구성되어 있다.
21) 김한종, 「역사교육의 새로운 모색과 과제」, (http://home.knue.ac.kr/~kimhj/index.htm 참고), 3쪽.

위해 시사적 자료를 보충하는 경우도 있다. 전자의 경우 역사적 사실을 이해시키는 데 교과서 안의 자료만으로는 한계를 느끼거나 또는 더 쉽게 접근할 수 있는 자료를 제시하는 것이다. 이러한 경우에 학생들은 역사적 사실을 쉽게 이해함과 동시에 본문의 내용만이 진실이라는 생각에서 벗어나 현재의 역사는 여러 가지 자료를 보고 해석하기 나름이라는, 즉 역사가의 하나의 생각일 뿐이라는 사실을 배우게 된다. 역사적 사실에 대한 상반된 해석을 담고 있는 자료들을 볼 경우, 학생들은 역사가의 평가와 사료들에 근거하여 어느 것이 더 나은 해석인가를 판단할 수 있는 기회를 가질 수 있다. 이런 자료들은 단순히 하나의 단일한 역사를 믿도록 하는 것이 아니므로 학생들은 타당한 역사적 진술을 만드는 것이 무엇인가를 이해하게 된다. 그리고 역사적 사실은 역사 기록과 역사적 방법에 근거를 두고 만들어지지만 해석을 달리하는 논쟁의 대상이 될 수 있다는 것도 알 수 있게 된다.22) 이제 이런 역사교재들의 등장은 외우고 통제하는 수단으로서의 교재가 아니라, 학생들이 자료를 직접 찾아보고 평가해봄으로써 다양한 판단을 할 수 있는 관점을 제공해주는 역할로 바뀌어 가고 있는 모습을 반영하고 있다.23)

    교사들이 학습자료를 만드는 또 다른 이유는 단순히 역사적 사실 파악에 머물지 않고 시대를 보는 관점을 심어주기 위해서다. 즉 근현대사 자료를 통해 어떻게 살아갈 것인가에 대한 인식을 심어주는 것에 초점을 맞춰 현재의 상황과 미래를 조망할 수 있는 눈을 키워주려고 한다. 특히 현대사는 현대사회의 성립과정을 파악하고 이에 대한 비판적 사고력을 기를 수 있게 한다. 역사연구와 서술에 이미 역사가의 관점이 들어가는 데 그 관점은 현대사회의 관점을 반영할 수밖에 없다. 또 현대사는 학생들의 관심을 자극함으로써 역사학습에 능동적으로 참여할 수 있게 한다. 많은 학생들은 자신이 살고 있는 시대에 관심을 가지고 있기 때문에 현

---

22) 김한종·이영효, 「비판적 역사읽기와 역사 쓰기」, 3~4쪽.
23) John Slater(1995), "The issue of control : power or partnership?", In *Teaching History in the New Europe, Council of Europe*, pp.89~91.

시점과 관련된 주변 자료를 제시한다면 학생들의 관심을 촉진시킬 수 있을 뿐만 아니라 생동감 있는 수업이 가능할 것이다.

단, 교사들이 직접 자료들을 제작할 경우에는 자료배치의 균형을 생각할 필요가 있다. 자료들이 균형감각을 상실하게 되면 다양한 자료를 통해 학생들에게 여러 가지 해석을 하게 하는 기능보다는 교사의 사고를 일방적으로 받아들이게 하는 부작용이 일어날 수 있기 때문이다.

교과서 이외의 자료를 활용하여 친일파 청산에 대해 수업을 하는 사례를 한 가지 보도록 하자. 교사는 교과서와 자신이 만든 학습지를 가지고 수업을 한다. 학습지에는 먼저 친일파 청산의 과정에 대해 다음과 같이 간략히 요약되어 있다.24)

좌절된 친일파 청산
1) 과정 : 정부 수립 후 친일파 처단 여론 고조→ 반민족 행위 처벌법 제정, 반민족 행위 특별 조사 위원회 구성(국회의원 10명으로 구성, 친일파 명단 조사) → 국민지지
2) 친일파 처벌 실패 : 이승만정부의 소극적 태도, 반민 특위 활동 비난 및 방해(반민 특위 사건), 반민족 행위자의 범위와 친일파 처벌 기한 축소

이어 학습지에는 친일파 청산과 관련된 다음의 자료들이 실려 있다.

• 프랑스 혁명적 정화(글), • 1946년 말 미군정이 파악한 친일 경찰관 분포

---

24) 이 교사는 부천 B 고등학교에서 2학년 한국근·현대사 수업을 담당했다. 2학년은 총 15개 반으로 그중 인문 6반, 자연 9반이다. 그리고 이 학교에서 채택한 교과서는 대한교과서이다. 자료를 만들 때 교사는 교과서의 진술을 기본으로 하지만 교과서를 하나의 자료 이상으로는 생각하지 않는다고 말한다. 자료를 만드는 과정을 이 교사의 진술에 따라 요약하면 다음과 같다. 먼저 교과서의 기본 목차와 개요를 바탕으로 하되, 학생들에게 어떤 부분을 강조할 것인가를 생각한다. 그 다음 한국근현대사 서적을 찾아 읽어봄으로써 머릿속 생각을 정리하고 자료를 수집한다. 자료 수집은 신문의 사설 등을 이용하거나 인터넷 자료들, 그리고 직접 구입한 책들을 주로 활용한다고 한다.

(도표), ▪ 반민족 행위 처벌법 규정 내용(글), ▪ 반민족행위자들의 친일 행위(이광수 / 노덕술 / 이완용), ▪ 이승만이 무너뜨린 반민특위(글), ▪ 친일행위자의 변명(최남선 / 이광수 / 서정주), ▪ 윤치호의 일기, ▪ 5, 6공 군화발 찬양의 노래를 부른 문인들(조병화 / 서정주 / 송지영), ▪ 친일파에 관한 명상 : 일제잔재에 대한 우리 사회의 낮은 이해, 그 과정에서의 몇 가지 편향에 관하여(한홍구의 글)

학습지에 실려 있는 자료의 양은 교과서의 두 배에 달한다. 이 밖에도 시청각 기자재를 이용해 이들 자료와 관련된 다큐멘터리도 보여준다고 한다. 교사는 사회적인 문제를 바르게 바라보기 위해서는 학생들이 비판적 안목을 가지고 우선 사회에 대한 관심을 가져야 한다고 말했다. 친일파 청산 문제도 그중 하나라고 생각하여 교과서에 빠져 있는 자료들을 학생들에게 제시한 다음, 현재 우리 사회가 왜 잘못되어 가고 있는지를 반성하고 비판할 수 있도록 했다. 즉 역사는 현재 일어나고 있는 사회적인 사건을 바라보기 위한 관점을 심어줘야 하는데, 교과서내용과 자료는 너무 간략하고 단편적이라고 생각해서 여러 가지 자료를 준비해 활용한 것이다. 이런 교사의 생각이 자료 속에 고스란히 반영되어 있다. 교과서 자료들은 친일파 처리 문제와 관련하여 현재의 실태를 직접적, 구체적으로 꼬집지 못하고 있는데 반해, 교사가 사용한 자료 안에는 이광수, 서정주, 최남선 등의 친일 문인들의 뒤를 이어 5, 6공 정권 때까지 이들의 세력이 이어지면서 행한 행적들을 거론하며 친일 문제 처리를 해야 할 이유를 분명히 말하고 있다. 따라서 이 수업을 받은 학생들은 친일파 처리 문제와 관련된 요즘 시사문제에 좀 더 관심을 가지고, 이를 어떻게 바라봐야 할 것인가- 친일 청산은 우리의 미래다- 하는 시사점을 얻을 수 있을 것이다.

또 교사의 제작 자료에서는 비교가 가능한 여러 자료들을 제시하며 서로 비교하거나 평가하도록 하고 있다. 프랑스의 나치 협력자 처리문제를 수록하여 역사의 재판을 엄중하게 진행한 프랑스의 경우 현재 민주주의 통합의 기초가 되었다는 점과 불완전한 친일 청산으로 현대사를 옥죄는 굴레가 된 우리나라를 비교하는 글, 친일 인사들의 변명과 친일파에 대한 명상을 통해 양자의 입장을 상세하게 비교하면서 학생들에게 평가를 해보도록 하고 있다. 이런 자료 제시는 학생들에게 적극적으로 참여할 수 있는 기회를 주고 있는 것이다. 그리고 이런 활동을 하면서 학생들은 여러 역사서술 중에서 어느 쪽이 바른 것인지, 어떤 선택이 현명한 것인지에 대한 판단 기준을 마련하는 기회를 갖게 된다.

4. 맺음말

지금 학교현장에서는 한국근·현대사 수업이 정상적으로 이루어지고 못하고 있는 실정이다. 한국근·현대사는 선택과목이므로, 학교의 사정이나 학생들의 개인적인 이유로 선택하지 않으면 배우지 않고 졸업을 하게 된다. 이는 우리역사를 일관성 없이 절름발이식으로 배우게 될 수밖에 없다는 것을 말한다. 그리고 교사들 역시 한국근·현대사 수업시간을 제대로 활용하지 못한 경우가 많다. 주어진 시간 안에 정해진 범위를 마쳐야 한다는 생각, 특히 입시와 관련된 경우 많이 활용할 수 있는 자료가 있음에도 불구하고 본문위주로 간략하게 설명하고 지나치고 있다. 즉 근현대사를 학생들이 수학 능력 시험 때 좀 더 많이 선택했으면 하는 바람으로 입시라는 커다란 부담에서 벗어나지 못하고 있는 상황이다.

역사에서 중요한 것은 '어떤 역사가 중요한가?'가 아니라 '역사를 알고 이해한다는 것이 무엇을 의미하는가?'이다. 현실적으로 과거 사실 그 자체를 있었던 그대로 재구성한다는 것은 사실상 불가능한 작업이다. 그보다는 과거의 사건이 오늘날에 어떠한 의미를 갖는가 하는 역사 해석의 문제가 더욱 중요한 관심사가 되어야 한다. 다시 말해, 과거의 사실을 통해 오늘의 우리의 모습을 보다 객관적으로 인식하려는 데 근본적인 목적이 있다. 이런 면에서 근현대사 수업은 큰 의미를 지닌다. 근현대의 역사와 밀접한 관계 속에서 우리생활이 이루어지기 때문이다. 하루에도 뉴스나 인터넷 등의 각종 매스컴을 통해 3~4건에 해당되는 근현대사 관련 자료들이 우리의 눈과 귀를 자극하고 있다. 그리고 그 자료들은 현 생활 문제에 영향을 끼치고 있다. 따라서 근현대사 수업은 현재를 어떻게 살아갈 것인가에 대한 인식을 심어주는 것에 초점을 맞춰 현 상황을 제대로 조망할 수 있는 눈을 키워주는 방향으로 전개되어야 한다. 그리고 일방적인 주입보다는 역사적 사실이 늘 새롭게 해석된다는 점에 유의하여 학생들 스스로 지금 현재 벌어지고 있는 사건들을 보고 여러 가지 판단을 해 볼 수 있는 기회를 부여해야 한다.

따라서 교사들은 부담스럽더라도 교과서 안의 자료뿐만 아니라 그 외 학생들이 쉽게 접할 수 있는 근현대 관련 자료들을 이용하여 직접 자료 제작을 하는데 노력을 아끼지 말아야 할 것이다. 주변에서 일어난 사건들이 수업시간에 다루어지면 학생들은 역사는 본인과 직접 관련이 있는 중요한 것, 그리고 가까운 것이라고 생각하며 애정과 관심을 가질 수 있을 것이다. 그리고 교과서 서술만이 유일한 진실이라는 발상에서 벗어나 자료들을 서로 비교해보고 평가해봄으로써 '역사는 스스로 만들어가는 것'이라는 생각을 한 번 더 해볼 기회를 가지게 될 것이다.

프랑스 고등학교 현대사 교육의
내용구성과 조직

주 철 민

1. 왜 프랑스의 현대사 교육인가?
2. 현대사 교육의 중요성
3. 사회적 필요성에 의한 교육내용구성
4. 연대기에서 주제별 교육내용조직으로
5. 기억으로서의 현대사 교육을 위하여

1. 왜 프랑스의 현대사 교육인가?

 제7차 교육과정이 시행된 이후 우리나라 역사교육에 나타난 가장 큰 변화 중의 하나는 「한국근・현대사」가 고교 11, 12학년에서 심화선택과목으로 독립된 것이다. 우리 민족의 가까운 과거를 정확히 앎으로써 당면한 과제를 처리할 수 있는 역사적 능력을 계발하고 신장시키기 위해서 그동안 국사의 일부분으로 다루던 한국근현대사를 독립과목으로 편성한 것이다. 「한국근・현대사」의 독립으로 생겨난 문제를 크게 두 가지로 요약하여 생각해 볼 수 있다. 하나는 역사학 자체의 성격과 밀접한 관계를 갖는 것으로, 근현대사를 국사와 분리할 필요가 있느냐하는 문제이다. 또 다른 하나는 「한국근・현대사」를 독립과목으로 만든 것이 과연 근현대사 교육을 강화한 것인가, 아니면 약화시키는 결과를 가져올 것인가의 문제이다.

  이와 같은 문제점에 대해서는 보다 심도 있는 논의가 필요하다. 오늘날 근현대사의 대상인 과거사 청산의 문제가 정치권뿐 아니라 온 국민의 관심사가 되고 있는 것이 우선 그 이유가 될 것이다. 또 근현대사를 국사에서 분리한 것이 과연 정당한 것인가에 관한 의문이 생기기 때문이다. 그 의문들은 역사교육과정의 기본이 되고 있는 역사학 자체와 교육학적 측면, 두 가지 측면에서 규명되어야 할 것이다. 외국의 사례를 검토하는 것은 이러한 우리의 역사교육과정이 갖고 있는 문제를 해결하는데 많은 도움을 제공할 수 있다. 특히, 중앙집권적 교육과정을 운영하면서도 역사교육의 중요성을 강조하고 있는 프랑스 현대사 교육에 대한 연구는 한국근현대사 교육에 많은 시사점을 줄 것이다.

  최근 프랑스 중등학교 역사교육과정의 변화에 나타난 가장 중요한 특징 중의 하나는 현대사의 교육을 더욱 중요시하고 있다는 점이다. 현대사는 1863년 고등학교 최종학년인 철학학년 역사교육과정에 처음으로 포함된 이후, 그 중요성이 커져 왔다. 특히, 1968년 학생들의 현실참여에 대한 관심이 고조되었던 학생운동으로 더욱 중요시되기 시작하였다. 그리고 유럽통합의 시대인 오늘날, 현대사는 더욱 그 중요성이 커졌다. 고등학교 역사교육내용은 거의 현대사라고 할 수 있다. 현재 프랑스에서 현대사 교육이 중요하지 않다고 주장하는 사람은 거의 없다. 왜냐하면, 현대사 교육이 오늘날 프랑스가 안고 있는 반유태주의, 반이슬람주의와 같은 인종과 문화 간의 갈등, 또한 사회계층 간의 갈등과 같은 국가적 현안을 해결하는데 중요한 대안이 되고 있기 때문이다. 이러한 이유에서, 역사를 중등학교 교육에서 필수교과목으로 하는 프랑스 역사교육과정에서 현대사는 다른 시대의 역사보다 매우 중요한 위치를 차지하고 있다. 특히, 역사교육의 목표가 민주사회의 이념에 기초한 새로운 지구촌 시대에 알맞은 시민을 양성하는 데 있다는 점에서 현대사 교육은 더욱 중요한 것이다.

본 연구는 무엇 때문에, 프랑스의 역사교육에서 현대사 교육이 중시되고 있는지에 관한 답을 찾고자 한다. 다음으로, 프랑스의 현대사 교육은 어떠한 양태로 변화하였고, 그 변화의 과정에서 각 시대만의 고유한 현대사 교육의 이론적 근거들과 그 밖의 논리들은 무엇인가를 살펴보고자 한다. 또, 모든 시대를 초월하여 존재하는 프랑스의 현대사 교육의 근거는 무엇인가에 관하여 조사하고자 한다. 이러한 연구목적들은 프랑스 고등학교 역사교육과정의 두 가지 측면을 고찰하는 과정에서 달성될 수 있을 것이다. 첫번째는 현대사만의 고유한 역사교육 내용요소들을 밝히는 것이다. 프랑스 고등학교 현대사교육의 내용요소들을 분석하는 과정에서, 그 교육내용이 특별히 시민적 교육의 중요성을 강조하고 있음을 알 수 있을 것이다. 두번째는 현대사만의 고유한 역사교육 목표를 밝히는 것이다. 지식, 이해, 기능, 태도 중 어떠한 요인의 교육목표가 현대사 교육목표와 관련하여 중요하게 다루어지고 있는가를 살펴보면, 특히 지적태도의 증진에 더욱 큰 목표를 두고 있음을 알 수 있다. 더 나아가 그러한 지적태도는 현대세계를 회고적 방법으로, 즉 과거에 대한 이해를 통하여 현대세계를 이해하도록 하고 있다.

이러한 연구는, 간접적으로 현행 제7차 교육과정 고등학교 11, 12학년의 심화선택 과목인 「한국근·현대사」에 관한 논의들에 몇 가지 시사점을 제공해 준다. 먼저, 「한국근·현대사」가 독립과목이 될 수 있는가와 그럴 경우에 과연 한국근현대사 교육이 강화될 것인가에 대해 생각해 볼 기회를 줄 것이다. 그리고 「한국근·현대사」 과목이 일반 역사교육과 구별되는 고유한 교육목표와 내용요소를 가지고 있는가를 밝히는 데 도움을 줄 것이다.

2. 현대사 교육의 중요성

프랑스 고등학교 역사교육에서 현대사 교육은 프랑스 역사학계의 연구성과에 기초하여 이루어지고 있다. 그러한 측면은 현대사 교육이 프랑스 역사학계에서 일반적으로 구별하고 있는 다음의 세 가지 역사를 포괄하고 있다는 점에서 나타난다. 그 세 가지 역사는 현대사(l'histoire contemporaine), 현재사(l'histoire du temps présent), 그리고 직전사(l'histoire immédiate)이다.

우선 프랑스 역사교육과정이나 역사연구서들은 1789년 이후의 시기를 일반적으로 현대사라고 규정하고 있다.[1] 이러한 경향은 일반적으로 가정하고 있는 현대사의 개념과 다르다. 우리는 일반적으로 현대사를 1945년 이후의 시기이며, 20세기의 역사가들이 생존하는 시기로 알고 있다.[2] '현재사'는 1980년대 초부터 등장한 역사적 용어이다. 그 역사는 역사가 자신뿐 아니라 증인들이 생존해 있는 시기를 뜻한다. 즉, 시작은 증인들이 생존하고 있는 시기이며, 그 끝은 직전의 역사 바로 앞이다. 이러한 현재사에는 증인들의 증언이 존재한다. 증인들과 주역들이 살아 있기 때문에, 새로운 사실이 밝혀지는 일이 드물다. 그럼에도 불구하고 증인들과 주역들은 기록된 서류들에서 나타나지 않는 시대의 분위기를 재구성할 수 있는 자료를 제공한다. 또한 그들은 세대 차이에 의해 인식할 수 없는 것을 알 수 있도록 해준다. 뿐만 아니라, 시대는 서로 다른 방법으로 체험된다는 것을 확인시켜준다. 그 결과 증인들의 증언은 시대착오, 예를 들면 나치에 대한 저항운동에 가담한 여성들이 1968년의 여성 해방주의자들의 전신들이 아니라는 사실을 밝혀준다.[3] 오늘날, 프랑스인들은 이러한 현재사를 1930년대, 즉 심각한 단절이 있었던 시대에서 시작하는

---

1) Jean Leduc et als(1996), *Construire l'histoire*, Bertrand-Lacoste, p.70.
2) Harry Ritter(1986), *Dictionary of Concepts in History*, New York : Greewood Press, p.65.
3) André Burguiere(1986), *Dictionnaire des sciences historiques*, PUF, p.654.

것으로 규정하고 있다.4) 마지막으로 직전의 역사는 가장 가까운 과거에 관한 역사를 말한다. 즉, 지난해, 지난달의 역사와 같은 것이다.5)

프랑스 역사교육과정은 현대사, 현재사, 직전사 중에서, 시기가 가장 먼 시기를 현대사의 출발로 정하고 있다. 즉, 현대사의 출발을 1789년으로 정하고 있는 것이다. 총 3년으로 이루어진 프랑스 고등학교 역사교육 과정은 현대사를 모든 학년의 교육내용으로 하고 있다. 그 교육과정은 중학교에서 배운 시기들의 역사에 기초하여 고대에서 현대까지의 역사를 교육내용으로 하고 있다. 프랑스 중학교의 역사교육과정은 고대에서 현대까지의 역사를 전체적으로 파악하도록 통사적 성격의 역사를 교육내용으로 한다. 이에 반하여 프랑스 고등학교 역사교육과정은 고대에서 현대까지의 역사 중에서, 현대 세계를 이루는 과정에 직접적 관계를 갖고 있는 중요한 역사적 시기들을 교육내용으로 한다. 두번째 학년(고1)에서 한 학년 동안 학생들이 공부할 내용의 대주제는 '현대세계의 기초'이다. 이것은 이 학년의 역사교육과정이 현대사 시작부분이라는 것을 말한다. 그러나 두번째 학년의 중주제, 소주제의 제목에서는 현대라는 용어를 구체적으로 사용하고 있지 않다. 다만, 이 학년의 역사교육과정은 모두 6개의 중주제의 제목 중에서, 마지막 다섯번째와 여섯번째 제목들이 현대사의 시기에 해당한다고 명확하게 규정하고 있다.6) 즉, '혁명과 1851년까지의 프랑스의 정치적 경험들'과 '19세기 전반기의 변화하는 유럽'을 현대사라고 규정함으로써, 1789년 프랑스 대혁명의 발발을 현대사의 출발로 정하고 있다.

이와 같이 프랑스 중·고등학교 역사교육과정은 교육내용의 대주제, 중주제, 소주제의 제목에서 1789년을 현대사의 출발이라고 명확하게 표현하지 않는다. 그 대신 부속문서나 교육과정에 관한 구체적 설명 속에서

---

4) 위 책, p.153.

5) Leduc et als, *Construire l'histoire*, p.70.

6) Ministère de la jeunesse, de l'éducation nationale et de la recherche, Direction de l'enseignement scolaire(2003), *Histoire-Géographie, Classe de Seconde*, p.15.

1789년을 현대사의 출발로 규정하고 있다. 1789년을 이렇게 현대사의 출발로 정하는 전통은 프랑스 중등학교 역사교육과정의 변함없는 중요한 특징이다. 1863년 9월 24일 나폴레옹 3세의 법령은 1789년에서 제2제국 말인 1863년까지의 현대사를 일주일에 2시간씩 당시 철학학년(고등학교 3학년)에서 교육시키도록 하였다.7) 이후, 그 전통은 오늘날에도 유지되고 있는 것이다.

프랑스 역사교육과정이 1789년을 현대사의 시작으로 정하고 있는 점은 역사교육의 성격과 관련하여 중요한 의미를 지닌다. 1789년을 프랑스에서 공화국 체제의 탄생을 알리는 현대사의 중요한 역사적 사건으로 규정할 때부터, 프랑스 교육과정은 역사교육에서 정치적 목적을 중요시한 것이다. 1863년 9월 24일 처음 철학학년의 교육내용이 될 때부터, 현대사 교육은 정치적 의미를 갖고 있었다. 당시 교육부 장관이었던 빅토르 뒤리는 현대사 교육이 정치적 목적에 필요하다는 것을 밝혔다.

"스파르타, 아테네, 로마에 관한 것들에 대해서는 정통하지만 … 그러나 그들은(학생들은) 자신들이 실제 구성원이 될 사회와, 사회의 조직, 사회의 필요성들, 사회의 요구들, 사회를 지배하는 중요한 법률들, 사회를 움직이고 이끄는 정의로운 정신이 무엇인지를 모른다. … 어느 누구도 나폴레옹 3세의 동시대인들이 아니다. 그것에서 그들이 앞으로 살아야 할 환경의 많은 것들을 모르게 되고, 그만큼의 실수와 실망이 생긴다. 결국, 그 많은 사람들이 그들의 시대와 그들의 국가의 일원이 되지 못하는 것이다. 우리는 고전교육을 하고 있지만, 국민교육을 갖고 있지 못하다. 그것이 잘못된 것이다. 황제는 그것을 하기를 원하셨다."8)

카톨릭 교회와 반 혁명론자들이 프랑스 혁명을 무질서와 혼란의 사건으로 규정하면서, 프랑스 혁명의 교육을 반대한 것도 바로 정치적 이유

---

7) Philippe Marchand(réunis et présentés)(2000), *L'histoire et le géographie dans l'enseignement secondaire, Textes officiels*, Tome 1, 1795~1914, INRP, p.44.

8) Patrick Garcia et Jean Leduc(2004), *L'enseignement de l'histoire en France de l'Ancien Régime à nos jours*, Armand Colin, p.79.

때문이다. 일부 공화주의자들도 처음에는 프랑스 혁명과 같이 가까운 역사적 사건에 대한 객관적 역사교육은 불가능하다고 생각했다.9) 그러나 그들은 새로운 공화국의 발전을 위해 프랑스 혁명을 공화국 탄생의 역사적 사건으로 받아들여, 공식적 기억으로 인정하였다.

20세기 후반에도 현대사 교육은 정치적 이유에서 그 중요성이 부각되었다. 그 대표적 경우는 1968년 학생운동이었다. 당시, 프랑스 고등학교 학생들은 역사교육이 기존의 교육목적, 교육방식과 다르게 실시되어야 한다고 주장하였다. "자신들이 이미 살고 있으며, 자신들이 미래에 실제적으로 운영에 참여할 사회를 보다 잘 이해하기 위하여" 역사교육을 다시 재조직하여야 한다는 것이다.10) 그들은 비록 역사교육과 시민교육을 혼합하더라도, 고등학교에서 정치적 문화를 습득해야 한다고 주장했다. 즉, 사회를 이해하는 열쇠는 이데올로기와 정치적 영역을 통합하는 역사교육을 통해 길러진 정신들에 의해서만 얻어질 수 있다는 것이다.11)

이와 같이 정치적 목적을 중요시하는 현대사 교육은 프랑스 역사교육과정의 가장 중요한 부분을 차지하고 있다. 이미 1989년에 만들어진 보고서를 토대로 만든 〈표 1〉은 현대사가 중·고등학교 역사교육의 가장 중요한 부분을 차지하고 있음을 보여준다. 이 표에 의하면, 프랑스의 중·고등학교 역사교육과정의 현대사 내용은 총 역사이 전반 이상인 약 65%의 비율을 차지하고 있다. 뿐만 아니라, 중학교와 고등학교를 구분하여 살펴보면, 고등학교의 현대사 내용이 중학교보다 훨씬 많다. 중학교의 역사교육내용 중에서 현대사가 차지하는 비율은 41%인데 반하여, 고등학교는 전체 교육내용 중에 94%를 차지한다. 고등학교의 현대사 교육내용은 중학교보다 두 배 이상 많을 뿐 아니라, 고등학교 교육내용의 거의 대부분을 차지하고 있다.

---

9) Gérard Noiriel(1998), *Qu'est-ce que l'histoire contemporaine*, Hachette, Paris, p.16.
10) http://histoire-sociale.univ-parsl.fr/Collo/HERY.pdf.
11) 위 주소.

〈표 1〉 중·고등학교 역사교육과정의 교육내용 시기별 분포12)

	중학교	고등학교	전체평균
고대사	22%	0%	12.50%
중세사	25%	1%	14.50%
근대사(16~18세기)	11%	5%	8%
1789~1815	8.50%	8%	8.50%
19세기	8.50%	30%	18%
20세기	25%	56%	38.50%
현대사 전체	42%	94%	65%

프랑스 중·고등학교 역사교육과정은 고학년으로 갈수록 현대사 위주로 교육내용을 편성하고 있다. 중·고등학교 총 7년 중에서 5년 동안 각 학교별로 구분하고 있는 프랑스 역사교육과정은 중학교 입학 후 3년 동안 현대사를 교육내용으로 하지 않는다. 중학교 네번째 학년(3학년)에서 처음으로 현대사를 교육내용으로 하고 있다. 구체적으로 이 학년의 교육내용은 17~18세기, 혁명의 시기, 19세기의 유럽과 유럽의 팽창의 세 개의 중주제로 이루어져 있다. 이 중에서 17~18세기를 제외한 두 중주제가 현대사의 교육내용에 해당한다. 그런데, 이 학년의 수업시간은 총 36시간으로, 그중에서 현대사와 관련된 두 중주제에 26시간, 즉 전체 수업 시간의 72% 이상을 할당하도록 되어 있다.13) 일단 현대사가 교육내용으로 등장하는 네번째 학년의 교육과정부터 현대사는 역사교육내용의 대부분을 차지하는 것이다. 이러한 현대사 위주의 역사교육과정 구성은 중학교 세번째 학년(4학년)에서는 더욱 강하게 나타나고 있다. 이 학년의 역사교육내용은 모두 현대사이기 때문이다. 네번째 학년의 현대사

---

12) Leduc et als, *Construire l'histoire*, p.24.
13) Ministère de la jeunesse, de l'éducation nationale et de la recherche, Direction de l'enseignement scolaire(2003), *Enseigner au collège, Histoire-Géographie Education civique, Programmes et Accompagnement*, p.73.

교육내용은 4개의 중주제로 이루어져 있다. 첫번째는 1914~1945년간의 전쟁, 민주주의, 전체주의이다. 두번째는 오늘날의 세계에 대한 형성과 조직이다. 세번째는 주요 경제 강대국이며, 마지막 네번째는 1945년 이후의 프랑스이다.14)

학년이 올라갈수록 현대사 위주로 교육내용을 구성하는 것은 고등학교 역사교육과정에서 더욱 분명하게 나타난다. 고등학교 역사교육과정은 두번째 학년(1학년)에서만 현대사 이외의 역사적 사실을 포함하고 있을 뿐, 나머지 두 학년은 전체 교육내용이 현대사로 구성되어 있다. 뿐만 아니라, 현대사를 처음으로 교육내용으로 하는 두번째 학년에서도 교육내용의 절반을 현대사로 구성하고 있다. 고등학교 두번째 학년의 교육내용 대주제는 "현대 세계의 기초들"이다. 이 대주제 아래, 총 6개의 중주제가 있다. 첫번째 중주제는 고대의 시민성의 예이다. 두번째 중주제는 기독교의 출현과 확산이다. 세번째 중주제는 17세기의 지중해이다. 네번째 중주제는 인문주의와 르네상스이다. 다섯번째 중주제는 혁명과 1851년까지의 프랑스의 정치적 경험이다. 여섯번째 중주제는 19세기 전반기의 변화하는 유럽이다. 이 6가지 중주제 중에서, 마지막 다섯번째와 여섯번째 중주제가 현대사에 해당한다. 프랑스 고등학교 두번째 학년의 교육과정은 이들 두개의 중주제에, 총 수업시간 41시간의 반에 해당하는 20시간을 할당하고 있다.15)

고등학교 첫번째 학년(2학년)과 마지막 학년(3학년)은 오직 현대사만을 교육내용으로 한다. 문학계 교육과정은 19세기 중엽에서 1945년까지 세계, 유럽, 프랑스라는 대주제 아래, 3개의 중주제로 교육내용을 구성하고 있다. 첫번째 중주제는 19세기 중엽에서 1939년까지의 산업시대와 그 문명으로, 총 50시간 중 15시간이 할애되도록 되어 있다. 두번째는 19세기 중엽부터 1914년까지의 프랑스로, 10시간이 할애된다. 세번

---

14) 위 책, pp.135~139.

15) Ministère de la jeunesse, de l'éducation nationale et de la recherche, Direction de l'enseignement scolaire(2003), *Histoire-Géographie, Classe de Seconde*, pp.15~18.

째는 1914~1945년의 전쟁, 민주주의와 전체주의로, 25시간이 할애된다.16) 19세기 중엽에서 19세기 말에 일어난 역사적 사실보다는 20세기 역사 위주로 구성되어 있음을 알 수 있다. 고등학교 마지막 학년(3학년) 교육내용은 다른 학년과 다르게 직전의 역사를 포함한다는 특징을 갖고 있다. 그 구체적 교육내용은 "1945년에서 오늘날까지의 세계, 유럽, 프랑스"라는 대주제 아래, 총 3개의 중주제로 구성된다. 첫번째 중주제는 1945년에서 오늘날까지의 세계로, 총 50시간 중에 22시간이 할당되어 있다. 두번째 하위 제목은 1945년에서 오늘날까지의 유럽으로, 10시간이 할애되어 있다. 세번째는 1945년에서 오늘날까지의 프랑스로, 18시간이 할애되어 있다.17)

이와 같이 프랑스 중·고등학교 역사교육과정은 현대사 교육을 중심으로 구성되어 있으며, 고학년으로 갈수록 이런 현상은 더욱 분명하게 나타난다. 중학교에서는 마지막 일년동안의 교육과정, 즉 네번째 학년의 교육과정이 전적으로 현대사로 구성되어 있다. 그리고 고등학교에서는 마지막 두 학년, 즉 첫번째 학년과 최종 학년의 교육과정이 현대사로만 이루어져있다.

3. 사회적 필요성에 의한 교육내용구성

이상과 같이 프랑스 중·고등학교 역사교육과정이 현대사를 중심으로 구성되는 것은 정치적 목적 때문이다. 교육내용 선택의 원리를 살펴보면 이러한 점을 확인할 수 있다. 현대사 교육내용 선택의 첫번째 원리는

---

16) Ministère de la jeunesse, de l'éducation nationale et de la recherche, Direction de l'enseignement scolaire(2003), *Histoire-Géographie, classe de première*, pp.10~11.

17) Ministère de la jeunesse, de l'éducation nationale et de la recherche, Direction de l'enseignement scolaire(2003), *Histoire-Géographie, Classes terminales de séries générales*, pp. 7~21.

중요성이라고 할 수 있다. 중요성의 원리는 현실에 필요하거나 중요한 것을 교육내용으로 선택하는 것이다. 어떤 내용이 현실에 중요하고 필수적인가는 교육의 수혜자인 학생의 입장을 위주로 결정된다. 이에 따라 학생들에게 의미를 갖지 않는 문제들은 교육내용에서 제외한다.18) 앞으로 현대사회의 대다수를 차지할 사람들에게 의미가 없는 내용이기 때문이다.

현실의 필요에 따라 중요성을 결정하는 이러한 선택기준은 물론 문제가 있다. 현대사 교육내용이 늘어나면서, 무엇을 현실과 더욱 관련 있는 것으로 판단하며, 그중에서 무엇을 교육내용으로 할 것인가의 문제가 생겨난다. 프랑스 중·고등학교 역사교육과정은 그 해답을 현대사의 특성에서 찾고 있다. 현대사는 고·중세사나 근대사보다도 지역 간의 교류가 활발한 시대이다. 그리고 현대사에는 인류 역사상 유례없는 두 차례의 세계대전이 일어났다. 이러한 점에서, 프랑스 중·고등학교 역사교육과정은 지나친 민족주의적 태도와 평화적 시각을 학생들에게 강요할 수 있는 자국사 중심의 내용구성을 피하고자 한다.19) 이에 따라 프랑스 중·고등학교 역사교육과정은 자국사를 유럽사의 범주 안에서 파악할 수 있도록 내용구성을 하고 있다.

이러한 경향은 1992년 교과목기술분과위원회의 고등학교 두번째 학년의 역사교육과정 개혁안에서 분명하게 나타난다. 그 개혁안은 학생들로 하여금 문화적, 종교적 경계를 넘어, 유럽의 문화적 특수성에서 자신의 뿌리를 찾을 수 있도록 교육내용을 구성할 것을 제안하였다. 이에 따라 고등학교 두번째 학년에서는 유럽문명의 기본적 가치들을 교육내용으로 하여야 한다고 주장하였다. 그리고 유럽과 분리하려고 하고, 유럽을 배척하고, 유럽적인 것을 금지하는 유럽 이외의 지역에 존재하는 가치들도 교육내용으로 할 것을 제안하였다. 마지막으로, 유럽이 합리적 사상의

---

18) William B. Lee and Wayne Dumas(1992), "History During the French Lycée Terminale Year : An Expected Reform", *The History Teacher,* Vol.25, No.2, p.183.

19) Serge Berstein, Dominique Borne(1996), "Les nouveaux programmes d'histoire des lycées", *Vingtième siècle,* No.49, pp.124~125.

공간임을 보여주는 내용 순으로 구성하여야 한다고 주장하였다.[20]

1992년 교과목기술분과위원회의 고등학교 첫번째 학년 역사교육과정 개정안도 그 서문에서 자국사를 유럽전체 속에서 포함시켜야 한다는 것을 분명하게 밝히고 있다. 프랑스 통일성을 와해시키지 않으면서, 프랑스의 역사를 특수한 역사의 한 종류로 만들지 않아야 한다는 것이다. 이를 위하여, 첫번째 학년의 교육내용은 유럽을 유럽이라는 정치적 공간에서, 다양한 신앙을 가진, 근대성을 향해 전진해 가는, 그리고 자유주의 경제체제와 사회를 지향하고 있는 역사적 단위라는 것을 밝히는 것들로 구성하여야 한다고 했다. 그 결과, 1992년의 개혁안은 유럽을 단순한 국경 이상의 문화적인 것으로 규정하고, 유럽 공동체의 일원으로서 프랑스인들이 가져야 할 필수적 가치들을 이해시키고 증진시킬 요소들로 교육내용을 구성할 것을 제안하였다.[21]

프랑스 중·고등학교 현대사 교육내용은 유럽사적 시각에 기초를 두고 구성될 뿐 아니라, 더 나아가 세계사적 시각에서 구성되어 있다. 다양한 역사적 사실을 열거하기보다는 세계사 차원에서 중요한 의의를 차지하는 몇 가지 내용을 집중적으로 선택하고 있다. 그 경향은 이미 1988년 프랑스 고등학교 최종학년의 역사교육과정에서 나타났다. 교육과정은 세계의 지정학적 지역들 간의 관계와 세계경제의 발전을 강조한다. 그리고 전후 프랑스와 세계 속의 프랑스의 위상을 간략하게 살펴보도록 하고 있다. 이 교육과정은 국민국가를 하나의 학습주제로 선택하지 않고, 추상적이고 일반적일 수 있는 시대의 문제들을 설명하기 위한 사례 연구로 활용하였다.[22]

프랑스 중·고등학교 교육과정은 자국사를 유럽사와 세계사 속에서 이해할 수 있도록 내용구성을 하면서, 현대사 교육을 통하여 자국사를 더

---

20) 위 글, pp.124~125.
21) 위 글, p.124.
22) Lee and Dumas, "History During the French Lycée Terminale Year : An Expected Reform", p.187.

욱 중요시하고 있다. 프랑스가 세계 발전과정에 어떻게 적응하는가를 보여주고 있는 것이다. 그리고 각 시대마다 자국사가 세계사 속에서 어떠한 위치를 차지하고 있는가를 보여주는 내용을 포함하고 있다. 젊은 학생들에게 그들의 정체성을 길러줄 국가적 기억의 요소들을 제공하고 있는 것이다. 이런 기초 위에서 프랑스 중·고등학교 역사교육과정은 프랑스사가 어떻게 유럽사와 세계사에 포함되는가와 이들과 어떻게 다른가를 제시할 수 있는 내용으로 구성되어 있다.23)

프랑스 중·고등학교 역사교육과정이 현대사 교육내용의 선정에서 고려하고 있는 또 다른 요소는 지속성이다. 지속성은 현대까지 심오하고, 지속적인 자취를 남긴 사건들을 교육내용으로 선정하는 것을 말한다. 다시 말하면, 현재의 입장에서 역사를 재구성하는 것이다. 따라서 역사교육내용은 현재를 기준으로 한 해석에 의하여 선택된다. 이와 같이 프랑스 역사교육과정의 교육내용은 학생들이 살고 있는 사회에 대한 지식에 부분적으로 종속되어 있기 때문에, 도구적 가치를 가지고 있다.24)

지속성에 근거를 둔 현대사 내용구성은 전통적 교육내용구성방식에 변화를 가져왔다. 전통적 교육내용구성방식인 연대기적 역사교육 내용구성이25) 이제 주제중심의 간국가적이며, 역연대기적 구성방식으로 변화하기 시작한 것이다. 1992년 고등학교 두번째 학년이 역사교육과정 개선안은 고대사에서 시작하여 현대사까지 백과사전식으로 교육과정을 구성하는 것을 피하라고 권고하였다. 그리고 그 대안으로 현대사에서 시작하여 그 이전의 시기로 되돌아가는 구조를 제시하였다. 이를 위하여, 사례들을 통하여 관계와 단절을 찾도록 하고, 일반적인 연결을 발견할 수 있도록 교육내용을 구성하였다. 또한 현대사를 장기간의 역사 흐름 속에서 파악하도록 하였다. 현재 사회가 어떤 기초 위에서 형성되었는지를 보여

---

23) Berstein, Borne, "Les nouveaux programmes d'histoire des lycées", p.142.
24) Evelyne Hery(1992), *Un siècle de leçons d'histoire*, PUR. p.92.
25) Lee and Dumas, "History During the French Lycée Terminale Year : An Expected Reform", p.184.

주려는 것이다. 이 목적은 학생들이 현대세계가 환상 속의 새로운 시대라고 착각하지 않도록 하기 위해서이다. 또한, 현대시대를 이해하는 것만으로는 밝히지 못하는 진정한 역사적 문화를 제공해야 하기 때문이다.

1992년 고등학교 역사교육과정 개선안은 진정한 역사적 문화를 제공할 수 있는 현대사 역사교육내용구성을 위한 하나의 대안을 제시하였다. 그 대안은 현대사 교육내용을 민주정, 노예제, 전제정과 같은 고대시대를 설명하는 역사적 용어들을 사용하여 설명하는 것이다. 그 다음으로, 현대사 교육내용을 봉건제, 예속과 같은 중세의 관습들과 비교하는 방식으로 구성하는 것이다. 마지막으로, 현대사 교육내용에 현대사회의 기초가 무엇인지를 밝히는 가내수공업과 제조업, 그리고 공장과 같은 17세기와 18세기의 창조물들과 자유주의와 사회주의와 같은 19세기의 창조물인 이념을 포함시켜야 한다는 것이다. 이러한 개념과 관념 중심의 내용구성은 현대사를 역사발전의 맥락 속에서 다시 생각하도록 하면서 학생들의 역사의식을 길러줄 수 있다.26)

역사용어들과 개념, 그리고 제도, 이념들과 같은 것들을 중심으로 역사교육내용을 구성하는 것은 문제점이 있다. 어떤 역사적 현상을 지나치게 세밀하게 분석하고 특수화시킬 수 있다. 이에 1992년 고등학교 역사교육과정 개선안은 하나의 해결책을 제시하였다. 그것은 용어, 개념, 제도, 이념들을 정치, 경제, 과학, 종교 혹은 문화와 같은 4개의 분야로 균등하게 배분하여 역사교육내용을 구성하는 것이다. 그러나 이와 같이 주제를 정해 놓고 역사교육내용을 구성하면 그 주제에 관해 너무 지나치게 깊이있게 내용을 구성하는 문제가 발생한다. 그 결과, 역사교육내용은 학생들에게 인지적 과부하를 줄 수 있다.27)

주제중심 역사교육 내용구성의 해결책으로 등장한 것은 오늘날과 관련된 것을 교육내용으로 한다는 원칙이다. 그 원칙은 오늘날의 프랑스 고등학교 역사교육과정의 모델이 된 1995년 프랑스 고등학교 두번째 학년의

---

26) Berstein, Borne, "Les nouveaux programmes d'histoire des lycées", pp.125~126.
27) 위 글, p.125.

역사교육과정에서 잘 나타나 있다. 그 교육과정은 크게 그리스와 로마시대의 시민성, 기독교의 출현과 발전, 12세기의 지중해, 인문주의와 르네상스, 혁명의 시대, 왕정복고와 혁명의 유럽이라는 6개의 역사적 순간들로 내용을 구분하였다. 그 선택의 기준은 오늘날과 관련 있는 것, 그중에서도 유럽의 문화, 종교, 정치 유산들이다. 이를 기준으로 주요한 사실들을 추출하고, 그 상세한 내용보다는 문제제기를 통하여 그 의미를 파악할 수 있도록 교육내용을 구성하였다. 유럽의 공동유산을 압축시켜 유럽의 정체성 형성을 위한 내용구성은 1995년 첫번째 학년의 프랑스 고등학교 역사교육과정에서도 나타났다. 그 교육과정은 유럽사 중에서 현대시기를 중심으로, 그리고 자유주의 체제의 역사를 중심으로 교육내용을 구성하였다.28) 최종학년(고3)의 프랑스 고등학교 역사교육과정도 이러한 유럽의 공통의 유산을 강조하는 방향으로 교육내용을 구성하였다. 1993년 이후로, 대학입학 자격고사의 역사문제에서는 소련연방과 그 연방의 해체로 생겨난 국가들의 역사에 관한 것이 사라졌다. 뿐만 아니라, 1995년 최종학년 역사교육과정은 네 가지 지정학적 영역에 기초한 이데올로기 모델을 교육내용으로 하였으나, 1999년의 교육과정부터는 이러한 모델 중심의 교육내용구성을 버리고 미국과 소련의 이데올로기 모델만을 교육내용으로 하였다. 공간적, 시간적으로 먼 이국적인 것을 교육내용에서 배제하였다.29)

마시막으로, 프랑스 중·고등학교의 현대사 교육내용구성원칙은 사회적 필요성이다. 프랑스 내의 많은 이익집단들이 현대사 교육내용의 선택에 관하여 활발하게 논쟁을 펼치는 것도 이러한 이유 때문이다. 이와 같이 활발하게 사회적 참여가 이루어지는 과정에서, 교육내용의 선택원칙으로서 사회적 필요성은 여론과 다양한 이익집단들의 위상변화와 밀접한 관계를 갖고 시대에 따라 변하였다. 특히, 그러한 변화는 엘리트주의적이고 비민주주적 교육과정을 현대의 사회문제들과 더 관련 있는 주제를 담고 있는 교육과정으로 바꾸려는 일반적 움직임 속에서 더욱 분명하게 나타났다.30)

---

28) http://histoire-sociale.unive-paris1.fr/Collo/HERY.pdf, p.5.
29) Garcia et Leduc, *L'enseignement de l'histoire en France de l'Ancien Régime à nos jours*, p.252.

그 대표적 예는 오늘날 프랑스 역사교육과정의 기본 틀을 이루고 있는 1995년의 고등학교 역사교육과정 개혁과, 그 직전의 고등학교 역사교육과정의 기본 틀이었던 1986 / 88년의 교육과정 개혁이다.

우선, 현대사 교육내용을 사회적 필요성 혹은 사회적 요구에 맞게 구성하여야 한다는 원칙은 1986 / 88년 프랑스 고등학교 역사교육과정에 분명하게 반영되었다. 그 교육과정은 1980년대에 진행되고 있었던 사회적 소요들로 야기된 불확실한 시대를 해결하여야 한다는 사회의 요구를 반영하여 교육내용을 구성하고자 하였다. 현대사 교육내용을 프랑스의 정체성을 고취시키는데 적합한 것들로 구성하기 위한 것이었다. 이러한 목적을 달성하기 위해서, 1986 / 88년 프랑스 고등학교 역사교육과정은 프랑스의 역할과 모습을 다시 정의하였다. 국가 간의 치열한 생존경쟁이 전개되고 있는 국제관계에 대한 공공의 의식을 증진시킬 수 있는 방향으로 교육내용을 구성한 것이다. 즉, 세계 속에서 유럽의 강대국으로서 프랑스가 자국의 젊은이들에게 전달하는 것이 유용하다고 생각되어지는 지식들을 압축시킨 것을 교육내용으로 하였다.[31]

두번째 학년(고1)의 역사교육내용의 변화는 그 변화의 한 단면을 잘 반영한다. 이 학년의 1986년 이전 역사교육내용은 서양문명의 기초들, 즉 산업시대의 경제, 사회와 산업시대를 환기시키는 것들이었다.[32] 그 반면, 1986 / 88년의 프랑스 고등학교 역사교육과정은 세계사의 발전에 기여한 프랑스 역사를 중심으로 교육내용을 구성하였다. 그 결과, 두번째 학년의 역사교육과정은 그 기원은 프랑스적이고, 그 메시지는 세계적인 프랑스 혁명의 발전과정을 첫번째 교육내용으로 하고 있다.[33] 또한, 제5공화국의 정체가 안정화되면서, 프랑스 정치사가 현대사 교육내용에서

---

30) Lee and Dumas, "History During the French Lycée Terminale Year : An Expected Reform", p.184.

31) http://histoire-sociale.unive-paris1.fr/Collo/HERY.pdf, p.4.

32) Leduc et als, *Construire l'histoire*, p.153.

33) http://histoire-sociale.unive-paris1.fr/Collo/HERY.pdf, p.4.

제외되었다. 정치적, 사회적 투쟁들이 교육내용에서 제외된 데에는 이데올로기, 그 중에서도 막시즘의 공개적 종말도 한 몫을 하였다. 이러한 시대적 분위기를 반영하여 1986 / 88 프랑스 고등학교 역사교육과정은 19세기의 이데올로기의 정착이라는 내용을 교육내용으로 하지 않았다.34) 두번째 학년(고1)의 현대사 교육내용이었던 1814년에서 1880년까지의 프랑스의 정치상황, 그것과 관련된 투쟁, 세력 관계에 관한 정치사적 내용은 5공화국 정체의 연대기로 대체되었다. 또한, 첫번째 학년(고2)의 역사교육내용이었던, 1880년에서 1914년간의 프랑스 제3공화국의 역사는 1992년에 새로이 개정될 때까지 생략되었다. 대신에 세기의 전환기와 1920년대 두 시기의 프랑스와 독일을 비교하기 위한 내용이 그것을 대신하였다. 인민전선의 역사도 그 시대가 위기의 시대임에도 불구하고 민주주의가 유지될 수 있었다는 하나의 사례로 취급되었다.35)

1995년에 제정된 프랑스 고등학교 역사교육과정은 1986 / 88년과 다른 사회적 필요성에 의하여 교육내용을 구성하였다. 당시 프랑스는 마스트리즈 조약의 체결로 유럽의 통합에 대한 관심이 증대되었다. 그리고 사회적 결속의 위기와 약화를 해결하기 위한 노력들을 하고 있었다. 이러한 시대적 요구 속에서, 학교가 사회적 통합의 임무를 달성하는데 기여하지 못한다는 비난이 증대되었다. 그래서 학교는 시민성 고취의 '뿌리을 가르쳐야' 할 필요성이 커졌다.36) 그 결과, 1995년 역사교육과정의 교육내용은 지리학적으로 유럽과 프랑스에 관한 것을 중심으로 구성하였다. 즉, 유럽에서 발생한 중요한 역사적 사건들과 프랑스의 역사를 전체적으로 살펴볼 수 있도록 교육내용을 구성한 것이다. 또한 "사회 통합의 필수적 요소들"을 가르쳐야 한다는 시대적 요구를 받아들여서, 교육내용의 요소로서 과거의 유산, 기억을 중요시하였다. 학생들이 알아야 할, 그리고 존중하여야 할 유산으로 법치국가에 관한 내용을 역사교육내용으로 포함시킨

---

34) 위 주소, p.4.
35) 위 주소, pp.3~4.
36) 위 주소, p.5.

것은 그 때문이었다.37) 또한, 첫번째 학년의 교육내용에서도 이러한 사회적 요구를 반영하여 자유민주정이 모델로서 그리고 동시에 배경적 실체로 등장하고 있다. 뿐만 아니라, 1848년에서 1914년의 프랑스의 발전과 특히 공화국 수립을 교육내용으로 포함시켜 정치사를 복원시켰다.38)

 2001년부터 적용되기 시작한 두번째 학년의 역사교육과정도 1995년의 교육과정의 기초가 되었던 동일한 시대적 요구를 반영하였다. 그 결과, 교육과정은 유럽통합을 강조하기 위한 교육내용이었던 "혁명의 시기"를 "프랑스 혁명과 19세기 프랑스의 정치적 사건들"로 바꾸었다. 또한 역사적 사건들을 사회세력과 행위자들과의 연관성을 밝히는 내용을 담고 있다.39)

 유산, 기억을 중심으로 한 이와 같은 교육내용의 선정은 해결해야 할 문제를 갖고 있다. 역사가 일종의 세습재산이라는 것을 강조하는 과정에서, 과거의 사회나 오늘날의 제도가 불가피하게 역사적 변화를 거친다는 사실을 무시할 수 있다는 점이다. 즉, 학생들에게 과거의 실체를 풍요롭게 할 유산으로 교육하기보다는 그것을 외부적 혹은 사회적 요구로 알아야 할 것으로 인식시킬 수 있다는 것이다. 그 결과, 이러한 역사교육내용구성은 학생들에게 능동적이기보다는 수동적인 시민성을 심어줄 수 있는 위험성을 내포하고 있다.40)

4. 연대기에서 주제별 교육내용조직으로

 프랑스 고등학교 역사교육과정은 현대사 교육에 있어서 국사를 유럽사뿐 아니라 세계사의 테두리 안에서 이해할 수 있도록 교육내용을 조직

---

37) *Bulletin officiel de l'éducation nationale*, n°12, 29 juin 1995, p.27.
38) 위 글, p.41.
39) *Bulletin officiel de l'éducation nationale*, n°6, 31 août 2000, p.90.
40) http://histoire-sociale.unive-paris1.fr/Collo/HERY.pdf, p.5.

한다. 이러한 현대사 교육내용조직은 연대기적 역사교육내용조직 방식에서 주제별 교육내용조직 방식으로의 전환을 통해 이루어지고 있다. 그 전환의 과정은 복잡하였다. 연대기적 역사교육내용조직 방식과 주제별 역사교육내용조직 방식에 대한 각각의 내용조직 방식의 장단점이 비교되었고, 각각의 단점을 해결하려는 시도가 이루어졌다. 그러한 비교와 해결노력은 하나는 역사학이라는 학문 자체의 특성과, 다른 하나는 교육학적 측면에서 이루어져왔다.

우선, 프랑스 역사교육과정에서 변함없는 역사교육내용조직 방식은 사건들을 연대기적으로 조직하는 것이다. 그 교육과정은 프랑스의 역사를 중심으로 인류의 역사를 시간이 진행됨에 따라, 점차 그 공간을 넓혀가는 방식으로 내용을 구성하여왔다.41) 세부적으로는 변화가 있었지만, 이러한 방식은 오늘날까지 역사교육내용조직의 일반적 원칙으로 존속하고 있다.

연대기적 방식으로 역사교육내용을 조직하는 근거는 여러 가지이다. 첫번째 이유는 역사인식이다. 그 역사인식은 역사란 서류에 근거하여 역사가들에 의하여 만들어진다는 것이다. 따라서 과학적 증거를 존중한다면, 역사가는 증거를 제공하는 문서에 기록된 사실들의 순서를 바꿀 수 없다.42) 프랑스 역사교육과정은 이러한 역사인식에 근거하여, 교육내용을 역사의 흐름에 맞추어 조직했다. 즉, 역사교육내용은 과거에서 시작하여 현재를 향해 진행되어가는 연대기적 계속성의 원칙에 입각하여 조직되어 있다. 그 결과, 역사교육내용은 저학년의 고대사부터 시작하여 고학년의 오늘날의 역사로 끝난다. 그 대표적 예는 프랑스 고등학교 역사교육과정이다. 고등학교 두번째 학년(고1)의 역사교육과정은 고대부터 19세기 전반기의 역사를 교육내용으로 하고 있다.43) 일반계 첫번째 학년(고

---

41) Evelyne Hery(2000), *L'Epreuve orale sur dossier en histoire, Préparation au CAPES d'histoire-géographie*, PUR, Rennes, p.64.
42) 위 책, p.64.
43) Ministère la jeunesse, de l'éducation nationale et de la recherche(2003), *Histoire-*

2)의 역사교육내용은 19세기 중반에서 1945년까지의 역사이다.44) 같은 계열 마지막 학년(고3)의 역사교육과정은 1945년부터 오늘날까지의 역사를 교육내용으로 하고 있다.45)

사실들의 시작점과 종착점을 구분하여, 그것들을 전개된 순서에 따라 배열하는 연대기적 역사교육내용조직은 또 다른 역사인식에 근거를 두고 있다. 그 역사인식은 우선 현대사의 출발점을 프랑스 혁명이라고 규정하는 것이다. 이러한 규정에 기초한 역사인식은 프랑스 혁명으로 파생되는 결과들을 역행할 수 없는 것으로 해석한다. 따라서 역사는 천천히 발전하는 과정이며, 진보를 향한 인류의 발전인 것이다.46) 이러한 연대기적 역사의 특징은 목적론적이다. 과거를 결과, 즉 문명의 도래와 관련시켜서 조직하기 때문이다. 그 결과, 프랑스 역사에서는 공화국 체제가 승리하고, 그 체제가 확고히 수립되는 것을 문명이 도래한 것으로 규정한다. 그 역사는 공화국 체제의 승리와 그 체제의 확실성을 믿도록 하는데 기여하고 있다. 또한, 그 역사는 문명화되지 못한 국민들에게도 훌륭한 교훈을 주어야 하는 것이다.

시대의 계속성을 강조하는 연대기적 역사교육내용조직의 세번째 근거는 역사의 인과성이다. 이러한 역사인식에 의하면, 역사에는 발전의 규칙이 있다. 발전의 규칙은 한 시대를 정신적으로 대표하는 상징적인 것들을 구조화한다. 그 결과 역사학이란 옛 상태에서 새로운 상태로 전환되는 사실들의 계속과 연계성을 파악하는 학문이어야 한다. 그러한 역사학에 기반을 둔 역사교육은 과거에 대한 기억으로부터 현재에 가능한 미래를 예측하도록 하여야 한다. 따라서 역사교육내용은 사실들의 계속

    Géographie, classe de seconde, CNDP, p.15.

44) Ministère la jeunesse, de l'éducation nationale et de la recherche(2003), *Histoire-Géographie, classe de première,* CNDP, pp.10~11.

45) Ministère la jeunesse, de l'éducation nationale et de la recherche(2004), *Histoire-Géographie, classe de terminale,* CNDP, p.8.

46) Hery, *L'Epreuve orale sur dossier en histoire, Préparation au CAPES d'histoire-géographie,* p.64.

과 연계성을 파악할 수 있도록 연대기적 원칙에 따라 구성되어야 한다는 것이다.47)

연대기적 역사교육내용조직의 또 다른 근거는 문화적 기초를 학생들에게 가르쳐야 한다는 사회적 요구 때문이다. 특히 1980년대에 이러한 경향이 뚜렷하게 나타났다. 이 당시 일어난 사회적 갈등들은 정부로 하여금 프랑스인의 기원을 밝혀서 프랑스인들의 유사성을 찾는데 주력하게 하였다. 그 결과, 프랑스와 미테랑 대통령의 지시로 역사교육을 분석하는 임무를 부여받은 르네 지로 역사교수는 1968년 이후 강화되었던 주제별 역사교육내용조직 방식을 비판하면서, 조상에 대한 기억을 강조하는 연대기적 역사교육내용조직의 필요성을 강조하였다.48)

이러한 프랑스 고등학교 역사교육과정의 연대기적 내용조직 방식에는 물론 문제가 있으며, 그 해결을 위한 노력이 진행되어왔다. 연대기적 역사교육내용 조직에 대한 문제제기는 1930년대 말부터 있어왔다. 문제가 제기된 이유는 먼저 당시 젊은 역사가들이 정치적, 사건적 '우상'을 멀리하기 시작하였다는 점이다. 그 결과, 시간의 순서에 따라 일어난 정치적 사건들을 순서에 따라 기술하는 연대기적 역사는 공격당하였다. 그리고 프랑스의 중·고등학교 역사교육과정의 변화가 나타났다. 중학교와 고등학교의 역사교육과정이 별개의 과정으로 분리된 것이다. 그 결과, 중·고등학교 각각 다른 역사교육내용 조직이 가능해졌다.49) 중학교에서 고등학교까지 모두 연대기적으로 역사교육내용을 조직할 필요가 없어진 것이다.

연대기적 역사교육내용조직의 문제점은 두 가지다. 하나는 시간 순에 따라 발생하지 않은 사실들을 억지로 서로 관련된 것처럼 연결시킬 수 있다는 점이다. 그러한 역사교육내용 조직은 학생들에게 사건을 반드시 시간의 흐름 속에서 파악하여야 하며, 이해하여야 할 것을 강요한다. 즉 학

---

47) 위 책, p.64.
48) 위 책, p.71.
49) 위 책, p.65.

생들은 사건들을 항상 직선적인 인과관계에 따라 이해하도록 강요받는다는 것이다.

또 다른 문제는 연대기적 역사교육내용조직이 역사적 사실에 대한 새로운 방식의 문제제기를 방해할 수 있다는 것이다. 이러한 역사교육내용은 학생들로 하여금 역사를 너무 결정론적으로 이해하도록 한다. 너무 지나친 연대기적 역사는 학생들에게 중요한 사회적 실체를 조사하고, 이해하며, 현상의 상호작용을 파악하는 방법을 제공할 수 없다. 이러한 역사교육은 민주적 시민의식을 고취시키는 데 장애가 될 수 있다. 사건들이 불가피하게 일어나는 결과, 즉 계속성을 가진 것으로 이해하도록 하는 그 역사는 학생들에게 숙명론적 시각을 갖게 할 수 있기 때문이다. 숙명론적 역사인식은 사회나 국가라는 집단의 일원으로서의 시민의식을 제거할 수 있는 것이다. 결국, 연대기적 역사는 현실, 즉 경험한 현재가 항상 결정되지 않은 미래에 열려 있고, 그러한 미래는 행동하는 방법과 사람들이 그것을 분석할 수 있는 명철함에 따라 달라진다는 것을 이해하지 못하게 한다. 이러한 측면에서 공화국 체제가 역사교육을 통하여 구현하려고 하는 시민성 고취가 실패하였다는 문제제기까지 나오게 되었다.50)

연대기적 역사교육내용조직의 문제점을 해결할 수 있는 하나의 방안으로 시간의 흐름에도 불구하고 변화하지 않는 규칙들을 중심으로 그 내용을 조직하는 방식이 제시되었다. 페르디낭 브로델처럼 장기간에 걸쳐 중요한 사회적 실체들, 혹은 세력들과 같은 것을 중심으로 역사교육내용을 조직하는 것이다. 그러나 이러한 역사교육내용조직 방식도 문제가 있다. 현실적으로 프랑스 고등학교 역사교육과정은 그 교육내용을 정치적 변화에 기준을 두고 짧은 시간 단위로 구분하고 있다. 프랑스사는 더욱 짧은 정치적 시기에 따라 구분되어 있다. 오랜 시간 동안 영향을 미치고 있는 사회적 실체들을 중심으로 역사교육내용을 조직하는 것이 현실적으로 불가능한 것이다. 장기간에 걸쳐 사회세력을 중심으로 역사교육내용

---

50) 위 책, p.64와 Suzanne Citron(1989), *Le mythe national*, Ed. ouvrières, Paris.

을 조직하는 것은 또 다른 문제를 만들어낼 수 있다. 각 사회만이 가지고 있는 특성이나 독특한 발전과정, 사회구성의 다양성, 복합성 등을 무시할 수 있다는 것이다.51)

현재 프랑스 정부와 역사학계는 연대기적 역사교육내용조직 방식에 대한 새로운 해결책을 모색하고 있다. 연대기적 내용조직의 원칙을 유지하면서, 현대사를 중심으로 한 주제중심적으로 역사교육내용을 조직하는 것이 그 해결책으로 등장하였다. 그 대표적 예는 현행 프랑스 고등학교 두번째 학년(고등학교 1학년)의 역사교육과정이다. 그 역사교육과정은 시간의 순서에 따라 6개의 역사적 시대들에 관한 주제들을 순서대로 교수요목으로 하고 있다. 그 교수요목들은 각각 고대 시민성의 예, 크리스트교의 발생과 전파, 12세기 지중해, 인문주의와 르네상스, 1851년까지의 프랑스 혁명과 정치적 경험, 19세기 전반기의 변화하는 유럽이다.52)

그 교수요목들은 역사를 시간상 계속 이어지는 것으로 보는 계속성 원칙에 의해 조직된 것이 아니다. 그것들은 현대 문명을 구성하는데 기여한 중요한 6개의 역사적 사실들을 확대된 시간을 기준으로 한 연대기적 원칙에 의하여 선택된 것들이다.53) 이러한 내용조직을 통하여, 프랑스 역사교육과정은 역사란 현재를 이해하기 위하여 연구하는 것이며, 또한 시간이 지나면서 공간 속에 누적되어 온 것을 연구하는 학문이라는 것을 분명하게 밝히고 있다. 따라서 프랑스 역사교육은 본질적으로 과거를 학습하여, 현실세계의 이해를 위한 교육을 지향하고 있는 것이다.

연대기적 원칙에 기초한 주제중심적 역사교육내용조직 방식은 고등학교 최종과정인 첫번째 학년과 마지막 학년의 역사교육내용조직에도 마찬가지로 적용되고 있다. 연대기적 역사교육내용조직 방식은 전체적으로 최종과정의 두 개 학년 교육내용조직에 충실하게 반영되어 있다. 첫번째

---

51) Hery, *L'Epreuve orale sur dossier en histoire, Préparation au CAPES d'histoire-géographie*, p.66.
52) Ministère de la jeunesse, de l'éducation nationale et de la recherche, Direction de l'enseignement scolaire(2003), *Histoire-Géographie, Classe de Seconde*, p.16.
53) Hery, *L'Epreuve orale sur dossier en histoire, Préparation au CAPES d'histoire-géographie*, p.66.

학년의 한 학년 동안의 대주제는 19세기 중엽부터 1945년까지의 세계, 유럽, 프랑스이다.54) 최종학년의 대주제는 첫번째 학년의 대주제가 끝나는 1945년 이후에서 오늘날까지의 세계, 유럽, 프랑스이다.55)

고등학교 최종과정에서 각 학년의 세부 역사교육내용은 연대기적이기 보다는 주제중심적으로 조직되어 있다. 첫번째 학년의 중주제는 19세기 중반부터 1939년까지의 산업화 시대와 그 문명, 19세기 중반부터 1914년까지의 프랑스, 1914~1945년까지의 전쟁, 민주주의와 전체주의로 모두 3개이다.56) 이것은 시간의 계속성을 보여주기 위한 연대기적 역사교육내용조직이 아니다. 첫번째 중주제는 1939년까지의 시기를, 두번째 중주제는 1914년까지를, 세번째 중주제는 1945년까지를 교육내용으로 하고 있기 때문이다. 중주제를 중심으로 보면 첫번째 학년의 역사교육내용은 19세기 중엽에서 1945년이라는 전체적인 연대기적 틀에 기초하여, 세부적으로는 산업화, 프랑스, 전쟁과 민주주의, 그리고 전체주의라는 주제를 중심으로 조직되어 있다. 한편, 최종 학년의 중주제는 1945년에서 오늘날까지의 세계, 1945년에서 오늘날까지의 유럽, 1945년에서 오늘날까지의 프랑스로 모두 3개이다.57) 이 학년의 중주제에서도 우리는 역사교육내용이 1945년에서 오늘날까지라는 전체적 연대기의 틀 속에서 이 시기의 세계, 유럽, 프랑스라는 주제를 중심으로 조직되어 있다는 것을 알 수 있다.

프랑스 고등학교 최종과정 최종학년의 중주제를 통해 본 역사교육내용조직은 주제중심적일 뿐 아니라, 또 다른 면에서도 획기적이다. 역사교

---

54) Ministère la jeunesse, de l'éducation nationale et de la recherche(2003), *Histoire-Géographie, classe de première*, CNDP, p.10.
55) Ministère la jeunesse, de l'éducation nationale et de la recherche(2004), *Histoire-Géographie, classe de terminale*, CNDP, p.7.
56) Ministère la jeunesse, de l'éducation nationale et de la recherche, *Histoire-Géographie, classe de première*, pp.10~11.
57) Ministère la jeunesse, de l'éducation nationale et de la recherche, *Histoire-Géographie, classe de terminale*, pp.7~21.

육내용이 전통적인 환경확대법이 아니라 정반대의 역환경확대법으로 조직되어 있기 때문이다. 역환경확대법으로 역사교육내용을 조직하게 된 이유는 1995년 역사교육과정에서 찾아볼 수 있다. 그 교육과정은 그 이전의 1986／88년의 역사교육과정과 전혀 다른 관점에서 교육내용을 조직하였다. 1986／88년의 교육과정은 프랑스 내부의 사회적 혼란을 극복할 필요에 따라 구성되었다. 그 교육과정은 프랑스의 역할과 모습을 다시 정의하고, 국가 간의 치열한 생존경쟁이 전개되고 있는 국제관계에 대한 공공의 의식을 증진시키려는 목적을 갖고 있었다. 그리고 세계 속에서 유럽의 강대국인 프랑스가 자신의 젊은이들에게 전달하는 것이 유용하다고 생각되는 지식들을 압축시킨 것을 교육내용으로 하였다. 그 결과, 프랑스로부터 시작하여 단계적 영역, 즉 프랑스, 유럽, 세계의 순으로 교육내용을 조직하였다.58) 이에 반하여, 1995년의 역사교육과정은 사회적 내부의 문제보다는 유럽통합의 중요성을 강조하였다. 그 결과, 역환경확대법의 역사교육내용조직 방식이 적용될 수 있었다.

환경확대법을 포기한 결과, 프랑스 고등학교 최종학년의 역사교육내용은 연대기적인 방식에서 벗어나 주제, 논제중심으로 조직될 수 있었다. 연대기적 역사조직을 포기하고, 주제중심의 간 국가적 혹은 지정학적 역사교육내용조직을 시도하였기 때문이다. 그 결과, 최종학년의 역사교육내용은 제2차 세계대전 이후의 동서 간의 이념적 대립의 모델과 제3세계, 그리고 새로운 세계질서를 중심으로 유럽과 프랑스의 역사를 이해하도록 조직되어 있다.59) ≪20세기≫라는 잡지의 연구에 의하면, 유럽 연합 다른 국가들에서의 역사교육내용과 비교하여, 프랑스 역사교육과정에서 국가는 아주 보잘것없는 위치를 차지하고 있다. 즉 프랑스 중·고등학교의

---

58) Ministère de l'éducation nationale, de l'enseignement supérieur, de la recherche et de l'insertion professionnelle(1996), *Histoire, Géographie. Classes de seconde, première et terminale*, C.N.D.P. pp.20~21.

59) Ministère la jeunesse, de l'éducation nationale et de la recherche, *Histoire-Géographie, classe de terminale*, CNDP, pp.7~21.

역사는 항상 보편적 성격을 갖고 있으며, 프랑스 국가를 넘어서 서양 문명에 높은 가치를 두고 있다. 뿐만 아니라, 그 역사에는 유럽 중심적 시각이 매우 뚜렷하게 나타나고 있다.60)

주제별 역사교육내용조직으로의 변화는 특별히 현대사 중심의 역사교육을 위한 것이다. 연대기적 역사교육내용조직은 사실 혹은 사건의 원인과 결과를 지나치게 강조한다. 그 결과, 그러한 역사교육은 실제 현실 세계의 복잡성을 이해시키는데 매우 부족하다. 현실 세계의 복잡성을 이해하기 위해서는 주제를 중심으로 시간과 공간에서 서로 일치하고 있는 현상들 간의 상호관계를 파악할 수 있도록 하여야 한다.61) 즉, 주제중심으로 역사교육내용을 조직하여야 하는 것이다. 그러나 현대세계의 형성을 설명하는 것은 단지 20세기만의 발전을 이해하는 것으로는 충분하지 않다. 오늘날의 세계를 보다 잘 이해할 수 있도록 하기 위해서는 오늘날의 세계의 기초를 만든 과거의 중요한 역사적 사건을 주제로 하여 확대된 연대기적 원칙에 근거하여 다시 재조직하는 것이 필요하다. 그 대표적 예가 고등학교 두번째 학년의 역사교육내용조직이다. 이 학년에서는 오늘날 세계를 보다 잘 이해하도록 하는 6개의 역사적 순간들을 공부하도록 한다. 그래서 "현대세계의 기초들"이라는 대주제 아래 6개의 중주제들이 있다. 이러한 6개의 역사적 순간들은 어떠한 연대기적 계속성은 없다. 그리고 주제별 일관성도 없다. 오늘날과 다른 고대 세계에서 아테네와 로마 시민이 어떠했고, 서양 문명의 주요한 구성물인 기독교의 설립을 다시 상기시키며, 서양 기독교 옆에 있는 동양 기독교와 이슬람을 상기시키면서, 이러한 문명들의 교류가 어떻게 상호 풍부하게 이루어지는가를 보여준다. 즉 중세문명의 다양성을 강조한다. 또한 르네상스와 인문주의 시대의 인간과 세계의 새로운 전망을 강조하고, 혁명의 시대에 의해 대변되는 기본적 변화를 강조하며, 그것이 전파한 새로운 개념들을 강조하면서, 어떻게 이러한 개념들이 점차 유럽에 전파되었는가를 보여주고 있다.62)

---

60) Hery, *L'Epreuve orale sur dossier en histoire, Préparation au CAPES d'histoire-géographie*, p.67.
61) 위 책, p.66.

5. 기억으로서의 현대사 교육을 위하여

  프랑스뿐 아니라 우리나라에서도 현대사 교육에 관한 논의는 교과로서의 역사의 위상이 무엇인가라는 문제와 분리할 수 없는 문제일 것이다. 현대사는 오늘날 우리들의 생활과 밀접한 관련을 갖고 있다. 이러한 현대사 교육에서는 역사가들의 연구결과인 지식으로서의 역사보다, 사람들의 기억이 더욱 중요할 것이다. 어떤 기억을 선택하느냐의 문제가 역사교육학자들뿐 아니라 일반 여론의 초미의 관심사가 되고 있다. 프랑스에서는 1970년대에 들어와 현대사, 그중에서도 현재사에 대한 사회적 관심이 급격히 증가하였다. 현재사에 관한 서적들이 서점에서 많이 팔리고, 그것을 대상으로 한 텔레비전 방송물들이 높은 시청률을 유지하고 있다. 그 이유는 현실이 너무 빨리 변하게 되면서, 우리는 가까운 미래에서 설명의 열쇠를 찾으려고 하기 때문이다.63) 보다 더 중요한 이유는 정치적 이유로 죽임을 당하거나 감추어진 것을 밝히기 위한 것이다. 그 대표적 예는 ≪고통과 동정≫이라는 제목으로 프랑스 국립 텔레비전 방송의 주관하에, 마르셀 오퓔스 감독이 1969년에 만든 영화이다.64) 또한 현대사는 기업들뿐 아니라 특수인들의 요구에 의하여 그 필요성이 커졌다. 이것이 바로 미국에서 유행하는 대중적 역사이다.
  우리나라에서도 요즈음 현대사에 관한 관심이 정치권의 초미의 관심사가 되고 있다. 국회와 국정원에서 과거사청산위원회가 구성되어, 증인들이 존재하거나 그들의 증언이 존재하는 현재사를 연구하고, 그 진리를 밝히려고 하고 있다. 이러한 때, 현행 제7차 교육과정에서 탄생한 새로운 교과목인「한국근·현대사」의 교육은 사회 일반인들의 관심사가 될 수밖에 없다. 국사, 세계사 그리고 사회과와 구별되는「한국근·현대사」만이 갖고 있는 고유한 교육목표, 내용, 방법은 무엇인가와 한국근현대사 교육

---

62) Berstein, Borne, "Les nouveaux programmes d'histoire des lycées", p.140.
63) Burguière, *Dictionnaire des sciences historiques*, p.654.
64) 위 책, p.654.

이 역사교육 일반에 어떠한 위상을 차지하고 있는지에 관한 연구가 필요할 것이다.

프랑스 고등학교 역사교육과정에 있어서 현대사 교육에 관한 연구는 이러한 현행 한국근현대사 교육에 관한 논의에 도움이 될 수 있는 몇 가지 시사점을 제공한다. 우선, 프랑스 현대사 교육은 일반 역사교육의 일부로 이루어지고 있다는 것이다. 현대사를 일반 역사와 구별하여 가르칠 교육학적이고 역사학적 근거를 찾으려는 어떠한 노력도 역사교육과정 구성에 관한 논의에서 존재하지 않는다. 그 다음으로, 프랑스 현대사 교육은 다른 시기에 관한 역사교육보다도 시대적 요구를 더욱 반영하고 있으며, 고등학교 전 학년 동안 현대사를 중심으로 하여 실시되고 있다. 프랑스에서는 현대사 교육내용의 선택기준도 명확하게 정리되어 있다. 그 선택기준은 중요성, 지속성, 사회적 필요성이라고 할 수 있다. 아직도 그러한 기준들의 단점들을 보완하려는 노력이 계속되고 있다. 우리나라에서도 역사교육내용의 선정기준에 관한 연구들이 진행되어 왔다.65) 그러나 현대사교육내용의 선정에 관한 연구는 없다. 또한, 프랑스 현대사교육이 우리의 한국근현대사 교육에 주는 시사점은 현대사 교육내용 조직원리라고 할 수 있다. 그 조직원리는 확대된 연대기적 원칙에 입각한 주제중심의 간국가적이며 역환경확대법의 원리이다. 이러한 원칙은 아직도 미완성이며, 전통적인 연대기적 역사교육내용조직의 원칙에 관한 단점을 보완하고, 새로운 해결책에 관한 문제점을 논의하는 과정에서 나온 것이다. 우리나라 역사교육학계에서도 역사교육내용조직의 계열화에 관한 논의가 있어왔다.66) 그러나 현대사 교육내용의 조직원리에 관한 연구는 진행되어야 할 과제로 남아있다.

---

65) 정선영, 「역사교과 내용선정의 원리 - 중요성의 문제를 중심으로」, 『이원순교수 정년기념 역사학논총』, 교학사, 1986 ; 김항구·김한종, 「중·고등학교 국사 교육내용의 선정 방안」, 『청람사학』, 창간호, 1997. 등이 있다.

66) 대표적 연구로는 김항구·김한종·송상헌, 「중·고등학교 국사교육의 계열화 연구」, 『연구보고 RR 95-VI-5』, 한국교원대학교 부설 교과교육 공동연구소, 1997 ; 이병희, 「중·고등학교 국사교육내용의 계열화」, 『역사교육』 76, 2000. 등이 있다.

III. 역사교과서 속의 한국근현대사

『한국근·현대사』 교과서의 학습자료 분석

이 해 영

1. 머리말
2. 『한국근·현대사』 교과서의 구성상의 특징
3. 본문보조자료
4. 탐구자료
5. 읽기자료
6. 맺음말

1. 머리말

　현재 많은 학생들이 인터넷, 대중 매체 등 다양한 통로를 통해 역사를 접하고 있다. 그러나 여전히 역사교과서는 학교교육에서 학생들이 역사를 접하는 가장 중요한 교재이다. 즉 역사교과서는 학생들이 역사인식에 이르는 기본적인 통로의 역할을 한다. 학교에서 배운 역사적 사실이 성인이 되어서도 역사를 이해하는 바탕이 된다고 할 때, 역사교과서의 내용은 국민의 역사인식에 절대적인 영향을 미친다고 할 수 있다.[1] 그러나 역사교과서는 지금까지 끊임없이 비판을 받고 있다. 교과서가 재미가 없어서 학생들이 지루해 한다는 것도 주된 비판 중의 하나이다. 서술

---

1) 김한종(2001), 「역사교육의 측면에서 본 한일 공동 역사교과서」, 제8회 한·일 역사교과서 심포지엄 기조강연, 2쪽.

의 형식이 너무나 딱딱한 점, 학습자료가 불충분하고 불완전하여 효과적인 자료제시의 기능이 무시되고 있다는 점, 중학교와 고등학교의 학교급별 계열성의 원칙이 제대로 지켜지지 않아서 내용상의 중복이 많다는 점, 용지, 색도, 표지 등 교과서의 외형적 수준이 크게 떨어진다는 점, 1종 도서라는 한계에서 오는 내용의 경직성 등이 역사교과서를 재미없게 만드는 이유로 지적되고 있다. 이 중에서도 학생들의 자기 주도적 학습을 촉진하는 데 도움이 되는 다양한 학습자료의 제시가 부족하여 학생들의 사고를 자극하지 못하고 있다는 비판이 오랫동안 계속되었다.2)

제7차 교육과정에 따라 새롭게 신설된 『한국근·현대사』 교과서는 기존의 이런 비판을 탈피하기 위해 많은 노력을 한 흔적을 볼 수 있다. 한국근·현대사가 심화선택과목으로 편제됨에 따라 발행체제도 검정제로 전환되었다. 그 결과 기존의 국정체제 때와 달리 다양한 역사인식을 학생들에게 심어주고자 많은 볼거리와 읽을거리를 제시하였다. 이런 자료들을 보면서 학생들은 다양한 지식과 비판적 안목을 획득하는 데 도움이 될 것이다.

그러나 자료들이 교과서에 많이 실리는 것이 무조건 좋은 것인지는 한번쯤 다시 생각해 볼 필요가 있다. 도움을 준다는 이유로 너무 산만하고 복잡하게 들어가 오히려 학습효과를 떨어뜨릴 수도 있기 때문이다. 그리고 무성의한 기재로 학생들이 왜곡된 정보를 수용할 수도 있다. 따라서 이 글에서는 6종 『한국근·현대사』 교과서에 실려있는 자료들을 살펴본 후, 학생들이 이를 학습하는데 얼마나 도움이 되는지를 검토할 것이다.

---

2) 이존희(2001), 「역사교과서의 기능과 역할」, 『역사교육, 달라져야 한다』, 혜안, 47~52쪽.

2. 『한국근·현대사』 교과서의 구성상의 특징

『한국근·현대사』는 우리민족의 가까운 과거를 정확히 앎으로써 당면한 과제를 처리할 수 있는 역사적 능력을 계발하고 신장시키기 위해 설정된 과목이다. 우리민족이 근현대의 세계 속에서 발휘해 온 역량을 주체적, 비판적으로 이해하고, 이를 토대로 하여 21세기 우리 민족사의 전개에 능동적으로 참여할 수 있는 자질을 기르도록 하는 데에 그 목적을 두고 있다. 현재에 대한 이해와 미래에 대한 조망은 역사인식의 바탕이며 따라서 역사를 학습하는 궁극적인 목적은 과거에 대한 이해를 통해 현재를 올바로 인식하고 미래를 설계하는 데 있다. 이를 위해서 교과서를 다양한 탐구자료를 중심으로 쉽고 재미있게 구성해야 하며 학습활동에 있어서는 학습자들의 지적인 탐구심과 상상력을 강조해야 한다고 밝히고 있다.3) 이에 비추어 『한국근·현대사』가 검정 교과서로 발행된 것은 의의가 크다. 교육부는 검정체제로의 전환 이유를 "경쟁을 통해 보다 양질의 교과서를 시장에 공급하고 수요자가 양질의 교과서를 선택하게 하는 것이다."라고 밝혔다. 그러나 이보다 다양성과 창조성이 강조되는 21세기의 상황에서, 학생들이 다양하고 창의적인 역사적 사실을 접하기 위해서는 폐쇄적인 국정보다 검정 교과서가 훨씬 효과적이다. 즉 검정제는 교과서의 획일적인 역사상에서 탈피하여 교사와 학생이 토론을 통해 다양한 역사적 해석을 논할 수 있는 자료나 그동안 소홀하게 취급되었던 여성, 사회주의 운동, 친일파 문제 등을 담는데 용이하며, 애니메이션이나 사진자료를 현대적 감각에 맞게 활용할 수 있는 등 다양한 역사적 해석을 가능하게 하는 장점이 있다.4)

---

3) 교육부(1997), 고시 제 1997-15호, 『사회과 교육과정』, 대한교과서주식회사, 186쪽.

4) 김종훈(2003), 「한국 현대사 어떻게 가르칠까? - 해방8년사를 중심으로」, 『한국사 교과서의 희망을 찾아서』, 역사비평사, 254~255쪽.

현재 검정에 통과되어 학교에서 사용되는 『한국근・현대사』교과서는 금성출판사, 대한교과서, 두산, 중앙교육진흥교육연구소, 법문사, 천재교육에서 간행된 6종이다. 이들 교과서는 다양한 역사인식을 심어주기 위한 방법으로 각 교과서마다 개성있게 학습자료들을 제시하고 있다.

먼저 금성교과서는 우리 사회가 당면한 역사적 과제를 해결하는데 능동적으로 참여하려는 의지를 기를 수 있도록 하기 위해 여러 유형의 읽기 자료와 탐구활동을 제공하고 있다.[5] 그리고 대한교과서는 당면한 문제를 해결할 수 있는 능력을 기를 수 있도록 하기 위해서 다양한 자료와 사례, 그리고 탐구과제를 제시하였다.[6] 두산교과서도 여러 가지 탐구과제와 읽기자료 그리고 시각자료를 통해 자료에 대한 이해력과 역사적 사고력을 함양하도록 배려하고 있다.[7] 또, 법문사교과서는 우리민족사를 생생하게 서술하고 우리사회가 당면한 역사적 과제에 능동적으로 참여하도록 하기 위한 방법으로 탐구, 자료읽기, 도움글, 주제학습 등 여러 가지 자료를 제시하고 있다.[8] 한편, 중앙교육진흥연구소 교과서 역시 종래의 교과서와 비슷한 체제를 유지하면서도 탐구활동과 읽기자료들을 상당수 제공하고 있다.[9] 마지막으로 천재교육 교과서는 단편적인 지식보다 한국근현대사의 전개과정 속에서 민족이 겪은 시련의 극복과정과 삶의 모습을 학습도움글, 탐구활동, 역사탐방 등의 자료를 통해 구체적으로 전달하는데 주안점을 두고 있다.[10]

이상에서 보면 6종의 교과서는 근현대사의 발자취를 더듬어보면서 교훈을 넘어 폭넓은 역사인식을 기를 수 있도록 하기 위해 노력하고 있음을 알 수 있다. 이를 위해 다양한 자료들을 본문과 밀접한 관련 아래 제시함

---

5) 김한종 외(2004), 『한국근현대사』, (주)금성출판사, 머리말.
6) 한철호 외(2004), 『한국근현대사』, 대한교과서(주), 머리말.
7) 김광남 외(2004), 『한국근현대사』, (주) 두산, 머리말.
8) 김종수 외(2004), 『한국근현대사』, 법문사, 머리말.
9) 주진오 외(2004), 『한국근현대사』, (주) 중앙교육진흥연구소, 머리말.
10) 김흥수 외(2004), 『한국근현대사』, (주) 천재교육, 머리말.

으로써 폭넓은 지식과 비판적 안목을 획득하도록 하고 있다. 이는 교육과 정에서 한국근·현대사 교육목표의 하나인 '학습자료를 조사, 분석, 종합하는 기능과 역사인식을 토대로 문제를 해결하는 능력을 기른다.'는 취지에도 적합한 접근 방식이다.11)

각 교과서 단원별로 구성된 학습자료들을 보면 다음과 같다.

〈표 1〉 각 교과서별 학습자료12)

교과서	대단원	중단원	소단원			단원 마무리	비고
			본문	탐구활동	자료제시		
금성	사진 시·노래 가사	학습목표 도입 주요연표	주제 생각열기 관련 용어 설명, 사진, 그림, 지도, 요약도식 등	<활동> 주제 자료제시 (글, 사진, 그림 등) 과제제시	<자료제시> 1. 읽기자료 – 인물엿보기, 문학 속으로, 영화 속으로, 역사의 현장, 이 때 세계는, 한 걸음 더 다가서기, 역사찾기, 역사의 수레바퀴	<단원마무리(대단원)> 주요내용 정리 퍼즐(교과) 수행평가 (과제제시)	부록: 한국근현대사 연표
대한	사진 중심글 연표, 지도	사진 설명	학습목표	<탐구활동> 자료(도움글, 자료읽기, 사진 등(내용제목)), 열린 과제제시	<자료> 사진(설명), 도움글(내용제목), 자료읽기(내용제목), 열린 과제 <(보는 역사)> 쟁점, 사진, 그림, 신문, 소설, 인물, 사진, 만화, 사료, 다큐멘터리, 영화 등을 통해 보는 역사	<중단원마무리> 1. 주요내용 – 사건, 인물, 개념, 단체, 기타 2. 수행평가 <대단원마무리> 요약정리	
두산	사진 단원 개관 과제	학습목표	관련 용어 설명, 사진, 지도, 도표, 그림 등	<탐구과제> 자료제시 과제제시	읽기자료 도움글 <역사현장탐방> 자료 제시, 도전과제 (인터넷 사이트 자료 찾기) <사진 자료>	<이 단원을 정리하며(대단원)> 1. 학습내용 정리, 도식화 2. 마무리평가	부록: 근현대 사연표

---

11) 신주백(2003), 「저항, 그리고 형상화와 교육과정」, 『한국사 교과서의 희망을 찾아서』, 역사비평사, 219쪽.

12) 김진호(2003), 「한국근현대사 제시 자료」, 충남역사교육연구회, (http://www.chnhistory.net/html/main 참고).

교과서	대단원	중단원	소단원			단원 마무리	비고
			본문	탐구활동	자료제시		
법문	사진 안내 생각해 봅시다	안내	학습목표 관련 용어 설명, 사진, 지도, 도표, 그림 등	<탐구> 자료제시 과제제시	<도움글> <자료읽기>	<중단원마무리> 핵심정리, 확인학습(과제) <주제학습> 심화학습 <대단원마무리> 1. 단원의 구조 (도식화) 2. 수행평가	부록: 역사연표
중앙	사진 단원 길잡이 단원의 학습목표	학습주안점 도입글	관련 용어 설명, 사진, 지도, 도표, 그림 등	<탐구활동> 자료제시 과제제시	<읽기자료> 이해·흥미 관련 자료, 과제 <참고자료> 캐릭터 질문, 안내(인터넷)	<확인학습(중단원)> 공부한 내용 확인하기 <단원의 정리(대단원)> 1. 단원내용정리하기(중단원별) 2. 단원정리문제(과제, 응답 – 총괄평가)	부록: 한국근현대연표
천재	사진 단원을 열며 생각 펼치기 세계사와 한국사 (지도, 연표)	사진 단원학습목표	단원 열기 관련 용어 설명, 사진, 지도, 도표, 그림 등	<탐구활동> 자료제시 과제제시	<학습 도움글> <역사 자료실> 사료제시, 해석·설명 <역사 탐방> 문학과 예술, 사진, 지도, 자료, 노래를 통해 보는 역사, 생각해 봅시다 제시	<단원을 정리하며(대단원)> 1. 요약정리(중단원) 2. 마무리학습	부록: 역사연표

이들 자료들을 교과서 속에서 하는 역할을 중심으로 하여 구분하면 본문보조자료, 탐구자료, 읽기자료로 나누어 볼 수 있다.

〈표 2〉 교과서 학습자료 기능별 분류

분류	해당 항목
본문보조자료	지도, 연표, 그림, 사진, 각종 도표, 좌우 여백 주
탐구자료	탐구활동(= 탐구, 활동) 및 과제, 주제 학습(법무사) 수행평가(대한)
읽기자료	도움을, 역사 탐방, 주제학습, 역사 찾기, 한걸음 더 다가서기, 문학 속으로, 영화 속으로, 자료 읽기

〈표 2〉에서 본문보조자료에는 사진 및 그림, 각종 표, 지도, 좌우 여백 주 등이 포함되며, 탐구자료는 본문내용과 관련된 다양한 자료를 중심으로 과제의 해결을 통해 역사적 사고력과 문제 해결력을 기를 수 있도록 한 것들을 묶었다. 읽기자료는 본문내용을 보다 풍부하게 설명하고 학습에 흥미를 느낄 수 있는 자료들을 위주로 구성했는데 도움글, 읽기자료, 인물엿보기, 한걸음 더 다가서기, 문학 속으로, 영화 속으로, 역사찾기, 역사현장탐방이 이에 해당된다.

다음에서는 조선후기부터 현대사에 이르기까지 앞으로 배울 단원을 전체적으로 소개하는 〈Ⅰ. 한국근·현대사의 이해〉를 중심으로 교과서의 학습자료들이 어떤 역할을 하고 있는지, 그리고 그 역할을 제대로 수행하고 있는지를 알아보도록 할 것이다.

3. 본문보조자료

본문보조자료는 사진, 그림, 도표, 지도 등 주로 비문자 자료로 이루어졌다. 이런 비문자 자료들은 문자서술에서 나타니는 깃과 같이 역사이해나 해식의 결과를 직접적으로 전달하는 경우는 별로 없기 때문에 학생들로 하여금 다각적인 해석을 유도해낸다. 때문에 비문자 자료에 의해 표현되는 역사의 의미에 대해 학생들은 다양하게 받아들일 가능성이 높다.13) 예컨대, 같은 사진자료라도 이를 어떻게 활용하는가에 따라 학생들의 사고가 달라진다. 6·25전쟁과 관련된 사진자료 중 폐허가 된 서울의 모습을 어떤 교과서에서는 폐허가 된 평양이나 원산시의 모습과 나란히 넣어 제시하고 있고, 어떤 교과서에는 같은 사진을 옆에 인적·물적 피해 상황을 보여주는 도표와 나란히 보여주고 있으며, 어떤 교과서는 읽기자료의 내용을 서술한 다음 사진자료를 제시하고 있다. 보는 사람이 어떤 생각을 하느냐에

---

13) 김한종(2000), 「역사의 표현형식과 국사교과서 서술」, 『역사교육』 76, 150쪽.

따라 다르겠지만 일반적으로 평양과 서울을 비교하는 사진을 보면 '6·25 전쟁이 어느 한쪽이 아닌 남북한 양쪽 모두에게 깊은 상처가 되었겠구나.' 하는 것을 인식하게 되고, 도표와 함께 제시된 사진을 본 학생은 '사진과 같은 피해 현황이 아주 컸겠구나.'하는 점을 알게 될 것이다. 또 읽기자료를 읽은 학생은 사진을 통해 그 당시의 처참한 상황을 더 현실감 있게 느낄 수 있을 것이다. 이처럼 같은 사진이라도 어떻게 배치하는가에 따라 학생들이 받아들이는 느낌에는 차이가 있다. 이런 교과서의 본문보조자료는 학생들의 역사이해에 어떠한 기능을 하는지에 따라 이미지적 자료, 예증적 자료, 설명적 자료, 해석적 자료 등으로 나눌 수 있다.

이미지적 자료는 어떤 역사상을 떠올리는 데 사용되는 자료이다. 이러한 목적으로는 사진자료가 가장 흔히 사용되며 때로는 이미지를 형상화한 그림도 이런 형식으로 이용된다. 이 경우 그림을 통해 다루는 역사적 사실에 내포되어 있는 의미를 전달하고자 하는 것으로 집필자의 주장이나 관점, 주안점이 그림에 표현된다. 그리고 학생들에게 일정한 이미지를 심어주기도 한다. 예컨대, 인물영정사진을 통해 학생들은 그 인물의 성격에 대하여 일정한 이미지를 가질 수 있으며, 건물사진에서는 넓다거나, 화려하다거나, 경치 좋은 곳에 있다는 것과 같은 생각을 머릿속에 남길 수도 있다.

예증적 자료는 본문서술을 입증하기 위한 자료이다. 예증적 자료는 별다른 설명 없이 본문서술을 확인하는 용도로 실리는 경우가 많다. 본문서술과 함께 실려 있는 문화재 사진들은 전형적인 예라고 할 수 있다. 이러한 자료들은 그림이나 사진을 통해 본문의 서술내용을 확인한다는 의미를 가지고 있다. 그러나 실제로는 입증이 형식적인 경우도 있다.

설명적 자료는 사실을 전달하거나 사실들 간의 관계를 확인하는데 사용된다. 문자서술에 나타난 어떤 역사적 주장이나 해석을 뒷받침하는데 사용되는 예시자료, 문자서술내용과 관련된 역사적 사실을 보충하는 자료 등이 여기에 속한다. 따라서 설명적 자료는 기본적으로 본문의 서술내용을 보충하는 성격을 가진다. 이러한 자료들은 사진이나 그림 외에, 연표나 지도, 통계, 도표와 같은 형식을 취하기도 한다.

해석적 자료는 그 내용 자체를 통해 역사적 사실에 어떤 역사적 의미를 부여하고, 역사이해에 도움을 줄 수 있는 자료라고 할 수 있다. 해석적 자료에는 보통 어떤 역사적 사실과 이에 영향을 주는 2가지 이상의 요인 또는 역사적 상황이 함께 담겨 있다.14)

〈Ⅰ. 한국근·현대사의 이해〉 단원의 보조자료들을 이 기준에 맞춰 분석해보면 다음과 같다.

먼저 교과서들은 각 단원의 첫 부분에 그 단원의 내용을 소개하거나 상징하는 그림이나 사진을 수록하고 있다. 〈백두산 천지〉, 〈맹호 기상도〉, 〈광복 50주년을 기념하며〉, 〈고난 극복의 한국인상〉, 〈독립기념관〉, 〈불굴의 한국인상〉, 〈통일 염원의 탑〉, 〈8·15광복의 기쁨〉이 그것이다. 이런 자료들은 각 절이나 단원의 첫 부분에서 그 단원의 내용을 상징해주는 이미지적 자료들이라고 할 수 있다. 이 단원은 앞으로 다루게 될 근현대사의 전반적인 내용을 소개한다는 성격이 강하므로 수록할 수 있는 이미지 자료들의 범위는 매우 다양하다. 그런데 6종 교과서 첫 단원에서 다루고 있는 자료는 어느 정도 일정하다. 이미지적 자료에 저자의 주장이나 관점들이 들어간다는 점을 감안할 때 저자가 학생들에게 알려주고자 하는 것은 한국 근현대사의 전개 과정 중 우리가 겪어 온 시련을 꿋꿋하게 극복한 기상을 심어주고자 한다는 것을 알 수 있다. 따라서 학생들은 이 사진들에서 대한민국 근현대사에 대한 전반적인 이미지를 '강인한 의지', '불굴의 기상', '독립의 소중함', '남북통일의 중요성' 등으로 느낄 것이다.

교과서에 나오는 보조자료 중에는 본문서술을 보충하기 위해서 사용되는 설명적 자료나 본문서술을 입증하기 위한 예증적 자료가 가장 많은 비중을 차지한다. 주로 본문내용을 보충하기 위해 수록되는 경우가 많고, 가끔 본문내용서술을 입증하기 위해 구체적인 실례로 뒷받침한 예증적 자료들도 있다. 이는 교과서 집필 과정에서 시각적인 효과에 신경을 썼기 때문으로 보인다. 학생들은 이들 자료를 통해 본문내용이 '이렇게 해서 나왔구

---

14) 위 글, 151~152쪽.

나.'라는 것을 알게 되고 유물이 '이렇게 생겨서 이런 표현을 썼구나.'라고 본문의 서술내용을 확인할 수 있다. 조선후기 상업활동이 크게 진전되었다는 본문의 내용을 보충하기 위해 〈상평통보와 송상들의 어음〉, 〈장터길〉, 〈시장도〉와 같은 그림을 수록한 것이 설명적 자료의 전형적인 예라고 할 수 있다. 자료에 대한 설명이 정확하지 않거나 형식적이어서 오히려 학생들에게 혼란을 가중하는 경우가 있다. 먼저 사실을 정확하게 알지 못하고 기재함으로써 그 역할을 제대로 하지 못한 경우로, 김홍도의 〈자리 짜기〉를 들 수 있다. 어떤 교과서에서는 양반층의 몰락으로 조선후기 양반은 직접 일을 했음을 보여주기 위해서 자료를 넣은 반면, 다른 교과서에서는 넉넉하지 않은 서민가정의 자제가 책을 읽음으로써 서민들의 교육기회가 확대되어 감을 보이기 위해 이 자료를 수록하고 있다.

▲ 자리 짜기

〈호가장 전투 대원 추도회〉의 경우 '일본이 항복한 후 조선 의용군 대원들이 희생자 묘지를 방문하여 하직 인사를 하는 듯한 장면이다.'라고 함으로써 사진의 출처가 명확하지 않다는 것을 보여주고 있다. 이런 자료들은 정확한 사실을 확인하지 않고 수록해서 오히려 학생들을 혼란스럽게 할 소지가 있다.

또 시각적 효과를 위해 자료를 넣긴 해야 하는데 마땅한 것이 없어 형식적으로 들어간 경우도 있다. 예컨

▲ 호가장 전투 대원 추도회

일본이 항복한 후 조선 의용군 대원들이 희생자 묘지를 방문하여 하직 인사를 하는 듯한 장면이다.

대, 〈갑신정변 때 발표한 14개조의 정강〉이나 〈사발통문〉, 〈국내에서 가장 오래된 성서〉, 〈영남 만인소〉, 〈춘향전 원문〉, 〈반계수록〉과 〈우서〉, 〈민립 대학 설립 운동을 보도한 신문기사〉와 같이 책표지의 제목이나 한문으로 쓰여진 책 내용을 보여주는 경우가 그렇다.

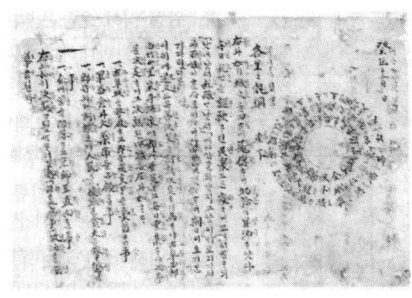
▲ 사발통문

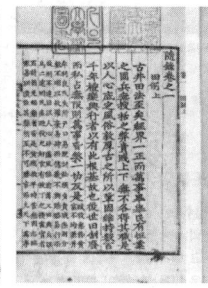
▲ 반계수록, 우서

어떤 경우에는 책 내용조차 흐릿하여 그나마 원문도 확인하기 힘든 경우가 있다. 원 자료일 경우 '이렇게 생겼구나'라는 점을 알게 해주는 효과도 있겠지만 그렇지 않은 경우는 마땅한 자료가 없어 그냥 수록했다는 생각이 든다. 이와 같은 자료를 꼭 수록해야 한다면 자료의 내용을 어느 정도 한글로 풀어서 부여주는 배려가 필요할 것 같다.

본문보조자료는 아직까지 교과서 본문내용에 대한 보충 및 확인 역할이 가장 큰 비중을 차지하고 있다. 특히, 이 단원에서 제시되는 보조자료의 대다수는 본문의 개괄적인 서술에 대한 깊이있는 보충을 위해 수록한 경우가 많다. 교과서 안의 자료에 의미가 없는 경우는 없겠지만 학생들은 그 의미를 찾아내기보다는 '본문내용을 단순히 보충, 확인하겠지' 혹은 '그냥 실었겠지'라고 생각하고 그냥 지나쳐버리는 경우가 많다. 이런 자료 안에서 학생들의 역사적 사고를 유도시키는 것은 지극히 어렵다. 단순한 역사적 사실뿐만 아니라 역사적 상황을 함께 담아 역사의 의미를 파악하며 흐름을 이해할 수 있게 해주는 자료를 수록할 필요가 있다. 예컨대, 국사교과서에 흔히 나오는 조선시대 '조운도'의 경우, 조운의 상황

뿐 아니라, 행정구역, 교통로, 각 지역의 지리적 환경, 그리고 정치적 특이사항 등이 함께 들어 있다. 이러한 여러 요인들을 고려하면서 지도를 본다면, 이와 같은 요인들이 당시 조운제도나 조운의 구체적인 시행에 어떻게 영향을 미쳤는지를 이해하고, 조운제도가 가지는 사회적 의미를 파악할 수 있을 것이다. 역사를 비판적이고 해체적으로 읽기 위해서는 다각적인 해석을 할 수 있는 능력이 필요하다.15) 그러기 위해서는 이런 자료들이 풍부하게 제시됨으로써 학생들이 꾸준히 접할 수 있도록 해야 한다. 따라서 제작하는데 다소 어려움이 있더라도 학생들의 이해를 가장 실질적으로 돕는 자료라는 점을 감안하여 여러 자료들과 균형을 이루며 수록해야 할 것이다.

4. 탐구자료

교과서는 최소한의 핵심적 지식을 결집해서 학생 스스로 역사적 사실을 이해하고 파악할 뿐만 아니라 새로운 지식을 발견하고 문제를 해결할 수 있도록 구성되어야 한다. 단순히 역사적 사실을 알기보다는 역사를 몸에 익히고 이를 발전의 동력으로 삼는 인간을 육성하기 위해서는 교과서 내용이 역사적 사실에 대한 서술뿐 아니라 탐구활동을 유도할 수 있는 각종 자료와 문제를 담아야 한다.16) 이번 제7차 교육과정에서는 이런 교과서관에 맞게 자기주도적학습을 강조하고 있다. 자기주도적학습은 새로운 역사교과서가 학자들의 연구성과를 시대순이나 분야별로 정리하여 학자들의 해석을 덧붙이는 지식의 전시장이 되는 것을 거부한다. 그리고 교과서를 하나의 텍스트, 즉 교사와 학생이 함께 문제를 발견하고

---

15) 김한종・이영효(2003), 「비판적 역사 읽기와 역사쓰기」, 『역사교육』 81, 1~2쪽.
16) 최완기(2002), 「역사교육에 있어서 교과서 활용의 문제」, 『역사교육』 84, 312~318쪽.

그들 스스로 답을 찾고 저마다의 의미를 서로 나눠보게 하는 지식의 구성과정을 안내하는 하나의 교재로 보고 있다. 교과서에는 학습자가 성취해야 할 교과 교육의 목표가 반영되어야 하므로 필요한 경우에는 발문을 넣거나 비판적으로 사고할 수 있는 과제를 제시할 수 있다. 이 과제 해결 과정에서 면밀한 자료분석과 토론이 이루어지도록 안내해야 되는 것이다.17) 여기서 역사교과서는 학생의 탐구과정을 지원해주는 자료들을 통해 학생들의 사고력을 촉발시켜 인식을 심화시키고, 역사적 사실이나 현상에 대한 비교, 분석, 종합력을 배양할 수 있게 해주어야 한다.

『한국근·현대사』교과서는 이에 맞게 학생 스스로 학습할 수 있는 탐구자료들을 다수 수록하고 있다. 일정한 자료를 제시하고 그것을 기초로 하여 주어진 과제에 답하게 하는 방식이 가장 일반적이다. 이때 자료는 사진이나 각종 통계표, 그래프 등이 들어 있긴 하지만 사료가 가장 많은 비중을 차지하고 있다. 사료를 이용한 학습은 과거의 기록에서 역사적 사실을 확인하고, 그 내용에 대한 해석을 통해 당시의 사회상을 재구성하며 거기에 역사적인 의미를 부여하게 된다. 학생들 스스로 사료해석에 참여함으로써 역사지식의 생성 과정을 경험하기 때문에 자기주도적학습에 가장 적합한 자료라고 할 수 있다.18) 따라서 탐구과제에서는 '이런 탐구자료들이 과제에 부합되는 것인가?', '자료의 과제들이 학생들의 사고에 자극을 주고 학습의욕을 촉진하는가?' 혹은 '발견적 학습을 촉진시키는 과제인가 아니면 이미 마련된 답변만을 요구하는가?', '학생들에게 자발성을 가능하게 하는가?'를 분석할 필요가 있다.19)

교과서에 수록된 탐구자료의 과제들을 살펴보면 크게 역사적 지식을 확인하는 과제, 해석을 위한 과제 그리고 탐구과제로 나눠볼 수 있다.

---

17) 최용규(2000),「구성주의 학습을 위한 역사교과서 내용구성 방안」,『역사교육』 73, 187~192쪽.

18) 정선영 외(2002),「역사수업의 교재」,『역사교육의 이해』, 삼지원, 152쪽.

19) 이병련(2000),「역사교과서의 의미와 서술 기준과 그리고 분석의 기준에 관하여」,『사총』 52호, 188~189쪽.

역사적 지식을 확인하는 과제는 말 그대로 역사적 사실이나 지식을 학생들이 알게 하기 위해 제시되는 과제이다. 이미 본문에 답이 있거나 제시된 자료를 읽으면 바로 답을 할 수 있어, 본문을 재확인하거나 사료를 잘 이해했는지의 여부를 묻는 역할을 한다. 이런 과제들은 탐구학습의 근본 취지와는 다소 거리가 있지만 학생들에게 탐구자료에 쉽게 접근할 수 있도록 하는데 유용하다.

해석을 위한 과제는 주어진 자료를 기존에 알고 있는 역사적 사실을 토대로 해석하여 역사적 상황을 그려낼 수 있는 과제들을 말한다. 이 과제는 '학생들이 주어진 자료를 보고 해석한 후 과제를 응용 및 조합하여 풀어낼 수 있는가?' 그리고 '이러한 해석을 통해 당시의 사회상을 재구성하며 거기에서 역사적인 의미를 찾아낼 수 있는가?'에 대한 학습기회를 준다.

탐구과제는 학생들이 자료를 읽고 난 후 토론이나 찾기, 보고서 작성 등을 스스로 하는 과제들을 말한다. 탐구과제는 학생들이 주어진 자료를 통해 역사지식의 생성 과정을 직접 경험할 수 있는 과제라는 점에서 그 의의를 찾아볼 수 있다.

〈Ⅰ. 한국근·현대사의 이해〉 단원에 제시된 탐구자료들의 과제를 모두 분석해 본 결과, 역사적 지식을 확인하는 과제 16개, 자료를 해석하기 위한 과제 21개 그리고 탐구과제 13개로 과제가 적절하게 제시되었다는 것을 알 수 있다.[20]

기본적인 역사적 사실이나 지식을 확인하기 위한 지식확인 과제의 사례를 보도록 하자.

상품작물, 돈 되네
서울 근교와 각 지방 대도시 주변의 파, 마늘, 배추, 오이 밭에서는 … 요즘은 인삼도 모두 밭에 재배하는데 이익이 천만 전이나 된다고 하니 토지의 질로서 말할 수 없다. 홍화, 대청 등 약재도 이익이 심히 많다.

---

[20] 고등학교 『한국근·현대사』 교과서 <Ⅰ. 한국근현대사의 이해> 단원 탐구자료 분류 참고.

과제 : 이 자료에서 가장 각광을 받은 두 가지 작물은 무엇인가?

　이 자료는 조선후기에 상업이 발달하면서 농촌 사회에서 상품작물재배가 활발하였으며, 인삼이나 약재가 상품작물로 인기를 끌었음을 알려주고 있다. 본문이나 제시된 사료를 보면 과제의 답을 쉽게 구할 수 있다는 점에서 위의 과제는 학생의 능동적이고 적극적인 사고를 유도하기는 어렵다. 그러나 제시된 자료의 내용을 제대로 읽었는지 확인하는 기능을 한다는 것을 알 수 있다. 또 정확한 답을 요구하는 경우가 많기 때문에 이런 유형의 과제는 명료하게 제시해 주는 것이 바람직하다. 그러나 이런 기능을 수행하지 못하는 자료들도 있다. 다음의 자료와 과제를 보자.

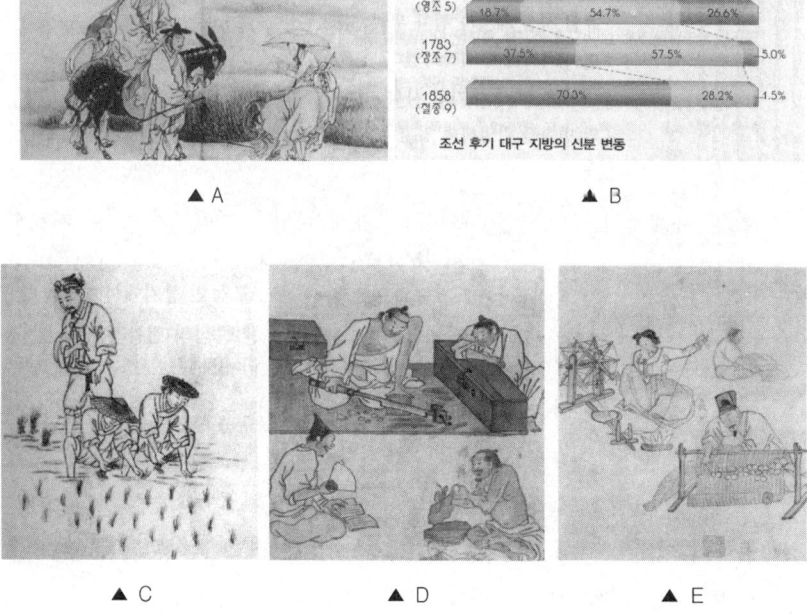

▲ A　　　　　　　▲ B

▲ C　　　　　▲ D　　　　　▲ E

과제1 : 조선후기의 경제 변동을 단적으로 보여주는 그림은?(2개)

위처럼 아무런 설명 없는 그림자료를 주고 과제를 제시할 경우 학생들에게 혼란을 줄 수 있다. 본문에서 이미 학습한다는 전제하에 제시된 듯 하지만 설명없이 제시된 그림이나 사진은 학생에 따라 제각각 해석될 수 있기 때문에 정확한 답을 요구하는 과제를 제시할 때는 신중함을 기할 필요가 있다.

다음으로, 자료 해석을 위한 과제의 대표적인 예는 다음과 같다.

실학자들의 사회 개혁 사상
　자료1. 이제 농사를 짓는 사람에게는 토지를 갖게 하고 … 정약용의 〈여유당전서〉 전론
　자료2. 지금 양반이 명분상으로는 상공업에 종사하는 것을 … 유수원의 〈우서〉
　자료3. 대체로 재물은 비유하건대 샘과 같은 것이다. … 박제가의 〈북학의〉
　자료4. 우리나라의 노비법은 유죄, 무죄를 묻지 않고, 오직 그 가계를 … 유형원의 〈반계수록〉
　자료5. 백성을 위해서 목이 존재하는가 … 정약용의 〈원목〉

　과제 : 자료 4와 자료5에 나타난 신분관과 정치관의 의미를 근대사회의 특성과 관련지어 보자.

위의 사례에서는 제시된 자료에서 과제의 답을 얻을 수 없다. 자료4와 자료5의 자료를 읽고 글 속의 저자들이 생각하고 있는 신분관과 정치관을 파악해야 할 뿐만 아니라 근대사회의 특징도 아울러 알아 서로 조합할 수 있는 능력이 요구된다. 더불어 당시 어떤 시대적인 상황과 맥락에서 이런 자료들이 나왔는지에 대한 사전지식을 어느 정도 갖추면 해결하기 더 용이하다고 할 수 있다.

그러나 단순히 사실 전달 이상의 과제를 해결할 수 있어야 한다는 말에 얽매어 이런 과제를 무리하게 수록하다 보니 학생들에게 많은 부담을 주고 있다. 또 다른 예로 다음의 과제를 보자.

　(다) 6·25전쟁의 피해, 경제 개발 5개년 계획, 한강의 기적, 세계무역기구

출범, 경제 협력 개발 기구, 외환 위기

　과제 : (다)를 통해 광복 이후 우리 민족이 이룩한 경제적 성과를 조사해 보자.

　현대사의 특징과 과제를 추론해 보자든지, 시민의 역할 증대와 민주주의 발전상을 토론해 보자든지, 광복 이후 우리민족이 이룩한 경제적 성과를 조사해보자는 과제를 주어진 단어들을 연상하여 해결하기를 바라고 있다. 그러나 자료 안에 아무런 근거도 주지 않았기 때문에 풍부한 사전지식이 없는 학생들은 스스로 이런 문제를 해결하기에는 무리가 따른다. 또한 학생들의 깊은 사고 활동을 요구하는 과제는 적당한 수를 유지할 필요가 있다. 해결하기 힘든 과제를 한 단원 안에 다수로 제시하게 되면 오히려 학습의욕을 저하시켜 해결하려는 의지를 상실케 할 수 있다.

　마지막으로 탐구과제는 학생들이 자료를 보고 그와 관련된 활동을 하는 형태로 구성되어 있다. 주로 '더 찾아보자', '조사해 보자', '그 지역을 답사해 보자', '보고서를 만들어 보자', '토론해 보자' 등의 활동을 요구한다. 예컨대, '아시아 여러 나라의 민족운동의 그림을 제시한 다음 여러 나라의 민족운동의 전개 양상을 조사하고, 이 중 우리나라의 동학농민운동과 성격이 비슷한 것을 찾아보자.', '남북한은 여러 차례 헌법을 개정했나. 그 배경과 개정과정을 조사해보자.', '8·15광복부터 대한민국 정부 수립까지 3년 동안의 연표를 만들어보자.', '자기 고장에 있는 독립 운동 사적지를 답사하고, 그 보고서를 작성해보자.' 등이 전형적인 과제이다.

　탐구과제는 역사가들의 활동을 그대로 재현함으로써 역사가 만들어지는 과정을 경험할 수 있다는 데 그 의의가 있다. 그러나 현실적으로 학생들은 이런 과제를 해결할 수 있는 시간적 여유가 부족하다. 특히 직접 유적지를 찾아가는 활동이나 많은 자료를 참고로 보고서를 작성해야 할 경우는 더욱 그렇다. 스스로 자료를 찾아 주어진 문제를 해결하는 방법이 탐구학습의 중요한 과정임에 틀림없지만, 하나의 탐구활동 안에 이런 유형의 질문들이 많으면 그냥 지나치거나 학생 개인과제로 넘겨져 학생들에게 또 하나의 학습 부담이 될 우려가 있다. 따라서 이런 활동을 요구하는 탐구과제는 그 수를 적절히 고려하여 배치하는 것이 중요하다. 그리고 다른 자료를 더 찾아보는 것도 중요하지만 주어진 자료 안에서 깊이있는 사고를 유도하여 토론을 할 수 있게 하는 방안도 모색할 필요가 있다.

근대화의 이념과 경제발전
자료2. 산업화 초기에는 경제 발전이 우선이다.
이론적 차원에서 민주주의와 경제 발전이 양립하지 못할 이유는 없으며 실제로 산업화의 성숙 단계에 도달한 대부분의 서구 국가들에서 그것은 경험적으로 실증되고 있기도 하다. 그러나 산업화의 초기 단계에서도 이들 국가들의 민주화와 산업화를 병행추진하거나 선민주화, 후산업화의 길을 걷는 것이 가능했겠는가? …

자료3. 민주주의를 바탕으로 경제 자립을 이루어야 한다.
물질주의에 입각한 양적 발전을 근대화 내지 발전의 기준으로 생각하여 경제 개발 계획을 추진해 왔던 물질주의 사고는 그 결과로 한국 사회를 민족적 수준에서 두 가지 측면의 모순을 심화시켜 왔다. 그 하나는 한국 경제를 자본주의 세계 체제에 종속시키고 있다는 것과 다른 하나는 인간의 가치를 경제적으로만 계산하기 때문에 인간의 존엄성을 무자비하게 훼손시켜왔다는 점이다. …

과제 2, 3을 읽고 산업화 초기에는 민주화와 경제 발전이 반드시 충돌되는 것인지 토론해 보자.

위에서 제시된 자료와 과제는 다른 자료를 많이 찾고 조사할 필요가 없다. 또 주어진 정답도 없다. 학생들은 주어진 자료와 과제에 대해 심도있게 생각해 보고, 자신의 의견을 수립한 다음 토론활동에 참여하면 된다.
역사적 지식을 확인해 보는 것, 해석하여 역사적 의미를 파악하는 것, 스스로 자료를 찾아서 탐구과정을 경험해 보는 것 중 어느 하나 중요하지 않은 것이 없다. 따라서 이들 과제 중 어느 과제가 더 많이 필요하다고 말할 수는 없다. 교과서 각 단원마다 이 세 가지 형태의 과제가 균형을 이루어 학생들의 역사적 사고를 유도하게끔 하면서도 지나친 부담으로 의욕 저하가 나타나지 않게 제시하는 것이 바람직할 것이다.

5. 읽기자료

읽기자료는 본문내용에 나오는 사실에 대한 추가 설명으로 구성되어 있는데 본문내용 중 일부를 좀 더 깊이 있게 설명하거나 본문과 관련된 인물이나 일화, 본문내용을 소재로 하는 책, 영화 등을 다룬 것이다. 읽기자료는 다른 자료보다 학생들에게 흥미를 주며 부담없이 볼 수 있는 자료들로 구성하여 자칫 무거워질 수 있는 교과서에 활력을 넣어주는 역할을 하는 것이 바람직하다. 수많은 역사적 사실을 모두 담을 수 없는 교과서에는 대표적인 것을 주로 서술하면서 개별적이고 부분적인 역사적 상황을 생략이나 축약하게 마련이다. 그러다보니 서술이 명료하지 않으면 학생들이 무엇이 역사적 흐름이고 무엇이 가지인지 모를 가능성도 높다. 그리고 이런 상황에 놓이게 된 학생들은 역사에 흥미를 잃게 된다. 따라서 교과서의 명료함을 찾는 것은 매우 중요하다고 할 수 있다. 이런 명료함은 특징적인 상세함, 적절한 비교, 인상 깊은 예시 그리고 아주 작은 삶에 가까운 조건들을 제시함으로써 만들어낼 수 있다.21) 학생들은 본문 속에 나오는 인물의 이후 생활에 대해 궁금해 하거나 짤막하게 설명된 어떤 사건이나 주제의 뒷이야기가 어떻게 전개될까 호기심을 갖는 경우가 있다. 이때 읽기자료를 통해 그 인물의 대한 일화를 소개하거나 사건에 대해 상세한 정황을 제시한다면 호기심의 해결뿐 아니라 전후 상황의 잔가지들을 찾아 쉽게 역사적 흐름을 파악할 수 있을 것이다.

---

21) 이병련, 「역사교과서의 의미와 서술 기준과 그리고 분석의 기준에 관하여」, 173~174쪽.

최근에는 이런 흐름에 부합하기 위해 일상생활을 중심으로 한 자료들이 강조되고 있다. 일상생활을 강조하는 생활사는 평범한 과거 사람들의 일상생활과 삶의 조건에 관심을 가지고 삶의 흔적을 추적하는 분야이다. 생활사의 범위는 평범한 개인이나 집단의 일상적 경험을 재구성함으로써 그들의 실제 삶의 모습을 구체적으로 보여준다는 부분 이외에 일치된 합의가 있는 것은 아니다. 그렇지만 지금까지 거대한 역사의 흐름 속에서 하찮은 것으로 여겨졌던 일상의 삶에 대해 밝혀냄으로써 역사에서 사람이 남긴 자취를 찾으려고 한다.22) 일상생활에 관한 수업은 역사 자체를 수업내용으로 다룬다는 의미도 있지만 수업에서 다루는 내용 속에서 과거 사람들이 살아가는 일상적인 모습을 읽는다는 의미도 포함되어 있다. 또 옛날 사람들이 살았던 실제의 모습에 대해 좀 더 관심을 가져야 하며, 역사가 옛 사람들의 삶의 모습을 보여주는 것이라고 할 때 특정 신분이나 계층이 아니라 일반적인 다수 사람들의 생활모습에 관심을 쏟아야 한다는 점을 감안하며 이들 자료를 다룬다.23) 생활사를 담은 자료들은 학생들이 구체적인 사례를 통해 당시의 시대상을 선명하게 그려낼 수 있도록 도와주기 때문에 색다른 재미를 줄 것이다. 또한 이런 자료를 통해 역사학습에 있어 개별 사실을 넘어 과거에 대한 전체적인 상을 자연스럽게 만들어내고, 역사적 상황과 의미를 파악하는 데까지 끌어올릴 수 있다면 역사적 사고력을 기르는 데 크게 도움이 될 것이다.

〈Ⅰ. 한국근·현대사의 이해〉에는 읽기자료의 수가 다른 자료에 비해 많지 않으며 교과서마다 수록 비중의 차이가 크고 자료의 수준도 많이 다르다. 이 단원에서도 역시 읽기자료는 본문에서 미처 다루지 못한 부분에 대해 사료, 그림, 민요, 문학작품 등을 통해 추가적으로 설명을 하는 역할을 한다. 예컨대, 조선후기 상업 발달과 관련된 본문내용에 장시와 관련된 말과 속담, 도고의 모습을 보여주는 허생전의 일부, 만기요람과

---

22) 임하영(2002), 「생활사를 중심으로 한 역사교재 재구성」, 한국교원대학교대학원 석사학위논문, 4쪽.
23) 김한종(2001), 『역사왜곡과 우리의 역사교육』, 책세상, 139~144쪽.

비변사 등록에 있는 도고 이야기를 더 추가해서 구체적이고 실감나게 보여주고 있다.

장시와 관련된 속담

장시가 번성하면서 장시와 관련된 말과 속담들이 많이 생겼다. '남이 장에 간다고 하니 거름지고 나선다.' '남이 장에 간다고 하니 무릎에 망건 씌운다.' '남이 장에 간다고 하니 씨오쟁이 짊어지고 따라간다.'는 말들은 부화뇌동한다는 부정적인 의미를 담고 있다. 그러나 이 말은 장시가 누구에게나 기회만 생긴다면 가보고 싶은 곳임을 짐작할 수 있게 한다. …

자본의 축적이 이루어지다.

… 내 조금 시험해 볼 일이 있어 그대에게 만 금을 빌리러 왔소" 하였다. 변씨는 "그러시오" 하고 곧 만금을 내주었다. … 허생은 만 금을 얻어 생각하기를 '저 안성은 기, 호의 어우름이요, 삼남의 어귀렸다.' 하고는 이에 머물러 살았다. 그리하여 대추, 밤, 감, 배, 석류, 귤, 유자 등의 과실을 모두 두 배 값으로 사서 저장하였다. 허생이 과실을 몽땅 사들이자 온 나라가 잔치나 제사를 치르지 못하게 되었다. 그런 지 얼마 아니 되어서 배 값을 받은 장사들이 도리어 10배의 값을 치렀다. … 〈허생전〉

도고의 정의

마포에 사는 오세만, 이동석, 차천제, 임빈, 이세흥, 이자만, 강세주 등이 감히 염치도 없이 3강의 무뢰배 70여 명을 거느리고 스스로 장부를 작성하고 행수를 뽑고 생선 파는 시전을 강가에 설치하여 여러 곳 상인들의 물건을 모조리 차지하였다. 이를 도고라고 한다. 〈만기요람〉

도고의 행태

요즈음 모리배들이 각각 물화를 차지하여 서로 도고가 있다. 이에 따라 물가가 점차 올라 서울 사람들은 굶주림을 면치 못하고 시장 상인들은 생업을 잃을 뿐 아니라, 부자는 더욱 부유해지고 가난한 자는 더욱 가난해지는 현상이 고질화되어 그 폐를 이루 말하기 어렵다. … 〈중략〉 … 〈비변사등록〉

학생들은 다른 교과서에 비해 역사교과서를 매우 어렵게 느낀다. '편제', '사족', '무뢰배' 등의 단어를 몰라 내용을 이해하지 못하는 경우도 많다. 이런 학생들에게 한자식 어투가 남아 있는 사료는 부담이 아닐 수 없다. 그런데 교과서 안의 읽기자료는 주로 사료와 설명식 자료로 구성된다. 아무리 내용이 재미있어도 사료는 보는 학생들에게서 흥미를 빼앗아갈 수 있다. 따라서 사료는 가급적 읽기자료보다는 탐구과제로 제시하는 것이 바람직하다. 탐구과제와 읽기자료에서 계속 사료를 보아야 한다면 학생들은 이중 부담을 느끼게 된다. 같은 주제라고 할지라도 읽기 쉬운 자료를 제시해주었을 때 학생들은 경계심을 풀고 편하게 자료에 접근해 나간다. 예컨대, 조선후기 상업활동이 발달했다는 것을 보여주기 위해 장시와 관련된 속담, 허생전을 통한 당시 도고들의 활동을 통해 자료를 접한 학생들이 비변사 등록에 있는 도고의 이야기를 본 학생들보다 더 원활하게 자료를 읽고 의미를 쉽게 찾아낼 수 있다. 특히 〈허생전〉이라는 문학작품을 한번쯤 읽어본 경험이 있는 학생들은 당시 상황에 대해 친밀감을 가지고 국사 책 안의 설명식의 글을 보면서도 상상력을 동원하여 시대상에 쉽게 접근할 수 있다. 이처럼 학생 수준에 맞으면서도 쉽게 접할 수 있는 자료들은 학생들이 역사를 이해할 때 더 효과적인 자료 역할을 할 수 있다. 따라서 역사와 관련된 인기있는 각종 만화나 그림을 늘리는 것도 한 방안이 될 것이다. 또 학생이 직접 제작한 자료 중 시대 상황을 잘 표현한 글이 있다면 이런 것들을 채택하여 싣는 것도 효과적일 것이다. 학생들이 직접 작성한 자료를 채택하여 교과서에 수록한다면 이를 본 다른 학생들은 또래 학생이 쓴 글이라는 점에서 더 친숙감을 느낄 것이기 때문이다.

한편 구체적인 이야기, 일상적인 이야기, 일반 민중들의 풍습은 일상생활의 모습 등 일상생활의 모습을 다루는 것도 부담없이 읽을 수 있는 동시에 본문 속에 숨겨진 의미를 파악하는데 도움을 줄 수 있다. 그러나 교과서에서 아직까지 일상생활에 관한 글은 많이 찾아보기는 어려운 실정이다. 일상생활을 구체적으로 담은 자료는 단순히 흥미만을 유발시키는 것이 아니라 당시의 시대상을 실감나게 보여주는 역할을 한다는 점에서 앞으로 교과서에 많이 수록할 필요가 있다.

일부 교과서는 조선후기 민중들의 생활을 보여주기 위해 당시의 풍속화와 그 해설을 덧붙인 자료를 싣고 있다. 빨래터 그림을 통해 당시 사람들은 강가에서 삼삼오오 모여 방망이질하면서 빨래를 하는 모습, 큰 빨래를 헹굴 때는 직접 물속으로 들어가기도 하는 모습, 머리를 감은 후에 따서 둘둘 말아 올리는 모습, 널따란 바위 위에 하얀 빨래를 말리는 모습, 빨래터에 아기를 함께 데려온 모습까지 당시 민중들의 생활

▲ 빨래터

아낙네들의 소탈한 모습과 수수한 차림을 강하고 투박한 필치로 묘사하였다. 부채로 얼굴을 가리고 엿보는 양반은 무슨 생각을 하고 있을까?

상을 세세하게 알 수 있다. 또 지붕을 얹는 그림을 통해서는 지붕을 만들 때 사용되는 재료, 재료를 지붕 위까지 올리는 방법, 기와장의 모습, 대패질하는 모습, 주인 양반의 근심스런 얼굴과 장인들의 재미난 표정들을

▲ 월하정인도

초승달이 비치는 어슴푸레한 밤의 분위기, 새침한 여인의 표정이 특히 돋보인다. 두사람의 마음은 두 사람만이 안다는 그림 제목과 내용이 잘 어울린다.

▲ 지붕 얹기

지붕에 기와를 얹기 위해 동원된 장인들의 갖가지 표정과 동작에 해학미가 넘친다. 행여나 진흙 덩어리를 받지 못할까 주인이 근심스러운 듯 쳐다보고 있다.

통해 이 시기의 생활을 생동감있게 볼 수 있다. 이를 통해 세세한 생활모습뿐 아니라 당시의 사회상이나 제도를 알 수 있다. 지붕 얹기 그림에서 장인들의 지붕 얹는 모습을 감시하는 양반의 모습을 통해 여전히 사회적 신분 관계가 유지되고 있음을 짐작할 수 있다. 그리고 빨래터 그림 속에서는 숨어서 아낙네들을 엿보는 양반을 통해 겉으로는 체통, 체면을 말하면서도 속마음을 감추지 못하는 양반들의 가식적인 생활모습을 알 수 있으며, 더 나아가 성리학 틀에 얽매어 사는 양반과 어느 정도 그 틀에서 벗어난 평민들의 모습이 대조적임을 알 수 있다. 이처럼 생활자료를 통해 당시의 생활상까지 끄집어 낼 수 있다.

▲ 주막도

▲ 어물장수

얼큰하게 술을 걸치고 떠나가는 손님을 주모가 붙잡고 있다. 아쉬운 듯 다시 젓가락을 드는 친구를 보고 다른 친구들이 빨리 가자고 재촉하고 있다.

젊은 아낙이 팔 물건을 잔뜩 이고 지고 시장에 나가려 하고 있다. 물건을 다 팔고 와야 한다는 시어머니의 잔소리에 아낙은 토라져 '예'하고 대답한다.

일제 통치기에 〈징용되어 끌려간 노동자들의 체험담〉을 나타낸 다음의 자료도 그와 같은 기능을 한다.

징용되어 끌려간 노동자들의 체험담

머리에는 이가 득실거리고 등의 상처는 심해지고 있었다. 여기서는 조선말을 쓰면 한 끼의 밥을 줄여 버렸다. 밥이라고 해도 콩을 쪄서 안남미와 섞은 것이었다. 국은 소금국으로 건더기가 없는 것이었다. 몸이 말라 갱 내의 붉은 물을 마시면 설사를 심하게 하였다. 그래도 6시부터 밤 11시까지 일을 시켰다. … 〈이하 생략〉

조선민중이 전쟁에 동원되어 총알받이가 되고 광산, 공장, 건설현장의 노동자로 끌려갔다는 교과서의 서술을 보완하기 위해 들어간 읽기자료로, 한 노동자의 생활을 일기 형식으로 표현한 글이다. 보통 징용되어 갔다는 서술만 보면 '끌려갔구나.', '힘들겠구나.'라는 막연한 생각만을 하게 된다. 그러나 이런 구체적인 체험담은 징용된 사람들의 먹는 것, 고되게 일하는 것, 도망치다가 매 맞는 모습을 생생하게 적어 당시 징용생활의 아픔을 학생들이 피부로 강하게 느낄 수 있게 하고 있다. 구체적인 생활모습을 담은 이런 자료들은 이 시대 조선인으로 살아간다는 것이 어떤 것인지, 나라를 빼앗긴 것이 얼마나 큰 고통이며, 이 시대 사람들이 얼마나 독립을 기다렸는지를 생각할 기회를 제공한다.

6. 맺음말

역사수업에서는 기본적인 역사적 사실전달뿐 아니라 여러 사건을 다각도로 해석하고 문제를 해결할 수 있는 능력을 기르는 것도 중요하다. 이런 문제해결능력을 신장시키기 위해서는 여러 가지 자료들을 제공함으로써 학생들이 직접 해석하고 평가할 수 있는 기회를 주어야 한다. 이번 『한국근·현대사』교과서는 이런 취지에 맞게 다양한 자료들을 풍부하게 제공하고 있다.

그러나 교과서 안의 자료들이 모두 이런 목적에 잘 부합된다고 할 수 있을까? 자료가 다수 수록되긴 했지만 이 자료들이 모두 학생들로 하여금 깊이있는 사고를 유도해 낼 수 있는 역할을 하고 있는지는 한 번 더 고민해볼 필요가 있다. 무심히 지나치기 쉬운 형태로 수록되거나 형식상 무성의하게 서술한 경우도 있다. 그리고 어떤 자료는 학생들이 해결하기에 지나치게 많은 사전지식이나 시간을 요구한다. 이런 과제는 오히려 학생들로 하여금 과제 해결 의지를 상실케 한다. 또 과거인들은 어떤 옷을 입었는지, 어떤 음식을 즐겼는지, 비슷한 나이 또래의 학생들은 어떻게 생활했는지에 관한 자료 역시 많이 부족하다.

학생들이 현 사회를 통찰하고 비판할 수 있는 능력을 키우게 할 수 있다면 만드는데 다소 부담이 되거나 어렵더라도 자료 제작이나 이용에 진지한 접근을 할 필요가 있다. 즉 학생들이 자료를 읽음으로써 역사적 흐름이나 맥락을 파악하여 역사적 해석을 도출할 수 있는지를 고려해야 한다. 그러나 학생의 관심을 이끌어 내지 못하면 이런 작업은 아무런 의미가 없다. 따라서 친밀한 자료, 즉 가까운 일상과 관련된 자료들을 많이 제공하여 학생들의 흥미를 자극할 수 있어야 한다. 그리고 학생들이 직접 활동하면서 해결해야 하는 과제는 단원마다 적정한 수를 유지하여 지나친 부담을 주지 않도록 하는 것이 바람직할 것이다.

근현대 부분에 대한 학생들의 관심은 매우 빈약하다. 근현대사가 굴절, 왜곡되어 정상적인 역사발전을 경험하지 못한 데다 교과서도 적절한 내용을 제공하지 못해 나타난 결과라고 할 수 있다. 특히 학생들은 근현대사에 대한 관심과 기대는 높으나 흥미는 매우 낮은 것으로 나타났다. 그 이유는 지금까지 근현대사를 소홀히 다루어 학생들이 익숙하지 못하고 내용의 지식이나 사실이 단조롭게 구성되어 역사적 상상력이 들어갈 여지가 없기 때문이다.[24] 그러나 이젠 본문위주의 전통적 교과서에서 벗어나 자료를 위주로 내용을 구성한 이전과는 판이한 교과서가 등장했다. 수업을 위해 모든 것을 제공할 수는 없지만 기본적인 수업자료를 담아 사용하는 교사와 학생들이 가능한 한 편리하게 사용할 수 있도록 방향제시를 해주었다는 점에서 의미가 크다. 이런 학습자료의 활용방안이 학생들의 흥미와 사고력 신장의 관건이 될 것이다.

---

[24] 류승렬(1988),「21세기 중등학교 역사교육의 방향 정립을 위한 제언」,『20세기 역사학, 21세기 역사학』, 한국역사연구회, 272~273쪽.

고등학교 『한국근·현대사』 교과서 〈 Ⅰ. 한국근·현대사의 이해 〉 단원 보조 자료 분류

교과명	쪽수	자료명	보조자료 형태	자료 역할
금성	8-9	백두산 천지 맹호 기상도	사진	이미지
	10	조선후기 한강의 나루터	지도	이미지
	12	상평통보와 송상들의 어음	사진	설명적
		객주가	그림	설명적
	13	김홍도의 타작도와 자리짜기	그림	설명적
	14	한글 소설	표	설명적
	16	다산초당	사진	설명적
	18	3·1운동 기념 부조	사진	이미지
	22	동일 은행 본점에 내걸린 플래카드	사진	설명적
	24	미주 동포들의 3·1운동 기념식	사진	설명적
		시대별 주요 항일 운동 단체	표	설명적
	25	호가장 전투 대원 추도회	사진	설명적
	26	광복 50주년을 기념하며	사진	이미지
	28	북한의 농촌풍경, 평양시가지모습, 지하철을 타기 위해 줄 서 있는 평양시민들, 협동 농장 모습	사진	설명적
	30	3선 개헌 반대 시위	사진	설명적
	31	중화학공업의 상징, 포항종합 제철	사진	설명적
		방독면을 쓰지 않고는 근무할 수 없는 방사과의 작업장	사진	설명적
	32	에베레스트 정상을 정복한 한국인, 리비아 대수로 건설 현장, 세계문화유산으로 지정된 우리 문화재 수원 화성 팔달문, 남극 대륙에 설치된 세종 기지	사진	설명적
대한	9	고난 극복의 한국인상	사진	이미지
	10	반상도, 씨름도	그림	예증적
	11	모내기 상평통보 시장도	그림	예증적
	12	춘향전 통영 오광대놀이 서당도	그림	예증적
	14	제3차 아시아 유럽정상회의, 아샘 반대집회, 영남 만인소, 미국 유럽을 시찰하고 귀국한 개화파 관료	사진	설명적
	15	초기 의병들의 모습	사진	설명적

교과명	쪽수	자료명	보조자료 형태	자료 역할
	18	영어, 러시아어, 한자로 표기된 북위 38도선 표지판 남북 탁구 단일팀은 세계탁구 선수권 대회에 출전하여 여자 단체전에서 우승을 차지했다. 포항제철 국립 4·19묘역에서 열린 41주년 4·19혁명 기념식	사진	설명적
	19	정부 수립을 위한 총선 추진을 협의하고 있는 유엔 한국 위원회	사진	설명적
두산	9	독립기념관 불굴의 한국인상	사진	이미지
	10	파적도	그림	설명적
	11	풍속화	그림	설명적
	12	국내에서 가장 오래된 성서	사진	설명적
	13	독립문	사진	설명적
	14	만석보 유지비, 의병장이 소지한 태극기	사진	설명적
	15	규슈 지방에 있는 탄광 벽면의 낙서	사진	설명적
	18	대한민국 임시 정부의 환국을 환영하는 시민들	사진	설명적
	20	4·19혁명, 6월 민주항쟁	사진	설명적
법문사	9	고난 극복의 한국인 상	사진	이미지
	10	시장도	그림	설명적
	11	자리짜기	그림	설명적
	12	조선후기 신분별 인구 변동	표	설명적
	13	반계수록과 우서	사진	설명적
	14	서당도, 판소리도	그림	설명적
	15	갑신정변 때 발표된 14개조 정강	사진	설명적
	16	동학농민운동을 주도한 전봉준의 체포	사진	설명적
	17	조선 신궁을 세우고 정기적으로 강제 참배하도록 했다.	사진	설명적
	18	3·1운동 당시 만세 시위에 호응하는 시민들	사진	설명적
	19	대한민국 정부 수립 선포식	사진	설명적
	20	4·19혁명 때의 시위모습 6월 민주항쟁 때의 시위모습	사진	설명적
	21	폭격으로 파괴된 방직공장 공업 입국의 깃발 아래 출범한 울산 공업 센터 수출 100억 달러 돌파를 기념하여 세운 아치 21세기 유망 산업 가운데 하나인 반도체 산업	사진	설명적
	22	우리의 소원은 통일을 제창하는 남북대표	사진	설명적

교과명	쪽수	자료명	보조자료 형태	자료 역할
	23	우리나라 외교 통상부 장관이 유엔 안전 보장 이사회의 토의에 참여했다. OECD 가입 평화 유지군의 활동 2002년 FIFA 한일 월드컵의 성공적인 개최로 대한민국의 위상이 높아졌다.	사진	설명적
중앙	10	통일 염원의 탑	사진	이미지
	12	모내기	그림	설명적
	13	조선후기 신분별 인구 변동	표	설명적
	14	한글 소설	사진	설명적
	15	북학의	사진	설명적
	16	갑신정변 때 발표하였던 14개조 정강	사진	설명적
	17	사발통문	사진	설명적
	17	을사조약 이전 초기 의병의 모습	사진	설명적
	18	토지 조사 사업을 실시하고 있는 일본인 관리	사진	설명적
	20	민립대학설립운동을 보도한 신문기사	사진	설명적
	21	한국 광복군 총사령부 간부들	사진	설명적
	22	광복의 기쁨	사진	설명적
	23	이승만 대통령의 취임식	사진	설명적
		4·19혁명	사진	설명적
	24	6월 민주항쟁 때의 시위 모습	사진	설명적
	25	경부 고속 도로	사진	설명적
	27	남북 고위급 회담	사진	설명적
천재	10	정약용이 만든 거중기를 이용하여 축성한 수원 화성	사진	이미지
	12	인간과 시민의 권리 선언	사진	설명적
		인쇄소의 정경	사진	설명적
	13	모내기의 모습, 경작도, 벼 타작	그림	설명적
	14	상평통보	사진	설명적
		조선후기 상업과 무역의 발달	지도	예증적
	15	대장간도	그림	설명적
		장터길, 보부상도, 장날의 풍경	그림 및 사진	설명적
	16	반상도	그림	설명적

교과명	쪽수	자료명	보조자료 형태	자료 역할
		조선후기 대구 지방의 신분 변동	표	설명적
	17	서당도	그림	설명적
	18	실사구시 현판	사진	설명적
	19	연행도, 거중기, 혼천의	사진	설명적
	20	서학의 수용, 최제우 동상	사진	설명적
	24	초기 의병의 모습	사진	설명적
	25	개화사상의 형성	표	설명적
	26	고종이 황제 즉위식을 올린 원구단	사진	설명적
	27	강화도조약 문서	사진	설명적
	28	동학 농민 운동 기념탑	사진	설명적
	29	무단 통치기의 제복을 입고 탈을 찬 교사들	사진	설명적
	30	신사참배에 동원된 학생들	사진	설명적
		토지 조사 사업을 위한 토지 측량 광경	사진	설명적
	31	내선 일체 비석	사진	설명적
		청산리 전투에 대승한 북로군정서군과 김좌진	사진	설명적
	34	상하이 대한민국 임시 정부 청사	사진	설명적
	35	8·15광복의 기쁨	사진	이미지
	36	광복 후 남산에서 처음으로 태극기를 게양하는 모습	사진	설명적
	37	38도선의 확정	사진	설명적
		신탁 통치 반대 유인물	사진	설명적
	38	대한민국 정부 수립	사진	설명적
	39	4·19혁명	사진	설명적
	40	5·18 민주화운동	사진	설명적
		시민의 승리	사진	설명적
	41	제14대 김영삼 대통령 당선	사진	설명적
		제15대 김대중 대통령 당선	사진	설명적
	42	6·25전쟁 중의 부산 국제 시장	사진	설명적
	43	공장 새마을 운동의 전개	사진	설명적
		해외로 수출되는 자동차	사진	설명적
	44	도시화	사진	설명적
		환경오염	사진	설명적

고등학교 『한국근·현대사』 교과서 〈Ⅰ. 한국근·현대사의 이해〉 단원 탐구자료 분류

교과서	쪽수	자료 주제	자료 내용	자료 형태	과제	과제 유형
금성의 활동	11	곳곳에서 싹트고 있는 자본주의	자료1. 상품작물, 돈 되네 자료2. 판매를 위해 제품을 생산하는 민영수공업 자료3. 전국을 휩쓰는 큰 상인 자료4. 광산의 민영화가 국가와 백성에게 이익이 된다.	사료 그림 표와 그림 사료	1. 자료1에 나타난 상품 작물 중 가장 각광받던 것 두 가지는 무엇일까? 2. 자료2, 3을 참고하여 조선후기의 상공업 활동이 조선전기와 어떻게 달라졌는지 알아보자. 3. 자료4를 보고 조선 정부가 어떤 광산 정책을 펼쳤을지 추론해보자.	지식 해석 지식
	17	사회개혁을 주장한 학자들은 어느 분야에 관심을 기울였을까?	유형원의 반계수록 정약용의 여유당전서 유수원의 우서 박제가의 북학의	사료와 사진	1. 유형원, 정약용 등이 토지 제도를 개혁하려고 한 까닭을 찾아보자. 2. 위 자료에서 상공업 진흥을 주장하는 학자들의 견해를 찾아 그 이유를 설명해보자. 3. 위 자료를 보고 학자들의 사회개혁론이 서로 다른 이유를 추론해보자.	지식 지식 탐구
	21	아시아 여러 나라에서 반외세 운동은 어떻게 전개되었을까?	자료1. 베트남의 민족운동 프랑스의 침략에 저항하다가 체포된 베트남 사람들 자료2. 아시아 여러나라의 민족운동 중국의 태평천국운동 인도의 세포이항쟁 필리핀군과 미국군의 전투 오스만제국의 투르크혁명	사료와 그림	1. 위 자료에 나타난 여러나라 민족운동의 전개 양상을 조사하고 이중 우리나라의 동학농민운동과 성격이 비슷한 것을 찾아보자. 2. 아시아 여러나라의 민족운동이 성공을 거두지 못한 가장 커다란 원인이 무엇인지 토론해보자.	탐구 탐구
	23	일제의 우리나라 지배의 특수성	다른 나라에서 찾아볼 수 없는 일제의 식민 지배 칼을 차고 있는 일본인 교사 인도인이 메고 가는 가마를 탄 영국인	사료 사진 그림	1. 위의 자료를 통해 일제의 우리나라 식민지배와 영국 프랑스가 아시아를 지배한 방식이 어떻게 다른지 알아보자. 2. 일제가 이처럼 세계사상 유례없는 방식으로 식민 통치를 한 목적은 무엇인가?	지식 지식

교과서	쪽수	자료 주제	자료 내용	자료 형태	과제	과제 유형
	29	남북한 헌법 비교	자료1. 대한민국 헌법전문 제헌헌법과 헌법 기초 의원 자료2. 북한의 사회주의 헌법	사료 사진 사료	1. 남북한 헌법을 비교한 도표이다. 자료1과 2를 보고 빈칸을 채워보자. 2. 남북한은 여러 차례 헌법을 바꾸었다. 남북한의 헌법 개정 과정과 그 배경에 대해 조사해보자.	지식 탐구
	33	근대화의 이념과 경제 발전	자료1. 경제적 근대화의 의미 자료2. 산업화 초기에는 경제 발전이 우선이다. 자료3. 민주주의 바탕으로 경제자립을 이루어야 한다.	사료 사료 사료	1. 자료1를 읽고 근대화의 요소에는 무엇이 포함될 수 있을지 나름대로 제시해보자. 2. 자료2, 3을 읽고 산업화 초기에는 민주화와 경제발전이 반드시 충돌되는 것인지 토론해보자. 3. 아시아 신흥 공업국 중 하나를 택해 근대화 과정을 우리와 비교해보자.	지식 탐구 탐구
대한의 열린과제	11		자료3. 농업생산력이 증대하고 상품 화폐 경제가 발달하다.(모내기, 시장도, 상평통보) 자료4. 자본의 축척을 이루다.(허생전) 자료5. 양반 중심 신분 질서가 무너지다.(양반전) 자료6. 민중의식이 성장하다. (춘향전, 오광대놀이, 서당도) 자료7. 권력은 민으로부터 나온다.(탕론)	그림 그림 사진 시료 사료 그림 사료	1. 본문과 자료 3-7을 참고하여 조선후기에 경제, 사회, 문화의 각 방면에서 나타난 변화가 무엇인지 설명해보자. 2. 자료7을 통해 실학자 정약용은 어떤 사회를 지향하고 있었는지 추론해보자. 3. 근대사회의 특징을 다음과 같이 정의할 때 과제1의 내용이 지닌 의미가 무엇인지 밝히고 정치적인 면에서 왜 그러한 새로운 변화가 수용되지 못하였는지 토론해보자.	지식 해석 해석
	15		본문		1. 19세기 후반의 민족사적 과제는 무엇이었는지 생각해보고 당시 민족운동의 흐름을 2가지 방향에서 정리해보자. 2. 세계를 휩쓸고 있는 미국영화에 맞서 자국의 영화 시장을 지키는데 성공한 대표적인 나라가 우리나라와 인도이다. 한국 영화의 성공은 영화인들의 자기 개혁과 관객들의 애정어린 호응이 있었기 때문에 가능하였다고 볼 수 있다. 이러한 사례에서 얻을 수 있는 교훈은 무엇인지 생각해보고 이를 19세기 후반의 상황과 비교하여 바람직한 민족운동의 방향은 무엇인지 토론해보자.	지식 해석

교과서	쪽수	자료 주제	자료 내용	자료 형태	과제	과제 유형
	16		토론1. 일제의 식민통치는 우리나라의 자주적 근대화를 저해했다. 토론2. 다양하게 전개된 독립운동, 어떤 방법이 가장 바람직하였을까?	토론 자료	토론1에서 일제의 식민통치가 우리 민족의 자주적 근대화를 저해하였다고 주장하는 근거가 무엇인지 설명해보자. 토론2에서 각 학생이 그러한 선택을 한 근거가 무엇인지 제시해보자. 또 이런 독립운동 방법의 차이를 극복하고 민족의 역량을 하나로 모을 수 있는 방안이 무엇인지 토론해보자.	지식 지식 및 해석
	19		자료1. 대한 민국의 민족사적 정통성 자료2. 통일 지향적 북한사 인식 자료3. 경제 발전과 민주주의 신장	설명	1. 자료1를 참고하여 대한민국이 민족사의 정통성을 계승하였다고 보아야만 하는 까닭을 우리 민족의 역사적 경험과 국제 사회의 인식이란 두 관점에서 설명해보자. 2. 자료2를 보고 북한의 역사를 민족사의 일부로 포함하여 인식해야 하는 까닭에 대해 토론해보자. 3. 자료3을 보고 1970년대 상황에서 자신이라면 경제와 민주주의 중 어떤 가치를 중시하겠는지 선택해보자. 그리고 그런 선택을 한 까닭을 설명해보자.	지식 지식 탐구
두산의 탐구과제	11	흔들리는 신분 질서 성장하는 서민층	A그림 B표 : 대구지방의 신분변동 C그림 D그림 E그림	그림 표 그림 그림 그림	1. 조선후기의 경제 변동을 단적으로 보여주는 그림은? 2. A그림처럼 엄격한 신분 질서가 유지되던 조선 사회에 B와 같은 현상이 나타난 원인을 조사해보자. 3. E그림은 넉넉하지 않은 가정의 자제가 책을 읽는 모습을 묘사하였다. 조선후기에 서민들의 교육기회가 확대된 원인을 위의 자료들과 관련지어 간략히 정리해보자.	지식 해석 해석
	13	세계관과 사상의 변화	자료1. 조선전기와 후기의 지도 자료2. 실학자들의 사상 자료3. 동학사상	지도 사료 사료	1. 자료1의 두 지도에서 보이는 가장 큰 차이점은? 2. 오른쪽 지도는 조선후기 지식층의 세계관을 어떻게 변화시켰을까? 3. 자료2의 박제가의 글은 당시의 경제적 상황을 반영하고 있다. 박제가의 주장을 토대로 조선 사회가 나아갈 방향을 이야기해 보자. 4. 정약용의 사상과 동학사상의 공통점은 무엇인가? 또 이러한 사상들에 대해 당시의 지배층이 어떻게 대응하였는지 조사해보자.	해석 해석 해석 해석

교과서	쪽수	자료 주제	자료 내용	자료 형태	과제	과제 유형
	17	항일 전선에서 싸웠던 의열사	항일 독립 투사 김상옥 열사 동상 제막 김상옥 열사의 동상	사료 사진	1. 김상옥, 나석주 두 의사가 소속된 독립 운동 단체를 알아보고 그들의 구체적인 독립운동을 조사해 보자. 2. 자기 고장에 있는 독립운동 사적지를 답사하고 그 보고서를 작성해 보자.	탐구 탐구
	19	대한 민국 수립 과정	8·15광복 직후 서대문 형무소에서 석방된 애국지사들 1956년 덕수궁에서 개최된 미소 공동위원회 제헌 국회 의원을 뽑는 5·10선거	사진 사진 사진	1. 위 사진들을 참고하여 8·15광복 이후부터 대한 민국 정부 수립까지 3년 동안의 연표를 작성해보자.	탐구
	21	현재 한반도 통일의 시간표는?	1950~60년대 : 6·25전쟁, 남북의 대립과 적개심 지속 1970~80년대 : 남북 적십자 회담과 7·4 남북 공동 성명 등으로 남북 간의 화해 모색 1990년대 : 남북한 유엔동시 가입, 남북 상호 교류 등으로 한반도의 평화 정착과 통일 발판 마련	사진 사진 사진	위의 자료는 남북간의 관계를 정리한 것이다. 민족 통일을 이루기 위해 남북한이 해결해야 할 과제를 생각해보고 향후 통일 국가는 어떤 정치 체제를 갖추어야 할지 토론해보자.	탐구
법문사의 탐구						
중앙의 탐구활동	29	현대 사회의 이해	자료1 자료2 (가),(나),(다)	설명	1. 자료1을 바탕으로 한국 현대사의 기점에 대한 주장들을 조사해보고 이에 대한 자신의 견해를 말해보자. 2. 자료2의 (가)를 통해 한국 현대사 특징과 과제를 추론해보자. 3. 자료2의 (나)를 통해 우리 사회의 시민들의 역할 증대와 민주주의 발전상을 토의해보자. 4. 자료2의 (다)를 통해 광복 이후 우리민족이 이룩한 경제적 성과를 조사해보자.	탐구 해석 해석 해석

교과서	쪽수	자료 주제	자료 내용	자료 형태	과제	과제 유형
천재의 탐구활동	20	실학자들의 사회 개혁 사상	자료1. 정약용의 여유당전서 자료2. 유수원의 우서 자료3. 박제가의 북학의 자료4. 유형원의 반계수록 자료5. 정약용의 원목	사료 사료 사료 사료 사료	1. 자료1에서 정약용이 주장하는 제도가 실행되려면 무엇이 선행되어야 할지 생각해보자. 2. 자료2와 3의 주장과 자료1의 주장의 근본적인 차이점은 무엇인지 알아보고 이들의 주장이 조선왕조의 전통적인 경제정책과 다른 점이 무엇인지 찾아보자. 3. 자료4와 자료5에 나타난 신분관과 정치관의 의미를 근대사회의 특성과 관련지어 정리해보자. 4. 이상과 같은 주장 속에서 공통적으로 찾아볼 수 있는 시대적 방향은 무엇인지 토론해보자.	해석 해석 해석 탐구

고등학교 『한국근・현대사』 교과서 〈Ⅰ. 한국근・현대사의 이해〉 단원 읽기자료 분류

출판사	쪽수	자료명	코너명	자료형태 / 내용
금성	12	전국 천여 곳에서 사고팔고(객주가 그림)	한걸음 더 다가서기 (이하 한걸음)	설명+그림 / 경제
	13	양반도 사고파는 세상(김득신 그림)	문학 속으로	문학작품+설명+ 그림 / 생활
	14	홧김에 한 말이야(춘향가 - 민화)	문학 속으로	문학작품+설명+ 그림 / 생활
	15	풍속화를 통해 본 조선후기 생활(풍속화 - 그림)		그림 / 생활
	16	가장 이상적인 토지제도, 정전법(평양성 그림에 나타난 정전)	한걸음	설명+그림 / 경제
	19	근대사회로 나아가는 길(바스티유 감옥 습격)	한걸음	설명+그림 / 정치
	20	파랑새 민요 속에 담긴 뜻(동학농민군의 백산 봉기)	문학 속으로	설명+민요+그림 / 정치
	22	징용되어 끌려간 노동자들의 체험담(일본으로 끌려간 한국 토목 노동자들의 참혹한 모습)	한걸음	사료+사진 / 생활
	25	한국 광복군 하루(한국 광복군 훈련 모습)	역사의 현장	사료+사진 / 생활
	27	남북 분단의 원인(미주리호에서 항복문서에 서명하는 일본대표)	한걸음	설명+사진 / 정치
	30	한국 근대화의 정치적 성격	한걸음	설명 / 정치
	31	경제개발 - 공업화냐, 공업과 농업 동시 발전이냐?	한걸음	사료 / 경제
대한 교과서	21	경제 발전과 민주주의 대한 두 견해	쟁점으로 보는 역사	사료 / 정치, 경제
두산	12	「동경대전」의 포덕문에 나타난 동학의 서양관	읽기자료	사료 / 정치
법문사	10	상품 작물 재배(경제유표)	자료 읽기	사료 / 경제
	11	조선후기에 나타난 도고(만기요람, 비변사등록)	자료 읽기	사료 / 경제
	14	조선후기 서당 교육의 보급(희조일사)	자료 읽기	사료 / 생활
중앙	15	박제가의 통상 강화론	읽기자료	사료 / 경제
천재	12	근대의 시작은 인간 중심의 정신(부르크하르트 / 인쇄 소풍경)	역사 자료실	사료+그림 / 정치
	15	장시의 발달(만기요람 / 장터길, 보부상도, 장날의 풍경)	역사 자료실	사료+사진, 그림 / 사료
	16	양반을 사고 팔다(양반전)	역사 자료실	사료 / 생활
	21	관리들의 부정과 농민의 동요(정약용, 김공후에게 보내는 편지)	역사 자료실	사료 / 정치

『한국근·현대사』 교과서의 내용구성과 현대사 수업

김 한 종

1. 현대사 교육의 어려움
2. 『한국근·현대사』 교과서의 내용구성 방향
   1) 단원구성
   2) 내용구성의 요소
   3) 내용서술의 방향
3. 현대사 단원의 내용구성
   1) 단원구성
   2) 내용서술상의 유의점
4. 『한국근·현대사』 교과서 집필의 문제점과 현대사 수업
   1) 짧은 제작 기간
   2) 자료의 선정과 신뢰성
   3) 현대사 수업의 방향

1. 현대사 교육의 어려움

제7차 교육과정에서 '한국근·현대사'라는 과목이 처음 생기면서, 학교 현장에 있는 교사들은 이를 가르치는 것에 대한 기대감과 함께 상당한 부담감도 느끼고 있다. 선택과목이기는 하지만 교육과정상으로 8단위를 기준으로 하고 있어서, 4단위인 국사에 비해 수업시수가 2배에 달하며, 제6차 교육과정의 국사에 비해서도 2단위가 많다. 다루는 내용도 이전의 국사

에 비하면 상당히 자세해졌다. 검정도서인『한국근・현대사』교과서의 전체 분량은 출판사에 따라 차이가 있으나 300~400쪽으로, 제6차 교육과정의 고등학교『국사』근현대사 부분이 166쪽이었던 것에 비하면 대부분 2배 이상으로 늘어났다. 이에 따라『국사』교과서에는 나오지 않던 사실들이 상당수 서술되고 있다. 또한 이전의 역사교과서들이 본문서술 위주로 구성되었던 것과는 달리『한국근・현대사』교과서에는 사료를 비롯한 여러 가지 유형의 자료들이 대폭 들어가 있다.

　이와 같은 수업시수의 증가와 교과서의 변화로 인해, 학교에서 선택을 할 경우, 학생들은 한국근현대사를 이전에 비해 훨씬 자세히 배울 수 있는 기회를 갖게 된다. 그렇지만 교사의 입장에서는 근현대사에 대한 깊이있는 지식이 필요하며, 수업준비에도 상당히 신경을 써야 한다는 점에서 부담스러울 수 있다. 한국근현대사 중에서도 교사들이 특히 가르치기 힘들어 하는 부분이 현대사이다. 그 이유로는 다음과 같은 몇 가지 점을 생각해 볼 수 있다.

　첫째, 그동안 중・고등학교 수업에서 현대사 교육이 제대로 시행되어 오지 않았다. 국사교육과정이나 교과서에 현대사가 포함되어 있기는 하지만, 내용조직이 시대순으로 되어 있는 통사체제의 성격상 가장 뒷부분에 나오기 때문에 시간에 쫓기기도 하고, 또 입학시험에 나오지 않는다는 이유로 대강 넘어가는 경우도 많다.[1] 교사들은 이전 수업경험에 대한 반성이나 분석을 토대로 다음 번 수업을 준비한다. 교실수업의 경험은 교사의 내용지식이나 교수내용지식의 원천이 된다. 수업경험이 적으면 가르치는 데 필요한 전문성이 떨어지거나 자신감이 부족하게 될 가능성이 높다. 더구나 현재의 교사들이 중・고등학교를 다닐 때는 지금보다 현대사 교육이

---

[1] 사실, 현대사가 입학시험에 나오지 않았다는 일반적인 생각은 정확하지 않다. 그동안에도 학력고사나 수학능력시험에 현대사 문제는 꾸준히 출제되었다. 그런데도 현대사가 출제되지 않았다는 느낌이 드는 것은 별도로 공부하지 않고도 풀 수 있는 문제들이었기 때문일 것이다. 그러나 근래에는 현대사 문제도 점차 역사적 사실에 대한 지식이나 사고를 필요로 하는 문제들이 출제되는 경향을 보이고 있다.

더 소홀하였다. 교사들의 말이나 교실수업을 대상으로 한 연구결과에 따르면, 교사의 중·고등학교 시절 학습경험은 교사가 되고 난 다음 수업을 계획하는 데 커다란 영향을 준다. 이와 같은 학습경험의 부족은 어떻게 가르쳐야 할 것인가에 대한 교사의 구상을 어렵게 한다.

둘째, 역사 교사 중에서도 대학교에서 한국현대사를 제대로 배운 사람은 그리 많지 않을 것으로 짐작된다. 근래에 늘어나고 있는 추세이기는 하지만, 대학의 역사교사 양성과정에서 현대사 강의는 별로 없었다. 역사학계에서 한국현대사에 대한 연구는 1980년대 중반 이후에야 본격화되었으며, 현대사 개설서들이 나오기 시작한 것은 1990년대 들어서였다. 역사교사의 자격을 얻기 위한 기본이수과목으로 현대사를 포함한 시대사가 명시된 것은 2000년부터이다. 그 이전에는 어떤 시대사를 이수해야 한다는 구체적인 제시 없이 막연히 '국사', '동양사', '서양사' 등으로만 제시되어 있었다. 그러나 현대사가 기본이수과목에 포함되어 있다고 해서, 한국현대사 과목을 반드시 이수해야 한다는 의미는 아니고, 한국현대사, 동양현대사, 서양현대사를 포함한 '현대사'로 포괄적으로 규정되어 있다.2) 따라서 기본이수과목으로서 현대사를 어떻게 운영하는가는 학교에 따라 다르며, 여전히 한국현대사를 이수하지 않거나 형식적으로만 이수한 채 역사교사 자격증을 얻는 경우도 많다.

셋째, 해방 이후의 역사 전개를 보는 관점이나, 역사적 사건들에 대한 평가가 다양하다. 현대사를 연구하거나 공부하는 사람들 사이에서도 다양한 시각이 있으며, 사회계층이나 집단, 개인에 따라서도 현대사를 보는 입

---

2) 「표시과목의대학의관련학부(전공·학과) 및 기본이수과목또는분야」, 교육부고시 제2000-1호(2000.1.28). 이 고시에서 역사교사 자격을 얻기 위해 필요한 기본이수과목 또는 분야를 다음과 같이 규정하고 있다. 역사교육론(또는 공통사회과교육론), 역사학개론(한국사, 동양사, 서양사), 고대사(한국고대사, 동양고대사, 서양고대사), 중세사(한국중세사, 동양중세사, 서양중세사), 근대사(한국근대사, 동양근대사, 서양근대사), 현대사(한국현대사, 동양현대사, 서양현대사). 이 중 '역사교육론(또는 공통사회교육론)'은 교육인적자원부고시 제2004-5호(2004. 6.9)에 의해 '역사교육론'으로 바뀌었다.

장이 다를 수 있다. 교과서들도 교육과정에 따라 만들어져 근현대사 전개의 전반적 이해나 단원구성에서 별다른 차이가 없지만 구체적인 사실에 대한 인식이나 평가를 달리하는 경우가 있다. 물론 이 점 자체가 교과서나 현대사 교육의 문제점이라고 할 수는 없다. 역사적 사실에 대한 해석이나 평가에서 차이가 날 수 있는 것은 역사학이나 역사교육이 가지는 본질적 성격이기도 하다. 그렇지만 이러한 특성이 현대사 교육을 꺼리게 만드는 요인으로 작용하기도 한다.

넷째, 현대사에서 다루는 많은 사실들은 사회에서 현재 활동하고 있는 사람들과 직접적인 관련이 있으며, 정치나 사회문제를 비롯한 이해관계가 얽혀 있는 경우도 많다. 1종(국정) 국사교과서의 현대사 서술이 이념적 편향성이나 정치적 이용 여부를 둘러싸고 끊임없이 논란을 빚어온 사실은 이를 말해준다.

그렇지만 현대사는 현재 우리사회, 우리의 삶에 직접적인 영향을 주었으며, 주고 있는 역사적 사실이라는 점에서 중요한 의미를 가진다. 현대사 학습의 결과로 하나의 통일된 관점을 요구하기보다는 주된 논점을 인식하고 자신의 눈으로 역사적 사건을 바라볼 수 있어야 한다. 그리고 합리적이고 비판적으로 현대사의 여러 사실들을 분석하고 평가해야 한다.

현행 한국근·현대사 교육과정에서 현대사의 비중은 약 30%에 달한다. 한국근현대사 총론이라고 할 수 있는 1단원을 제외하고는, 개항부터 국권 피탈 이전까지를 다루는 2단원, 일제의 식민지 지배시기를 다루는 3단원, 해방 이후를 다루는 4단원이 비슷한 비중을 보이고 있으며, 교과서들도 그 정도 비율로 페이지를 나누어 서술하고 있다. 따라서『한국근·현대사』교과서의 현대사 단원은 보통 100쪽이 넘는다. 이러한 상황은 이전 『국사』보다는 훨씬 비중 있게 현대사 수업을 해야 한다는 것을 의미한다.

현대사는 다른 시대 역사보다 접촉할 수 있는 경로나 폭이 넓으며 다양한 자료를 활용할 수 있지만, 학교교육의 현실상 교과서가 주요 교재로 활용되는 것은 현대사 수업의 경우도 마찬가지일 것이다. 그런 의미에서 『한국근·현대사』교과서 현대사 단원의 내용구성과 서술을 검토하는 것은 현대사 수업에 시사점을 줄 수 있을 것이다.

　교과서 집필에는 다양한 요인이 개재되지만, 국가수준의 교육과정을 택하고 있는 한국의 학교교육에서 결정적인 역할을 하는 것은 교육부 고시로 정해지는 교육과정이다. 교육과정은 각 교과의 성격, 목표, 내용, 방법, 평가를 규정하고 있다. 내용의 경우는 내용요소뿐 아니라 단원별 내용과 학습활동까지 상당히 구체적으로 제시되어 있다. 국사와 한국근·현대사의 경우는 교육과정 외에『국사교육내용전개의 준거안』이 별도로 있어서, 어떤 내용을 어떻게 구성하여 가르칠 것인지를 제시하고 있지만, 이 또한 교육과정의 내용과 단원구성을 토대로 만들어진 것이다. 따라서 교육과정에서 제시하고 있는 한국사의 틀과 그 내용에 담겨 있는 역사인식은 교과서에도 그대로 반영될 가능성이 높다. 현재 사용되고 있는 6종의『한국근·현대사』교과서가 단원구성이나 내용요소 면에서 거의 비슷하다는 사실은 이를 뒷받침한다.

　그러나 교과서마다 내용구성 방식은 각각 다르며, 구체적인 사실에 대한 인식도 차이를 보이는 경우가 있다. 역사서술에는 저자의 역사관이나 역사적 사실에 대한 해석이 들어간다. 교육과정을 비롯한 여러 가지 요인의 제약을 받는다고는 하지만, 교과서의 구성에도 집필자의 교과서관이나 교수학습 방법에 대한 생각이 반영되며, 또 내용서술에는 집필자의 역사인식이 개입되게 마련이다. 이러한 점을 고려하여『한국근·현대사』교과서의 내용구성을 집필과정에서 고려하거나 토의되었던 문제들을 통해 살펴보기로 한다. 교과서 집필과정의 문제들은 교사들이 실제 수업에서 교과서 내용을 재구성하여 수업을 계획하는 데 시사점을 줄 수 있을 것이다.

　이 글에서는 특히 현대사 단원을 중심으로 검토하고, 교과서의 내용구성에 비추어 현대사 수업이 어떤 방향으로 이루어져야 할지에 대해 제안하고자 한다. 단, 이 글에서 언급하는 구체적인 집필과정과 그 과정에서 고려하였던 여러 문제들은 필자가 집필에 참여한 금성출판사의『한국근·현대사』교과서에 한정된 것이다.[3]

2. 『한국근・현대사』 교과서의 내용구성 방향

1) 단원구성

　단원구성은 교과서의 내용체계를 마련하는 작업으로, 실제의 집필과정에서 가장 먼저 거쳐야 할 단계이다. 단원구성에 따라 교과서에 들어갈 내용과, 그 내용을 조직하는 방식이 정해진다. 따라서 단원구성은 교과서 전체의 틀을 결정하는 것으로 교과서 집필의 가장 중요한 단계라고 할 수 있다. 그렇지만 실제 교과서 집필과정에서 단원구성의 단계는 별다른 의미를 가지지 못한다. 교과서는 기본적으로 교육과정에 따라 만들어지며, 교육과정에는 소단원과 거기에 들어갈 내용, 학습활동까지 제시되어 있기 때문이다. 교육과정에 제약을 받는 것은 다양성을 추구하여 질 높은 교과서를 만든다는 취지의 현행 검정 교과서에서도 예외가 될 수는 없다. 교과서 집필과 관련된 다음과 같은 지침들은 이를 잘 보여준다.

　　3) 교육과정 내용의 반영
　　　교육과정에 제시된 교과의 목표 및 내용이 충분히 반영되어야 한다.
　　　　-「교과서 집필의 일반 지침」,『교과서 집필 지침』, 교육부, 1999-

　　가. 내용의 선정
　　　(1) 교육과정에 제시된 과목의 성격과 목표 달성에 적합하고, 내용체계에 부합되는 내용을 선정한다.
　　　(2) 내용은 교육과정에 제시된 영역별 내용진술에 의거하여 역사학계에서 정설화된 것을 중심으로 선정하되, 필요한 경우에 각주를 이용하여 관

---

3) 금성출판사의『한국근・현대사』교과서의 집필에는 필자를 포함한 6명이 참가하였다. 이 글에서 언급하는 집필과정이나 집필시 고려했던 문제 등은 회의 등에서 나온 이야기를 토대로 필자가 판단을 한 것이며, 그 내용에 대해 다른 집필자들에게 일일이 확인을 한 것은 아니다. 따라서 이 글 내용의 타당성에 대한 책임은 필자에게 있다.

련 내용을 소개할 수 있다.
― 「한국근·현대사」, 『제7차 교육과정에 따른 2종 교과용 도서 집필상의 유의점』, 교육부, 1999. 5―

물론 교과서 집필에서 교육과정에 제시되어 있는 단원을 재구성하는 것이 원론적으로 불가능한 것은 아니다. 『집필상의 유의점』에서도 "교육과정에 제시된 내용 배열은 반드시 학습의 순서를 의미하는 것은 아니므로 지도내용의 순서와 비중, 방법 등을 적절히 조정, 재구성하여 특성 있는 교과서가 되도록 한다."고 말하고 있다. 그러나 교육과정에 충실한지 여부가 가장 중요한 검정기준이 되는 현실에서, 통과를 목표로 하는 교과서들이 새롭게 단원구성을 한다는 것은 기대하기 힘든 일이다. 교과서 검정의 공통기준과 한국근·현대사의 검정기준을 보면 〈표 1〉, 〈표 2〉와 같다.

〈표 1〉 공통기준[4]

심사영역	심사관점	판정		비고
		있음	없음	
Ⅰ. 헌법정신과의 일치	1. 대한민국의 국가체제를 부정하거나 비방하는 내용이 있는가.			
	2. 특정 국가, 종교, 단체, 계층 등에 대해 부당하게 선전·우대하거나, 왜곡·비방한 내용이 있는가.			
Ⅱ. 교육기본법, 교육과정과의 일치	3. 교육이념과 교육목표에 위배되는 내용이 있는가.			
Ⅲ. 저작권 위배 여부	4. 타인의 저작물을 무단으로 표절했거나 또는 현저하게 모작한 내용이 있는가.			
Ⅳ. 내용의 보편타당성	5. 학문상의 오류나 정설화되지 아니한 저작자의 개인적 편견이 포함되어 있는가.			

---

[4] 교육인적자원부(2001.6), 『제7차 교육과정에 따른 고등학교 2종도서 검정기준』, 2쪽.

〈표 2〉 한국근・현대사 검정기준[5]

심사영역	심사관점	A	B	C
Ⅰ. 교육과정의 준수	1. 한국근・현대사교육과정에 제시된 성격, 목표, 내용, 교수・학습방법, 평가 등을 충실히 반영하였는가.			
Ⅱ. 내용선정 및 조직	2. 한국근・현대사학습목표를 구현할 수 있고, 국사과목과의 연계성에 유의하였으며, 학생수준에 적절한 내용을 선정하였는가.			
	3. 자기주도학습과 탐구활동을 할 수 있도록 내용을 구성하였는가.			
	4. 한국근・현대사를 종합・체계적으로 이해할 수 있도록 내용을 조직하고, 각 단원의 비중을 적절하게 유지하였는가.			
	5. 시각자료와 읽기자료는 본문과 연계된 내용으로 구성되었으며, 인용 출처는 명확하게 제시되었는가.			
	6. 한국근・현대사의 학습내용이 세계사와 관련성 속에서 이해할 수 있도록 서술하였는가.			
	7. 시간배당 기준에 알맞은 학습 분량을 선정하여 구성하였는가.			
	8. 주제별 서술방향과 역사 용어는 국사교육내용전개의 준거안에 의거하여 집필하였는가.			
	9. 내용의 오류나 편향적인 이론, 시각, 표현 등을 담고 있지는 않은가.			
	10. 특정한 정당, 지역, 인물, 성, 상품, 종교 등을 비방, 왜곡, 옹호하는 내용은 배제되었는가.			
	11. 범교과학습(민주시민교육, 인성교육, 인권교육, 반부패 교육, 양성평등 교육, 통일교육, 환경교육, 경제교육, 근로정신 함양 교육, 민족문화 정체성 교육, 국제이해 교육, 관광교육, 정보화 및 정보윤리 교육) 내용이 관련 단원에 적절히 반영되었는가.			
Ⅲ. 교수・학습방법 및 평가	12. 한국근현대사학습목표를 구현할 수 있도록 다양한 교수・학습방법을 활용하였는가.			
	13. 한국근현대사교수・학습활동에 필요한 정보와 자료의 수집, 분석, 활용방법이 적절하게 제시되었는가.			
	14. 한국근현대사교육의 목표, 내용, 방법과 부합되는 평가방법과 과제를 제시하였는가.			

---

5) 위 책, 28~29쪽.

심사영역	심사관점	A	B	C
Ⅳ. 표현· 표기	15. 어문규정(한글맞춤법, 표준어 규정, 외래어 표기법, 국어의 로마자 표기법)을 준수하고, 지명·인명·용어 등은 편수자료 및 관련 자료에 따라 표기하였는가.			
Ⅴ. 편집 및 외형체제	16. 편집 디자인이 참신하고, 지면을 효과적으로 잘 활용하였는가.			
	17. 삽화, 지도, 도표, 연표, 사진 등이 선명하고, 조화롭게 배치되었는가.			
	18. 판형, 쪽수, 색도 등 외형 체제는 집필상의 유의점에 제시된 내용을 반영하였는가.			
Ⅵ. 독창성	19. 내용의 선정과 구성이 창의적인가.			
	20. 교수·학습과정과 활동을 독창적으로 구성하였는가.			

〈표 1〉 공통기준의 심사관점 중 하나라도 '있음'이 나오거나, 〈표 2〉 과목별 심사관점 20개 항목 중 2개 이상이 C가 나오면 검정에서 탈락하게 되어 있다. 이러한 검정기준들은 검정교과서의 단원구성이 교육과정을 그대로 따르도록 유도하는 결과를 가져온다. 공통기준의 3, 과목별 기준의 1에서 볼 수 있는 바와 같이 검정심사에서 통과하기 위해서는 교육과정에 따라 교과서를 집필하지 않을 수 없는 것이다. 애초 이러한 점을 염두에 둔다면, 검정교과서를 집필하겠다는 생각 자체에 교육과정의 단원구성을 받아들이겠다는 의미가 포함되어 있다고 할 수 있다.

국사와 한국근·현대사 과목은 교육과정뿐 아니라 『국사교육내용전개의 준거안』이라는 준거안이 별도로 마련되어 있다. 교과서 집필에는 교육과정 외에 준거안도 참고가 된다. 그러나 준거안은 중단원까지는 교육과정의 단원명과 같으며, 단원의 내용도 교육과정과 거의 비슷하다. 단원의 내용에서만 극히 일부 차이를 보이고 있을 뿐이다. 따라서 실제 교과서의 단원구성은 교육과정을 충실히 받아들이는 방향으로 전개되었다. 교육과정에서 대단원은 '(1) 한국근현대사의 이해', '(2) 근대사회의 전개', '(3) 민족독립운동의 전개', '(4) 현대사회의 발전' 4개 단원으로 구성되어 있다. (1)단원은 총론에 해당하는 것으로 한국근현대사의 성격을 다루는 것이며, (2)단원은 개항전후부터 일제에 병합되기 이전까지, (3)단원은 일제 통치기, (4)단원은 해방 이후로 되어 있다. 대단원이기는 하지만 (1)단원은 그 성격상 다른 단원에 비해 적은 비중을 할애할 수밖에 없었다. (2), (3), (4)단원은 교육과정상의 서술로는 조금 차이가 있었지만, 대체로 비슷한 분량으로 서술하기로 하였다.

중단원이나 소단원의 구성을 어떻게 할 것인가를 놓고 집필자들 사이에 여러 차례 논의가 있었지만 적어도 중단원까지는 교육과정의 단원구성을 따르되, 필요한 경우 단원 명칭을 일부 바꾸는 정도에 그치기로 하였다. 다만 소단원의 경우는 단원의 명칭이 다루는 내용을 적절히 반영하지 못하는 경우 좀 더 적극적으로 변경하기로 하였으며, 교육과정에 없더라도 역사적 사실의 의미나 중요성에 비추어 필요할 경우 별도의 소단원을 추가하기로 하였다. 결과적으로 집필된 교과서에는 (2)단원에서 두 군데의 소단원명이 바뀌었다. 그리고 (3)단원에서는 1개의 중단원명과 일부 소단원명을 바꾸고, 2개의 소단원을 추가하였다. 교육과정과 달라진 금성출판사『한국근·현대사』교과서의 (2), (3)단원구성을 보면 〈표 3〉과 같다.6)

(2)단원에서 '개화당의 근대화 운동'이라는 소단원명을 '갑신정변'으로 바꾼 것은, 갑신정변을 근대화운동으로만 보는 것은 곤란하다는 집필자의 인식을 반영한 것이었다. '독립협회와 대한제국'을 '대한제국과 독립협회'로 바꾼 것은 독립협회라는 민간단체보다는 국가인 대한제국의 활동이 더 중요하다는 의미였다.

---

6) (2), (3)단원에 비해 현대사를 다루는 (4)단원은 교육과정과 비교하여 상대적으로 많이 바뀌었다. 교육과정에 있는 단원별 내용을 일부 조정하고 단원명을 바꾸었으며, 소단원을 추가하기도 하였다. (4)단원의 구성과 교육과정과의 차이점은 이 글 3장 '현대사 단원의 내용구성'에 있는 <표 4>와 함께 다룰 것이다.

〈표 3〉 교육과정과 금성출판사 교과서의 단원구성 차이

대단원	교육과정	교과서	변경 사항
(2)단원	개화당의 근대화 운동	갑신정변	소단원명
	독립협회의 활동과 대한제국	대한제국과 독립협회의 활동	소단원명
(3)단원	일제의 침략과 민족의 수난	일제의 식민통치와 민족의 수난	중단원명
	민족의 수난	식민통치체제의 구축과 전개	소단원명
	경제수탈의 심화	경제수탈과 민중의 생활	소단원명
		전쟁동원과 군위안부 징용	소단원 추가
	대한민국 임시정부의 수립	대한민국 임시정부의 수립과 활동	소단원명
	1920년대 무장독립전쟁	1920년대 만주지역 독립군의 활동	소단원명
	대한민국 임시정부와 한국광복군의 활동	대한민국 임시정부와 한국광복군	소단원명
	사회적 민족운동의 전개 민족실력양성운동의 추진	민족실력양성운동 민족협동전선운동	소단원 순서와 소단원명
	농민운동과 노동운동	노동운동과 농민운동	소단원명과 서술순서
		사회 각 계층의 자각	소단원 추가
	국외 이주 동포의 활동	국외 이주 동포의 활동과 시련	소단원명
	일제의 식민지 문화정책	일제의 식민지 교육·문화정책	소단원

　(3)단원에서 '일제의 침략과 민족의 수난'이라는 중단원명을 '일제의 식민통치와 민족의 수난'으로 바꾼 것은, 이 단원의 내용이 주로 일제의 식민지 통치정책을 다루는 것이었기 때문이다. '민족의 수난'이라는 소단원명을 '식민통치체제의 구축과 전개'로 바꾼 것도 같은 이유 때문이었다. 교육과정에서 '민족의 수난'이라는 단원명을 붙인 것은 우리의 입장에서 역사를 본다는 취지였을 것이나, 단원의 서술내용을 반영하는 데는 부적절하다고 판단되었다. '경제수탈의 심화'는 일제의 경제수탈이 사람들의 생활에 어떠한 영향을 주었는지를 이해하는 것이 중요하다는 생각에서 '경제수탈의 심화와 민중의 생활'로 바꾸었다. 그리고 '1920년대 무장독

립전쟁'을 '1920년대 만주지역 독립군의 활동'으로 바꾼 것은 이 단원에서 다루는 무장독립전쟁이 모두 만주지역 독립군의 활동이므로, 서술내용에 적합하도록 단원명을 구체화하는 것이 좋겠다는 취지였다. 그 밖에 역사의 흐름을 이해하는데 필요하다고 생각되는 경우에는 소단원의 배치나 소단원 내의 서술순서를 바꾸었다.

(3)단원에서 2개의 소단원을 추가한 것은 비교적 커다란 교육과정의 재구성이라고 할 수 있다. 먼저 '전쟁동원과 군위안부 징용'이라는 단원을 추가하면서, 일본군 위안부 문제를 포함한 중·일전쟁 이후 일어난 일제의 인력수탈 문제를 다루었다. 이 소단원의 내용은 교육과정에서는 앞의 소단원인 '경제수탈의 심화'에 포함되었던 것인데, 경제수탈과는 성격이 다른 문제로, 인력수탈이라는 차원에서 독립적으로 다루는 것이 좋겠다고 판단하였다. 단원명에 '일본군 위안부'를 넣은 것은 이 문제가 사회적 관심이 큰 역사적 사실이며, 일본의 식민지 지배와 제국주의적 침략전쟁의 폐해를 잘 보여줄 수 있는 사건이기 때문이었다. 또한 전쟁이 인간의 인권을 어떻게 짓밟으며, 특히 전쟁에서 가장 커다란 피해를 당하는 것이 여성과 같은 사회적 약자임을 알게 함으로써 평화의 중요성에 대해 생각하게 한다는 점에서도 의미가 있는 주제였다. '사회 각 계층의 자각'이라는 소단원을 추가한 것은 청년운동이나 형평운동과 같은 일제하 사회운동이 이전 국정 국사교과서에도 서술되었는데 한국근·현대사 교육과정에는 빠졌으므로, 이를 보충하기 위한 것이었다. 청년운동과 형평운동 외에 여성운동과 소년운동도 당시의 중요한 사회운동으로 함께 다루는 것이 좋겠다고 판단되었다. 일제하 사회운동은 교육과정에는 빠져 있으나, 준거안에는 들어있는 내용이기도 하다.7)

---

7) "청년운동이 활발해지면서 민족 독립운동의 기반이 확대되고, 노동운동과 농민운동에 영향을 끼쳤음을 알게 한다.", "여성운동, 형평운동 등은 전근대적인 차별과 불평등을 해소하려는 운동이었음을 설명한다." 교육부 (2002.2), 『국사교육내용전개의 준거안』, 23쪽.

2) 내용구성의 요소

제7차 교육과정 교과서의 가장 커다란 특징 중 하나는 본문위주의 내용구성에서 벗어나 여러 가지 자료와 학습활동을 담고 있다는 점이다. 제7차 교육과정에는 지식이 주어지는 것이 아니라 학생들 스스로 습득하는 것이라는 구성주의적 관점이 도입되면서, 학생들이 주도적으로 학습할 수 있는 방안의 하나로 다양한 자료를 활용하거나 학생들의 탐구활동을 유도할 수 있는 교과서의 개발이 강조되었다.8) 예컨대 제7차 교육과정에 따라 교과서를 어떻게 개발해야 하는가에 대해 교육부가 지원한 한 정책연구에서는 자기주도적 학습능력의 신장을 위한 교과서 구성의 세부원리를 다음과 같이 제시하고 있다.9)

- 있는 그대로 내면화하기를 요구하는 최종의 산물의 형태로 제시하기보다는, 그러한 깨달음에 이를 수 있는 과정을 처방하고 안내하는 역할을 하는 내용으로 구성한다.
- 학습자로 하여금 인지 갈등과 호기심, 불일치 등을 느끼도록 유발하는 내용을 적극적으로 활용한다.
- 각종 활동, 읽기자료, 토의주제, 학습과제, 생각해 볼 문제, 퀴즈, 퍼즐, 화보 제시 등 다양한 유형을 활용한다.
- 구체적으로 주어진 문제를 해결하도록 하는 방식 이외에, 특정한 상황에 대해 학습자 스스로가 의미 있는 문제를 제기하여 탐구, 해결할 수 있도록 하는 유형의 평가 코너를 적극 활용한다.

---

8) 다만 교과서 집필자들이 과연 제7차 교육과정이 구성주의적 관점을 강조하고 있다는 것을 인식하여 교과서를 그런 방향으로 집필했는지는 의문이다. '구성주의'라는 말은 일반인들에게는 그리 익숙한 말이 아니며, 『한국근·현대사』 교과서 집필자 중 상당수는 교육학에서 쓰는 이런 용어를 별로 접할 기회가 없었던 한국사 전공자들이었다. 구성주의적 관점을 인식하였다기보다는 그냥 다양한 자료와 학습활동을 넣는 것이 좋겠다는 정도의 생각이었을 것이다.

9) 한국교육과정연구회·교육과정개정연구위원회(1997.10), 『교과서 체제 개선 연구 - 제7차 교육과정에 따른 교과서 내용구성 방식을 중심으로』, 1997년도 교육부 학술연구 조성비(정책과제) 보고서, 39~49쪽.

물론 교과서가 역사적 사실의 전달이 아니라 자료집이나 학습활동의 안내서 기능을 해야 한다는 주장이 제7차 교육과정에서 처음 나온 것은 아니다. 오래 전부터 역사교과서가 역사적 사실을 진리로서 전달해주는 것이 아니라, 학생들에게 문제의식을 길러주어야 하며, 이를 위해서는 학습동기를 유발하고 탐구활동을 이끌어낼 수 있도록 구성되어야 한다는 주장이 계속되었다. 또한 본문뿐 아니라 삽화, 사료, 지도, 연표 등 다양한 학습자료가 포함된 자료집의 역할을 해야 한다는 점도 강조되었다.10) 그러나 그동안 역사교과서는 이러한 기능을 거의 하지 못하였다. 교과서가 바뀔 때마다 사진이나 지도, 사료 등의 자료가 조금씩 늘어나기는 하였지만 여전히 본문위주로 서술되었다. 실린 자료들도 단순히 시각적 효과를 위해 들어가거나 본문을 보충하는데 그쳐서 학생들의 역사적 사고를 자극하지 못하였으며, 적극적인 탐구활동을 유도하는 내용은 거의 없었다.

그러나 제7차 교육과정에서는 교과서의 제작과정에서 제도적으로 이러한 기능을 적극적으로 뒷받침하였다. 우선 외형적으로 볼 때도, 교과서의 판형이 커지고 인쇄가 컬러로 바뀌었다. 이러한 변화로 인해 여러 가지 유형의 자료를 이용해서 내용을 구성하는 것이 편집할 때 훨씬 효과가 있었다. 위의 〈표 2〉에서 볼 수 있는 바와 같이 교과서 검정기준도 교과서가 이와 같은 방향으로 구성되도록 유도하였다. 3, 5, 12, 13, 14, 16, 17, 19, 20 등 여러 항목에 걸쳐 자료와 학습활동이 중시되고 있는 것이다.

이런 규정 외에도 고등학교 교과서 검정에 앞서 시행된 중학교『사회』교과서 검정에서 본문위주의 서술보다는 여러 가지 자료와 학습활동이 포함되어 있는 교과서들이 주로 통과되었다는 점도 상당한 영향을 미쳤다. 고등학교 교과서를 만들 때 중학교『사회』교과서들의 단원구성 형식이 참고가 되는 것은 자연스러운 일이었기 때문이다.

이러한 점들을 고려하여 집필자 회의에서 교과서의 내용을 본문, 탐구활동, 읽기자료로 구성하되, 이전 교과서에 비해 본문의 분량을 줄이고 읽

---

10) 이원순·윤세철·허승일(1980),『역사교육론』, 삼영사, pp.258~261 ; 최양호,『역사교육의 현장』, 청년문화, 209~210쪽.

기자료와 탐구활동을 늘리기로 하였다.11) 그렇지만 이러한 방향으로 교과서를 구성하기로 결정한 것이 반드시 교육과정이나 교과서 검정기준 때문만은 아니다. 그동안 역사교과서들이 지나치게 본문서술 위주로 되어 있어서, 딱딱하고 재미가 없으며 너무나 많은 역사적 사실들을 담고 있다는 문제의식도 작용하였다. 교과서 전체를 자료 형식으로 구성하는 것이 어떻겠냐는 출판사 담당자의 의견도 있었으나, 역사라는 과목의 성격에 적합하지 않으며 학생들이 이해하기에 어렵다는 이유로 채택되지 않았다. 또한 탐구활동을 지나치게 많이 넣을 경우 수업시간에 교사가 가르치거나 학생들이 학습하는데 부담스러울 수 있다는 의견도 있었다. 여기에는 교과서를 집필할 2002년 당시 수행평가 등의 이유로 역사나 사회과 과목에서 학생들에게 지나치게 부담스러운 탐구활동이나 조사활동을 시킨다는 비판이 있었음을 고려한 것이기도 하다. 이에 따라 과제해결 형식의 학생활동 숫자를 4쪽에 한 개 정도로 조절하기로 하였다. 읽기자료는 학습해야 할 내용요소를 추가하여 학생들의 부담을 늘리는 것을 피하되, 다양한 형식을 추구하여 학생들의 흥미를 끌도록 구성하기로 하였다. 이런 취지에서 사료 외에 근현대의 역사적 사실을 소재로 한 문학작품이나 영화이야기와 같은 자료들도 활용하기로 의견을 모았다. 다만 형식이 너무 많아서 혼란스러우므로 그 유형의 숫자를 5가지 정도로 하였다. 그리고 중단원 끝마다 역사학습의

---

11) 『한국근・현대사』, 『세계사』, 중학교 『사회』 등 제7차 교육과정의 역사교과서의 내용은 크게 보아 본문, 탐구활동(사료와 과제), 읽기자료의 세 부분으로 구성되어 있다. 내용구성요소를 이렇게 구분하는 것은 전통적인 방식이기는 하지만, 타당한지에 대해서는 재론할 여지가 있다. 6종 『한국근・현대사』 교과서 중 대한교과서에서 나온 교과서는 본문과 사료, 읽기자료를 구분하지 않고 모두 '자료'라고 이름을 붙여 서술하고 있다. 금성출판사 교과서는 본문과 읽기자료, 탐구활동을 구분하였는데, 다른 교과서에 비해 읽기자료가 훨씬 많고, 탐구활동도 많은 편이다. 이 경우 읽기자료는 반드시 본문내용을 보충하는 역할만 하는 것이 아니라, 본문에서 서술할 내용을 다른 형식으로 담는 경우도 있다. 나머지 4종(두산, 중앙교육진흥연구소, 천재교육, 법문사)은 상대적으로 전통적인 교과서 구성 방식을 택하고 있어서, 내용구성 요소의 이와 같은 구분이 잘 들어맞는다. 이 중 천재교육과 법문사 교과서가 두산이나 중앙교육진흥연구소의 교과서보다 읽기자료와 탐구활동이 많은 편이다.

중요한 방식 중 하나이며, 1990년대 이후 역사교사는 물론, 학생이나 일반인 사이에도 관심을 끌고 있는 역사유적지 현장답사의 형식을 띤 주제답사를 넣기로 하였다.

실제 집필에서는 '활동'이라는 이름으로 탐구활동을 구성하였다. '탐구'라는 말을 사용하지 않은 것은, 역사의 탐구활동이 교육학에서 흔히 말하는 탐구학습과 성격이 다르다는 것을 염두에 둔 것이었다. '활동'은 여러 유형의 자료를 제시하고 학생들이 주어진 과제를 해결하는 형식을 취하고 있다. 자료의 유형으로는 사료가 주류를 차지하고 있으며, 그밖에 통계, 지도, 사진, 논문이나 책의 인용, 설명자료 등도 포함되었다. 그렇지만 처음 예정보다는 '활동'의 양이 늘어났다. 그것은 역사자료의 기본적인 형태가 사료인데, 사료를 단순히 읽기용으로만 제시하는 것보다는, 사료를 통해 학생들 스스로 역사적 문제에 대해 생각하고 역사를 이해하게 하는 것이 효과적이라고 생각했기 때문이었다. 또 한국근·현대사가 8단위이므로, 그 정도의 학습부담은 감당할 수 있으리라는 판단도 작용하였다.

읽기자료는 본문에 나오는 내용에 대한 추가 설명을 담은 '한걸음더 다가서기'와 '인물엿보기', '역사의 현장', 본문의 내용과 관련 있는 역사적 사실을 소재로 한 문학작품이나 영화를 소개하는 '문학 속으로'와 '영화 속으로', 한국근현대사의 전개가 세계사와 밀접한 관련이 있다는 점을 고려하여 본문서술 내용과 비슷한 시기에 일어난 중요한 세계사적 사건을 담은 '이때 세계는'으로 구성하였다. 그밖에 일어난 지 꽤 오래되었지만 현재도 문제가 되고 있어서 돌이켜 보아야 할 사건을 '역사의 수레바퀴'라는 이름으로 소개하였다. 다만, '역사의 수레바퀴'는 그 성격상 일제에게 국권을 빼앗기기 이전 근대 시기에 일어난 사건으로 한정하였다. 원래 읽기자료를 5가지 정도의 형식으로 하려고 하였는데, 결과적으로 1, 2개가 늘어난 것이다.

중단원 끝에 두기로 한 주제답사는 단원의 내용에 따라서 넣기에 적당하지 않은 경우도 있어서, 사진을 중심으로 한 주제별 답사 또는 주제학습으로 그 성격을 확대하였다. 이에 따라 이름도 '역사밟기'에서 '역사찾기'로 바꾸었다.

3) 내용서술의 방향

단원구성이 교과서 내용의 체계를 세우는 것이라면, 내용선정은 그 틀 속에 채워 넣을 구체적인 재료를 마련하는 일이다. 교과서에 들어갈 내용요소는 이미 교육과정에 제시되어 있다. 교육과정 외에 준거안에도 내용이 제시되어 있다. 그렇지만 준거안은 교육과정에 비해서 훨씬 소략하여 별로 참고가 될 만한 것이 아니었다. 따라서 교과서에 들어갈 내용요소는 대부분 교육과정에 따랐다고 보아야 할 것이다. 다만, 준거안의 토대가 된 연구보고서는 각각의 주제에 대한 연구성과를 바탕으로, 해당 역사적 사실을 어떤 관점에서 인식하는지를 제시하고 있어서 일부 참고할 만한 내용도 있었다.12)

이러한 점들을 염두에 두면서 교육과정과 준거안을 검토하여 내용선정을 하는 작업에 들어갔다. 교육과정이나 준거안이 단원별로 다루어야 할 내용요소를 일일이 제시하고 있다고 하더라도, 해당 요소와 관련된 어떤 구체적 사실을 교과서에 포함시켜야 하며, 이를 어떻게 서술할 것인지는 교과서 집필자의 몫으로 남아있는 문제이다. 역사적 사실에 대한 서술은 그 사실에 대한 인식이나 역사관에 따라 달라지게 마련이다. 교과서 내용도 비록 교육과정이나 검정심사 등 많은 제약요인들이 작용하지만 집필자의 역사인식에 따라 달라지며, 같은 교과서 집필자들 사이에서도 차이가 날 수 있다. 그렇지만, 구체적인 집필에 앞서 교과서를 어떤 관점에서 서술할 것인가에 대해 집필자들 사이에 의견을 모으는 과정은 없었다. 교육과정에 상당히 구체적으로 내용이 제시되어 있는 상태에서 교과서 서술에 나타나는 관점의 차이가 그리 클 수 없으며, 그래도 일어날 수 있는 역사인식의 차이는 검토회의에서 충분히 조정될 수 있을 것이라고 판단하였기 때문이다.13) 다만 교육과정의 검토와 집필자들이 평소 국사

---

12) 이범직 외(1999), 「국사교육내용전개의 준거안 연구보고서」, 교육정책연구 99
　－사학06, 교육부.
13) 만약 검토회의에서도 역사적 사실에 대한 인식의 차이가 나타날 경우, 기본적

교과서나 그 밖의 역사책들에 대해 가지고 있던 문제의식을 바탕으로, 교과서 내용서술과 관련된 몇 가지 문제제기와 그에 대한 토론이 있었다. 그중 비교적 중요하다고 생각되는 문제들을 보면 다음과 같다.

① 교육과정의 단원구성이 각 시대별로 분류사 체제를 취하고 있다고는 하지만 실제로는 정치사 중심으로 되어 있어서, 교과서가 재미없고 딱딱해질 가능성이 많았다. 이를 보완하고 학생들이 흥미를 가질 수 있도록 하기 위해서 생활사나 문화사 내용을 가급적 많이 넣기로 하였다. 이러한 서술 방향은 최근 들어 역사학계나 대중들이 과거 사람들의 구체적인 삶의 모습에 대해 관심을 많이 보이고 있다는 점도 염두에 둔 것이다. 그러나 결과적으로 교과서 내용은 애초의 이러한 취지를 충분히 반영하지 못하였다. 사전에 구성된 단원과 교육과정에 제시된 내용에 따라 서술을 하다 보니, 생활사나 문화사가 들어갈 부분은 거의 없었다. 결국 본문보다는 '역사찾기' 등의 별도 구성요소에서 생활모습의 변화를 포함시키는 정도에 머물렀다.

② 여성사에 관심을 가지기로 하였다. 1990년대 들어 '소수(minority)'의 역사, '타자(others)'의 역사에 대한 관심이 높아졌다. 그 대표적인 분야가 여성사였다. 여성사 관련 학회와 단체가 생겨나고, 대학에서 여성사 관련 강좌가 크게 늘어났다. 여성사와 관련된 논문이 발표되고 연구서가 출간되어, 기존의 여성사 인식에 비판을 가하기도 하였다. 제6차 교육과정부터는 국사교과서에도 이러한 연구동향이 일부 반영되었다. 그러나 한국근·현대사 교육과정에서는 여성사와 관련된 내용이 나오지 않았다. 이는 여성사 연구결과의 반영이 주로 고려와 조선시대에 대한 것이었기 때문이다.14) 이 때문에 교과서 내용에 여성사를 특

으로는 해당 내용 집필자의 의견을 존중하기로 하였다. 그러나 대부분의 경우 검토회의에서 나온 의견을 집필자가 받아들였기 때문에, 극히 일부를 제외하고는 이런 문제는 나타나지 않았다.

별히 반영하기는 어려웠다. 그래서 읽기자료에서 여성사에 대한 서술을 보완하며, 특히 '인물엿보기'에서 가급적 여성인물을 많이 포함시키는 것으로 방향을 잡았다. 이는 여성사에 대한 글이나 책의 다수가 여성인물을 주제로 한다는 점도 고려한 것이었다. 그러나 여성인물에 대한 서술을 통해 여성사를 보완한다는 것은 그리 효율적이지 못하였고, 교과서에 수록할 여성인물을 선정하는 것도 쉽지 않았다. '인물 엿보기'는 여러 유형의 읽기자료 중 하나였고, 여성인물만을 서술할 수도 없었으므로, 자연히 여성에 대한 서술이 충분하지 못하였다. 또한 하나의 소재에서 한 명의 인물만을 서술할 수밖에 없었으며, 시대나 주제에 따라서는 서술할 인물을 선정하기가 어려운 경우도 있었다. 예컨대 일제하 여성 민족운동가로 자주 언급되는 인물로는 서로군정서 등에서 활동한 남자현, 신간회에서 활동하고 근우회의 창립을 주도한 정종명, 평양 고무공장 노동자인 강주룡 등이 있다. 그러나 교과서의 구성상 이들 세 인물을 모두 넣기는 어려웠다. 결국 남자현과 정종명은 읽기자료로 들어갔으나, 노동운동 부분에는 일제하에서 가장 규모가 큰 노동운동이었던 원산총파업이 읽기자료로 들어가게 됨에 따라, 강주룡은 교과서 내용에서 빠지게 되었다. 또 인물에 대한 평가가 어느 정도 개입될 수밖에 없는 '인물 엿보기'의 성격상, 현대사에서는 그 숫자가 다른 시기에 비해 적었으며 인물의 선정도 어려웠다. 결국 남녀 각각 한 명씩 정했는데, 남성 인물로는 장준하, 여성 인물로는 이태영을 선정하였다. 장준하의 경우, 현대사의 1, 2단원이 정치사 단원으로 민주화운동의 과정을 서술하고 있어서 그에 적합한 인물로 판단했고, 이태영은 한국 최초의 여성운동 단체라고 할 수 있는 가정법률상담소를 만들어 운영한 현대 여성운동의 대모라고 평가받는다는

---

14) 제7차 교육과정 10학년(고등학교 1학년) 「국사 교육과정」 '중세의 사회' 단원에는 다음과 같은 내용이 포함되어 있다. "고려사회에서 여성의 지위가 상당히 높았음을 여러 가지 사실을 토대로 하여 설명할 수 있다." 제6차 교육과정부터 교과서에도 고려시대 여성의 지위가 비교적 높았는데, 조선사회에 들어 성리학의 가부장적 가족제도가 보급되면서 낮아졌음을 서술하고 있다.(국사편찬위원회·1종도서연구개발위원회(1996), 『고등학교 국사』, 교육부, 138쪽, 195~196쪽.)

점을 고려하였다.15)

③ 교과서에서 사용되어 온 용어의 적절성 여부에 대한 논의이다. 역사 용어에는 역사인식이나 역사관, 그 사건에 대한 평가가 들어있는 경우가 많다. 따라서 같은 역사적 사실이라고 하더라도 학자에 따라서 달리 부르기도 한다. 근현대사의 사건들 중에서도 그런 경우가 상당수 된다. 검정기준에서는 역사용어를 『국사교육내용전개의 준거안』에 따르도록 되어 있다. 『국사교육내용전개의 준거안』에서는 교육과정과 동일한 역사 용어를 사용하고 있다. 그러나 준거안 연구보고서에서는 교육과정과는 다른 용어를 사용하거나 학계에서 논란이 되고 있는 용어들에 대해 검토하고 있다. '동학농민운동'을 '동학농민전쟁', '애국계몽운동'을 '자강계몽운동', '광주학생운동'을 '광주학생독립운동', '여수·순천 10·19사건'을 '여·순사건', '5·18 민주화운동'을 '5·18 광주 민주화운동'이라고 부르고 있다.16) 그밖에 준거안의 참고사항에서는 '광주학생운동'을 '11·3 학생독립운동'이라고 부르는 것이 무방하다는 견해를 제시하고 있으며, '광복' 대신 '해방'이라는 용어를 사용하고 있다.17) 이러한 점들을 고려하여, '동학농민전쟁', '애국계몽운동', '해방'이라는 용어를 사용하기로 하였다. 동학농민전쟁은 그동안 국사교과서에서도 '동학난', '동학혁명', '동학농민혁명', '동학운동', '동학농민운동' 등 여러 가지로 명칭이 바뀌어 왔다.18) 학계에서도 이 사건을 무엇이라고 부르는 것이 타당한가에 대해 논란이 계속되고 있는데, 사건의 주체가 농민이라는 것에는 동의하지만 동학의 역할에 대해서는 의견이 엇갈리고 있으며, 사건의 성격에 대해서는 '전쟁'

---

15) 그러나 '인물엿보기'의 이태영은 심사과정에서 특정 인물을 지나치게 부각시켰다는 수정지시를 받고, '세계에서 가장 여성 정치 참여율이 높은 스웨덴'으로 바꾸었다.
16) 이범직 외, 『국사교육내용전개의 준거안 연구보고서』, 26~29쪽, 37~38쪽.
17) 위 책, 80, 82쪽.
18) 김한종(2003), 「동학농민전쟁의 명칭과 그 의미」, 『청람사학』 11, 11~20쪽.

이나 '혁명'으로 보는 견해가 많다. 이런 점들을 고려하여 집필자 회의 끝에 다수의 의견이라고 생각되는 '동학농민전쟁'이라는 용어를 택하였다. '자강계몽운동'은 이 사건에 해당하는 대부분의 운동이 제국주의의 논리인 사회진화론을 그대로 받아들여 독립보다 실력양성을 우선시하고 의병전쟁에 비판적이었다는 점을 고려하였다. '해방'과 '광복'은 두 용어 모두 당시에 사용되었던 것으로 나름대로 일리가 있지만, '해방'이라는 말이 더 널리 사용되었으며 일제의 식민지뿐 아니라 봉건적 속박에서 벗어난다는 의미까지 포함된 더 광범한 용어라는 점을 고려하였다. 국사교과서에서도 제3차 교육과정까지는 '해방'이라는 용어를 사용하였다.19)

3. 현대사 단원의 내용구성

1) 단원구성

검정교과서인 『한국근·현대사』 교과서는 교육과정에 의거하여 서술되었으며, 정해진 검정절차를 거쳐 간행되기 때문에 단원구성에서 교과서마다 별다른 차이가 나타나지 않는다. 다만 교과서에 따라 일부 단원의 구성을 달리하거나 장, 절의 제목을 바꾸기도 하였다. 이러한 단원구성의 방식은 현대사에서도 마찬가지로 나타나고 있다. 『한국근·현대사』 교과서에서 현대사 단원은 교육과정에 제시된 바와 같이 '현대사회의 발전'이라는 제목 아래 구성되어 있다. 교육과정과 6종 교과서의 '현대사회의 발전' 단원의 구성을 보면 〈표 4〉와 같다.

---

19) 1차 심의본의 '동학농민전쟁', '자강계몽운동', '해방'이라는 용어는 심의과정에서 수정지시에 따라 2차 심의본부터 '동학농민운동', '애국계몽운동', '광복'으로 바뀌었다.

<표 4> '현대사회의 발전' 단원구성

교육과정	금성출판사	중앙	대한	두산, 천재, 법문사
(가) 대한민국의 수립 (ㄱ) 제2차 세계대전 이후의 세계 (ㄴ) 8·15광복과 분단 (ㄷ) 5·10총선거와 대한민국의 수립 (ㄹ) 6·25전쟁	1장. 광복과 대한민국의 수립 1. 제2차 세계대전 이후의 세계 2. 8·15광복과 통일국가 수립운동 3. 대한민국의 수립과 분단 4. 6·25전쟁	1. 대한민국의 수립 (1) 제2차 세계대전 이후의 세계 (2) 8·15광복과 분단 (3) 5·10총선거와 대한민국의 수립 (4) 6·25전쟁	Ⅳ-1. 대한민국의 수립 1. 제2차 세계대전 이후의 세계 2. 되찾은 산하, 갈라진 남과 북 3. 냉전의 현실 속에 통일국가의 꿈은 깨어지고 4. 동족상잔의 비극이 일어나다	교육과정과 동일
(나) 민주주의의 시련과 발전 (ㄱ) 4·19혁명 (ㄴ) 5·16 군사정변 (ㄷ) 민주주의의 시련과 민주회복	2장. 민주주의의 시련과 발전 1. 4·19혁명과 민주주의의 성장 2. 5·16 군사정변과 유신체제 3. 민주화운동과 민주주의의 발전	2. 민주주의의 시련과 발전 (1) 이승만정부의 독재체제 강화 (2) 4·19혁명 (3) 5·16 군사정변과 박정희 정부의 출범 (4) 유신체제 (5) 1980년대의 민주화운동 (6) 민주주의의 지속적 발전	Ⅳ-2. 민주주의의 시련과 발전 1. 4·19혁명 2. 5·16 군사정변 3. 민주주의의 시련과 민주회복	
(다) 통일정책과 평화통일의 과제 (ㄱ) 북한체제의 고착화와 북한의 변화 (ㄴ) 통일정책과 남북대화 (ㄷ) 국제정세의 변화와 평화통일의 과제	3장. 북한의 변화와 평화통일의 과제 1. 사회주의 경제건설과 김일성 체제의 확립 2. 주체사상과 김정일 후계체제 3. 변화를 모색하는 북한 4. 통일정책의 전개와 남북교류 5. 국제정세의 변화와 평화통일의 과제	3. 통일정책과 평화통일의 과제 (1) 북한체제와 북한의 변화 (2) 통일정책과 남북대화 (3) 국제정세의 변화와 평화통일의 과제	Ⅳ-3. 통일정책과 평화통일 1. 6·25전쟁 이후 북한의 변화 2. 7·4 남북공동성명 : 대화와 협력을 다짐했건만… 3. 민족의 소망 평화통일을 향하여	
(라) 경제의 발전과 사회·문화의 변화 (ㄱ) 경제혼란과 전후복구 (ㄴ) 경제성장과 자본주의의 발전 (ㄷ) 사회의 변화 (ㄹ) 현대문화의 동향	4장. 경제발전과 사회·문화의 변화 1. 광복 이후의 경제적 상황과 전후복구 2. 경제성장과 자본주의의 발전 3. 사회변화와 사회문제 4. 현대문화의 동향	4. 경제의 발전과 사회·문화의 변화 (1) 경제혼란과 전후복구 (2) 경제성장과 자본주의의 발전 (3) 사회의 변화 (4) 현대문화의 동향	Ⅳ-4. 경제의 발전과 사회·문화의 변화 1. 경제혼란과 전후복구 2. 눈부신 경제성장, 자본주의의 발전 3. 현대사회의 변화 4. 다양하고 풍부해진 우리문화	

〈표 4〉에서 보듯이 『한국근・현대사』 교과서들의 현대사 단원구성은 전체적으로 비슷하지만, 소단원 일부에서 차이를 보이고 있다. 교과서별 차이가 근대나 일제 통치기를 다루는 단원보다 약간 더 많기는 하지만, 전체적으로는 거의 마찬가지 수준이라고 할 수 있다. 다만, 소단원명에서는 역사인식의 차이가 나타나기도 한다. 예컨대 교육과정에서 '8·15광복과 분단'이라는 소단원명을 사용하고 있는 것은, 분단이 해방과 동시에 이루어졌다는 의미를 내포하고 있다. 이에 반해, 교과서에 '8·15광복과 통일국가 수립 운동', '대한민국의 수립과 분단'이라는 단원명을 사용하고 있는 것은, 38도선을 경계로 남과 북이 나뉘어졌다고 하더라도 통일정부를 수립할 가능성이 있다고 생각하는 것이며, 남북한에 각각 단독정부가 세워짐으로써 완전히 분단되었다고 보고 있는 것이다.20)

〈표 4〉에는 나타나 있지 않지만, 교육과정에는 별도의 구분 없이 내용만 제시되어 있는 소절의 구성이나 제목, 구체적인 내용서술은 교과서들마다 좀 더 다르다. 이는 교육과정과 교과서를 보는 집필자들의 관점, 단원의 내용요소에 대한 생각, 현대사에 대한 인식이 반영된 것이라고 할 수 있다.

실제 현대사 단원의 집필에서는 교육과정을 검토한 후, 단원구성에서 일부 조정이 필요한 부분이 있다는 생각이 들었다. 특히, 교과서의 단원구성과 관련하여 다음의 두 가지 점이 검토 대상이었다.

① 북한사의 문제이다. 교육과정에서 '현대사회의 발전'의 4개 중단원 중 3단원이 북한사와 남북관계를 다루는 단원이다. 3단원은 다시 3개 소단원으로 구성되었는데, 그중 1개 소단원이 북한사이고, 나머지 2개 소단원이 남북관계와 통일 문제를 다루도록 되어 있다. 교육과정에 제시되어 있는 북한사 내용은 "6·25전쟁 이후 북한에서는 김일성의 독재체제가

---

20) 이러한 차이는 교육과정과 준거안 연구보고서 사이에서도 나타난다. 준거안 연구보고서에서는 중단원 '현대사회의 발전'의 소단원은 '광복과 군정의 실시', '통일국가 수립운동의 좌절', '대한민국의 수립과 분단', '6·25전쟁과 사회변동'으로 구성되어 있다.

더욱 강화되고 통제와 폐쇄성이 심해졌음을 이해한다."는 것이 전부이다. 북한사에 대해서 어느 정도 서술하라고 하는 것인지 애매하다. 실제 교과서들이 서술 분량에서 가장 커다란 차이를 보인 것이 북한사이다. 교육과정과 같이 1개 소단원이라도 구체적인 서술을 어떻게 하느냐에 따라 다르지만, 이와 같은 단원구성으로는 북한사에 대한 최소한의 서술도 어려우며, 설사 서술한다고 하더라도 교과서를 읽는 학생들이 북한사의 흐름을 개괄적으로 이해하기 어려울 것이라고 생각하였다. 북한사의 전개과정을 이해하기 위해서는 일정한 시기구분이 필요할 것이기 때문이었다. 이에 따라 교육과정에서 1개 소단원으로 구성되어 있는 북한사를 교과서에서는 3개 소단원으로 늘렸다. 그러나 단원수를 늘린 것에 상응할 만큼 내용서술이 늘어난 것은 아니었다. 더구나 북한 정치사 외에 학생들이 관심을 가질 수 있는 사회나 문화사에 대해서는 거의 서술하지 못하였다.

② 정치 이외의 분야에 대한 내용이 보완되어야 한다는 생각이 들었다. 교육과정에서는 정치사를 2개 중단원으로 나누고 있는 것에 반해, 경제, 사회, 문화사를 1개의 중단원으로 묶어서 구성하고 있다. 이와 같은 단원구성은 정치사 이외의 분야를 소홀하게 다룸으로써, 현대사에 대한 학생들의 흥미를 떨어뜨릴 수 있는 요인이 될 수도 있다. 이에 따라 1개 중단원 속에 포함되어 있는 경제, 사회, 문화사를 단원을 나누어 분리하는 방안이 검토되었다. 사회와 경제를 하나의 단원으로 묶고, 문화를 분리하여 독립 단원으로 구성하였다. 경제개발과 근대화가 1960년대 이후 한국사회의 성격을 변화시킨 가장 중요한 요인 중 하나이므로 경제와 사회를 하나의 단원으로 묶고, 이와는 별도로 문화사 단원을 두어 문화현상을 통해 고등학생들의 코드에 접근하는 것이 더욱 의미있다고 생각되었기 때문이다. 그러나 결국 집필과정에서 사회와 경제, 문화사 단원을 나누는 것을 포기하고 교육과정대로 하나의 단원 속에 포함시키고 말았다. 검정 '심사'를 염두에 두었을 때 중단원의 숫자를 늘리는 것은 부

담스러웠으며, 경제와 사회, 문화사 단원의 구성 방안에 대한 아이디어도 부족하였기 때문이다. 그밖에도 중단원의 도입부 구성 등 소소한 문제들도 작용하였다.21)

2) 내용서술상의 유의점

구체적인 교과서 서술은 교육과정의 내용요소나 단원별 내용의 재구성을 통해 이루어진다. '현대사회의 발전'은 다른 단원에 비해 교과서들 사이에 내용요소, 역사적 사실에 대한 관점이나 해석에서 상대적으로 차이가 클 가능성이 많은 단원이다. 현대사 부분에서 집필을 하는 데 고려하였거나 검토의 대상이 되었던 문제들을 보면 다음과 같다.

첫째, 그동안 국사교과서의 근현대 부분을 둘러싸고 끊임없이 논란이 되어 왔던 이데올로기적 편향성이나 정치적으로 이용되던 것에서 어떻게 탈피할 것인가 하는 문제이다. 사실, 이 부분은 『한국근·현대사』 교과서의 내용 중 가장 민감하면서 사회적으로 관심을 끌 수 있는 문제이기도 하다.22) 현대사의 여러 사건에 대한 인식은 집필자에 따라 상당 부분

---

21) 교과서 집필과정에서 처음에는 중단원의 도입부를 2쪽으로 계획하였다. 이 계획에 따르면, 경제·사회 단원과 문화 단원을 분리할 경우 대단원 도입부 2쪽, 5개 중단원 도입부 10쪽, 합해서 12개 쪽이 도입부에 할당된다. 이는 대단원의 전체 분량에 비해 지나치게 많은 비중을 차지하는 것이었다. 이 밖에 중단원의 개관, 연표 등을 만드는 어려움 등도 사회·경제사와 문화사 단원의 분리를 포기하게 만드는 요인이 되었다.
22) 1994년에 일어난 6차 교육과정 '국사교과서 내용전개의 준거안' 파동, 2002년 7월 교과서 제작과정에서 일어난 『한국근·현대사』 교과서의 '김영삼 정부 비판, 김대중 정부 미화' 소동, 2004년 10월 일어난 금성출판사 『한국근·현대사』 교과서의 '친북·반미·반재벌' 주장 등은 학문이나 교육적 문제보다는 정치적, 이념적 공세의 성격을 띠었다. 이 사건들은 결국 역사교과서의 현대사 서술이 사회적으로 얼마나 민감한 문제인지 다시 한번 확인시켜 주었을 뿐이다.

다룰 수 있다. 북한사나 남북관계(남북정부 수립, 6·25전쟁, 7·4 남북공동성명 등), 역사적 평가가 확립되지 않은 주요 사건(제주 4·3사건, 5·18 민주화운동 등), 사회운동(노동운동, 통일운동 등), 정부의 대외관계나 경제정책(농지개혁, 1950년대 원조경제, 한일협정, 베트남파병, 1960~70년대 경제개발, 1990년대 시장자유화 등) 등이 이에 해당한다. 그러나 실제 서술에서는 이런 사건들을 바라보는 다양한 인식이나 평가가 있다는 점을 의식하지 않을 수 없으며, 교과용 도서라는 교과서의 성격과 제도적인 제약도 크게 작용한다. 이런 점을 고려하여 교과서 서술에서는 가급적 중립적인 관점을 유지하되 냉전 이데올로기나 지배권력 중심의 서술에서는 벗어나고자 하였다. 예컨대 경제발전의 긍정적 측면과 부정적 측면을 함께 다루며, 사회사에서는 도시와 농촌의 변화 모습과 함께, 노동운동과 그 밖의 사회운동을 다루었다. 이와 같은 사건들에 대한 서술에서는 역사학계의 한국현대사 연구성과를 반영하되, 쟁점이 되는 문제에 대해서는 양측의 주장이나 자료를 통해 학생들이 스스로 역사적 사건에 대해 생각하고 평가해볼 수 있는 기회를 제공하고자 하였다. 그렇지만 이들 사건을 바라보는 시각의 스펙트럼이 워낙 넓어서 모든 사람이 공감할 수 있는 서술을 할 수는 없으며, 대부분의 사람들이 동의할 수 있는 서술을 기대하기도 어렵다. 실제로『한국근·현대사』교과서가 나온 다음 이러 저런 논란이 계속되고 있다. 그렇지만 한편으로는 이러한 논란 자체가 역사 과목의 특성 때문에 나오는 것으로 역사인식의 폭을 넓힐 수 있는 계기가 될 수도 있으리라고 생각한다.

둘째, 교육과정의 단원별 내용을 검토하여 재구성하였다. 이 과정에서 일부 내용은 교육과정과는 다른 단원에서 서술하였으며, 교육과정에 없는 내용요소를 추가하는 경우도 있었다. 이와 관련하여 구체적으로 검토되었던 내용을 몇 가지 보면 다음과 같다.
① 해방과 건국을 다루는 첫번째 중단원에서 식민지 지배의 청산 문

제가 다루어지는 것이 바람직하다. 독립을 맞이한 후 새로운 국가 건설 과정에서 중요한 문제는 친일파 청산과 토지개혁이었다. 그런데, 교육과정에는 반민특위의 활동이 '(가) 대한민국의 수립'에, 농지개혁은 '(라) 경제의 발전과 사회·문화의 변화'에 포함되어 있다. 교육과정에서 농지개혁을 이 단원에 포함시킨 것은 경제사로 분류하였기 때문이다. 그러나 일본의 식민지였던 한국 사회의 성격에 비추어 볼 때, 이 두 가지 문제는 건국의 과정에서 함께 다루는 것이 역사적 맥락의 이해와 현대사에 대한 인식에 자연스럽다. 그러나 여러 차례 의논 끝에 결국 교육과정에 나오는 대로 농지개혁을 네번째 단원에 서술하였다. 농지개혁을 4단원에 서술한다고 하더라도, 광복 이후의 경제사를 개관하고 있는 4단원 경제 부분의 내용구조상 농지개혁을 제외할 수 없으므로 중복서술이 될 가능성이 많았기 때문이다.23)

② 미군정기 사회문제와 사회운동에 대한 서술이 필요하다. 미군정은 대한민국 정부의 수립까지 한국 사회에서 정부의 역할을 하였다. 독립과 미군정의 정책이 당시 사람들에게 주는 의미는 현대사 인식의 출발점이라고 생각되기 때문이다. 독립은 빼앗긴 국권을 되찾았다는 상징뿐 아니라, 구체적으로 민중의 삶에 어떠한 영향을 미쳤는가 하는 관점에서 바라볼 때 더 커다란 의미를 가지게 된다. 교육과정에는 이에 대해 '중단원 4. 경제의 발전과 사회·문화의 변화'에서 "8·15광복 이후 한 때 경제혼란이 심하였던 이유를 탐구할 수 있다."라고 언급하고 있다. 그렇지만 미군정의 사회·경제 정책과 이에 대한 반응은 당시의 정치, 사회상황과 밀접한 관련을 가지고 있다. 이런 점에 비추어 1단원에서 미군정기의 사회상황을 간단하게나마 서술하였다. 다만 '소작료 3-1제', '노동자 자주관리 운동', '9월총파업', '10월인민항쟁(대구폭동)'과 같은 역사적 사실을 가리키는 구체적인 용어는 사용하지 않았다. '10월인민항쟁(대구

---

23) 이런 문제가 있음에도, 두산의 교과서는 교육과정과는 달리 농지개혁을 1단원에 서술하였다. 그리고 4단원에 다시 간략하게 언급하였다. 집필자의 역사인식이나 교과서 서술에 대한 판단에 따른 것으로, 일리 있는 구성이라고 생각된다.

폭동)'과 같은 사건의 경우 용어의 선택도 어려운 문제이며, 사건의 명칭을 넣는 것이 학습부담을 늘릴 수도 있다는 것을 고려하였기 때문이다.

③ 교육과정에서 대한민국 임시정부 등의 건국 준비 활동을 현대사에서 다루도록 하고 있다. 중단원 '(가)대한민국의 수립' 중 두번째 소단원인 '(ㄴ) 8·15광복과 분단'에서는 "광복 직전 건국 준비 활동을 대한민국 임시정부의 건국강령을 중심으로 이해한다."라고 되어 있다. 그러나 대한민국 임시정부의 건국강령은 일제 통치기를 다루는 대단원3에 서술하는 것이 적당하다고 생각되었다. 건국강령은 일제의 제국주의 침략전쟁이 본격화되면서, 여러 민족운동 세력을 규합하려는 독립운동 전략의 일환이었기 때문이다. 기존의 『국사』 교과서에는 현대사의 이 부분에서 대한민국 임시정부와 함께, 중국 화북지방에 근거지를 두었던 조선독립동맹과 해방 1년 전쯤 국내에서 비밀리에 만들어진 건국동맹에 대해 서술하고 있다. 이들 단체들의 활동도 일제 말의 독립운동에서 서술하는 것이 자연스럽다. 그런데 교육과정에 따라 단원을 구분할 경우 조선독립동맹은 '1930년대 무장독립전쟁'이라는 단원에서 다룰 수 있지만, 조선건국동맹을 서술할만한 단원은 없다. 결국 조선건국준비위원회를 서술하면서, 각주로 간단히 언급하는데 그쳤다. 이러한 문제점은 교육과정에서 일제 말 국내의 민족운동에 대해 서술할 수 있는 단원이 빠져있기 때문이다. 조선건국동맹 외에 실력양성운동의 마지막 형태라고 할 수 있는 수양동우회나 흥업구락부 사건 등을 다룰 수 있는 단원도 없는 셈이다.

셋째, 읽기자료로 어떤 내용을 넣을 것인가도 중요한 검토 대상의 하나였다. 읽기자료는 본문서술이 되어 있는 거의 모든 페이지에 들어가 있으므로, 현대사 부분만의 문제는 아니다. 현대사의 읽기자료도 다른 단원의 읽기자료와 그 성격에서 커다란 차이가 있는 것은 아니다. 그러나 구체적으로 검토해 보면 약간 다른 점도 나타난다. 읽기자료는 그 내용으로 보아 크게 두 가지 성격을 띠고 있다. 하나는 본문내용 중 일부를 좀 더 깊이 있게 설명하는 것이고, 다른 하나는 본문과 관련된 인물이나 일화, 본문내용을 소재로 하는 책이나 영화 등을 다룬 것이다. 후자가 학습 부담이 상대적으로 가벼운 읽기자료라고 할 수 있다. 그러나 현대사 단원에는 근대나 일제 통치기에 비해 전자의 성격을 띤 자료의 비중이 상대적으로 높다. 이는 다른 단원에 비해 인물자료가 덜 들어간 탓도 있지만, 그동안 고등학교 국사 심화과정에서 다루어야 할 현대사의 범위와 깊이에 대한 연구나 논의가 별로 없었던 것도 하나의 원인이다. 현대사 읽기자료의 이러한 구성은 교과서 내용이나 현대사 교육을 무겁게 만들 수도 있다.

넷째, 사회사나 문화사 부분에서는 사람들이 구체적으로 살아온 모습을 이해할 수 있게 하는 것이 좋겠다고 생각했다. 이를 위해서는 사회사 부분에서 의식주의 변화를 다루되, 단순히 외형적인 변화 양상만이 아니라, 그러한 변화가 일어나게 된 사회적 맥락을 알 수 있도록 서술할 필요가 있었다. 예컨대, 도시화의 과정에서 커다란 변화를 겪은 특정 지역을 택해서, 동네의 모습이 야산에서 달동네, 아파트 촌으로 바뀌는 과정을 다룸으로써 정부의 산업화 정책과 그 결과로 나타난 인구의 도시 집중현상, 그리고 도시 빈민층에 대한 정책을 파악할 수 있다. 또한 도시계획과 주택정책, 그리고 주거 형태의 변화, 사회의 여러 측면들을 종합적으로 이해할 수 있을 것이다. 문화사에서는 예술뿐 아니라 대중문화의 양상에 대해서도 관심을 두고 서술하되, 특히 사회 저변의 문화현상을 파악하고 청소년 문화가 어떻게 변화하였는지에 대해서도 다루는 것이 좋겠다고 생각했다. 그렇지만 사회사나 문화사에 대한 이러한 생각은 실제 교과서 내용에는 별로 반영되지 못하였다. 사회사나 문화사에 대한 이해가 충분하지 못하고 이런 형식으로 서술된 참고할 만한 책들이 별로 없어서, 교육과정을 재구성하기보다는 그 내용대로 서술하는데 머물고 말았기 때문이다.

4. 『한국근·현대사』 교과서 집필의 문제점과 현대사 수업

1) 짧은 제작기간

교과서의 제작기간이 너무 짧다는 것은 자주 지적되어 온 문제이다. 교과서 제작기간이 짧은 이유는 검정절차나 제도와도 관련이 있다. 「교과용 도서에 관한 규정」에 의하면, 검정 도서에 대해서는 교과서를 처음 사용하기 1년 6개월 이전에 검정 공고를 내도록 되어 있다. 교과서 집필이 대부분 검정 공고 이후에 시작되므로, 만약 이 최소 기간만 지킨다면 1년 6개월 안에 집필부터 검정, 수정, 인쇄와 보급이 모두 되어야 하는 것이다. 고등학교 심화선택과목의 검정 공고는 2001년 1월에 있었다. 교과서가 2003년 3월부터 사용되므로 2년 2개월의 시간이 있는 셈이다. 그렇지만 심의본 제출이 2001년 12월이었으므로 약 11개월의 기간 밖에 주어지지 않으며, 그나마 집필 팀 구성을 비롯한 준비과정을 고려하면 실제 집필기간은 8~10개월 정도에 지나지 않을 것이다.

물론 교과서 검정은 어차피 예정되어 있는 것이니까, 검정 공고 이전에도 교과서 집필 작업을 시작할 수는 있다. 교육부는 이미 2000년 1월에 '제7차 교육과정에 의한 2종 교과용도서 검정 일정표'를 발표하였으며, 이에 따라 전체적인 교과서 검정의 일정을 알 수 있었으므로 검정공고 이전이라도 집필에 곧바로 들어갔으면 집필기간을 훨씬 늘릴 수도 있다. 그러나 교과서 제작은 일정한 자격을 갖춘 출판사만이 할 수 있으므로[24] 집필자의 입장에서는 출판을 할 수 있을지 여부를 알지 못하는 상태에서 실제적인 집필에 들어가기는 어렵다. 또한 출판사의 입장에서도 검정 공고가 나와야 구체적인 제작 일정을 마련할 수 있을 것이다. 더구나 교과서 제작의 방향에 결정적인 영향을 미치는 '집필상의 유의점'과 '검정기준

---

[24] 2년간 20종 이상의 도서를 펴낸 출판사로 한정되어 있다.

은 2001년에 들어서야 제시가 되었다. 그밖에도 현실적으로 문제가 되는 것은 교과서 집필자들이 대부분 대학 교수나 고등학교 교사, 그밖에 직업을 가지고 있는 상태에서 그 짧은 기간에도 교과서 집필에만 매달릴 수 없다는 점이다. 결국 대학이나 고등학교에서 수업을 하면서 틈을 내서 교과서를 쓰는 작업을 해야 하므로 시간은 더욱 부족할 수밖에 없다.

2) 자료의 선정과 신뢰성

앞에서 살펴본 바와 같이 제7차 교육과정 교과서의 가장 커다란 특징 중 하나는 이전 교과서에 비해 많은 자료를 싣고 있다는 점이다. 『한국근·현대사』 교과서도 이전 국사교과서에 비하면 훨씬 다양하고 많은 자료를 담고 있다. 근현대사 자료는 그 이전의 시대에 비해 매우 풍부하다. 그렇지만 종류에 따라서는 여전히 자료가 부족한 경우가 있으며, 또 반대로 많은 자료 때문에 어려움을 겪기도 한다. 어떤 자료를 선택해야 할 것인가에 어려움을 겪거나, 자료의 가치를 둘러싼 의견의 차이를 보이기도 한다.

사진자료의 경우 현대의 사진은 풍부하지만 교과서에 수록할만한 선명도를 가진 사진은 1980년대 이전에는 그리 많지 않으며, 근대의 경우 사진 자체가 별로 없어서 몇 권의 사진첩25)에 의존해야 하는 실정이다. 더구나 찍은 연대가 명확하지 않은 일부 사진들은 그 정확성 여부를 놓고 논란이 계속되고 있다. 현재 교과서에 실려 있거나 심의본에는 들어있었지만 검정과정에서 제외된, '연행당하는 전봉준', '체포된 의병장', '3·1운

---

25) 교과서의 근대사 부분 사진에는 다음의 사진집들이 주로 이용되었다. 『독립기념관 전시품 도록』, 2000 ;『민족의 사진첩』 1~3, 서문당, 1994 ;『사진으로 보는 조선시대』, 서문당, 1987 ;『사진으로 보는 근대한국』 상·하, 서문당, 1986 ;『사진으로 보는 독립운동』 상·하, 서문당, 1992 ;『사진으로 보는 서울 백년』, 서울특별시, 1984 ;『사진으로 보는 한국 백년(1876~)』, 동아일보사, 1981 ;『격동의 구한말 역사의 현장』, 조선일보사, 1986.

동 당시 여성들의 만세 시위 장면', '3·1운동 당시 동대문에서 만세 부르는 사람들', '청산리 전투에서 패해서 부상병을 이끌고 후퇴하는 일본군' 등의 사진들은 그동안 많이 소개된 것들이지만, 그 사실 여부가 논란이 되고 있다. 또한 사진집에 실린 사진에 대한 설명이 부정확하여 교과서들이 혼동을 빚고 있는 경우도 생겨났다. 예컨대 1960년의 3·15선거 당시, 민주당이 폭로한 부정선거 지시는 '3인조, 9인조 공개투표'인데, 사진에는 세 사람, 다섯 사람씩 조를 지어 걷고 있는 것 같이 나타나 있어 '3인조, 5인조 공개투표'라고 캡션을 달아놓은 자료집들이 있다. 이 때문에 교과서에 따라 두 가지 설명이 혼용되어 나온다.

역사교과서에 가장 많이 실리는 자료는 사료로, 한국근현대사 사료들도 많이 있다. 그러나 이런 사료들을 교과서에 적합한 문체나 형태로 수록할 만한 기반 조성은 되어 있지 않다. 현실적으로 교과서를 집필하면서 그 많은 사료를 일일이 검토하는 것은 불가능하다. 다행히 교과서 제작이나 역사수업에 활용할 수 있도록 중요 사료들을 모아놓은 사료집들이 있다.26) 일제하 민족운동이나 독립운동만을 모아놓은 사료집들도 다수 편찬된 바 있다. 교과서 집필자들은 자신이 가지고 있는 역사적 사실이나 사료에 대한 지식을 바탕으로, 이들 사료집을 이용하게 마련이다. 그렇지만 사료집 속에 수록된 사료들은 선정과정에서 특정 관점이 개재될 가능성이 많다. 이 때문에 사료집에 포함된 사료만을 대상으로 교과서에 넣을 사료를 선택할 수는 없다. 더구나 사료집은 사료 전문이 아니라 일부를 발췌해서 수록한 경우가 대부분이다. 경우에 따라서는 교과서 집필자들이 이용하려는 부분이 빠져있는 경우도 많다. 결국 교과서에 들어갈 사료를 선정하는데 사료집들이 중요한 참고자료가 되기는 하지만, 어떤 사료를 어떤 부분을 실을 것인가에 대한 부담은 집필과정에서 결코 적은 것이

---

26) 예를 들어 다음과 같은 사료집을 들 수 있다. 이종범·최원규(편)(1996), 『자료 한국근현대사 입문』, 혜안, 권태억 외(1994), 『자료모음 근현대 한국탐사』, 역사비평사. 김상웅(1997), 『사료로 보는 20세기 한국사』, 김인걸 외(편저)(1998), 『한국현대사강의』, 돌베개.

아니다. 또한 사료집에 수록된 사료의 내용이 정확하지 않은 경우도 있으며, 번역된 내용이 지나치게 어렵거나 한문 문장투여서 교과서에 그대로 싣기에는 적당하지 않은 것들도 있다. 이 경우, 사료를 다시 번역하거나 문장을 다듬는 과정을 거치게 된다.

교과서에 실려 있는 사료의 신뢰성이나 적절성에 대한 논란도 있다. 예를 들어, 국정 국사교과서는 물론『한국근·현대사』교과서들에도 대부분 들어있는 동학농민군의 폐정개혁안 12개조의 경우, 그 출전인 오지영의『동학사』의 사료적 가치에 대해 논란이 있으며, 그에 따라 폐정개혁안 12개조의 신빙성도 의심되고 있다.27) 이와는 성격이 다르지만, 교과서들마다 6·25전쟁의 인적·물적 피해 통계자료를 싣고 있지만, 통계 수치가 출전에 따라 워낙 차이가 커서 문제가 되기도 한다.

교과서에 사실이 정확하게 확인되지 않는 자료를 실을 수 있는가에 대한 관점의 차이도 있다. 이러한 차이는 검정심사 과정에서도 드러난다. 교과서 1차검정심사 수정·보완 요구사항 중에는 '야담이나 민담류, 소설 등과 같은 자료들을 사용하지 말 것', '사료의 신뢰성을 충분히 검토할 것' 등과 같이 자료의 타당성이나 적절성 문제에 대한 지적이 있었다. 예를 들어, 읽기자료로 제시된 김동인의 소설『운현궁의 봄』에 나오는 집권 이전 흥선대원군의 생활모습은 검증되지 않은 역사상을 심어줄 우려가 크다는 이유로 삭제 요구를 하였으며, 황현의『오하기문』에 나타난 동학농민군의 행동에 대한 서술은 논란의 소지가 있으므로 다른 1차 자료로 바꾸는 것이 좋겠다는 요구를 하였다. 물론『운현궁의 봄』에 나오는 대원군의 생활모습은 사실이 아닐 수도 있다. 그렇지만 이 읽기자료는 학생들에게 대원군의 생활모습을 전하려는 것이 아니라, 왕족들도 겁을 먹을 만큼 안동김씨가 막강한 권력을 가지고 세도정치를 했다는 것을 이해시키려는 데 있다. 또한 학생들이라고 해서 소설에 나오는 내용을 그대로 사실로 믿지는 않을 것이다. 황현의『오하기문』은 자신이 직접 목격한 것이

---

27) 이에 대해서는 다음의 글을 참고. 김태웅(1993),「1920~1930년대 오지영의 활동과 《동학사》 간행」,『역사연구』2, 겨름.

아니라 전해들은 이야기를 적었으며, 나중에 가필한 부분도 있다. 더구나 황현은 동학농민전쟁에 대해 극히 부정적인 생각을 가지고 있었으므로, 객관적으로 서술하지 않았을 수도 있다. 그렇지만『오하기문』에 들어있는 모든 내용이 믿을 수 없는 것은 아니다. 교과서에 인용한 내용은 동학농민군의 한 측면을 잘 보여주는 자료로, 신빙성 있는 내용이라고 판단되어 사용하였던 것이다. 이와 같은 생각의 차이는 기본적으로 역사연구의 관점에서 자료를 보느냐, 교육의 관점에서 자료를 보느냐에 따른 것이라고 할 수 있다. 역사연구의 관점에서 자료를 볼 때는 그 사실성 여부에 주목하게 된다. 그러나 교육의 관점에서 볼 때는 학생들에게 자료를 통해서 역사를 어떻게 이해시키고 무엇을 알게 할 것인가에 관심을 가진다. 교과서의 자료나 서술을 보는 이와 같은 인식의 차이는 교과서 전반에 걸쳐 나타난다. 현대사에서도 이와 비슷한 자료나 표현에 대한 지적이 있었다.

3) 현대사 수업의 방향

현대사 교육의 중요성은 갈수록 강조되고 있다. 아직도 여러 가지 측면에서 부담이 많기는 하지만,『한국근·현대사』교과서에서 현대사는 거의 1/3을 차지한다. 한국근·현대사 과목을 선택하는 한, 싫건 좋건 간에 현대사에 상당한 시간을 할애하여 깊이 있게 가르쳐야 한다.28)『한국근·현대사』교과서의 내용구성은 현대사를 어떠한 방향으로 가르쳐야 하는지에 대한 시사점을 준다. 현재 사용되고 있는『한국근·현대사』

---

28) 대학의 한국근대사나 현대사 강의에서, 고등학교 때『한국근·현대사』를 배운 학생과 그렇지 않은 학생을 구분해야 하지 않겠느냐는 이야기나, 대학 교양과정의 한국근대사나 현대사 교재로『한국근·현대사』교과서를 사용해도 괜찮겠다는 이야기가 나오고 있다. 역사를 전공한다고 하더라도, 한국현대사 강의를 들어본 적이 없는 학생들은『한국근·현대사』에 나오는 현대사 사실 중 많은 것을 알지 못한다. 바꾸어 말하면『한국근·현대사』교과서의 내용을 충분히 파악하는 고등학생들이 역사전공 대학생보다 현대사를 더 잘 알 수도 있다는 의미이다.

교과서들은 내용구성이나 서술형식에서 상당한 편차를 보이고 있다. 이 중 어떤 형식의 교과서가 낫고 어떤 교과서가 못한 것이 아니라, 교사가 자신의 수업 스타일에 맞는 교과서를 택하는 것이 바람직하다. 다만, 수업의 방향은 선택된 교과서 내용을 고려하여 이루어져야 할 것이다. 위에서 검토한『한국근・현대사』교과서 내용구성의 특징이나 문제점은 현대사 수업에 대한 일정한 시사점을 줄 수 있을 것이다. 검토 내용을 바탕으로 현대사 수업의 몇 가지 방향을 제시해 보면 다음과 같다.

첫째, 사회적으로 평가나 해석이 여러 가지인 역사적 사건을 어떻게 다룰 것인가 하는 문제이다. 일단 교과서의 서술을 기준으로 하는 것이 부담을 줄일 수 있겠지만, 교사 나름의 정리된 관점을 개재시키는 것은 불가피해 보인다. 현재 사용하고 있는 교과서 외에 다른 교과서의 서술을 참고하는 것도 좋은 방법이며, 탐구활동 형식으로 학생들 스스로 그 사건에 대해 평가를 내리게 해 볼 수도 있을 것이다.

둘째, 사회사나 문화사를 보강할 필요가 있어 보인다. 상대적으로 사람들이 살아가는 모습을 구체적으로 전달함으로써 학생들의 관심을 끌기 쉬우면서도, 정치적 현상과 연관시켜 설명할 수도 있다. 특히 근현대의 사회변화에 따라 구체적인 생활모습이 어떻게 달라졌는지 다룰 필요가 있다. 이는 학생들의 삶과 밀접한 관련이 있으며, 근래 역사연구나 역사교육의 경향이기도 하다.『한국근・현대사』교과서들은 생활사 내용을 일부 포함하고 있다. 그렇지만 대부분 읽기자료나 탐구활동의 형태로 제시하고 있을 뿐, 본문의 한 부분으로 녹이고 있지 못하다. 구체적인 생활모습을 통해 역사변화를 이해한다는 측면에서 역사수업에서 이 부분을 보강할 필요가 있다.

여성사도 수업에서 보충되어야 할 부분이다.『한국근・현대사』교과서들은 민족운동이나 사회운동을 한 일부 여성들을 소개하거나, 여성운동 관련 내용을 서술하고 있지만, 여성의 주체적인 삶이 드러나지는 않는다. 또한 여성의 역사를 하나의 토픽으로 다룰 뿐이지, 역사의 흐름 속에 녹이고 있지는 못하다.

셋째, 본문서술 외에 삽화자료, 읽기자료에 관심을 높일 필요가 있다. 특히 학생들의 흥미를 끌 수 있는 읽기자료의 개발이 필요하다. 근래 역사교사들 중 현대사 교육에 의욕을 보이는 경우를 종종 찾아볼 수 있다. 그러나 이러한 의욕은 학생들에게 또 다른 의미의 딱딱하고 건조한 역사수업이 될 수도 있다. 이를 보완하기 위해 학생들의 관심을 끌 수 있는 자료를 활용하는 것이 바람직하다. 물론 자료의 개발은 교과서 집필과정에서도 이루어져야 하겠지만, 교과서에 실려있는 자료만으로는 부족하며, 많은 제약도 뒤따른다.

이와 관련하여 어느 시기도 마찬가지겠지만, 현대사 수업에서는 특히 다양한 학습자료의 활용이 더욱 필요하다. 현대사 수업은 다른 어떤 시대를 다루는 역사수업보다 넓은 범위의 다양한 자료를 활용할 수 있다. 글로 된 텍스트 자료는 물론, 사진이나 영상, 음악자료들이 널려 있다. 사료 외에 신문이나 잡지 등에 나오는 글을 이용할 수도 있다. 사진이나 음악, 비디오(TV) 자료 등도 활용 대상이다. 기념물이나 전시관, 조형물 등의 활용 범위가 넓으며, 현장학습이나 구술자료의 이용도 늘어나고 있다. 소설이나 영화와 같이 허구가 가미된 자료를 활용할 수 있는 여지도 많다. 도서관이나 다른 교사들이 만든 자료를 이용할 수도 있겠지만, 기회가 되는 대로 교사가 나름대로 목록을 확보하거나 자료 수집을 하는 것은 유용할 것이다. 이에 따라 교사들도 현대사를 가르친 경험이 부족한 것을 보완하기 위해 여러 가지 노력을 하고 있다. 교재나 학습자료를 개발하여 현대사 수업에 직접 활용하려는 움직임은 그 대표적인 현상이라고 할 수 있다.[29]

---

29) 흔히 '배움책'이라고 불리는, 교사들이 직접 개발하여 수업시간에 사용하는 부교재 중에 근현대사 또는 현대사 교재가 많다는 것은 이러한 현상을 반영한다.

넷째, 교과서에서 다루고 있지만, 전체적인 흐름을 파악하거나 좀 더 구체적으로 이해할 필요가 있는 부분은 수업에서 보완하는 것도 필요하다. 『한국근·현대사』교과서는 민족운동이나 민중운동을 이전 교과서에 비해 많이 다루고 있다. 특히 근대와 일제통치 시기의 민족운동에 대한 서술은 상당히 자세하다. 오히려 역사를 너무 '일제의 침략' 대 '한국의 민족운동'으로 도식화시켰다는 비판이 일고 있을 정도이다. 이는 교육과정 자체가 민족 운동사를 중심으로 짜여 있기 때문이다. 그러나 여전히 일부 민족운동이나 민중운동에 대한 서술은 충분하지 못하다는 인상을 준다. 고종 연간의 민란, 광무연간의 농민항쟁, 1920년대 이후 조선공산당을 비롯한 사회주의계의 운동, 1930년대 대중운동, 미군정기의 민중운동, 1960, 70년대의 민주화운동, 통일운동 등과 같은 부분이 그것이다. 해방 이후의 사회운동 중에서도 농민운동이나 빈민운동과 같은 대중운동들이 노동운동에 비하여 제대로 다루어지고 있지 못하다. 물론 노동운동의 서술도 충분하지 못하다는 비판을 받고 있다.

　마찬가지로 북한사가 교과서에 포함되었다고는 하지만, 내용도 극히 소략하며, 자료도 다양하지 못하다. 따라서 교사가 수업시간에 자료를 활용하여 이에 대하여 보충할 필요가 있다.

『한국근·현대사』 교과서의 세계사 내용 강화방안

방 지 원

1. 세계사와 단절된 한국근현대사 서술
2. 교육과정 및 교과서의 세계사 내용분석
   1) 교육과정과 교과서 내용검토
   2) 세계사 내용구성의 문제점
3. 세계사 내용 개선방안
   1) 청·일전쟁 전후의 동아시아 정세와 조선
   2) 러·일전쟁 전후의 동아시아 정세와 조선
   3) 제1차 세계대전 이후의 정세와 조선
   4) 중·일전쟁 : 제2차 세계대전 직후의 정세와 조선
   5) 1960년대의 세계정세와 한·일협정, 베트남파병
4. 결론 및 제언

1. 세계사와 단절된 한국근현대사 서술

고등학교에서 우리 아이들이 배우고 있는 『한국근·현대사』[1] 교과서 속의 1894년은 어떤 모습으로 그려져 있을까? 1894년 전후의 동아

---

[1] 현재 『한국근·현대사』는 고등학교 인문계의 심화선택과목으로, 8단위를 기준으로 20%를 가감하여 배울 수 있게 되어 있다(1년 기준 주당 3~5시간). 『한국근·현대사』교과서는 『국사』와는 달리 검정 체제로 발행되기 때문에, 검정심사에서 통과한 교과서 가운데 선정하여 사용하도록 되어 있다.

시아는 글자 그대로 '격동의 시기' 한가운데를 지나고 있었다. 이때 조선이 처한 상황과 과제를 제대로 이해하기 위해서는 조선의 내부 상황과 함께 청·일전쟁으로 상징되는 동아시아 질서의 변화를 살펴보아야 한다. 그렇다면 조선의 운명은 물론 중국과 일본, 러시아에까지 영향을 주었던 청·일전쟁은 교과서 속에서 어떻게 다루어지고 있을까?

안타깝게도 대부분의 교과서에서 청·일전쟁은 갑오개혁의 계기 정도로 '살짝 스치고' 지나간다. 교과서의 서술방식은 참혹한 전쟁의 무대가 바로 조선이었다는 것도, 개항 이후 끈질기게 계속된 조선의 자주적 근대국가 건설 노력에 찬물을 끼얹은 결정적 계기가 청·일전쟁이었다는 것도 알아차리기 어렵게 되어 있다.

또한 교과서는 일본의 승리와 청의 패배가 동아시아의 국제질서를 어떻게 바꾸어 놓았는지, 이후 일본과 청은 각기 국내외적으로 어떠한 변화를 겪었고 그러한 변화가 다시 조선에 어떠한 방식으로 작용하는지에 대해서도 별다른 관심을 보이지 않는다. 게다가 자칫 청·일전쟁을 동학농민운동이 불러온 달갑지 않은 결과 정도로 인식하고 넘어갈 위험도 있어 보인다.

근현대의 역사가 다른 시기의 역사와 구분되는 가장 뚜렷한 특징은 동아시아 정세 변화, 더 나아가 세계사적 흐름이 조선사회의 진로에 결정적인 영향력을 행사했다는 것이다. 따라서 조선이라는 한 나라의 변화에만 초점을 두어 다룰 경우, 개항 이후 조선에 닥쳐온 급격한 변화의 물결에 국제적인 조건이 끊임없이 작용하고 있었음을 명확히 인식하지 못할 가능성이 높다. 위에서 예로 든 1894년을 전후한 시기의 조선에 대한 교과서의 내용이 단적인 예가 된다.

근현대사를 가르치고 배우는 목적은, 현재 우리가 딛고 서 있는 현실을 만들어 낸 가까운 과거 역사에 대한 깊은 이해를 바탕으로 지금 우리에게 주어진 과제를 어떠한 방향으로 해결해야 할 것인지, 앞으로 우리 사회가 나가야 할 방향은 무엇인지에 대한 성숙한 성찰의 자세를 갖도록 하는데 있다.

또한 세계사의 흐름과 밀접한 관련을 맺고 있는 근현대사의 특성에 비추어 볼 때, 근현대사 교육은 우리 자신과 우리에게 영향을 준 타자를 동시에 사고할 수 있는 능력, 세계사의 흐름 속에서 자기 집단의 역사를 조망할 수 있는 균형감각, 그것을 바탕으로 자기 시대와 역사를 성찰적으로 바라보고 비판할 수 있는 능력 등을 길러줄 수 있어야 한다.

이러한 점에 비추어 볼 때, 근현대사 학습내용 선정과 조직에서 세계사적 흐름을 어떻게 다룰 것인가는 매우 중요한 문제이며, 현재 사용 중인 교육과정과 교과서의 세계사 내용은 진지한 검토와 보완을 필요로 한다.

먼저 현재 사용 중인 교과서의 세계사 내용만으로는 교육과정에서 표방하고 있는 '세계사적 관점에서의 한국근현대사' 이해가 불가능하다고 해도 지나치지 않다. 근현대 우리 역사의 흐름을 비추어 볼 수 있도록 제국주의에 대항하였던 세계 각지의 민족운동의 흐름을 좀 더 잘 다룰 수 있는 방안에 대한 고민도 필요하다. 현재의 교과서에는 근대 이후 세계의 제국주의적 흐름은 비교적 정돈된 맥락으로 서술되어 있지만, 그에 저항하였던 아시아나 아프리카의 민족운동에 관한 서술은 서술분량과 방식 측면에서 보완되어야 할 부분이 적지 않다.

이 글에서는 제7차 사회과 교육과정의 한국근·현대사 부분과 그에 따라 편찬된 교과서들의 세계사 단원내용을 검토하여 위에서 지적한 사항들을 중심으로 세계사 단원구성과 내용에 나타난 문제점들을 짚어 볼 것이다.

이어서 국제정세의 변화가 우리의 근현대사 전개에 결정적인 영향을 주었던 청·일전쟁 전후, 러·일전쟁 전후, 제1차 세계대전 직후, 중·일전쟁에서 제2차 대전 직후에 이르는 시기, 1960년대 중반~후반에 관한 수업을 계획하는 교사의 입장에서 교육과정을 재구성하여 세계사적 관점과 내용을 보완할 수 있는 방향을 모색해 보고자 한다. 이러한 작업을 통하여 앞으로 한국근·현대사 교육과정의 개선 방향을 소박하게나마 제안할 수 있을 것으로 기대한다.

2. 교육과정 및 교과서의 세계사 내용분석

1) 교육과정과 교과서 내용검토

현재 고등학교에서 사용되고 있는『한국근·현대사』교과서는 총 6종이다.2) 이 교과서들은 제7차 교육과정의 한국근·현대사 부분에서 규정하고 있는 단원구성 체제와 내용요소, 접근시각 등을 대체로 충실히 따르고 있다.

교과서의 세계사 내용 역시 교육과정에 제시된 바에 따라 구성된 것이므로 교과서의 내용을 살펴보기에 앞서 교육과정의 서술내용을 살펴볼 필요가 있을 것이다.

제7차 교육과정에서는 한국근·현대사 교육의 목표를 다음과 같이 제시하고 있다.3)

    가. 10학년의 우리 역사 이해를 토대로 근현대사의 전개과정을 다각적으로 분석하고 해석하여 종합적으로 인식한다.
    나. 학습내용을 구조화하여 주제중심의 시대사로 파악함으로써 우리의 근현대사를 체계적으로 이해한다.
    다. 우리의 역사에 대한 자긍심을 바탕으로 <u>근현대사에 나타난 특성을 세계사적 보편성과 관련하여 이해한다.</u>
    라. 역사의식을 가지고 우리 민족의 현실을 인식하여 당면 문제를 해결하는 데 적극적으로 참여하는 자세를 가진다.

---

2) 2002년 1차 검정심사를 통과한 대한 교과서, 중앙교육, 금성출판사, 두산동아의 교과서와 추가로 심사를 통과한 법문사와 천재의 교과서를 합쳐 6종류이다.
3) 제7차 사회과 교육과정, 교육부 고시 제1997-15호(별책7), 161쪽.

마. 우리 근현대사의 흐름을 객관적으로 해석하고 이를 세계사적 관점에서
　　　　비교 평가할 수 있는 능력을 기른다.
　　바. 역사자료를 조사, 분석, 종합하는 기능과 역사인식을 토대로 문제를 해결
　　　　하는 능력을 기른다.(밑줄 강조는 필자)

　이처럼 교육과정에서는 한국근현대사를 자국사(민족사) 중심으로 이해하도록 하면서도 근현대라는 시대적 특성을 고려하여 세계사와의 연관성을 강조하고 있다. 그리고 '한국근·현대사의 특성을 세계사적 보편성과 관련하여 이해하고 그 흐름을 세계사적 관점에서 비교할 수 있도록' 하기 위하여 각 대단원 앞부분에 해당 시기 세계사의 간단한 흐름을 다루는 소단원을 설정하고 있다. 개항~대한제국기, 일제식민지시기, 해방 이후 현대라는 세 시기를 각각 대단원으로 설정하고 각 대단원의 시작을 해당 시기의 세계사적 흐름에 관한 소단원으로 잡고 있는 것이다.4)

　다음 〈표 1〉은 한국근·현대사 교육과정의 세계사 영역을 서술한 것이다. 이 서술내용은 실제 교과서 편찬 및 제작단계에서 세계사 소단원 내용구성과 서술의 기준으로 작용하였다.

　이상과 같은 교육과정을 토대로 구성된 세계사 내용의 실제 서술분량은 각 대단원마다 약 4쪽 이상을 넘어가지 않을 정도로 매우 소략하다 근현대사 교과서들이 320~400쪽임을 고려한다면, 모두 합쳐 12쪽 안팎의 분량에 해당하는 세계사는 교육과정에서 강조하는 바, 근현대사 학습에서 세계사의 중요성에 비하여 너무나 적은 분량이라고 하겠다. 또한 형식적인 서술에 가까울 정도로 소략한 내용구성은 실제 수업과정에서 낮은 활용도로 이어질 가능성이 높다.

---

4) 이처럼 세계사적 흐름 속에서 우리 역사의 전개과정을 파악하도록 하는 것은 고등학교 역사교육과정의 기본 방향이기도 하다. 이는 분류사 체제의 현행 고등학교『국사』정치사 영역에서 중단원마다 세계사의 변화상을 다루는 소단원이 설정된 데서도 확인된다.

〈표 1〉 제7차 교육과정 근현대사 영역의 세계사 내용

단원명 대단원 / 중단원 / 소단원	교육과정 서술
(2)근대 사회의 전개/ (가)외세의 침략적 접근과 개항/ (ㄱ)19세기 후반의 세계	① 19세기 후반 자본주의의 발전과 민족주의의 고조로 인하여 제국주의가 대두하였음을 이해한다. ② 서양 제국주의 열강의 침략으로 아시아의 대부분 지역과 아프리카가 식민지나 반식민지로 전락되었음을 설명할 수 있다. ③ 19세기 후반에 중국에서는 근대화 운동과 반제국주의 운동이 추진되고 일본에서는 메이지유신이 단행되어 근대화 운동이 적극적으로 전개되었음을 이해한다.
(3)민족 독립 운동의 전개/ (가)일제의 침략과 민족의 수난/ (ㄱ) 20세기 전반의 세계	① 제국주의 열강의 대립으로 제1차 세계대전이 일어나고 전후 처리를 위해 파리 강화 회의가 개최되었음을 이해한다. ② 전후의 베르사유체제하에서 민주주의가 발달하였으나 공산주의와 전체주의가 대두하여 민주주의를 위협하였음을 이해한다. ③ 신해혁명으로 중국은 공화국으로 변하였으나 군벌의 항쟁, 5·4운동, 국민당의 북벌, 국·공항전 등의 격동을 겪었음을 이해한다.
(4)현대 사회의 발전/ (가)대한민국의 수립/ (ㄱ)제2차 대전 이후의 세계	① 제2차 세계대전 이후의 국제정서를 미·소 초강대국의 대두, 자유진영과 공산진영의 대립, 냉전 체제의 형성 등으로 이해한다. ② 아시아와 아프리카의 신생 독립국들이 비동맹 중립 노선의 제3세계 세력을 형성하였음을 이해한다. ③ 중국 공산당이 내전에서 승리하여 중국 대륙을 지배하고 주변 일대에 영향력을 확대하였음을 설명할 수 있다.

그러나 비록 형식적이고 소략한 세계사 내용이라 할지라도 일단 교과서 내용으로 서술된 이상 아이들의 근현대사 이해에 영향을 줄 수 있다는 점을 염두에 두어야 한다. 또한 한국근현대사를 세계사와 연관지어 가르치고자 하는 교사의 입장에서 현재 교과서와 교육과정이 지닌 문제점을 면밀히 검토해 볼 필요가 있다. 이를 위한 기초 작업으로 『한국근·현대사』 교과서 세계사 소단원의 내용요소들을 추출하여 대단원별로 정리한 것이 〈표 2〉이다.5)

---

5) 분석대상은 1차 검정을 통과한 4개 교과서와 추가로 검정을 통과한 2개 교과서이다. 이 글에서는 출판사를 명시하지 않고 기호로 구분하도록 하겠다. 교과서의 내용 요소들은 앞쪽에서 제시한 교육과정의 해당 서술 내용을 교과서 필자

〈표 2〉『한국근・현대사』 교과서의 대단원별 세계사(소단원) 내용요소
▶는 소단원내 하위 주제별 구분을 의미함
( )는 관련 세부 사항임
〈 〉는 한국사와 직접 관련된 서술이 있는 부분임

구분	내용요소		
	(ㄱ) 19세기 후반의 세계	(ㄱ) 20세기 전반의 세계	(ㄱ) 제2차 대전 이후의 세계
A 교 과 서	▶ 자본주의 발달과 제국주의 성립 과정 / 이탈리아, 독일의 침략적 민족주의 / 제국주의 개념 / 선진 자본주의 국가와 후발 자본주의 국가의 경쟁과 갈등 ▶ 열강의 아프리카 분할(영국 종단정책, 프랑스 횡단정책 / 기타 국가들) / 열강의 아시아 침략(영국 인도와 말레이 연방, 프랑스 인도차이나, 네덜란드 인도네시아, 미국 필리핀과 괌, 러시아 연해주) ▶ 아편전쟁과 난징조약 / 애로호 사건과 베이징 조약, 텐진조약 / 태평천국운동 / 양무운동(청・일전쟁) / 변법자강운동(무술정변) / 의화단 운동 ▶ 일본의 개국(미・일화친조약, 미・일수호통상조약) / 서구열강과의 불평등 조약(치외법권, 최혜국대우) / 메이지 유신(국왕중심중앙집권체제, 근대적 제도개혁과 산업발전)	▶ 제1차 세계대전 발발(선・후발 제국주의 국가의 갈등) / 베르사유 체제(독일 처리문제) / 민족자결주의(패전국 식민지에만 해당) / 민주주의 성장(독일, 오스트리아, 투르크의 제정붕괴, 여성참정권 인정 확대) / 소련의 등장(제국주의 국가와 소련의 갈등, 소련의 약소민족 지원, 사회주의 이념의 영향) ▶ 경제공황(자유방임경제) / 경제공황 타개책 (국가개입, 뉴딜정책) / 전체주의대두 (니치즘, 파시즘, 군국주의) / 제2차 세계대전 발발(중・일전쟁, 태평양전쟁) ▶ 신해혁명 / 열강에 의한 반식민지화 / 5・4운동(반제국주의, 반군벌, 반봉건) / 중국 국민당 창설과 제1차 국공합작(쑨원, 장제스) / 국민당과 공산당의 대립(대장정) / 제2차 국공합작	▶ 유엔창설과 미소의 대립심화(동유럽 공산화) / 냉전체제(미국의 그리스와 터키 지원, 트루먼 독트린, 마셜계획, 코민포름, 코메콘, 북대서양 조약기구, 바르샤바 조약기구) / 중국내전과 중국의 분열(중화인민공화국성립, 타이완 정부 성립) / <한국전쟁> (미・일안전보장조약, 한미상호방위조약, 동남아시아 조약기구) / 냉전의 지속과 데탕트(쿠바사태, 닉슨독트린, 중국의 유엔가입, 인도차이나 공산화, 소련 아프가니스탄 침공) / 소련의 개혁개방(소련 내 공화국의 독립, 동유럽 국가 자주노선 민주화) ▶ 제3세계의 형성(콜롬보회의, 반둥회의) / 제3세계의 국제적 영향력과 변화(냉전 종식과 약화) / 유럽통합 움직임(마스트리히트 회의와 유럽연합 탄생) ▶ 지역별 경제 협력체(유럽연합, 북아메리카 자유무역협정, 아시아 태평양 경제협력체) / 이데올로기경쟁의 퇴조와 경제의 중요성 증가

들이 구체화한 것이라고 할 수 있다.

구분	내용요소		
	(ㄱ) 19세기 후반의 세계	(ㄱ) 20세기 전반의 세계	(ㄱ) 제2차 대전 이후의 세계
B 교과서	▶ 자본주의와 제국주의의 형성과정(독일과 이탈리아의 침략적 민족주의, 사회진화론, 기독교의 확산과 제국주의) / 제국주의 개념 / 열강의 세계분할(지도로만 처리) / 1차 세계대전의 발발 ▶ 청·일전쟁(전쟁의 결과라는 맥락에서 양무운동과 메이지유신 비교, 변법자강운동과 의화단 운동, 중국과 일본의 개항과 일본의 문명개화)	▶ 제1차 세계대전(유럽 내 두 세력의 갈등, 동맹국 연합국, 미국 가담) / 파리강화회의(윌슨 14개조원칙의 내용열거) / 패전국 식민지 독립(민족자결주의) / 베르사유 체제의 뜻) / 민주주의 성장(독일 공화국 성립) / 공산주의와 전체주의 대두(민주주의 위협, 경제공황) ▶ 중국 반식민지화 / 신해혁명(중국혁명동맹회, 쑨원, 중화민국 위안스카이, 내부 갈등) / 5·4운동(21개조 요구) / 국민당의 북벌과 국공합작(중국 공산당의 성립, 국민당 성립, 대장정, 국민당과 공산당의 갈등)	▶ 냉전체제의 형성(지도로만 처리) / 식민지 독립과 신생국(독자노선, 평화5원칙) 제3세계의 형성(반둥회의에 대한 자세한 사항) / 냉전의 완화(닉슨독트린) 냉전체제의 붕괴(고르바초프의 정책, 동유럽의 정치변동, 독일통일, 소련해체) ▶ 중국의 내전과 분열 / 냉전시작(<6·25>, 베트남전쟁 / 중국의 독자노선과 영향력 확대(중·소분쟁, 국제연합가입) / 중국의 변화(덩샤오핑의 정책, 홍콩주권 반환) / <(중국의 변화가 한반도에 미치는 영향)> - 탐구과제로 제시됨
C 교과서	▶ 자본주의 발달 및 제국주의 형성과정 / 제국주의 개념 / 민족주의 제국주의 결합(독일과 이탈리아의 통일) ▶ 영국과 프랑스의 아프리카 정책(종단정책, 횡단정책, 서구 각국의 아프리카 분할 경쟁) / 영국와 프랑스, 네덜란드의 아시아 정책(영국 인도, 프랑스 인도차이나, 네덜란드 인도네시아, 중국의 반식민지화, 태평양 분할) ▶ 중국의 근대화 운동(양무운동, 변법자강운동) / 중국의 반제국주의 운동(태평천국운동, 의화단 운동) / 메이지유신(서양 문물과 제도 총체적 수용, 군비증강, <조선과 중국 침략>)	▶ 제1차 세계대전 발발(열강의 식민지 쟁탈) / 파리 강화회의 개최 / 윌슨의 14개조 평화원칙 / 패전국 식민지 독립(민족자결주의 전승국 식민지에 적용 안 됨) ▶ 독일 민주주의 발달(바이마르 공화국, 여성 참정권 확산) / 러시아 혁명(공산주의 운동의 확산과 그 영향, 약소민족 지원 등) ▶ 신해혁명(쑨원, 중화민국) / 5·4운동(21개조 요구, 반제국주의, 반군벌, 국권회복) / 중국 공산당의 창당 / 제1차 국공합작 / 국민당과 공산당의 갈등(노동운동, 농민운동 증가)중·일전쟁(제2차 국공합작)	▶ 제2차 대전 종결(이후 미소 양대 진영으로 분열 양상 지도) / 냉전의 개념 / 국공내전과 중국의 공산화 / <한반도 분단과 6·25전쟁에 중국 간여> / 문화대혁명 / 중국의 유엔 가입과 영향력 확대 ▶ 제2차 대전 후 신생국 성립 / 제3세계의 개념(반둥회의, 평화 10원칙) / 제3세계의 역할 === 특징 : 중국중심 서술

구분	내용요소		
	(ㄱ) 19세기 후반의 세계	(ㄱ) 20세기 전반의 세계	(ㄱ) 제2차 대전 이후의 세계
D 교과서	▶ 자본주의 발달과 제국주의 성립과정 / 이탈리아, 독일의 침략적 민족주의 / 제국주의 개념 / 선진 자본주의 국가와 후발 자본주의 국가의 경쟁과 갈등 ▶ 열강의 아프리카 분할(영국 종단정책, 프랑스 횡단정책 / 기타 국가들) / 열강의 아시아 침략 ▶ 아편전쟁과 난징조약 / 애로호 사건과 베이징조약, 톈진조약 / 태평천국운동 / 양무운동(청·일전쟁) / 변법자강운동(무술정변) / 의화단 운동 ▶ 일본의 개국(미·일화친조약, 미·일수호통상조약) / 서구열강과의 불평등 조약(치외법권, 최혜국대우) / 메이지유신(국왕중심 중앙집권체제)	▶ 제1차 세계대전 발발(삼국협상, 함국동맹, 사라예보 사건, 연합국 승리) / 파리 강화회의(윌슨의 14개조) ▶ 베르사유체제(독일 처리, 패전국 식민지 독립, 민족자결주의) / 민주주의 성장(독일, 오스트리아, 보통선거) / 러시아의 공산주의 혁명의 등장(세계 공산화 추구) / 전체주의 대두(파시스트) / 경제공황(뉴딜정책, 경제 블록 강화, 군국주의) ▶ 신해혁명(중화민국) / 5·4운동(반제국주의, 반군벌, 반봉건) / 중국 국민당 창설과 제1차 국공합작(쑨원, 장제스) / 국민당과 공산당의 대립 / 제2차 국공합작	▶ 유엔창설과 미소의 대립 심화(동유럽 공산화) / 냉전체제(미국의 그리스와 터키지원, 트루먼 독트린, 마셜계획, 코민포름, 코메콘, 북대서양 조약기구, 바르샤바 조약기구) / 중국내전과 중국의 분열(중화인민공화국성립, 타이완 정부 성립) / <한국전쟁> / 냉전의 개념과 냉전체제 형성 / 데탕트 / 소련의 개혁개방(소련내 공화국의 독립, 동유럽 국가 자주노선 민주화) ▶ 제3세계의 형성 (반둥회의) / 제3세계의 국제적 영향력과 변화(냉전종식과 약화) / 유럽통합
E 교과서	▶ 자본주의 발달과 세국수의 성립과정 / 제국주의의 개념 / 선진 자본주의 국가와 후발 자본주의 국가의 경쟁과 갈등(파쇼다 사건, 모로코 사건) / 열강의 세계분할 ▶ 아편전쟁 / 양무운동 / 미·일화친조약과 일본의 문호개방 / 변법자강운동 / 의화단 운동 <조선의 개화정책>	▶ 세1차 세계대선 발발 / 파리 강화회의(윌슨의 14개조와 민족자결주의 / 민주주의 성장(독일, 오스트리아, 보통선거)) / 소련의 등장(제국주의 국가와 소련의 갈등, 소련의 약소민족 지원, 사회주의 이념의 영향) ▶ 열강의 식민지 경쟁 가속화 / 전체주의 대두(나치즘, 파시즘, 군국주의) / 제2차 세계대전 발발(만주사변, 중·일전쟁, 태평양전쟁)	▶ 제2차 대전 후의 유럽 / 전후의 세계 정세 / 전후 미소의 대립 심화, 냉전체제(트루먼 독트린, 마셜계획, 코민포름, 코메콘, 북대서양 조약기구, 바르샤바 조약기구) / 철의 장막 ▶ 제3세계의 형성 (반둥회의)/제3세계의 국제적 영향력 확대

구분	내용요소		
	(ㄱ) 19세기 후반의 세계	(ㄱ) 20세기 전반의 세계	(ㄱ) 제2차 대전 이후의 세계
F 교과서	▶ 자본주의 발달과 제국주의 성립과정 / 이탈리아, 독일의 통일과 민족주의 / 제국주의 개념 / 선진 자본주의 국가와 후발 자본주의 국가의 경쟁과 갈등 ▶ 열강의 세계분할, 열강의 아프리카 분할(영국 종단정책, 프랑스 횡단정책 / 기타 국가들) / 열강의 아시아 침략(영국 인도, 프랑스 인도차이나, 네덜란드 인도네시아, 미국 필리핀, 오스만의 약화와 열강의 서아시아 침탈(지도를 이용한 탐구활동)) ▶ 태평천국운동(배경, 경과, 결과) / 양무운동(중체서용, 보수파 방해) / 의화단운동(부청멸양) ▶ 일본의 개국 / 메이지유신(국왕중심 중앙집권체제, 식산흥업, 군사력 강화) / 메이지 정부의 대외 침략정책	▶ 제1차 세계대전 발발(열강의 대외 팽창정책, 동맹국-독, 오, 투 연합국-프, 영, 러, 미 연합국 승리) / 파리 강화회의 개최 / 윌슨의 14개조 평화원칙 / 베르사유체제 성립 ▶ 민주주의 발달(독일, 오스트리아, 투르크의 공화국 성립 공화국, 여성 참정권 확산) / 미국의 영향력 확산 / 영국 세력의 후퇴 / 일본의 경제적 번영(다이쇼 데모크라시) ▶ 자본주의 체제 번영 / 레닌의 공산주의 혁명(공산주의 운동의 확산과 그 영향, 약소민족 지원) / 경제공황(영국의 연방 간 유대강화, 미국의 뉴딜정책 등) / 이탈리아, 독일, 일본의 군사적 침략에 의한 공황타개시도 / 전체주의 대두 / 제2차 세계대전 ▶ 신해혁명(쑨원, 중화민국) / 신문화 운동 / 5·4운동(베르사유체제 반대, 일본침략규탄) / 중국 공산당의 창당 / 난징 국민정부 / 일본의 중국침략(만주사변, 중·일전쟁) / 인도의 민족운동(간디의 비폭력 운동, 자치권 확보) / 제1차 국공합작	▶ 제2차 세계대전 이후의 세계 상황 / 유엔창설 / 미소대립 심화(동유럽 세력 확산, 트루먼 선언, 마셜계획, 코민포름, 베를린 봉쇄, 코메콘, 북대서양 조약기구, 바르샤바 조약기구, 6·25전쟁, 쿠바 미사일 위기) ▶ 제3세계의 뜻 / 제3세계의 형성(네루와 저우 언라이의 평화5원칙, 비동맹 회의, 반둥회의) / 제3세계 국가들의 국제적 영향력 확대 ▶ 국민당과 공산당의 내전(공산당의 신민주주의와 토지개혁, 마오쩌둥) / 중화인민공화국 수립 / 국제사회 영향력 확대(<6·25 참전>, 티베트합병, 베트남전쟁 당시 북베트남 지원) / 문화대혁명 / 개혁 개방 정책

위의 〈표 2〉를 검토해 보면 『한국근·현대사』교과서들에 공통적으로 나타나는 몇 가지 문제점을 발견할 수 있다. 이러한 문제점들을 좀 더 자세히 정리하면서 수업을 위한 교육과정 재구성 또는 좀 더 근본적인 교육과정의 개선을 위해 고려해야 할 사항들을 살펴보도록 하겠다.

2) 세계사 내용구성의 문제점

근현대사 교과서들은 다루는 핵심적인 내용요소가 거의 같으며, 내용요소를 배열하는 순서나 풀어서 서술해가는 방식과 관점도 유사한 면이 많다. 이는 교육과정에서 제시하고 있는 바를 충실히 따르면서 학습내용을 구성한 결과이자 한계로 볼 수 있다. 이들 교과서들은 대체로 다음과 같은 문제점을 드러내고 있다.

① 우리의 근현대 흐름을 이해하는데 배경이 되는 세계사의 흐름을 서구중심, 제국주의 중심으로 제시하는 한계를 보인다. 교과서들은 서구 제국주의의 확산과 식민지배, 그에 따른 두 차례 세계대전, 냉전체제의 형성 및 사회주의 체제의 몰락을 연대순으로 배치하고 그 사이에 중국과 일본의 근대화, 제3세계의 형성 등을 엮어 넣는 방식으로 구성하고 있다. 서구 제국주의 변화 및 전개과정은 세 개의 대단원에 걸쳐 그 나름대로 내용과 맥락이 연결되어 있다. 그에 저항한 식민지의 근대화 운동이나 독립운동에 대한 서술은 교과서마다 차이를 보이기는 하지만, 대체로 앞뒤 맥락이 잘 연결되지 않는다.

이러한 접근 방식은 '서구중심'의 역사서술이라는 비판을 피하기 어려울 것이다.6) 은연중에 서구인들이 경험한 역사를 인류가 걸어갈 보편의 역사로 받아들이도록 하고, 그것을 기준으로 한국근현대사를 '실패한 어두운 역사'로 인식하도록 만들 위험이 크기 때문이다.

이와 관련하여 더욱 중요하게 지적할 것은 우리의 식민지 경험을 비추어 볼 수 있는 세계사의 흐름 제시가 부족하다는 점이다. 만일 일본 식민통치라는 역사적 경험을 '제국주의의 확산' 측면에서 조망한다면, 대한

---

6) 서구중심주의에 대한 비판적 성찰을 위해서는 다음 자료를 참조할 수 있다. 최갑수(2000), 「유럽 중심주의의 극복과 대안적 역사상의 모색」, 『역사비평』 통권 52호, 2000년 가을호 ; 이민호(2002), 「세계사를 어떻게 읽을 것인가」, 『역사비평』 통권 59호, 2002년 여름호 ; 조셉 폰타나 지음, (김원중 옮김)(2000), 『거울에 비친 유럽』, 새물결.

제국기의 국권을 지키고자 했던 노력과 일제하 항일운동을 '식민지 민중의 저항, 근대국가 건설운동'의 맥락에 비추어 볼 수 있도록 관련내용이 보완되어야 균형잡힌 내용구성이라고 할 수 있을 것이다.

그러기 위해서는 자본주의의 힘, 무력을 앞세웠던 제국주의에 저항하면서 자신들의 문화적 정체성과 주권을 지키고자 노력했던 비서구 사회(아시아, 아프리카)의 역사적 경험도 세계사의 흐름 속에 정당한 몫을 찾아주고 우리의 근현대 경험과 적극적으로 연결지을 수 있도록 내용을 구성하는 노력이 필요하다.

② 개항 이후 일제식민통치기를 거치면서 조선의 상황과 밀접한 관련을 맺고 있던 일본 제국주의의 변화 및 전개과정을 제대로 다루지 않았다. 이는 우리의 근현대사 전개과정을 구조적으로 이해하는데 반드시 필요한 내용이다. 현재의 교육과정과 교과서들은 아편전쟁에서부터 2차 대전 이후 공산화에 이르는 중국의 변화과정에 비교적 무게를 두어 다루고 있으나 일본 제국주의에 대해서는 19세기의 근대화 과정을 제외하고는 거의 다루지 않는다. 「19세기 후반의 세계」에서 일본과 중국의 근대화 운동을 다루었지만, 「20세기 전반의 세계」와 「2차 대전 이후의 세계」 단원에서는 중국의 변동과정만을 주로 다루고 있으며, 일본의 제국주의화와 중국침략 등은 중국의 흐름을 다루면서 이끌려 들어오는 부분에 국한하여 주변적으로 서술되어 있다.

근현대 동아시아 정세의 변화에 미치는 영향력을 본다면, 중국의 변화과정을 상세히 다루는 것은 타당하다. 그러나 중국과 함께 일본의 국내외 변화과정도 조명되어야 한다. 조선과 대만에 대한 식민지 정책이나 대륙침략과정은 일본의 국내 상황과 밀접한 관계를 맺고 있기 때문이다. 이와 관련하여 잠시나마 일본의 세력권에 있었던 동남아시아 지역을 다루는 것도 생각해 볼 수 있다.

이렇듯 동아시아 및 근현대 세계사의 흐름에 중국 이상의 영향력을 행사한 일본을 비중있게 다루지 않은 것은, 아마도 서양사 편중 서술에 대한 반성으로 중국사를 중심으로 동양사 서술의 비중을 높여왔던 관행에서 비롯된 것이 아닌가 한다.7) 그러나 한국을 비롯하여 베트남을 포함한 동아시아 지역의 근현대사 전개과정에서 제국주의 침략국가로서 일본의 역할은 반드시 중요하게 다루어져야 한다.

③ 우리의 근현대사 전개과정과 세계사적인 흐름이 한층 밀접한 관련을 맺는 시기, 혹은 세계사의 흐름이나 변화가 한반도 정세에 큰 영향을 끼친 시기8)를 찾아내고, 해당 시기의 자국사 서술에 세계사 내용을 적극적으로 연관지으려는 시도가 부족하다.

6종 교과서의 내용요소를 정리한 위의 〈표 2〉에서도 확인할 수 있듯이, 세계사의 흐름과 당시 한반도나 조선 정세를 직접 관련지어 서술한 부분은 극히 일부에 지나지 않는다. 물론 교과서에 서술된 세계사의 흐름은(제국주의와 두 차례 세계대전, 냉전체제 등) 직접, 간접으로 우리 역사의 흐름에 영향을 준 '배경'이라는 의미를 지니고 있다.

그러나 '교과서'가 학습자를 위한, 학습자 중심의 자료로서 스스로 세계사와 한국사의 관련성을 찾아내고 이해하도록 하려면, 좀 더 구체적으로 두 역사적 흐름의 관련성을 제시해 주어야 한다. 예컨대, 교과서의 양무운동이나 문명개화론 서술에서 '조선의 개화정책 추진과정에 영향을 주었다'는 단서를 포함시켜 서술한 것과, 중국이나 일본의 근대화 운동으로만 서술한 것은 학생의 입장에서는 매우 큰 차이로 느껴질 것이다.

---

7) 서구 중심의 세계사에 대한 대응으로 중국으로 대표되는 '하나의 아시아'를 부중심으로 설정하여 유럽에 대비시키는 구도를 '서구중심, 중국 부중심'이라고 표현하면서 온당치 않은 것으로 보는 견해가 있다. 유용태(2002),「교육과정 속의 역사, 세계사, 아시아사」,『역사교육』82, 149~152쪽 참조.

8) 특히 청·일전쟁 전후, 러·일전쟁 전후, 제1차 세계대전 직후, 중·일전쟁에서 제2차 대전에 이르는 시기, 1960년대 중반~후반은 동아시아 혹은 세계정세의 변화를 동시에 고려해야만 당시 한반도 정세와 우리가 처했던 상황에 대한 정확하고 객관적인 이해에 도달할 수 있다.

우리의 근현대사 전개과정과 세계사적인 흐름이 밀접한 관련을 맺는 시기를 부각시켜 자국사 서술과 적극적으로 연관지어 서술하려면 지금처럼 대단원마다 세계사의 흐름을 다루는 소단원을 배치하는 방식을 변화시켜야 한다. 즉 자국사를 주로 서술하는 중단원이나 소단원에 세계사 관련 소주제들을 포함시키는 방안 등을 생각해 볼 수 있다. 예를 들어 동학농민운동이나 갑오개혁을 다루는 소단원에 당시의 동아시아 정세와 청·일전쟁에 관한 주제를 포함시킨다거나, 한·일국교 정상화와 베트남파병이 포함된 단원에 1960년대의 동아시아 정세와 미국의 대외정책의 변화를 다루는 주제를 배치할 수 있을 것이다.

이상의 문제들과 함께 '세계사는 그것을 바라보는 입장에 따라 내용구성이 달라질 수 있다'는 것을 한국근현대사를 위한 세계사 내용의 선정과 구성의 '화두'로 삼아 지속적으로 고민해나가야 할 것이다. 중국의 입장에서 바라본 세계사와 미국이 바라본 세계사의 구성9)이 같을 수 없는 것은 두 나라가 서로 다른 역사적 경험을 토대로 세계사의 흐름을 바라보기 때문이다.10) 한국근현대사의 관점에서 바라본 세계사 역시 마찬가지일 것이다.

'우리의 근현대를 세계사적 보편성과 관련하여 … 객관적으로 이해한다'는 모호한 원칙을 되풀이하며 확인하는 데서 한 걸음 나아가, 19세기 후반

---

9) 중국의 중등학교 세계사는 개혁, 혁명, 민족해방 운동을 부각시켜 사회주의 이념과 체제의 등장을 정당화하면서 계급 간, 민족 간 투쟁을 통해 발전해 가는 과정으로 구성되어 있다. 오병수(2001), 「중국 중등학교 역사교과서의 서술양식과 역사인식」, 『역사교육』 80집, 참조.
그런가 하면 미국과 일본의 세계사는 최근 서유럽 중심의 서술에서 벗어나 상호교류와 일체화를 통한 발전을 강조하는 경향이 보인다. 유용태, 「교육과정 속의 역사, 세계사, 아시아사」, 152~154쪽 참조.
10) 인류 공동의 유산과 그 형성에 대한 인식, 평화와 공존, 다양성의 인정 등 인류가 지향할 공통의 가치를 추구한다는 점에서는 각국의 세계사 교육이 공통분모를 지닐 수 있을 것이다. 그러나 자신들의 역사적 경험을 세계사적 흐름 속에서 이해하는 과정에서는, 중요한 의미를 부여하는 세계사적 사건이나 내용이 다를 수 있고, 같은 세계사적 현상이라도 다른 관점에서 바라볼 수 있다.

에서부터 20세기에 걸친 한국과 한국인의 역사적 경험을 세계적 맥락에서 바라보고 이해하는데 필요한 관점과 내용은 구체적으로 무엇인지에 관해 고민하는 것이 근현대사 교육의 개선에 반드시 필요하다고 하겠다.11)

3. 세계사 내용 개선방안

이 절에서는 위에서 논의한 바를 토대로 현재의 한국근・현대사 교육과정과 교과서가 안고 있는 문제점을 보완할 수 있는 방안을 실제 수업을 계획하는 교사의 교육과정 재구성 차원에서 모색해보고자 한다.

세계사 내용을 좀 더 강화하는 방향으로 교육과정을 재구성할 수 있는 방안으로는 두 가지를 생각할 수 있다. 하나는 현재 교과서에 대단원마다 설정되어 있는 세계사 소단원의 내용에 일본 제국주의의 전개과정 등 동아시아 관련 내용이나 제국주의에 저항한 각지의 민족운동을 좀 더 체계적으로 보완하는 방안이다.

또 하나는 위에서 잠시 말했던 바와 같이, 우리의 근현대사 전개과정과 세계사적인 흐름이 밀접한 관련을 맺는 시기를 부각시켜 자국사 서술

---

11) 한국전쟁과 그 이후 한반도의 상황을 냉전이라는 흐름 속에서 읽어내기 위해서 세계 각지에서 일어난 미소의 패권 경쟁을 구체적으로 제시하는 것이 하나의 예가 될 수 있을 것이다. 건국준비위원회 등을 부정하고 한민당을 중심으로 한 친일세력을 부각시키며, 총독부의 식민지 통치구조를 유지하면서 분단국가 수립에 반대하는 운동을 진압하는 등의 미국의 대외정책이 한반도에서만 나타난 상황이 아니었다는 것을 제시할 때 비로소 한반도 냉전 체제를 바라보는 세계사적 시각이 형성될 수 있을 것이다. 일본이 물러난 아시아 각지에서 미국은 새로운 패권국가로 등장하여 자신의 이익이 관철될 수 있는 형태로 정부를 세우고자 하였으며 이를 위해서는 군사적 개입도 주저하지 않았다.
이에 관한 내용은 강정구(2002), 「한반도 냉전 체제의 형성과 남한의 탈식민화 좌절」, 『여순사건 54주년 기념 제6회 동아시아평화인권국제학술회의 여수대회 자료집』; 클라이브 크리스티 편저, 노영순 옮김(2004), 『20세기 동남아시아의 역사』, 심산, 6~8장 참조.

과 적극적으로 연관짓는 방식이다. 그러기 위해서는 지금처럼 대단원마다 세계사의 흐름을 다루는 소단원을 배치하는데 그치지 말고, 우리의 근현대사를 다루는 중단원이나 소단원에 세계사 관련 소주제들을 포함시키는 방안을 생각해 볼 수 있다.

이 글에서는 자국사와 세계사의 흐름을 연관시켜 이해하는 근현대사 수업을 계획하는 교사의 입장에서 두번째 방식으로 접근해보고자 한다. 이를 위하여 청·일전쟁 전후, 러·일전쟁 전후, 제1차 세계대전 직후, 중·일전쟁에서 제2차 세계대전에 이르는 시기, 1960년대 중반~후반의 동아시아 혹은 세계정세의 변화를 우리의 근현대사와 연관지어 학습 내용으로 구성할 수 있는 방향과 내용을 제안하도록 하겠다.

1) 청·일전쟁 전후의 동아시아 정세와 조선

(1) 교육과정과 교과서 내용 검토

현재 교육과정에서 청·일전쟁 또는 전쟁을 전후로 한 동아시아의 정세를 언급하고 있는 부분은 다음과 같다.

> 정부가 갑오개혁을 추진하게 된 배경을 동학농민운동의 발발, 청·일 양국 군대의 출동, 교정청의 설치 등과 연관하여 파악하고, 갑오개혁의 성격을 추론할 수 있다.12)

교육과정은 '청·일전쟁'이 아니라 '청·일 양국 군대의 출동'이란 이름으로 갑오개혁의 배경으로써 다루도록 하였다. 이에 따른 실제 교과서 내용은 대체로 갑오개혁의 추진에 일본이 점차 강하게 개입하는 과정을 전쟁에서 일본이 승리해가는 과정과 연결 지어 서술하는 정도이다. '구국민족 운동'으로 단원을 달리하여 서술되고 있는 동학농민운동에 관한 서

―――――――――――――
12)『제7차 사회과 교육과정』, 165쪽.

술에서는 청·일전쟁과 관련된 서술을 찾아보기 어렵다.

청·일전쟁은 전통적인 동아시아 질서가 내부로부터 붕괴되고, 그 대신 제국주의 체제가 본격적으로 모습을 드러내기 시작한 중대한 계기였다. 그 결과 조선과 청, 일본은 분명히 그 이전과는 다른 역사적 경로를 걷기 시작했다. 따라서 갑오개혁이나 동학농민운동을 다루는 단원에서는 청·일전쟁을 비롯한 당시의 국제정세를 다음과 같은 시각에서 좀 더 적극적으로 다루어야 한다.

(2) 세계사 내용 보완방향[13]

① 청·일전쟁 전 동아시아 정세

러시아는 1880년대 이후 터키, 아프카니스탄, 중국 동북부, 조선 방면으로의 진출을 목표로 활발하게 활동하기 시작했고 아시아에서 최대의 기득권을 가지고 있던 영국을 위협하게 되어 점차 양국의 대립이 격화되어 갔다.(거문도 사건 발발)

그런데 1892년 러시아가 동맹국 프랑스의 자금 원조를 받아 시베리아 철도건설을 시작하자 러시아와 영국의 대립은 더욱 격화되었는데, 이는 일본의 위기감을 고조시키기에도 충분한 사건이었다. 일본 안에서는 시베리아 철도가 완성되기 이전에 조선과 조선을 확보하는 데 필요한 중국의 영토를 열강보다 먼저 획득해야 한다는 여론이 강력하게 부상했다.

이러한 여론은 1890년 일본의 제1회 제국의회에서 야마가타 수상이 행한 시정방침 연설로 나타났다. 연설의 요지는 국가의 독립과 자위를 위해서는 '주권선'뿐 아니라 '이익선(조선을 뜻함)'까지 보호 아래 두어야 한다는 것이었다.

---

[13] 이 부분의 내용은 다음을 토대로 정리한 것이다. 김태승 편역(1995), 『동양사의 기초지식』, 신서원, 173~180쪽 ; 임영태(2004), 『인류이야기(현대편 1)』, 아이필드, 34~51쪽 ; 최석완(2002), 「근대일본과 동아시아의 조공체제」, 하정식·유장근 엮음, 『근대 동아시아 국제 관계의 변모』, 혜안, 261~308쪽 ; 우에하라 카즈요시 외, (한철호·이규수 옮김)(2003), 『동아시아 근현대사』, 47~73쪽.

당시의 동아시아 정세 속의 청과 일본의 상황을 좀 더 자세히 들여다 볼 필요도 있다. 1885년 4월 텐진조약에 의해서 청·일 공동철병을 실현시킴으로써 형식적이기는 하지만 조선에서의 청·일 간 세력 균형을 이루는데 성공하였다. 텐진조약 체결에서 청·일전쟁 발발에 이르기까지 일본과 청은 다른 시기에 비해 상대적으로 평온한 관계를 유지하였다. 이 시기에 해당하는 1880년대 중반~1890년대 초반에 걸친 일본의 동아시아 외교는 조선문제에 대한 직접적인 개입을 자제하면서 청과의 충돌을 피하는 방향으로 전개되었다.

이 시기 일본의 움직임으로 주목해야 할 또 하나의 사항은 영국을 비롯한 열강과의 불평등조약 개정외교이다. 일본은 1880년대부터 구미 열강과의 불평등조약을 개정하려는 행보를 서둘렀다. 일본을 열강의 식민지 정략 대상으로부터 벗어나게 하여 동등한 외교적 지위를 획득하고 동아시아에서 청, 조선과 구별되는 면모를 갖추고자 하였다. 일본은 영국과 조약개정 교섭에 성공한 뒤 바로 청과의 전쟁에 돌입하였다.

청조는 근대적인 함대의 창설에 거액을 투자하여 1888년에는 독일에서 구입한 세계 최대급 전함 2척을 중심으로 총 50척 약 5만 톤의 함선으로 이루어진 근대적 함대를 만들었다. 그러나 청은 지배층 내부의 심각한 균열을 겪고 있었다. 궁정에서 실권을 쥐고 있던 서태후의 환갑을 축하하기 위해 1884년 이후 10년간 해군 경비의 절반을 들여 '이화원'을 짓는 등 내부적인 문제가 많았다. 또한 서태후와 리훙장 등 청조의 실권파는 자신들의 권력과 병력을 유지하기 위해 일본과의 전쟁에 소극적이었고, 열강의 중재로 문제가 해결되기를 희망했다. 게다가 권력을 둘러싼 지배층의 분열은 갈수록 심해져 청·일전쟁 발발 직후, 북양함대가 일본군에 패하였을 때에도 남양함대는 전쟁에 개입하지 않으려 했을 뿐 아니라 중립을 선언하는 사태까지 벌어졌다.

일본은 일찍이 함선을 구입하거나 건조하는데 전력을 기울여 55척, 약 6만 톤의 함대를 완성하여 청의 함대를 앞질렀다. 일본은 메이지유신으로 관료가 실권을 장악한 가운데 '위로부터의 개혁'을 통해 정치, 경제,

사회, 문화의 모든 분야를 짧은 시기 안에 획기적으로 바꾸어 놓았다. 특히 산업화의 속도는 놀라울 정도여서 일본 경제는 1880년대에 자본주의가 자리를 잡았고 1890년대가 되면 이미 독점자본주의 단계로 들어서기 시작하였다. 이에 따라 해외의 상품시장과 원료공급지가 필요하게 되었고 그 일차적 대상은 당연히 조선이었다.

청·일전쟁의 전황과 결과만을 표면적으로 다룰 것이 아니라 전쟁 전후 동아시아 정세를 조망하는 가운데, 조선의 역사적 행로를 좀 더 객관적으로 인식하도록 학습내용을 재구성할 필요가 있을 것이다.

② 청·일전쟁과 조선

청과 일본의 갈등이 전쟁으로 치달아가는 과정, 그 격랑의 한가운데 있었던 조선의 상황을 좀 더 역동적으로 그려내는 수업을 위해서는 다음과 같은 관점이나 내용의 보완이 필요할 것으로 보인다. 또한 한반도를 중심으로 한 만주와 중국 북동부(산동반도)에서 진행된 청·일전쟁의 공간적 개념도 다룰 수 있도록 해야 할 것이다.

동학농민군의 움직임은 청과 일본에서도 예의 주시하고 있었다. 척왜양이를 부르짖는 농민군의 움직임이 조선 안에 체류하던 일본인과 청인들에게 미칠 영향과 향후 조선정부의 대응을 민감하게 살피고 있었던 것이다. 조선정부는 동학농민운동의 진압을 위해 청에 출병을 요청하였고 일본도 텐진조약에 의거하여 6월 10일 선발대가 인천을 거쳐 서울에 들어왔다. 일본은 전주화약을 맺은 조선정부와 청의 공동철병요구에 대하여, 조선을 자신들의 영향력 아래 둘 수 있는 절호의 기회라 여기고, 같은 달 15일 청이 거부할 것을 예측하면서 청·일 양국에 의한 조선의 내정개혁을 제안하였다. 예상대로 청이 거부하자 군대를 증파하면서 단독 개혁을 강행하였다.

이때 일본의 주요 관심사는 바로 러시아의 반응이었다. 당시 러시아는 일본에 철병을 요구하였으나 이를 일본이 거부하자 관망하는 입장을 취했다. 시베리아 철도가 완성되지 않아 충분한 병력을 동원할 수도 없었고, 무엇보다 영국과의 충돌을 피하려 했기 때문이다. 청·일전쟁을 도발할 당시부터 이미 러시아와 일본이 잠재적인 갈등 관계에 있었다는 점을 드러내는 것도, 이후 양국 간 갈등을 맥락적으로 이해하는 데 도움이 될 것이다.

한편, 영국도 일본에 철병을 권고하였으나 일본은 당시 진행 중이던 영국과의 조약개정 교섭에서 한발 양보하는 등의 조치로 자신들의 뜻을 관철시켰다. 이런 상황에서 7월 25일 풍도14) 앞바다에서 청국함대를 일본이 기습 공격함으로써 청·일전쟁이 시작되었다.

③ 시모노세키조약과 청, 일본, 조선의 변화

시모노세키조약은 동아시아 국제관계 속에서 조선과 일본, 청의 지위를 결정한 중요한 조약이다. 따라서 그 내용을 청·일본·조선의 변화라는 관점에서 조명해야 한다.

이 조약은 1895년 4월 17일 청일 양국의 전권대사가(일본 : 이토 히로부미, 무쓰 무네미쓰 / 청 : 리훙장) 조약과 부속 의정서에 조인하였다. 조약 제1조에서 조선이 '완전무결한 독립 자주국'임을 인정하여 중화제국 질서로부터의 이탈이 명확해졌다. 조약의 주요내용은 청이 종주국으로서의 위치를 포기하고 조선의 독립을 승인하는 것 외에도, 랴오뚱 반도, 타이완, 펑후제도를 일본에 할양하고 청조의 국고수입 2년 반의 금액에 해당하는 2억 냥의 배상금을 지불하기로 하였다는 내용이 들어 있었다. 또한 청이 유럽 각국과 맺은 조약을 기초로 청·일 사이에 새 조약을 체결하기로 하고 조약이 체결될 때까지 일본을 최혜국으로 대우하며 기존 항구 외에 일본을 위해 새로이 4개 항구를 개방하기로 하였다. 그밖에도 일본 배의 양쯔강 항로 보장, 일본인의 구매와 운송품에 대한 세금면제 등이 있었다. 이러한 내용은 청과 일본 양국 관계의 재정립이란 측면에 초점을 두어 다루어져야 한다.

이로써 일본은 아시아 유일의 식민지 보유국이 되었다. 또 전쟁 중과

---

14) 일본은 청으로부터 2억 냥의 배상금 외에 삼국간섭으로 인한 요동반도 반환의 대가로 3,000만 냥을 더 받았다. 이는 당시 일본 연간 세입의 3년분 이상에 해당한다. 김태승 편역, 『동양사의 기초지식』, 180쪽.

전후에 서구 열강과의 불평등조약 개정을 실현하였다. 중국에서 획득한 방대한 배상금을 토대로 금본위제를 확립하고 전후 산업혁명을 본격적으로 수행하여 독립된 자본주의 국가, 더 나아가서는 제국주의 국가로 전환하는 계기가 마련되었다는 점이 매우 중요하다. 청은 막대한 전쟁 배상금 지불을 위한 차관과 요동반도 반환에 대한 삼국간섭 등을 계기로 군항·조차지·철도를 축으로 열강의 각축장으로 전락해갔다. 한편, 조선은 조약상으로는 종주국 청에서 독립된 국가가 되었으나 실제로는 일본과 러시아의 패권 투쟁의 무대가 되어 반식민지에서 식민지로 전락할 위험이 한층 높아지게 되었다. 따라서 조선의 자주적 근대국가 건설을 위한 조건에 미친 청·일전쟁의 영향을 짚어 볼 수 있도록 해야 한다.

2) 러·일전쟁 전후의 동아시아 정세와 조선

(1) 교육과정과 교과서 내용 검토

교육과정에서는 '일제의 침략과 국권의 피탈'이라는 소단원에서 러·일전쟁에 대하여 다음과 같이 서술하고 있다.

- 러·일전쟁 무렵의 국제정세를 파악하고 제국주의 시대의 약소민족의 처지를 이해한다.
- 러·일전쟁부터 국권피탈까지의 일제 침략과정을 분석, 정리할 수 있다.15)

교육과정에서 제시하고 있는 내용구성 방향은, 조선의 식민지화를 러·일전쟁을 비롯한 국제정세의 차원에서 거시적으로 파악한 뒤, 구체적으로 국권의 피탈과정에 어떤 식으로 영향을 주었는가를 이해하도록 한다는 것으로 해석된다.

---

15) 『제7차 사회과 교육과정』, 170쪽.

이에 따라 교과서들은 러·일전쟁을 진행하는 과정에서 일본이 대한제국의 중립선언을 무시하고 체결한 한·일의정서와 제1차 한·일협약을 자세히 다루었다. 또한 조선에 대한 일본의 권리를 국제적으로 인정한 카쓰라·태프트밀약과 제2차 영·일동맹을 읽기자료나 탐구자료로 활용하고 있다.

그러나 이 당시의 한반도 상황과 일본의 조선 병합과정을 깊이 있게 이해하기 위해서는 다음과 같은 방향에서의 접근이 보완될 필요가 있다.

(2) 세계사 내용 보완방향[16]

① 러·일전쟁의 동아시아적 배경

러·일전쟁은 중국대륙으로 진출하려는 일본과, 남진정책을 펼치던 러시아가 조선과 만주의 지배권을 둘러싸고 격돌을 벌인 것이다. 청·일전쟁 직후 삼국간섭에 러시아가 참여함으로써 시작된 갈등은 아관파천 등으로 조선에서 구체화되기 시작하여 만주에서의 충돌로 이어졌다. 따라서 러·일전쟁의 배경을 조선을 둘러싼 러시아와 일본의 갈등 차원이 아닌, 만주를 포함한 동아시아를 대상으로 한 패권경쟁으로 볼 수 있도록 내용을 구성해야 한다.

만주로 세력을 확대하던 러시아는 청나라와 비밀협정을 맺어 동청 철도부설권을 얻었고, 1898년에는 청·일전쟁 직후 일본이 차지했다가 3국 간섭으로 포기해야 했던 뤼순과 다롄의 조차권을 차지했으며 동북 철도를 다롄까지 연결하는 남만주 철도부설권을 가져갔다.(이 부분에서는 지도를 활용한 공간 개념 활용이 중요할 것으로 생각된다.)

한편, 1900년 의화단운동이 일어나자 이를 진압하고자 제국주의 열강이 연합군을 편성하였으나 영국은 아프리카의 보어전쟁으로, 미국은

---

[16] 이 부분의 내용은 다음을 토대로 정리한 것이다. 김태승 편역, 『동양사의 기초지식』, 272~276쪽 ; 신서원 편집부 편역(1990), 『서양사의 기초지식』 신서원, 109~111쪽 ; 우에하라 카즈요시 외, 한철호·이규수 옮김, 『동아시아 근현대사』, 74~87쪽 ; 임영태, 『인류 이야기(현대편 1)』, 97~110쪽.

필리핀에서의 민족운동 진압 때문에 많은 병력을 보낼 처지가 아니었고 독일과 러시아는 여러 가지 사정으로 파병이 늦었다.

결국 일본이 보낸 1만 2천 명이 연합군 3만 2천의 주력이 되었고, 연합군은 8월 베이징을 점령하여 거액의 배상금과 베이징에 군대를 주둔시킬 수 있는 권리를 얻었으며 이를 계기로 일본이 동아시아에서 영향력을 한층 강화시킬 수 있었다는 점이 매우 중요할 것이다.

1902년 7월 러시아는 조선의 용암포를 점령하고, 의화단사건 당시 철도 보호를 구실로 만주를 점령한 뒤 점차 군대를 증강시켰다. 이에 일본은 만주에서의 러시아의 우월한 권리를 인정하는 대신 조선에서의 일본 우위를 인정할 것을 요구하였으나, 오히려 러시아는 북위 39도선을 경계로 한반도를 나누어 그 이북지역을 중립지대로 할 것을 요구하였다. 일본과 러시아의 협상은 1904년 2월 5일 마지막으로 결렬되었고, 협상이 결렬된 지 3일 만인 2월 8일 일본이 러시아를 기습공격함으로써 전쟁이 시작되었다.

② 포츠머드조약과 동아시아 질서의 변화

러・일전쟁의 전황이 일본에게 유리하게 전개되는 상황을 좀 더 생생하게 선날하는 자료를 활용하는 방안을 고려해 보아야 한다. 러시아 국내 위기 상황이나 발틱함대의 이동경로도 좋은 자료가 될 수 있을 것이다.

1905년 1월의 여순 함락, 3월의 봉천 전투로 러시아군이 퇴각함으로써 전세는 일본에게 유리한 듯이 보였으나 실제로는 일본도 엄청난 타격을 입어 전쟁 수행 능력이 이미 한계지점에 도달하고 있었다. 러시아는 1905년 5월 최후의 보루이던 발틱함대가 궤멸된 데다가 국내 혁명의 위기가 고조되고 있는 상황에서 국내의 치안회복이 더욱 중요하게 되었기 때문에, 차르체제는 종전을 희망하고 있었다. 더 이상 전쟁을 끌고 갈 여력이 없기는 일본도 마찬가지였다. 이에 일본은 비밀리에 미국에 중재를 요청하였고 1905년 9월 포츠머드에서 루즈벨트의 중재로 강화조약이 체결되었다. 조약의 결과 일본은 뤼순, 다롄을 포함하여 랴오둥 반도와 사할린의 남쪽 절반에 대한 지배권을 손에 넣게 되었으며 연해주와 캄차카 해상에서의 어업권을 인정받았다. 또한 한국에 대한 일본의 권익을 인정받았다.

일본은 러·일전쟁의 승리로 사실상 조선을 식민지로 확보했고 만주에서도 러시아가 가지고 있던 이권을 모두 손에 넣어 장차 만주침략의 발판을 마련하였다. 명실상부한 아시아의 패권 국가가 되었을 뿐만 아니라 영국, 프랑스, 미국, 독일과 본격적으로 경쟁하는 위치에 서서 제국주의 열강 대열에 완전히 합류하였다. 러·일전쟁은 일본과 러시아라는 두 제국주의 국가의 운명을 갈라놓은 동시에 동아시아의 질서를 재편한 전쟁이었다. 러·일전쟁 후 조선이 일본의 실질적인 식민지로 전락하게 된 것은 이러한 국제질서에 따라 강제되어진 측면이 매우 강하다는 점을 제시하도록 해야 한다.

앞서 말하였듯이 전쟁 전후의 일본과 러시아의 상황도 조선정세와 관련하여 좀 더 다룰 수 있는 내용이다. 러시아는 1890년대의 비약적인 공업 발전기가 끝난 1900년대부터 점차 공황이 심각해지고 차르체제의 모순이 첨예화되는 동시에 혁명운동이 광범위한 민중의 지지를 얻게 되었다.17) 이러한 가운데 러·일전쟁의 패색이 짙던 1905년 '피의 일요일'로 불리는, 수천 명의 사상자를 낸 민중에 대한 발포사건이 계기가 되어 제1차 러시아혁명이 폭발하였다. 전함 포템킨 호의 반란, 10월 총파업, 모스크바 무장봉기 등을 정점으로 한 이 혁명은 농민과 노동자, 병사들의 투쟁으로 어느 정도의 성과를 얻었으나 1907년경 패배하여 진압되었다가 1910년경부터 다시 고양되기 시작하여 결국 1917년의 2월 혁명으로 이어졌다.

종전 후 일본은 한동안 재정불안과 경제불황을 겪었으나 러·일전쟁

---

17) 이 당시 러시아의 혁명운동의 조류는 대체로 세 가지로 정리할 수 있다. 하나는 나로드니키와 사회 혁명당의 농촌 사회주의 조류이다. 둘째는 공업 노동자를 혁명의 담당자로 하는 마르크스주의의 흐름이다(볼세비키, 멘셰비키). 세번째는 민족해방을 내건 비러시아계의 혁명파들이다(폴란드의 사회당, 우크라이나의 사회민주노동당 등). 신서원 편집부 편역, 『서양사의 기초지식』, 109쪽.

을 계기로 광공업을 중심으로 한 중공업의 군비확장 움직임에 따라 크게 성장하는 모습을 보였다. 경공업도 한국과 만주시장이 확보됨에 따라 수출이 증가하였으며 각 부분에서 독점자본주의적 현상이 뚜렷해졌고, 미쓰이·미쓰비시·스미모토 등을 위시한 기업들이 정부의 지원을 받으면서 소위 재벌을 형성하기 시작하였다.

또한 본격적인 군비강화와 만주침략에 착수하여 1906년 철도국유법을 발표하여 민영의 간선철도를 국가가 매수하기도 하였다. 열강과의 조약개정 작업을 마무리하고 조선을 병합하기 위한 작업도 한층 적극적으로 추진되었다.

좀 더 큰 관점의 세계적인 제국주의 흐름 면에서 당시 상황을 조명하는 것도 의미있을 것이다.

러·일전쟁 이후에는 독일의 제국주의 정책에 대항하는 영국과 프랑스의 공동 포위망 형성의 맥락에서 열강들 간에 각종 협약이 체결되어 각종 기득권을 상호 보장하고 아시아 민족들의 독립운동을 공동으로 억압하는 경향을 보인다.18) 특히 제1차 러·일협약에 부속된 비밀협약에서는 쑹화강 상류선을 분계선으로 할 것, 한국에 대해서는 일본의 보호공작을 방해하지 않을 것을 규정하였고 외몽골에 대해서는 러시아의 특수이익을 승인하였다. 이러한 상황에서 헤이그밀사사건이 발생하였고 일본정부는 이를 계기로 한국병합에 본격적으로 착수하게 되었던 것이다.

3) 제1차 세계대전 이후의 정세와 조선

(1) 교육과정과 교과서 내용 검토

제1차 세계대전 이후의 정세에 대한 교육과정의 서술은 '20세기 전반의 세계'라는 세계사 내용으로 구성된 소단원과 '3·1운동의 전개' 소단원

---

18) 1904년의 영불협상, 1907년의 불일협약, 제1차 러·일협약, 영·러협상 등이 그것이다.

에 포함되어 있다.

- 제국주의 열강의 대립으로 제1차 세계 대전이 일어나고, 전후 처리를 위해 파리강화회의가 개최되었음을 이해한다.
- 3·1운동의 배경을 민족 독립 역량의 축적, 제1차 세계 대전 직후의 국제 정세의 변화, 신한 청년단의 활동, 2·8 독립선언 등과 연관시켜 설명할 수 있다.19)

교과서 내용은 제1차 대전이 발생하게 된 배경을 제국주의 열강의 이해관계 대립의 측면에서 제시하고 있으며 베르사유체제로 성립된 새로운 국제질서를 잘 서술하고 있다. 그러나 전쟁의 결과를 당시의 조선상황과 연결 지어 이해하기 위해서는 일본 제국주의가 겪은 대내외적 변화를 좀 더 자세히 살펴볼 필요가 있다.

한편 러시아 혁명이 식민지 민족해방운동에 미친 영향 등에 대해서는 교과서마다 서술시각에 미묘한 차이를 보이고 있는데, 사회주의운동 확산과 같은 1920년대 이후 국내외 상황을 이해하기 위해서 러시아혁명과 사회주의운동에 관한 서술은 객관적으로 보완 서술될 필요가 있다. 이 시기에 관련된 내용은 3·1운동이나 일본의 식민지 정책을 다루는 부분에서 연계 지어 활용할 수 있을 것으로 생각된다.

(2) 세계사 내용 보완방향20)

① 제1차 세계대전과 일본 제국주의 확장

1914년, 전쟁이 발발하자 당시 오쿠마 내각은 영·일동맹을 근거로 참전을 결의하고 8월 독일에 선전을 포고하였다. 일본군은 독일의 근거지

---

19) 『제7차 사회과 교육과정』, 170~171쪽.
20) 이 부분의 내용은 다음을 토대로 정리한 것이다. 김태승 편역, 『동양사의 기초지식』, 281~283쪽 ; 신서원 편집부 편역, 『서양사의 기초지식』, 331~342쪽 ; 우에하라 카즈요시 외, (한철호·이규수 옮김), 『동아시아 근현대사』, 74~87쪽 ; 임영태, 『인류이야기』 현대편 1, 111~115쪽.

였던 중국의 청도를 점령하여 산동성에서 독일이 가지고 있던 이권을 접수하였고, 해군은 적도 이북에 있는 독일령 남양제도를 점령하였다. 또 전쟁으로 열강 세력이 잠시 중국에서 후퇴한 것을 기회로 중국진출 문제를 해결하고자 1915년 1월 대중국 21개조 요구를 위안스카이에게 보냈다. 이 사건을 계기로 중국인의 대일감정은 극도로 악화되었다. 이러한 내용과 함께 당시 신해혁명을 비롯한 중국의 정치적 변화 과정을 좀 더 다루는 것도 좋을 것이다.

한편, 1917년 제정 러시아를 붕괴시킨 러시아혁명은 일본의 전략에 수정을 가져왔다. 1918년 일본은 시베리아 출병을 단행하였고, 같은 해 11월 독일의 항복으로 전쟁이 끝나자 1919년 사이온지를 베르사이유에 파견하여 극동에서의 독일의 권익이 일본에게로 승계된다는 점을 국제적으로 확인받았다.

그리고 1921년 11월에 미국의 제안으로 해군군축을 위한 워싱턴회의가 개최되었는데 이 회의에서 미국, 영국, 프랑스, 일본 4개국은 조약을 맺어 태평양 방면의 각국 권리를 인정하고 태평양 문제의 분쟁은 외교적 수단으로 해결할 것을 결정하였다. 또 워싱턴해군군축회의에서 향후 10년간 주력함 건조 금지 및 주력함 총톤수의 비율이 각국별로 결정되었다. 이 회의의 결과 대평양·동아시아 시역의 국제관계를 규정하는 이른바 '워싱턴체제'가 성립하게 되었으며 일본이 중국에 요구했던 21개조 요구는 마침내 철회되었다.

이러한 세계사적 조류를 바탕으로 동아시아에서의 일본의 움직임을 살펴보는 것이 필요하다. 전쟁으로 열강이 아시아 시장에서 일시 후퇴한 것을 계기로 일본 상품의 동아시아 진출이 호황을 맞게 되자, 일본 경제는 메이지 말기 이후로 쌓여온 만성적인 불황에서 벗어나게 되었다. 공업생산량이 농업생산량을 앞질러 일본은 본격적인 공업국으로 발전하였으나 저임금, 저미가정책하에서 점차 모순이 나타나다가, 종전 후 세계시장이 다시 좁아짐에 따라 점점 더 큰 위기에 직면하게 되었다. 저임금에 대한 노동쟁의가 증가하고 농촌의 곤궁함도 계속 심화되었던 것이다. 당시 일본의 이러한 상황은 식민지 조선에 대한 경제정책과 직결되는 부분이기 때문에 현재의 교과서 내용은 많은 부분에서 보완의 여지가 있다.

특히 1917년의 흉작으로 생산량이 감소하고 매점매석 등으로 쌀값이 폭등하자 1918년 8월 초에는 전국적으로 쌀소동이 일어났다. 이 소동에 참가한 인원이 70만 명이나 되어 급기야 군대가 진압에 나서고, 내각이 바뀔 정도였다. 일본정부는 대륙침략과 식민지지배 강화로 이를 해결하고자 하였고 그 초점은 만주와 조선이었다. 그러면서 조선에서 3·1운동이 대중들에게 엄청난 호응을 얻은 것을 목격한 일본은 자본주의적 발전의 테두리 안에서 민족주의의 분출을 무마하기 위해 문화통치로 전환하는 조치를 취하였다.

독점자본주의 발전 과정에서 쌀 수입국가로 변화한 일본은 식민지농업을 통해 쌀 부족을 타개하고자 하였으며 이를 위해 조선에 산미증식계획을 실시하고 봉래미 이식을 통한 타이완 미작의 전환을 꾀하였다. 그 결과 타이완의 농업은 쌀과 사탕수수 2대 상품으로 재편성되었고, 1920년대 후반에 들어 특히 쌀은 완전히 수출용 상품작물로 바뀌게 되었다. 이러한 점들은 무단통치에서 문화통치라는 식민통치정책의 변화를 좀 더 근본적인 시각, 넓은 시각에서 조망하는 데 반드시 필요한 내용이므로, 해당 주제 수업을 준비할 때 충분히 고려되어야 한다.

한편, 1919년에 접어들어 일본 국내에서 보통선거권을 요구하는 운동이 노동자와 학생, 언론의 지지를 받으면서 전국적으로 확대되었고, 1920년 이른바 보통선거법안이 의회에 제출되었으나 하라 내각은 이를 부결시켜 버렸다. 이러한 가운데 1923년 9월 1일 간토대진재가 발생, 도쿄와 요코하마 등지에 엄청난 피해를 가져다주었다. 혼란의 와중에서 조선인에 대한 유언비어가 퍼져 많은 조선인이 정권 유지의 희생양으로 무고하게 학살되었으며 노동운동 지도자들도 다수 희생되었다.

이처럼, 식민지 조선에서 시행되었던 정책 및 전반적인 식민지 상황은 일본의 정치상황과 밀접한 관련을 맺고 있었으므로, 객관적 사실을 바탕으로 이러한 관점을 끌어들여 교과서 내용을 보완할 필요가 있다.

② 민족자결주의와 러시아혁명

　제1차 세계대전이라는 사상 초유의 총력전을 치르던 제국주의 국가들은 '식민지자치제'나 '연방제 아래의 독립보장' 등을 미끼로 식민지의 힘까지 전선으로 끌어내고자 하였다.21) 나중에 결국 배반을 당하였지만 인도와 중동지역의 민족 지도자들은 이에 기대를 걸고 제국주의 본국의 전쟁에 합류하였다. 이러한 과정에서 많은 식민지 국가들이 독립에 대한 기대를 갖게 되었다.

　한편, 1917년의 러시아혁명으로 탄생한 레닌의 사회주의정권은 무병합·무배상에 기초한 공정하고 민주적인 강화회담, 비밀외교의 폐지를 주장하는 한편, 러시아 내의 소수 민족에 대한 자결권을 인정함으로써 폴란드와 핀란드, 발트 삼국(에스토니아, 라트비아, 리투아니아)의 독립이 이루어졌다. 러시아의 식민지정책은 타지역 민족해방운동에 대한 직접적인 지원으로 나타나기도 하였는데, 조선을 비롯해 중국, 인도 등 제국주의 열강의 지배에 저항하는 아시아 민족운동에 물질적 지원과 정치, 군사적 지원도 그러한 맥락에서 이해할 수 있다.

　이러한 세계정세 속에서 영국을 제치고 최강국으로 부상한 미국은 러시아혁명의 여파와 사회주의 세력의 확산을 막기 위해 1918년 1월 8일의 의회연설에서 제1차 세계대전을 종결짓는 방안으로 '14개조의 평화원칙'을 제시하였는데 그 가운데 하나가 바로 '민족자결주의'였다.

　그러나 이는 이미 널리 알려진 바와 같이 독일과 오스트리아, 오스만 제국 등 패전국이 지배하고 있던 식민지 민족의 자결권을 주창한 것이었고, 체코슬로바키아, 헝가리, 유고슬라비아 등의 동유럽 국가들이 독립하였다. 오스만 제국이 지배하던 중동 지역은 거의 프랑스와 영국이 위임 통치 형태로 지배를 계속하였으며, 중국과 태평양 지역에서 독일이 가지고 있던 이권은 영국과 일본이 나누어 가졌다. 승전국 일본의 식민지였던 조선은 민족자결주의의 대상이 아니었으나, 민족의 독립의사를 세계에 알리

---

21) 영국의 팔레스티나에 대한 맥마흔 선언(1915), 밸푸어 선언(1917) 등이 그 예라고 할 수 있다.

려는 움직임이 활성화되는 계기로 작용하였다. 이때가 독립운동을 펼칠 적절한 시점이라는 분위기가 확산되면서 유학생들이 도쿄 YMCA회관에서 2·8 독립선언서를 발표하기에 이르렀고 이는 3·1운동이 일어나는 기폭제가 되었다.

따라서 이에 관련된 근현대사 수업에서는 제1차 세계대전 이후 민족자결주의가 제창되는 세계사적 구도를 제시하면서, 민족자결주의의 한계를 명확히 할 수 있는 구체적인 예를 다루고, 소련의 세력 확장책과 사회주의 이념에 의한 민족해방운동의 지원과 같은 사항을 좀 더 보완할 필요가 있을 것이다. 아울러 3·1운동이 가져온 중국의 5·4운동 등 약소민족 운동의 반향 등을 한층 적극적으로 다루되, 각 민족이 처한 당시 상황을 함께 조명하는 방식으로 서술되어야 할 것이다.

4) 중·일전쟁 : 제2차 세계대전 직후의 정세와 조선

(1) 교육과정과 교과서 내용 검토

중·일전쟁에서 제2차 세계 대전에 이르는 시기의 서술 근거가 되는 교육과정 내용은 다음과 같다.

- 전후 베르사유 체제하에서 민주주의가 발달하였으나 공산주의와 전체주의가 대두하여 민주주의를 위협하였음을 이해한다.
- 신해혁명으로 중국은 공화국으로 변하였으나, 군벌의 항쟁, 5·4운동, 국민당의 북벌, 국·공항전 등의 격동을 겪었음을 이해한다.
- 제2차 세계 대전 이후의 국제 정세를 미·소 초강대국의 대두, 자유진영과 공산진영의 대립, 냉전체제의 형성 등으로 이해한다.[22]

이들은 20세기 전반기의 세계와 후반기의 세계에 관한 세계사 단원의 서술 근거인데, 제2차 세계대전의 성격을 어떤 방식으로 접근할 것인

---
[22] 『제7차 사회과 교육과정』, 170, 175쪽.

지가 명확하지 않으며, 중국의 변화과정은 강조하고 있으나 일본에 관해서는 전혀 언급하지 않았다는 문제점이 있다.

실제 교과서의 서술에서는 교육과정의 빈틈을 메우려는 노력이 많이 발견된다. 그러나 교육과정에 따라 제2차 세계대전을 독립된 주제로 다루지 않은 경우에서부터 전체주의의 대두와 제국주의적 갈등의 연장선으로 접근하여 따로 다룬 경우까지 교과서마다 적지 않은 차이를 보인다. 그러나 모든 교과서에서 제2차 세계대전과 일본 제국주의의 관계를 염두에 두고, 조선의 입장에서 바라보고자 한 서술은 부족한 편이다.

따라서 제2차 세계대전의 제국주의적 본질을 좀 더 분명히 드러내고, 일본의 침략전쟁을 자세히 다루는 가운에 중국을 비롯한 아시아 지역의 상황을 좀 더 큰 틀에서 바라보는 내용의 보완이 필요하다. 그러한 가운데 조선을 비롯한 아시아 각국이 침략전쟁 중에 겪은 수탈과 압제의 양상, 저항의 양상이 드러날 수 있을 것이며 일본 제국주의의 식민정책도 구조적으로 조명될 수 있을 것이다.

(2) 세계사 내용 보완방향[23]

① 중·일전쟁 – 태평양전쟁 : 일본 제국주의의 변화 양상

이 시기의 조선에 대한 식민지 정책의 본질을 들여다보기 위해서는 일본 제국주의의 변화 양상과 중·일전쟁의 실상을 좀 더 다루어야 한다. 중·일전쟁은 1931년 만주사변의 연장선상에서 벌어진 것이었다. 일본은 베이징·톈진·상하이 등지로 군대병력을 증파하며 군사침략을 확대해 가는 동안, 중국에 대한 군사행동을 '아시아의 혁신'을 위한 것으로 선전하였다.

한편, 1937년 12월 국민정부가 충칭으로 퇴각한 뒤 일본군이 수도

---

[23] 이 부분의 내용은 다음을 토대로 정리한 것이다. 김태승 편역, 『동양사의 기초지식』, 290~298 쪽 ; 신서원 편집부 편역, 『서양사의 기초지식』, 348~359 ; 우에하라 카즈요시 외, (한철호·이규수 옮김), 『동아시아 근현대사』 185~221쪽 ; 김성원 외(1995), 『일제하의 동남아』, 한국외국어대학교 출판부.

였던 난징을 점령하여 2개월간 시민 수십만을 살해하는 참극이 발생하였다.(난징대학살)24) 그 뒤 일본군은 우한을 공략하고 광둥에서 산시에 이르는 남북 10개성과 주요 도시들을 점령하였다.

이에 맞서 중국에서는 국민당과 공산당의 제2차 국공합작으로 항일민족통일전선을 형성하며 항전하였다. 이러한 항전이 전개됨에 따라 일본군의 세력은 점차 광범위한 지역에서 '점'(도시)과 '선'(도로)을 유지하는데 불과한 어려운 상황에 처하게 되었다. 일본은 왕 자오밍(王兆銘)의 괴뢰정권까지 앞세웠으나 중국 민중의 항전을 꺾지 못하여 전쟁이 장기화되어, 태평양전쟁이 발발할 무렵에는 100만 명 내외의 일본군이 중국에 발이 묶여 있는 상황으로 이어졌다.

중국은 1937년 8월 30일 일본의 침략확대를 국제연맹에 제소하였다. 그러나 구미 열강은 구체적인 행동을 취하지 않았다. 오히려 독일과 이탈리아 양국은 일본이 세운 괴뢰국인 만주국을 승인하고, 중국 군사고문단을 철수시키는 등 일본의 중국침략을 측면에서 지원하였고, 영국도 대일 유화정책을 표방하였다. 일본의 화북침략을 용인하여 화남과 화중 지방에서의 자국의 권익을 보호하려는 의도를 가지고 있었기 때문이다.

드디어, 유럽에서 전쟁이 발발하고 초기에 독일이 승승장구하자 1940년 7월 일본 정부는 '남진정책'을 결정하였다. 독일·이탈리아와 제휴하여 미국과 영국이 아시아로부터 손을 떼게 만들고, 중·일전쟁을 해결함과 동시에 동남아시아를 제압하여 일본을 맹주로 하는 대동아 신질서를 건설한다는 것이었다.

그 최초의 행동이 1940년 9월 23일 프랑스 식민지 인도차이나에 대

---

24) 일본군이 1937년 12월 13일 난징을 점령하고 난 뒤 거의 2개월에 걸쳐 난징성 내외에서 자행한 학살사건으로 '난징대학살'이라고 부른다. 중국군 패잔병뿐 아니라 부녀자까지 희생되었으며 중국 측에 의하면 35만~40만 명이 희생되었다고 한다. 영국·미국에서는 발생 당시부터 보도되어 일본군의 만행을 비난하는 움직임도 있었으나 일본군과 정부에 의해 철저히 은폐되었기 때문에 패전 후 극동국제군사재판 등을 통해 점차 알려지게 되었다.

한 파병으로 나타났다. 이는 영·미 진영의 경제권에 대한 재분할 전쟁을 의미했기 때문에, 열강들은 대일경제제재강화로 맞받아쳤다. 이에 1940년 9월 철류의 대일수출금지를 발표하고 12월 중국 군사원조를 정식으로 승인하였으며 이듬해에는 미국이 대일석유수출금지령을 발표하였다. 일본은 다시 1941년 12월 8일 미국과 영국에 선전포고를 하고 말레이반도와 진주만을 공격하였다. 11일에 독일과 이탈리아도 미국에 선전포고함으로써 이제 유럽과 아시아에서 진행 중이던 두 개의 전쟁이 하나로 연결되어 확산일로를 걷게 되었다.

현재의 교육과정과 교과서에 의하면, 만주사변과 중·일전쟁, 태평양전쟁에서 일본 제국주의 침략의 확산이란 내적 연결성이 잘 드러나지 않는다. 이러한 맥락이 수업을 통해 확보되어야만 당시 조선에서의 물자 및 인력수탈이 분명한 역사적 의미를 갖고 드러날 수 있으며 현재까지 문제가 되고 있는 중국과 한국, 동남아시아 각국과 일본의 '과거사' 문제를 객관적으로 인식할 수 있는 토대가 마련된다. 이와 동시에 당시 제국주의 열강들의 세력관계 재편이라는 차원을 다룰 수 있어야 할 것이다.

② '동아시아 공영권'과 아시아 지역의 대일항전

이른바 '동아시아 공영권'의 등장 배경 및 그 의도, 일본의 침략에 맞선 아시아 지역의 대일항전을 다룸으로써 우리의 독립운동을 세계사적 흐름에서 바라볼 수 있는 토대를 마련할 수 있을 것이다. 특히 일본의 동남아시아 침략을 제국주의 국가 상호간의 패권다툼이란 측면에서 조명하는 것도 의미있을 것이다.

일본정부는 태평양전쟁을 일으키면서 '미·영의 폭정을 배제하여 동아시아를 명랑 본연의 보습으로 복원시키고, 서로 제휴하여 공영의 즐거움을 나눈다'는 성명을 발표하였다. 당시 일본이 점령대상으로 삼은 동남아시아에서는 미국·영국·네덜란드의 식민지 지배에 반대하여 독립을 이루고자 하는 저항운동들이 활발히 전개되고 있었는데, 일본이 이를 이용하였던 것이다. 전쟁시작 후 반년 사이에 일본은 동남아시아 대부분을 손에 넣게 되었는데 이는 일본군이 국가의 독립을 돕는 해방군이라는 인식이 일부 지역에 존재하고 있었기 때문이다. 그러나 아시아의 해방, 아시아인에 의한 아시아의 건설이라는 대동아 공영권의 본래 목표는 일본을 맹주로 한 일제 식민지권의 건설과 국방자원의 확보에 있었다.

　1942년 11월 일본정부는 대동아성(大東亞省)을 설치하면서 이 지역의 정치·경제·문화 등 여러 시책을 하나로 묶는다는 명분을 내세웠지만, 실제로는 황민화정책, 강제연행 등의 갖가지 억압적 잔학행위가 아시아의 해방이라는 구호 아래 자행되었다. 조선에서 자행된 갖가지 민족 말살정책도 이러한 차원에서 조명될 수 있을 것이다.

　15년에 걸친 일본의 중국 침략전쟁은 일본 자본주의의 위기와 천황제 국가 체제의 위기를 근원으로 한 것이었다. 이 시기에는 일본 자체는 물론이고 침략을 당한 지역의 민중저항은 철저히 탄압당했다. 천황제 정부와 군부는 중국과 동남아시아, 태평양으로 침략지역을 확대하면서 노동운동은 물론 자국민을 포함한 모든 민중의 반전·평화 운동을 탄압하였다. 1937년에 시작된 국민정신 총동원 운동은 천황과 신국보국을 앞세워 침략전쟁으로 사람들을 내몰았고, 배외 민족주의에 바탕을 둔 침략체제는 조선인과 중국인, 동남아시아인들에 대한 멸시와 억압을 동반하였다.

　특히 1932년에 시작되어 1937년부터 41년 사이에 집중적으로 이루어진 일본의 만주 농업이민은, 공황기의 일본 농업의 위기를 탈출함과 동시에 만주를 지속적으로 지배하기 위한 인적기반을 마련하려는 것이었다. 이민농업은 현지 농민들의 농지를 탈취하는 방식으로 이루어졌다. 침략전쟁의 확대로 본토와 동남아시아 각지, 태평양 상의 도서지역에서 노동력이 부족하게 되자 강제징용과 강제연행이 실시되었다. 그리고 조선의 독립운동, 인도네시아, 베트남, 말레이시아, 필리핀, 미얀마 등지에서 일본에 대한 저항이 지속적으로 끈질기게 전개되는 가운데, 일본의 침략전쟁은 패전의 수순을 밟기 시작했다.

③ 전후처리 원칙과 조선문제

일본의 패전이 확실해지면서 가속화된 연합국의 전후처리 원칙도 단순히 '조선의 독립을 국제적으로 보장한다'는 선에서 멈추지 말고, 그 바탕에서 작용한 국제질서의 재편을 시야에 둘 수 있도록 내용이 강화되어야 한다.

1943년 11월 카이로에서 미국, 영국, 중국의 3국 수뇌 회의가 개최되어 일본이 점령 혹은 탈취한 태평양 제도를 포기할 것, 일본이 절취한 만주·타이완·평후 제도를 반환시킬 것, 한국을 적절한 절차를 밟아(in due course) 독립시킬 것을 주요내용으로 하는 선언을 발표하였다. 1945년 미국, 영국, 소련이 함께 한 얄타회담에서는 전후 독일과 동구 여러 국가의 문제, 국제연합에의 소련 가입과 함께 소련의 대일참전과 전후 아시아 구상이 구체화되었다. 특히 소련의 대일참전에 관한 협정에서는 러·일전쟁으로 침해받은 구 러시아 권익의 회복, 치시마 열도의 소련 인도를 조건으로 하였다.

또, 미·소 간에는 중국과 조선의 전후 관리에서 영국을 완전히 배제한다는 밀약이 이루어졌는데 그 대신 영국은 인도와 동남아시아 지역에서 기득권을 유지하고 프랑스령 인도차이나에서는 프랑스 세력이 회복에 노력을 기울이는 방향으로 정리되었다. 이처럼 전후의 동아시아 국제질서는 강대국의 이해관계에 따라 구상되었던 것이다. 이러한 과정에서 한반도의 분단조건이 구조적으로 형성되고 있었다는 점에 주목해야 한다.

1945년 7월 26일 미국·영국·중국에 의해 일본의 무조건 항복을 요구하는 포츠담선언이 발표되었다. 8월 6일과 9일 미국은 일본이 포츠담선언을 거부한 것을 구실 삼아 히로시마와 나가사키에 각각 원폭을 투하하였고, 8일 소련은 일본에 선전포고하고, 9일 만주국경을 돌파하였다. 소련의 참전에 접한 일본 수뇌부는 9일부터 이틀에 걸친 최고전쟁지도회의에서 천황의 성단이라는 형태로 포츠담선언의 수락을 결정하고 14일 국체호지(천황제 유지)를 조건으로 무조건 항복을 결정하였다.

한편, 전쟁의 종결 및 일본의 전후처리 문제, 과거사 청산이라는 관점에서 보면, 전범처리를 위한 뉘른베르크 재판과 도쿄재판을 간단하게라도 언급해야 한다. 특히 미국의 일본 군정 통치기간에 어떤 방식으로 천황제를 비롯한 일본의 구세력이 온존되는가의 문제를 다룰 필요가 있다고 생각한다. 우리 사회에서 친일파가 온존되었던 것과 근본적으로 같은 논리가 전후의 일본에도 작용할 수밖에 없었던 구도를 당시 미·소 냉전체제의 형성과 관련지어 이해할 때, 1950년대 이후 동아시아 정세를 좀 더 큰 구도에서 바라볼 수 있는 시각이 형성될 수 있기 때문이다.

5) 1960년대의 세계정세와 한·일협정, 베트남파병

(1) 교육과정과 교과서 내용 검토

현재 한·일협정이나 베트남전쟁은 교육과정에서 직접 언급되지는 않는다. 그러나 모든 교과서가 5·16 쿠데타와 제3공화국을 다루는 단원에서 한·일협정과 베트남전쟁을 다룬다.

한·일협정에 대해서는 교과서마다 서술 시각에 상당한 차이를 보인다. 어떤 교과서는 군사 쿠데타 직후부터 급속히 추진되어 졸속으로 마무리 될 수밖에 없었던 다양한 (국내적/국제적)원인을 제대로 밝히지 않으면서, 굴욕적인 국교정상화에 반대하는 여론을 억누르고 '미흡한 가운데' 타결되었다고만 서술하였다. 그런가하면 한·일회담에 의한 국교 정상화와 베트남파병이 모두 박정희정권의 정당성 확보와 경제개발을 명분으로 추진된 것으로 차관도입과 자금 확보에만 치중한 것을 밝힌 교과서도 있다.

베트남파병에 대해서도 마찬가지이다. 반공을 명분 삼아 추진된 것임을 객관적으로 밝히고, 파병으로 얻은 것과 잃은 것을 균형있게 서술하는 교과서가 있는가 하면, 베트남파병으로 얻은 경제적 이익만을 강조한 경우도 있다.

한·일국교정상화와 베트남파병은 같은 시기에 이루어진 것으로 서로 내적으로 연결된 것으로 제시되어야 하며, 당시 미국의 동아시아 정책을 함께 살펴볼 수 있는 방향으로 보완이 되어야 한다.

(2) 세계사 내용 보완방향 25)

① 1960년대의 동아시아 정세

1940년대 후반 이래로 미국의 아시아정책은 사회주의 국가인 중국과 소련의 힘을 견제하는 한편, 태평양에서 미국의 영향력이 보장될 수 있도록 군사적·경제적으로 세력 배치를 하는 과정에서 한국과 일본이 어떠한 역할을 담당할 수 있는가에 중점을 두었다.

'지역통합전략'이라고 명명되는 이러한 기본 전략은 미국에 의존한 일본의 공업화와 궁극적으로 일본 원조를 통한 한국의 근대화로 이들 두 나라가 극동지역에서 강력한 반공보루의 역할을 수행하도록 하는 방향으로 진행되었다. 1960년대 전반기에 확립된 미·일안보체제는 군사동맹의 성격과 함께 그 경제적 기능이 특히 중시되었다고 할 수 있는데, 일본의 입장에서 볼 때는 아시아의 반공체제를 유지하는 역할을 담당하도록 함으로써 비약적 경제발전을 가능하게 한 것이었다.

1950년대 말에서 60년대 초에 이르는 미국 내의 경제불황과 전후 일본 자본주의의 부활은 미국으로 하여금 한국-일본 간의 긴밀한 정치·경제 관계의 복원을 통하여 동북아에서 안보유지비용을 절감시켜야 할 필요를 절감하게 했다. 잘 알려진 바와 같이 일본은 한국전쟁으로 인해 특수를 맞아 55년 이후 중공업화를 통해 고도성장을 이룩하였다. 일본

---

25) 이 부분의 내용은 다음을 참고하였다. 유병용(1999), 「박정희 정부와 한일협정」, 한국정신문화연구원 편, 『1960년대 대외 관계와 남북문제』, 백산서당 ; 홍규덕(1999), 「베트남전 참전 결정과정과 그 영향」, 한국정신문화연구원 편, 『1960년대 대외 관계와 남북문제』, 백산서당 ; 찰스 필립스 외, 홍정민 옮김(2000), 『20세기에 우리에겐 무슨 일이 있었나?』, 좋은책 만들기 ; 로저 버클리, 김은령 옮김(1999), 『오늘날의 일본 1945년 패전에서 1998년 금융위기까지』 ; 우에하라 카즈요시 외, 한철호·이규수 옮김, 『동아시아 근현대사』 225~254쪽.

자본주의는 1960년대에 들어서 팽창하는 외환보유고와 관련하여 민간에 바탕을 둔 자본수출이 불가피해졌다.

또한 이 무렵 아시아 국제질서의 긴박한 변화는 미국으로 하여금 중단되었던 한·일회담을 재개하기 위해 필사적인 노력을 기울이도록 하였다. 이 시기에 사태의 긴박성을 특징지어 준 것은 무엇보다도 베트남에서의 미국 개입의 위기이고, 다음으로 1964년 8월 16일 중국의 핵실험성공이었다.

② 국제 관계에서 본 한·일회담과 베트남파병

한·일국교정상화는 국제 관계적으로 볼 때 일본의 대외 자본수출 요구, 한국에 대한 미·일의 역할 대체 필요성, 한국의 경제개발을 위한 재원조달의 요구가 합쳐져서 조속한 타결이 무리하게 추진된 것이라고 할 수 있다. 5·16 군사쿠데타 이후 군사정부는 비헌법적인 방식으로 집권하였기 때문에, 그리고 제3공화국 정부는 대통령 선거라는 형식만을 밟은 그 연장선상의 정부였기 때문에 정통성의 위기에 처할 수 있었다.

정치 사회적 안정을 위해서도 꼭 필요한 경제발전이 자본부족으로 벽에 부딪혀 있는 가운데 그동안 크나큰 원조국이었던 미국이 자국의 경제위기로 대한원조액을 감소시켜 나갔기 때문에 박정희정권은 새로운 자금원을 구하지 않으면 안 되었다. 이에 가장 용이한 대안으로 일본을 선정하게 되었던 것인데, 그 까닭은 우선 대일본 의존적 무역 등 한국경제가 이미 일본에 밀착되어 있었기 때문이며[26] 무엇보다도 이승만정권 이래 계속 끌어온 대일청구권문제를 해결하여 일본에서 자금을 마련하려고 했기 때문이다.

---

[26] 당시 한국의 해외 무역 상황은 미국뿐만 아니라 급속한 경제성장을 이룩한 일본에 큰 의존적 성향을 보이고 있었다. 미국과 일본에 대한 수출 의존도는 1960년에 73%, 1965년에 60.3%로 전체의 반을 넘어서는 수준이었으며 수입의존도 역시 1960년 59.4%, 1965년 75.3%로 점차 심화되고 있었다. 『동아연감』, 1980년, 별책 제1호, 270쪽.

이러한 점들은 이미 일반에 널리 알려진 사실이므로, 교과서 내용에 적절히 반영할 수 있는 방안을 적극적으로 찾아야 할 것이다.

한편, 제2차 세계대전 이후의 국제관계사에서 베트남전이 차지하는 위치는 매우 크다. 베트남전은 미국 현대사의 방향에 가장 큰 영향을 미쳤던 사건임에 틀림없다. 지나친 전비 소모로 미국은 경제적인 어려움에 처하게 되었고, 1971년의 달러위기와 1973년의 오일쇼크를 통하여 제3세계로부터 심각한 도전에 직면하게 되었기 때문이다.

따라서 베트남전의 성격을 좀 더 상세히 다룸으로써 한국의 베트남전 참전이 추진된 맥락과 그것이 가져온 결과들을 객관적으로 이해하는 바탕을 마련해야 한다.

종전 이후 초강대국 미국이 형성, 주도한 '민주주의와 시장경제에 입각한 세계질서'는 1954년경 점차 공산화되어 가는 베트남과 인도차이나 문제를 좌시할 수 없었다. 도미노현상처럼 해당 지역 전체가 공산화될 것을 우려한 미국은 프랑스 대신 베트남 내전에 개입하였고 케네디정부와 존슨정부는 본격적인 베트남전 확전을 시도하였다. 그리고 한국에서는 1964년 이른바 '월남 공화국 지원을 위한 국군부대의 해외파견 동의안'이 국회를 통과한 뒤 수년간 파병이 계속되었다.

한국군의 베트남 참전과 함께, 경제적인 면에서 한국, 미국, 베트남을 연결하는 특수한 형태의 이른바 삼각무역구조가 성립되었다. 전투 병력이 개입하면서 형성된 시장을 이용하여 무역과 수출에 돌파구가 마련되기도 하였다. 또 인력송출에 따른 달러유입과(군인 봉급 등) 서비스 건설 분야에 한국업체들이 진출하면서 외환보유액이 증가하는데도 일정 부분 기여했다.

그러나 베트남전 참전은 박정희정권에게는 정치적 기반을 안정화시킬 수 있는 기회로 작용하여(미국의 지지, 경제성장, 군부 장악 등) 국내적으로는 독재의 기반으로 연결되는 계기로 작용하였다는 점에 유의해야 한다. 또한 한국의 베트남전 참전에 따른 대미 일변도 외교는 비동맹 국가들과의 관계개선을 근본적으로 어렵게 만들었다.

전세계적인 연대를 갖고 진행되어 오던 미국의 베트남전 반대운동과 정반대의 입장에 서 있던 한국정부에 대한 비판은 거셀 수밖에 없었다. 1965년 당시 박 대통령이 제2차 알제리 비동맹회의에 참가하기로 결정했음에도 불구하고 비동맹회의 측의 고의적인 초청 거부로 참가할 수 없었던 사실은 당시 한국에 대한 비동맹 국가들의 인식수준을 상징적으로 보여준다. 현재 교과서에는 당시 베트남전의 참전이 가져온 이러한 국제적 영향에 대해서는 거의 언급되지 않고 있다.

패전 이후 닉슨정부가 당시로서는 상상할 수도 없는 사회주의권 중국이나 소련과의 데탕트를 추구하여 제2차 세계대전 이후의 반공주의와 봉쇄정책으로부터 탈출하고자 하였다는 점, 베트남전을 계기로 제3세계가 남북 간의 구조적 모순을 해결하기 위해 선진 국가군에 보다 평등한 신경제 질서를 요구하기에 이르렀다는 것도, 베트남전 이후의 국제질서와 관련하여 짚고 넘어가야 할 주요내용으로 보완되어야 한다.

4. 결론 및 제언

지금까지 우리의 근현대사는 '세계사적 관점에 의한 인식'을 강조하면서도 실제로는 민족사적, 일국사적 역사 전개를 중심으로 구성되어 왔다. 그러나 근현대사의 특성 및 가르치고 배우는 목적에 비추어 볼 때, 세계사 내용은 실질적인 학습내용으로 선정·조직되어야 한다.

현재의 교육과정과 교과서에서 대단원별로 간단히 제시하고 있는 연대기적 세계사의 흐름은 서구중심적 역사인식이라는 비판을 받던 과거 세계사의 인식틀을 따르는 경향이 강하며, 우리의 근현대사 전개에 결정적인 영향을 주었던 일본 제국주의에 대한 서술이 매우 부족한 문제점 등을 보이고 있다.

이 글에서는 현재의 교육과정과 교과서에 대한 검토 결과를 바탕으로 한국근·현대사를 위한 세계사 내용이 어떠한 방향으로 구성되어야 할 것인가라는 논의를 진행하였고, 교사가 수업계획 차원에서, 세계사적 시각이 반드시 필요한 시기를 대상으로 보완·강화되어야 할 세계사 내용을 정리해보았다.

그러다보니 앞서 제시했던 아프리카와 아시아 지역의 민족운동 부분을 좀 더 분명한 맥락에서 다루어야 한다는 것과 서구중심적 시각에서 벗어나 우리의 근현대사 이해에 필요한 세계사의 흐름을 어떻게 제시할 것인가라는 문제를 제대로 일관되게 다루지 못하였다는 한계를 갖고 있다.

다만 현재의 교육과정과 교과서에 세계사적 흐름을 더 보완하여 가르치고자하는 현장 교사들에게 교과서 내용을 재구성할 수 있는 방향을 제시하는 역할은 할 수 있을 것으로 기대한다.

사실 세계사 내용으로 구성된 단원을 좀 더 잘 구성하는 방안이나 자국사 서술과정에서 세계사 주제를 적극적으로 끌어들이는 방안은 실제 우리의 근현대사 내용서술과 조화롭게 병행될 수 있는가의 문제에서부터 학습분량의 문제, 좀 더 근본적으로는 어떤 내용으로 채우는 것이 타당한가라는 역사관의 문제에 이르기까지 다양한 차원의 고민과 검토를 필요로 한다.

현재 중·고등학교 역사교육 안에서 세계사가 처한 위기는 매우 심각하다. 중학교에서는 『사회』 과목 안의 단원으로 편성되어 지리, 일반 사회 내용과 함께 가르침으로써 세계사 나름의 교육적 효용성을 구현하기 어렵게 되어 있으며, 고등학교에서는 인문계에 국한된 심화선택과목 가운데 하나일 뿐이다.

따라서 『한국근·현대사』 교과서에 세계사 내용을 좀 더 적극적으로 도입하려는 시도는 근현대사 교육의 질을 높이는 동시에 세계사 교육의 활로를 모색하는 방안으로 활용될 수도 있을 것이다.

한국근현대사를 위한 세계사, 아이들에게 의미있게 다가갈 수 있는 세계사 속의 근현대사가 교실에서 살아 움직일 수 있도록 더 많은 관심과 고민이 필요함을 다시 한번 강조하고 싶다. 좀 더 적극적으로는 사회과에서 독립되어 나와 한국근현대사가 아닌 근현대사 속에서의 한국을 다룰 수 있는 방식이 더 적절할 수 있다는 점, 그런 방향으로의 교육과정 개선도 검토해 볼 시점에 와 있다는 점을 덧붙여 두고자 한다.

중학교 세계사 교육과정과 교과서의 근현대 인식

허 신 혜

  1. 세계사 교육과 세계에 대한 인식
  2. 세계사 단원구성의 변화
  3. 제7차 교육과정 교과서 속의 세계의 근현대사
     1) 단원의 구성분석
     2) 서술내용의 분석
  4. 맺음말

1. 세계사 교육과 세계에 대한 인식

필리핀 3대 일간지 중 하나인 데일리 인콰이어러지는 2004년 3월 10일자에, '한국인의 침략'이라는 사설을 통해 일부 한국인들의 비행을 신랄하게 꼬집었다. "필리핀 어디에서든 볼 수 있는 한국인들은 우리의 신경을 거슬리게 하고 현지인을 마치 하인처럼 부리려고 한다"며 한국인들과의 마찰이 끊이지 않고 있다는 것을 요지로 하고 있다. 특히 이 사설은 '어글리 코리안'의 추태에 대한 현지인들의 반응이 심상치 않음을 시사했다. 또 다른 신문들도 자극적인 제목을 달고 한국인에 대한 공격적 기사들을 싣고 있다.[1]

---

[1] 또한, 2004년 2월 8일 태국 주재 한국 대사관과 대한 항공 방콕 지점에는 태국 반한(反韓) 단체로 추정되는 '아키아(AKIA, Anti Korean Interest Agency)' 명의로 동남아 지역 한국 기관과 한국 국적기에 테러를 가하겠다는 협박 편지가 배달

375

몇몇 아시아 국가들에서 나타나고 있는 이 같은 반한감정의 실체를 밝히려고 했던 한 다큐프로그램에서는 이러한 결과를 초래한 근본 원인을 한국인에게서 찾았다. 즉 타 문화와 타 국가에 대한 한국인의 편견에서 비롯된 것이라고 비판한다. 이러한 주장이 어느 정도의 타당성을 갖는 것인지는 알 수 없다. 그러나 한국에서 살아 본 경험이 있는 외국인들은 대체로 한국인들이 백인과 타 인종에 대해 서로 다른 반응을 보인다고 얘기하는 것을 어렵지 않게 볼 수 있다. 실례로, 한국에서 외국인 노동자 상담과 선교활동을 7년 넘게 벌여오다가 한국을 떠나게 된 '백색 독일인 목사 외르크 바루트(44, 한국 이름 박용)는 "한국에서는 백색을 가지고 있으면 편하게 살 수 있지만, 다른 색깔은 힘들다"라고 말했다.2)

그렇다면, 한국인의 이 같은 편견은 어디에서 기인된 것일까? 세계화를 구호처럼 외치는가 하면, 한편으로는 '어글리 코리안'을 쉽게 접할 수 있는 현재 우리의 자화상은 어떻게 이해해야 할까? "사람들에게 물어보는 것 대신에 그들 의견 형성의 근원지로서 교과서를 연구할 수 있다"3)고 했던 쉬데코프의 견해 속에 이 문제의 해답이 이미 들어 있는 것은 아닐까? 즉 한 개인이, 또는 한 사회가 타 문화나 타 인종에 대해 갖는 이미지는 그들이 교육받아 온 교과서에 의해 길들여진 이미지는 아닐까? 그렇다면, 그동안 교육과정에서 세계사 교육의 목표로 설정해 온 '국제적 감각의 폭을 넓힐 수 있다'4)는 막연한 이상적 요구에 불과한 것인지도

되기도 했다. 이 때문에 태국뿐만 아니라 인도네시아, 필리핀 등 동남아시아 각국의 한국민들에게도 비상이 걸렸다고 한다. 때문에, 이제 더 이상 그들의 경고를 일부 한국인들의 추태에 현지인들이 과민 반응한 것으로 치부하기 어렵게 되었다. 따라서 동남아시아에서 발생한 반한 감정은 한국인의 안전뿐 아니라 경제에도 악영향을 미칠 것이라는 우려의 목소리가 점점 높아지고 있다(<안티코리안 : 동남아 반한 감정의 실체>, SBS, ≪그것이 알고 싶다≫, 2004년 3월 20일자 방송 자료).

2) 한겨레, 2004년 7월 16일자 보도 자료.
3) 오토 에른스트 쉬데코프(2003), 「교과서 개선의 문제들과 방법론」, 『미래를 건설하는 역사교육』(김승렬 역), 역사비평사, 139쪽.

모른다.

　오늘날 우리는 세계의 모든 민족 및 지역과 관련을 맺으면서 생활하고 있다. 문명의 발달로 세계와의 거리는 날로 좁아지고 있으며, 세계 각지에서 일어나는 사건들이 우리에게 직접적으로 또는 간접적으로 영향을 미치고 있다. 즉 더 이상 자신들의 울타리 안에서만 머물 수 없는 시대에 살고 있다. 따라서 세계에 대한 올바른 이해는 세계라는 공간을 무대로 살아갈 수밖에 없는 현 시대에서 우리의 생존과 보다 밀접한 관련을 갖는다. 특히, 세계사 가운데서도 근현대사는 현재의 생활과 직접 연결되는 역사이다. 근현대의 변화는 오늘의 사회를 형성하는 토대가 되었으며, 근현대사가 남긴 과제는 우리가 해결해야 될 몫으로 남겨져 있다. 따라서 세계의 근현대사 학습은 오늘날 우리 사회가 가지고 있는 역사적 과제를 인식하게끔 하고, 이를 해결할 수 있는 실천적 안목을 키우는 데에 필수적이라 할 수 있다.

　그러나 현행 교육과정에서 고등학교 세계사는 심화선택과목이 되면서,5) 사회과 교과목들 중에서 매우 저조한 선택률을 보이고 있다.6) 또한 중학교에서는 세계사가 국사와 동일한 역사 영역임에도 불구하고 일반사회, 지리와 함께 『사회』 교과서를 구성하는 영역으로 존재하고 있다.7) 그리고 초등학교 단계에서는 세계사가 교육내용으로 포함되어 있지 않다. 이것은 세계화와 그에 따른 세계사 학습의 필요성을 인정하는

---

4) 교육부(1997), 『제7차 사회과 교육과정』, 180쪽.
5) 고등학교 세계사는 제5차 교육과정까지 필수와 선택 사이를 오락가락 했으며, 5차 교육과정 이후에는 계속 선택과목으로 남게 되었다.
6) 7차 교육과정이 되면서 사회과 선택과목이 5개에서 7개로 늘어난 데다, 역사 영역에서도 한국근·현대사가 선택과목이 되면서 세계사를 선택하는 학교나 학생들은 줄어들고 있는 실정이다. 교사 수급에 따른 학교의 상황과 이미 배운 국사와 좀 더 친숙하다고 여겨지는 한국근·현대사를 선택하는 것이 수능시험에서 유리하다고 생각하는 학생들의 이해가 복합적으로 작용하면서 빚어낸 결과의 하나로 볼 수 있다.
7) 이러한 방식은 제4차 교육과정 이후 현재까지 계속되고 있다.

것과는 달리, 실제 교육과정에서는 이 같은 인식이 반영되지 못하고 있음을 보여준다.

따라서, 이 글에서는 사실상 대부분의 학생들이 세계사를 학습할 마지막 기회라 할 수 있는 중학교『사회』교과서에서, 세계의 근현대 부분을 검토하고자 한다.8) 세계사를 학습내용으로 다루는 중학교 사회수업에서 교과서가 차지하는 비중은 결코 적지 않기 때문이다. 다음의 한 교사의 진술은 이를 입증한다.

> "학부과정이나 대학원에서도 별로 배운 바가 없고, 시중에 나와 있는 서적 또한 부족해서, 가르치는 입장에서 잘 모르는 것을 설명해야 한다는 것은 큰 부담으로 작용한다. 그러다 보니, 교과서를 요약·정리하는 형태로 수업을 진행한다."9)

교과서에 대한 의존도가 높은 만큼, 교과서의 단원구성과 서술내용을 검토, 분석해서 교과서가 만들어내고 있는 근현대 세계에 대한 인식을 추적하는 작업은 의미있는 일이 될 것이다. 다만, 이 글에서는 근현대 세계사 내용 모두를 검토할 수는 없으므로, 전체적인 내용구성의 변화와 단원구성, 그리고 제7차 교육과정에서 보완하고자 했던 라틴아메리카와 아프리카 중 아프리카와 관련된 내용을 사례로 검토하고자 한다.

---

8) 필수 과목인 10학년의『사회』에서도 약간의 세계사 영역이 포함되어 있기는 하다. 제6차 교육과정에서는 지리, 일반사회만으로 구성되었던 것을 7차에서는 약간 개선하여, 5-2, '신항로 개척과 유럽의 팽창', 6-3, '시민혁명과 산업혁명'을 다루고는 있다. 그러나 본격적인 세계사 학습이라고 하기에는 미흡한 실정이다.

9) 중학교 <사회> 담당 교사 면담 자료, 2003.
이러한 진술의 배경에는, 공통사회과라는 교육과정의 운영 방식과 이에 따른 교사의 전공배경과도 관련된 복합적인 문제가 내재되어 있으나, 여기서는 그 같은 변수들을 모두 포함시켜 거론하지는 않을 것이다. 대신, 그 결과로서 나타난 교과서에 대한 높은 의존도를 확인시키고자 한다.

2. 세계사 단원구성의 변화

해방 이후 우리나라의 초·중등학교 교육은 교육과정에 따라 변하여 왔다. 교육과정은 학교교육의 전체적인 이념이나 목적은 물론, 각 교과의 성격이나 목표, 내용체계, 단원별 내용, 교수·학습 방법, 평가에 이르기까지 교과학습과 관련된 세세한 부분을 규정하고 있다. 때문에, 세계사 교육의 편제와 내용도 교육과정에 의해 정해져 왔다. 그러므로 단원의 구성이나 내용구성의 변화는 교육과정 시기별로 살펴볼 수 있다.

해방 이후 미군정은 1946년과 1947년에 걸쳐 국민학교와 중학교 교수요목을 제정하여, 교육제도를 정비하였다. 이 시기 역사는 지리, 공민과 함께 사회생활과에 편제되었다. 따라서 세계사도 사회생활과의 한 영역이었다. 세계사 교육은 중학교 1학년에서 『이웃나라 생활』이라는 이름으로 동양사를, 그리고 2학년 때에 『먼나라의 생활』이라는 이름으로 서양사를 배웠다. 『이웃나라 생활』에서 제시하고 있는 '이웃나라'의 범위는 "아시아 대륙 전부와 그 동남쪽에 있는 여러 섬들이다." 즉 "중국, 인도는 말할 것도 없고 동남아시아, 서남아시아의 여러 나라와 그 변두리에 있는 일본, 그리고 태평양 바다에 늘어져 있는 여러 섬들도 다 같이 우리의 이웃나라이다."라고 이웃나라의 범위를 설정하고 있다.10) 그러나 실제 교과서에 기술된 내용을 보면, 중국을 중점적으로 다루면서 인도와 일본을 끼워 넣은 정도였다.11)

---

10) 우호익 외(1951), 『이웃나라 생활』, 조문사, 1쪽.
11) 『이웃나라 생활』의 단원명.
　一. 이웃나라의 자연 환경과 그 민족의 유래와 발전
　二. 역사의 새벽
　三. 중국의 통일 분열기의 상태와 동북방 민족의 발전
　四. 인도 및 서역 여러나라의 발전과 그 문화
　五. 아시아 여러 민족의 융성
　六. 몽고족의 융성과 한민족의 부흥 및 일본족의 발전과 그들의 문화
　七. 근세 아시아 여러나라의 사회생활과 그 문화

『먼 나라의 생활』도 특정 지역의 역사만을 중점적으로 다루었던『이웃나라 생활』과 별반 다르지 않은 구조를 가졌다. 즉 인류의 기원이나 그리스, 로마, 그리고 서유럽의 변천, 1·2차 세계대전, 평화운동 등을 주요주제로 다루었다는 점에서 서유럽 중심의『먼 나라의 생활』이었다. 실제로 이 교과서에서는 "먼 나라의 역사는 서양사"이며, "우리의 것을 더 잘 알고, 더 잘 들어내기 위하여 배우는 그들의 역사는 백인종의 역사이다"12)라고 밝히고 있다.

1948년 정부수립 후 추진된 교육과정 제정작업들이 한국전쟁으로 중단되었다가 전후에 다시 정비되면서 제1차 교육과정이 공포된다. 이 시기 중학교 역사는 교수요목기와 마찬가지로 사회생활과의 한 과목이었다. 그러나 교수요목기와는 달리 1학년에서 '우리나라의 역사'라는 이름으로 국사를 먼저 배우고, 2·3학년에서 '세계의 역사'라는 이름으로 동·서양사를 통합한 세계사를 배우게 하였다. 이 시기에는 교수요목기의『이웃나라 생활』과『먼 나라의 생활』, 두 권의 교과서를 축소하여 한 권으로 만드는 과정에서 중국 중심의 동양사와 서유럽 중심의 서양사 기술방식이 더욱 강화된 것으로 보인다.13) 〈표 1〉에서 보듯이 세계사 교과서의 단원명을 통해서 이 시기의 주요 학습내용을 알 수 있다.

제2차 교육과정에서는 중학교에서도 '사회생활과'를 '사회과'로 바꾸고, 사회과에 속하는 각 과목의 명칭을 지리, 역사, 일반사회 대신에 사회Ⅰ, 사회Ⅱ, 사회Ⅲ이라고 하였다. 이 시기 중학교 역사 내용구성은 비교사적 관점에서 서술되고 있다는 점에서 변화가 있다. 중학교 사회

八. 현대 아시아 여러 민족의 변천

12) 조의설(1950),『먼 나라의 생활』, 동지사, 1쪽.
13)『이웃나라의 생활』이 200여 페이지였고,『먼 나라의 생활』이 170여 페이지였는데, 1차 교육과정기에 위의 두 권이 한 권의『세계사』로 만들어지면서, 탐구당의『중등세계사』(이해남)나, 민중서관의『세계사』(최남선)는 전체 200페이지 정도였다. 다만 영지문화사의『중등세계사』(조좌호)는 좀 더 많은 300페이지에 가까웠는데, 그렇다고 하더라도, 전체 분량이 현격히 줄어든 상황이므로 교과서의 전반적인 서술은 간략해졌다.

Ⅱ에서 국사와 세계사를 통합하여 한 단원에 서술하고 있다. 우리나라의 역사를 세계사적 관점에서 다른 나라와 비교하여 이해한다는 취지 아래 각각의 대단원 안에 동양사, 서양사, 국사를 병렬적으로 배치하였는데, 〈표 2〉 중학교 세계사의 목차를 보면 알 수 있다.

〈표 1〉 제1차 교육과정기 중학교 세계사 학습단원14)

대단원	중단원
一. 인류와 문화	Ⅰ. 인류의 발생 Ⅱ. 문화의 형성 Ⅲ. 현세 인류의 발생
二. 문명의 발생	Ⅰ. 문명의 발생과 자연 Ⅱ. 중국 역사의 시작 Ⅲ. 고대 인도의 문명 Ⅳ. 에집트의 문명 Ⅴ. 메소포타미아의 변천 Ⅵ. 에게 문명
三. 고대의 동양과 서양	Ⅰ. 중국의 고대 Ⅱ. 인도 문명의 전개 Ⅲ. 고대 서양의 변천 Ⅳ. 고대 중국의 분열
四. 아시아 세력의 팽창과 유럽사회의 형성	Ⅰ. 이슬람교 세계의 형성 Ⅱ. 당·송시대 Ⅲ. 몽고와 일본의 발전 Ⅳ. 중세 유럽의 형성
五. 근세 서양 세력의 발전과 근세 문명	Ⅰ. 근세 서양의 형성 Ⅱ. 근대 국가의 발전 Ⅲ. 근세 정치혁명과 민주주의의 발전 Ⅳ. 산업혁명과 그 영향 Ⅴ. 자유주의의 발전 Ⅵ. 민주의 운동
六. 근세 동양의 상태	Ⅰ. 명·청시대 Ⅱ. 서남아시아의 변천 Ⅲ. 서양 세력의 아시아 진출 Ⅳ. 동양 각국의 상호관계 Ⅴ. 중화민국의 성립
七. 민주주의의 발달과 현대 문명	Ⅰ. 제국주의 시대 Ⅱ. 제1차 세계 대전 Ⅲ. 제2차 세계 대전 Ⅳ. 현대 세계와 우리

---

14) 최남선(1956), 『세계사』, 민중서관.
  이외에도, 다른 저자에 의해 쓰여진 세계사 교과서가 있기는 하나, 『세계사』를 『중등세계사』로 명명하는 정도의 교과명에서만 차이를 보일 뿐, 목차 구성이나 순서가 동일했으며, 기술된 내용에서도 별다른 차이를 볼 수 없었다. 이것은 교육과정에 의해 단원별 내용까지 규정되는 상황에서 기인된 한계일 것이다.

〈표 2〉 제2차 교육과정기 중학교 세계사 학습단원15)

대단원	중단원
Ⅰ. 문명의 시작	1. 인류의 조상과 그 생활 2. 고대 문명의 발생 3. 우리 나라의 원시 사회
Ⅱ. 삼국 시대와 고대의 세계	1. 고대 서양의 세계 2. 고대 동양의 세계 3. 고조선과 삼국시대
Ⅲ. 민족의 통일과 세계의 변천	1. 서양의 중세와 동양의 발전 2. 통일 신라의 발전과 그 문화 3. 동양 제국의 변천과 고려 사회
Ⅳ. 우리 나라와 동서의 신기운	1. 새로운 유럽의 탄생 2. 동양 여러 나라의 변천 3. 조선의 사회와 문화
Ⅴ. 우리 나라와 세계의 근대화	1. 서양의 근대화 2. 제국주의와 세계 3. 우리 나라의 개국과 민족의 수난
Ⅵ. 세계 대전과 대한 민국의 발전	1. 제 1차 세계 대전과 민족의 독립 운동 2. 제 2차 세계 대전과 대한 민국의 수립
Ⅶ. 오늘의 세계와 우리의 할 일	1. 오늘의 세계 2. 대한 민국의 발전과 그 장래

그러나 같은 내용을 다루는 대단원이라 하더라도 출판사에 따라 서양사를 맨 앞에 배치하기도 하고, 동양사를 맨 앞에 배치하기도 하였다.16) 또한 동일한 교과서 내에서도 특정 대단원 아래 있는 중단원을 동양사, 국사, 서양사 순으로 배치하는가 하면, 국사, 동양사, 서양사 순으로 배치하기도 하는 등 조금씩 다르게 편성하였다.17) 그러나 국사를 제외한

---

15) 전해종 외(1965), 『중학 새사회 2』, 민중서관.
16) 예를 들어, 민중서관의 『중학 새사회 2』 'Ⅱ. 삼국시대와 고대의 세계' 라는 대단원 아래 있는 중단원의 목차는 1. 고대 서양의 세계, 2. 고대 동양의 세계, 3. 고조선과 삼국 시대이다. 그러나 동아출판사의 『중학 사회 2』 Ⅱ단원의 중단원 목차는 1. 고대 동양의 생활, 2. 고대 서양의 생활, 3. 3국 시대의 생활과 대외 관계이며, 정음사의 『새로운 중학사회 2』 Ⅱ단원은 1. 발전하는 고대 동양 사회, 2. 대륙 세력과 우리 삼국 문화, 3. 고대 서양의 생활이라는 순으로 중단원 목차가 구성되어 있다.
17) 예를 들어, 정음사의 『새로운 중학 사회 2』, Ⅱ단원은 1. 발전하는 고대 동양

세계사 영역, 즉 동양사와 서양사에서 중국과 서유럽 중심의 역사로 내용이 구성된 데에는 변함이 없었다.

이러한 내용구성은 폭넓은 역사성찰을 통해 역사의식과 역사적 판단 능력의 향상에 도움을 준다는 취지였다. 그러나 단순한 연대사적 방법으로 세계사를 우리나라 역사의 전개 순서에 맞추어 배열하였기 때문에 역사의 구조적 특징이나 사회적 성격을 비교하고 이해하는데 별로 도움을 주지 못한 채, 오히려 역사를 체계적으로 파악하는데 어려움을 주었다는 비판을 받았다.18)

역사학자들이 특정지역 중심의 세계사에서 탈피해야 한다는 주장을 제기하곤 했지만 이것이 가시적인 성과물로서 나타난 것은 제3차 교육과정에 이르러서이다. 이 시기 세계사 교육은 '세계속의 한국'을 내세우면서 세계문화에 대한 올바른 평가와 수용을 강조하였다. 서양의 역사 못지않게 아시아의 역사에 대한 이해가 중요하다는 것이 교육과정에서 표방되었으며, 동·서양의 역사적 특성과 독자적 성격이 중시되었다. 이러한 세계사 교육의 방향은 이후 교육과정 개정 때마다 아시아사를 강조하는 방향으로 나타나게 된다.

따라서 〈표 3〉의 교과서의 단원명은 '아시아와 유럽'을 두 개의 근 축으로 하는 세계사 구성원리가 이 시기에 도입되기 시작했음을 보여준다. 즉 서유럽사의 시기 구분에 기초하여 세계사 전체의 시기를 나누고, 각 시기의 서유럽사와 아시아사를 번갈아 서술하는 방식이 도입되고 있음을 볼 수 있다.

사회, 2. 대륙 세력과 우리 삼국 문화, 3. 고대 서양의 생활로, 동양사—국사—서양사인 반면에, Ⅲ단원은 1. 통일 신라의 생활, 2. 자라나는 고려 사회, 3. 소용돌이치는 아시아 형세, 4. 고려의 쇠망과 그 문화, 5. 서양 중세의 생활로, 국사—동양사—국사—서양사로 구성되었다.
그러나, 1969년에 교육과정이 부분 개정되면서 각 부분의 역사적 체계를 강화한다는 취지 아래 국사와 세계사를 한 단원에 서술하였던 것을 분리하여 전반부 Ⅰ~Ⅵ단원은 국사로, 후반부 Ⅶ~Ⅹ단원은 세계사로 구성하였다.

18) 정선영 외(2001), 『역사교육의 이해』, 삼지원, 286쪽.

〈표 3〉 제3차 교육과정기 중학교 세계사 학습단원[19]

대단원	중단원
Ⅰ. 인류와 문화	1. 인류의 발생 2. 문화의 형성과 그 변화 3. 원시 시대의 생활
Ⅱ. 고대 세계의 생활	1. 고대 문명의 발생 2. 고대 동양의 생활 3. 고대 서양의 생활
Ⅲ. 중세 세계의 생활	1. 중세 유럽의 봉건 사회와 그 문화 2. 이슬람 세계의 발전 3. 동양 사회의 변천과 동서 문화의 교류
Ⅳ. 근세 세계의 생활	1. 서양 사회의 새 기운 2. 근대 국가의 성장 3. 자유주의 발전 4. 19세기 서양의 생활과 문화 5. 근세 동양의 발전
Ⅴ. 아시아의 근대화 운동	1. 열강의 세계 정책과 서양 세력의 침략 2. 중국과 일본의 근대화 운동
Ⅵ. 인류의 시련과 오늘의 세계	1. 제 1차 세계대전과 국제 정세 2. 제 2차 세계대전 3. 오늘의 세계 4. 현대의 문화 5. 우리의 나아갈 길

이러한 구도는 현행 7차 교육과정에 이르기까지 계속 채택되어 오고 있다. 그러나 아시아사는 유럽에 비해 비중이 크지도 못하였고, 내용구성 자체가 유럽 중심으로 구성되어 있었기 때문에 유럽 중심의 세계사 구성에서 벗어나지 못했다는 비판이 계속되었다.

또한, '아프리카의 해'라고 불렸던 1960년 이후에는 제3세계의 성장으로 말미암아 비유럽 세계에 대한 교육을 확대해야 한다는 사회적 요구들이 강하게 작용했다. 따라서 세계사에서 유럽이나 중국사의 비중을 줄이고, 다른 지역에 대해 더 가르칠 필요가 있다는 주장이 빈번히 제기되었다. 이러한 사회적 요구가 반영되어 개발된 것이 제4차 교육과정이었다.

---

[19] 중학교 사회과 교육 연구회(1977), 『중학 사회 2』, 한국중등교과서주식회사.

<표 4> 제4차 교육과정기 중학교 세계사 학습단원[20]

	대단원	중단원
『사회2』	Ⅲ. 고대 아시아의 생활	1. 역사 이전의 생활 2. 중국의 고대 문화 3. 중국의 통일 제국 4. 인도의 고대 문화
	Ⅳ. 중국 사회의 발전	1. 위・진・남북조 시대 2. 수・당 제국 3. 송・원 제국 4. 명・청 제국
	Ⅴ. 아시아 민족의 활동	1. 동북 아시아의 발전 2. 동남 아시아와 인도 3. 이슬람 세계와 문화 4. 동서 문화의 교류
	Ⅶ. 서양 문화의 형성	1. 오리엔트의 세계 2. 고대 그리이스 3. 로마
	Ⅷ. 중세 유럽의 세계	1. 중세 유럽의 형성 2. 중세 유럽의 사회 3. 크리스크교와 중세 문화 4. 중세 유럽의 변화
『사회3』	Ⅰ. 서양 근대사회의 발전	1. 르네상스와 종교 개혁 2. 유럽 세력의 팽창과 절대 왕정 3. 시민 혁명 4. 산업 혁명 5. 19세기 유럽의 발전
	Ⅱ. 아시아의 근대화	1. 서구 세력의 아시아 진출 2. 중국의 근대화 3. 일본의 근대화 4. 그 밖의 아시아 여러 나라의 근대화
	Ⅲ. 현대의 세계	1. 제국주의와 제 1차 세계 대전 2. 제 2차 세계 대전 3. 전후의 세계와 오늘

〈표 4〉의 단원 편성에서 볼 수 있듯이 4차 교육과정에서는 앞 시기에 비해 아시아사의 비중이 늘어나고, 동북아시아, 동남아시아 등을 포함하는 등 아시아사의 범주도 확대되었다. 서술순서에서도 기존에 유럽이 먼저 서술되었던 것과는 달리, 아시아사 특히 동아시아사를 먼저 서술하기 시작했는데, 이 체제 또한 현재까지 유지되고 있다.

그러나 국사과와 사회과 속의 세계사 교육이라는 이원적인 체제는 그대로였다. 특히 중학교 사회과 통합의 움직임이 강화되어 한 학년에서 서로 다른 두 영역의 내용을 함께 다루는 방식으로 단원 편성이 바뀌었

---

[20] 『사회 2』의 전체 Ⅰ~Ⅸ단원 중, Ⅰ, Ⅱ, Ⅵ, Ⅸ단원은 지리 영역에 속한다. 『사회 3』은 Ⅰ~Ⅶ단원까지가 있으나, 세계사 영역에 해당되는 것은 Ⅰ, Ⅱ, Ⅲ단원이고, 나머지 단원은 일반사회 영역이다(문교부(1986), 대한교과서주식회사).

다. 사회 I 에서는 지리와 일반사회 영역을, 사회 II 에서는 세계사와 지리 영역을, 그리고 사회III에서는 일반사회와 세계사 영역을 함께 다룸으로써 통합을 시도했다. 이는 현행 교육과정의 단원편성방식의 모태가 된다고 할 수 있다.

이 같은 편성 방식은 2개 이상의 사회과 영역을 서로 연관지어 학습한다는 취지였으나, 실제로는 단원에 따라 내용영역이 명확히 구분되었으며, 학년별 단원편제도 뚜렷한 이론적 근거나 교육적 고려 없이 이루어져 성과를 거두기보다는 혼란을 초래하였다는 비판을 받아 왔다.[21]

또한 아시아의 근대사 서술에 있어, 근대화론적 시각을 지양하고, 내재적 발전이라는 측면을 강조하였으며, 유럽과 다른 경로의 근대화 과정을 강조하고자 했다. 그러나 비유럽사를 확대했다고 해서 유럽 중심주의를 넘어설 수 있는 것은 아니었다. 오히려, 동아시아적 시각에서 세계사를 재구성해야 한다는 목소리는 이것에 대한 압박감을 갖게 했고, 그 결과로 중국 중심주의라는 또 다른 중심주의를 낳았다. 세계사 내용구성에서 한국 문화의 원류로서 중국사를 유럽에 버금가는 문화창조와 전파의 중심지로서 강조함으로써 유럽 중심주의를 탈피하려고 하였던 것이다. 결국 이것은 세계사 서술에 동아시아적 시각이라는 것을 투영해 보려고 한 결과물이다. 이를 두고, 70~80년대에 우리 사회를 휘어잡았던 민족주의적 정서가 은연중에 유럽 중심주의 탈피와 중국 중심의 아시아사 서술에 중요한 영향을 주었을 수도 있다고 보기도 한다.[22]

이처럼 유럽 중심의 세계사 내용구성에서 탈피하여 동아시아적 시각에서 세계사를 재구성하고자 하는 시도들은 5~6차 교육과정에 이르면, 지역적 접근법을 채택하는 방식으로 나타난다. 즉 유럽 중심성과 중국 중심성의 세계사 서술 문제를 극복하기 위한 방안으로, 아시아와 유럽이라

---

[21] 이 같은 비판은 이후 교육과정이 개정될 때마다 반복되었으나 사회과 통합은 강화되는 방향으로 진행되었다. 정선영 외, 『역사교육의 이해』, 290쪽.
[22] 강선주(2002), 「유럽 대 아시아- 세계사 교육과정의 구성 틀」, 『역사 속의 한국과 세계』, (세계사 학술공동주체 학술대회 자료집), 710~711쪽.

는 구도를 그대로 두되 아시아사는 다시 동아시아, 인도와 동남아시아, 서아시아로, 세 개의 문화권으로 분류하여 서술하는 방식을 채택한다.

〈표 5〉 제6차 교육과정기 중학교 세계사 학습단원23)

	대단원	중단원
『사회1』	Ⅵ. 인류 문화의 기원	1. 인류의 기원과 원시인의 생활 2. 중국과 인도의 고대 문명 3. 오리엔트의 고대 문명
	Ⅶ. 아시아 사회의 성장	1. 중국 고대 제국의 성립 2. 중국 사회의 발전 3. 동북 아시아 사회의 발전 4. 인도 및 동남 아시아의 고대 문화
	Ⅷ. 서양 고대 문화의 형성	1. 고대 그리스 문화와 헬레니즘 2. 로마의 발전과 그 문화
	Ⅸ. 서양 중세 사회의 성장	1. 중세 유럽의 성립 2. 중세 유럽의 봉건 사회 3. 크리스트교와 중세 문화 4. 중세 유럽의 변화
	Ⅹ. 아시아 사회의 변천	1. 중국 사회의 변천 2. 동북 아시아 사회의 변천 3. 인도 및 동남 아시아 사회의 변천 4. 이슬람 세계의 발전과 동서 문화의 교류
『사회2』	Ⅰ. 서양 근대사회의 발전	1. 르네상스와 종교 개혁 2. 유럽 세력의 팽창과 절대주의 3. 시민혁명 4. 산업 혁명 5. 19세기 서양의 발전
	Ⅱ. 아시아의 근대화	1. 전통 사회의 발전 2. 서구 세력의 아시아 진출 3. 중국의 근대화 4. 일본의 근대화 5. 아시아 여러나라의 근대화
	Ⅲ. 현대의 세계	1. 제국주의와 제 1차 세계 대전 2. 전체주의와 제 2차 세계 대전 3. 전후의 세계와 우리

이 같은 방식은 기존의 중국이나 유럽에 편중된 내용편성을 지양하

---

23) 국사과와 사회과 속의 세계사라는 이원적 체제를 그대로 유지하되, 종전에 2, 3학년에서 배우도록 했던 세계사는 1, 2학년으로 변경되었다. 따라서『사회 1』은 지리와 세계사 영역,『사회 2』는 세계사와 일반사회 영역,『사회 3』은 일반사회와 지리 영역으로 구성되었다. 그리고『사회 2』의 Ⅱ. 아시아의 근대화 과정 단원에서는 아시아 사회의 변화나 근대화 과정을 소단원에서 다시 구분하여 기술하고 있다. 이 구분은 대체로 지역적 접근법으로 <인도 및 동남 아시아>, <서아시아> 등을 단위로 묶고 있다(교육부(1994), 대한교과서주식회사).

고, 세계 여러지역의 역사를 균형있게 배울 수 있도록 내용을 선정하겠다는 의지가 비유럽 지역에 대한 확대서술로 이어진 것이다. 특히, 이 시기는 '세계화'라는 슬로건 아래, 세계 변화에 부응하기 위해 비유럽 지역에 대한 이해를 강조해야 한다는 주장이 강력히 제기되었는데, 이는 지역적 접근법이 정착하는데 큰 영향을 주었다.

그리고 현행 제7차 교육과정에 이르러서는 그동안 소홀히 다루어졌던 아메리카사와 아프리카사까지도 포함시켰는데, 이러한 변화도 그 같은 맥락에서 이해될 수 있다.24) 그동안 무시되어 왔던 아메리카와 아프리카의 초기 문명 등이 교과서에 등장하게 되었다는 점은 의미있는 일임에 틀림없다. 그러나 아직까지는 이러한 노력이 지역 간의 균형있는 서술로 이어지기에는 요원해 보인다. 예를 들어, 근현대를 다룬 부분에서 아프리카는 대단원 IV. 현대 세계의 전개 중 첫번째 중단원인, '제1차 세계 대전과 전후의 세계'에서 '아시아 아프리카의 민족운동'이란 소단원에서만 볼 수 있다. 그나마도 이 단원에 할애된 지면 대부분을 아시아의 민족운동에 집중하고 있고, 아프리카는 이집트만을 언급하는 수준이거나 전혀 언급조차 하지 않는 경우도 있다.25)

---

24) 강선주(2002), 「유럽 대 아시아 - 세계사 교육과정의 구성 틀」, 712쪽.
25) 교과서가 교육과정의 지침에 따라 만들어졌기 때문에 대단원 명에서부터 소단원 명에 이르기까지 대부분이 동일했다. 디딤돌에서 발행한 교과서는 '전쟁과 함께 시작된 20세기'라는 제목으로 중단원을 달리 하고는 있었지만, 소단원 명은 다른 교과서와 비슷하게 '서아시아와 아프리카의 독립운동'으로 기술함으로써 지역의 구분을 좀 더 명확히 하고 있다. 다만, 동화사에서 발행한 교과서만이 중단원 명으로 '4. 우리는 제국주의에 반대한다'라고 기술하고, 소단원명으로 아프리카를 별도로 언급하지 않고, '여러 나라의 민족운동'이란 제목으로 통합해서 기술했다. 그러나 아프리카를 별도의 단원명으로 기술하든, 그렇지 않든, 교과서 상에 기술된 내용의 비중에는 크게 차이가 없었다. 대부분의 교과서가 두 페이지 정도를 할애하고 있었는데, 거의 아시아의 민족운동을 집중적으로 기술했고, 아프리카는 '이집트의 독립'을 언급하는 수준에서 그쳤다.

3. 제7차 교육과정 교과서 속의 세계의 근현대사

1) 단원의 구성분석

　교육과정에 의해 대단원과 중단원, 그리고 내용구성의 요소까지 규정된 상황이기 때문에 현재 사용되고 있는 11종의 중학교 사회 교과서의 단원구성은 대체로 동일하다.[26] 대단원은 물론이고 중단원까지는 이러한 현상이 두드러지게 나타나는데,[27] 이것은 교육과정에 따라 교과서를 기술해야 하는 상황에서 오는 현실적인 한계의 한 부분일 것이다.
　전체적으로, 제7차 교육과정에서는 학습분량을 축소시키자는 방침에 따라 앞 시기 교육과정에 비해 단원 수를 줄인 것이 일반적 경향이다. 대부분의 사회교과서 속에서 세계사영역과 관련된 부분은 다음과 같은 단원들로 구성되어 있다.
　단원구성에서 앞 시기 교육과정과 비교하여 달라진 점은 '아시아 사회의 성장'과 '아시아 사회의 변천' 두 개로 구성되어 있던 단원을 하나로 합하여 '아시아 사회의 발전과 변화'로 축소하였다는 점이다. 이러한 방식은 서유럽과 관련된 단원에서도 마찬가지이다. 즉 '서양 고대 문화의 형성'과 '서양 중세 사회의 성장' 두 단원을 합해 '유럽 세계의 형성'으로

---

[26] 그러나 비교적 차별성을 보인 곳은 소단원명이었는데, 각 단원에서 다뤄야 할 내용들 중 특정 역사적 사실이나 사건을 함축적으로 제시한 것도 있었고, 서술식으로 쉽고 흥미롭게 풀어서 제시한 것도 있었다. 또한 이 두 가지 방식을 혼용하는 경우도 있다. 비록 이들 교과서들 중 많은 수는 이전의 교과서에서 흔히 볼 수 있었던 방식대로 특정 역사적 사건이나 사실과 관련된 단원명을 붙이고 있었다 해도 일부 교과서는 학습자들에게 흥미를 끌게 하기 위해 단원명에서부터 고심한 흔적이 엿보인다. 이는 제7차 교육과정에서 나타난 변화 중의 하나일 것이다.
[27] 『사회』 1의 대단원 중 Ⅷ단원을 대부분의 교과서들이 '인간 사회와 역사'로 기술하고 있으나, 두산 출판사의 교과서만 '인간 사회의 역사'로 기술하고 있다. 표현 방식으로만 본다면 다른 의미를 나타내지만, 중단원 이하의 기술 내용으로 보아 뚜렷한 차이를 나타낸다고 보기는 힘들 것 같다.

축소하였다. 대부분의 교과서들이 이 같은 방식으로 단원을 축소 구성하고 있기는 하지만 모든 교과서가 그러한 것은 아니다. 가령,『사회1』에서 대단원은 대체로 X단원까지 편성되어 있으나, X단원의 '아시아 사회의 발전과 변화'에 속한 중단원을 좀더 세분하여 한 단원 더 늘린 교과서도 보인다.28) 즉 '아시아 사회의 발전과 변화'를 'X. 동아시아 사회의 발전과 변화', 그리고 'XI. 인도와 동남아시아 및 서남아시아 사회의 발전과 변화'로 분리하여 대단원을 하나 더 편성하기도 한다.

〈표 6〉 제7차 교육과정 중학교 세계사 학습단원구성의 일반적 형태

	대단원	중단원
『사회』1	Ⅷ. 인간 사회와(의) 역사	1. 역사와 과거 2. 인간과 자연 환경 3. 발전과 변화
	Ⅸ. 인류의 기원과 고대 문명의 형성	1. 인류의 기원과 문명의 발생 2. 중국과 인도의 고대 문명 3. 오리엔트의 고대 문명
	Ⅹ. 아시아 사회의 발전과 변화	1. 동아시아 문화권의 형성 2. 동아시아 전통 사회의 발전과 변화 3. 인도와 동남 아시아의 발전 4. 서아시아 문화권의 형성과 발전
『사회』2	Ⅰ. 유럽 세계의 형성	1. 고대 지중해 세계 2. 유럽 세계의 성립과 발전 3. 중세 유럽의 변화
	Ⅱ. 서양 근대사회의 발전과 변화	1. 서양 근대사회의 시작 2. 시민 혁명과 시민 사회의 성립 3. 자유주의와 민족주의의 발전
	Ⅲ. 아시아 사회의 변화와 근대적 성장	1. 동아시아의 근대적 성장 2. 인도와 동남 아시아의 근대화 운동 3. 서아시아의 근대화 운동
	Ⅳ. 현대 세계의 전개	1. 제1차 세계 대전과 전후의 세계 2. 제2차 세계 대전과 전후의 세계

---

28) 오인석 외(2004),『사회 1』, 두산.

또한 이와는 반대로 중단원을 축소하기도 한다. 『사회 2』의 대단원 'Ⅲ. 아시아 사회의 변화와 근대적 성장'에 속한 중단원을 대부분의 교과서에서는 '동아시아', '인도와 동남아시아', '서아시아', 세 개의 문화권으로 나누어 단원을 구성하고 있다. 그러나 중단원을 '동아시아'와 '인도와 동남·서아시아'로 축소하여 두 개로 구성한 경우도 보인다.29)

같은 교육과정에서 만들어진 교과서라 하여도 단원구성 과정에서 단원을 가감(加減)함에 따라 단원의 숫자가 달라지고는 있지만 사실, 숫자 자체는 그리 중요한 문제가 아닐 수 있다. 단원을 늘린 경우라 하더라도 내용을 기술한 분량은 실제로 그리 큰 차이를 보이지는 않는다. 단원을 축소시킨 반대의 경우도 마찬가지라 할 수 있다. 그러나 교과서에 절대적으로 의존해서 학습지도안을 계획하게 되는 교사나 학생에게 단원은 숫자 이상의 의미를 갖는다. 교과서의 서술이 짝맞추기 게임이나 지도를 그리는 것 혹은 사진을 찍는 것과 같은 과정으로 인식되곤 한다는 점을 고려한다면,30) 교과서의 단원은 이 같은 인식의 개념도를 형성하는 틀이라 할 수 있다. 결국, 독립적인 하나의 단원으로 기술된 것은 학습단위로서, 그리고 일종의 대표집단으로서 받아들일 가능성이 높다.

또한 소단원보다는 중단원이, 중단원보다는 대단원이 주는 무게감이 너 크기 때문에 같은 내용이라 하더라도 어느 수준의 단원으로 구성되었느냐에 따라 그 중요도는 다르게 받아들여질 수 있다. 가령, '이슬람 세계의 형성과 발전'이라는 동일한 주제를 학습한다고 해도, '아시아 사회의 발전과 변화'라는 대단원 안의 네번째 중단원에 속한 소단원에서, 여러 개의 다른 소단원들과 병렬적으로 다룰 경우와 또 다른 대단원으로 넘어가서, 중단원 수준으로 다룰 경우는 이를 받아들이는 과정에서 다른 형태의 인식으로 남게 될 가능성이 크다. 동일한 학습내용이라 하더라도 어느 수준의 단원에서 다루느냐에 따라 학습내용의 중요도를 달리 인식할 수

---

29) 황재기 외(2004), 『사회 2』, 교학사.
30) 양호환(1996), 「역사교과서의 서술양식과 학생의 역사이해」, 『역사교육』 59, 9쪽.

있기 때문이다. 이것은 곧 타 문화에 대한 학습의 중요도로부터 타 문화에 대한 가치의 문제로 전이될 가능성을 안고 있다. 따라서 교과서의 단원구성은 이 같은 전이의 문제를 함께 고려하는 가운데서 이루어져야 할 것으로 보인다.

단원구성의 근거가 불분명하다는 문제점은 또한 구성된 단원명에서 지역적 구분과 문화권적 구분을 혼용하게끔 하는 결과를 초래하고 있다. 중단원 수준에서 '～문화권'으로 구분하고 있기는 하나 실제 단원구성의 내용을 보면 반드시 그렇지만은 않은 것 같다. 실례로, 단원구성을 위한 틀로서 강한 영향력을 발휘하고 있는 '동아시아'를 검토해 보자. 새로운 대안을 모색하기 위해서는 현재 틀로서 사용하고 있는 '동아시아' 세계에 대한 검토가 선행되어야 하기 때문이다. 그렇다면 교과서에 기술된 '동아시아'는 어떠한 기준에 의한 구분일까?

> "17세기 이전부터 동아시아 지역은 독자적인 문화를 바탕으로 내부 역량을 키워 나가고 있었다. 각국은 중앙 집권 제도를 정비하였으며, 농업의 발전을 바탕으로 상업과 수공업을 진흥시켰다. 학문에서는 실용성과 과학적인 탐구 방법을 강조하는 고증학과 실학이 발달하였다."31)

위의 기술 내용으로 보아 문화권적 접근을 하고 있는 것으로 보인다. 문화는 지형이나 기후 또는 민족이나 언어, 종교 등의 차이로 지역마다 독특하게 나타나는데, 이렇게 문화가 비슷하게 나타나는 지역들을 묶어서 흔히 문화권이라고 말한다.32)

그러나 국가를 초월한 어떠한 지역의 설정도 원래가 자의적이다. 따라서 이 같은 지역설정으로 무엇을 지향하는가, 그렇게 함으로써 무엇이 밝혀지는가에 대한 관심없이 지역을 설정하는 일은 있을 수 없는 일이다. 그럼에도 불구하고 지금까지 교과서 단원구성의 토대로서 '동아시아'의 역사

---

31) 김회목 외(2004), 『사회 2』, 동화사, 80쪽.
32) 차경수 외(2004), 『사회 1』, 교학사, 221쪽.

적 경위와 정의를 검토하거나, 또는 단원구성의 틀로서 '동아시아'의 타당성을 확인하려는 어떠한 시도도 보이지 않았다.

'동아시아'와 관련된 문제에서 무엇보다 간과할 수 없는 것은 지역적 범위의 애매함이다. 따라서 동아시아를 하나의 단일체로 묶고서, 이들의 내적인 상호관계를 파악하기 위해서는 이 같은 지역규정이 선행되어야만 한다.

'동아시아'라는 지역 개념은 '동아시아 세계론'과는 또 다른 개념으로 메이지시대 이래 일본에서 사용되어 왔다. 태평양전쟁 패전 전에 동아시아는 '동아'라고 표기되었다. '동아'와 '동아시아'는 동일어의 다른 표기이며, 원래는 East Asia의 번역어로 유럽과 미국에서 유입된 것이다. 메이지시대에 사용하기 시작한 이 표기가 일본사회에 확고하게 정착하게 된 것은 '동아공영체', '대동아 공영권'이 주장되면서부터이다.

일본이 전쟁에서 패함으로써 '동아'는 얼마동안 언어공간에서 배제되다가, 일본의 경제적 부흥과 대외 진출의 재개와 더불어 '동아시아'로 바뀌어 되살아났다. 새로운 현실이 동아시아를 요청한 것이다. 다만, 동아시아라고 할 때, 동아의 영역 중에 있던 동남아시아는 제외되었었다. 이전의 대동아에는 필리핀, 인도차이나, 인도네시아까지 포함되었으나, 패전 이후에는 이 지역이 제외되었다는 것에서 큰 차이가 있다.33) 이 같은 경위를 통해 재생한 동아시아는 현실적인 국제정치, 경제의 영역에서 그대로 사용되고 있다. '동아'와의 명확한 차이도 구분되지 않은 채 동일어의 다른 표기인 '동아시아'가 무의식적으로 사용되곤 한다.34)

---

33) 현재, 이 지역은 동남아시아로 불린다. 오늘날 일반적인 동남아시아의 범위는 미얀마, 태국, 캄보디아, 라오스, 베트남, 말레이시아, 싱가포르, 인도네시아, 부르나이, 필리핀 정도의 10개국이다. 사실, 필리핀은 다른 동남아시아 국가들과도 다른 문화적 차이를 보인다. 따라서 동남아시아사의 거장이라 불리는 홀(D. G. E. Hall) 교수도 1955년의 저작 『동남아시아』에서는 필리핀을 제외시켰다가 1964년에 이르러 다시 포함시킨다(http://www.soas.ac.uk/centres/SouthEastAsia/euroseaspanels.html).

34) 이성시(2001), 『만들어진 고대』, 삼인, 154쪽.

'동아시아'와 관련된 또 다른 개념이 존재한다. 그러나 이 개념은, 지역적 개념의 동아시아와는 달리 '동아시아의 세계'를 의미하는 비교적 명확한 용어이다.35) 즉 동아시아 문화권으로도 이해될 수 있는 이 용어는 한자문화권이며, 중국, 일본, 베트남이 지역적 대상이 된다는 전제에서 출발한다. 그러나 이 개념에서 핵심은 책봉체제라는 정치 시스템이다. 즉 동아시아라는 세계에 질서를 부여했다고 하는 책봉체제는 기본적으로 중국 황제와 주변 민족 수장 사이의 관작을 매개로 맺어진 정치관계, 군사관계를 가리킨다. 문화권과 정치권 양자가 일체가 된 동아시아 세계인 것이다.36)

'동아시아 세계'와 '동아시아 문화권'에 대해 역사적인 규정을 체계화한 니시지마 사다오는 이 개념은 단순히 지역적 근접함으로 인한 문화전파 이상의 의미라고 한다. 한국, 베트남, 일본은 중국 주변의 일부를 차지하는 데 불과하며, 중국왕조 주변지역에 위치하면서도 한자, 유교, 율령, 불교의 수용이 완전히 거부되거나 일시적으로 전파, 수용되었다가 정착하지 못한 곳은 많다고 지적한다. 예를 들어 티벳 민족의 거주지에는 통일 왕국인 토번이 있었는데, 당에 유학생을 파견하여, 통치기술이나 문화를 섭취하여 법률을 정하고 국가로서 여러제도를 정비해 나갔다. 불교도 또한 수용하였다. 그러나 8세기 후반부터는 인도 불교를 적극적으로 수용하고, 9세기 전반에는 대장경의 티벳어 번역을 완성시켰다. 이것은 한국, 베트남, 일본에서 대장경을 고유언어로 정식으로 번역하지 않았던 것과는 큰 차이가 있다. 또한 티벳은 국가제도나 법제도에서 중국의 영향을 받지 않은 것은 아니지만 민족적 색채가 짙으며 율령도 편찬하지 않았다는 것이다.

이처럼 중국의 주변지역이라 하더라도 중국문화의 수용에서는 차이가 나타났는데, 이는 문화권을 형성하는 조건으로서 정치적 관계가 중요했음을 뜻한다. 즉 '동아시아 문화권'의 형성은 책봉체제의 성립이나 이를

---

35) 1999년에 발표된 일본의 학습지도요령에서도 '동아시아 세계'라는 표현이 사용되고 있다.
36) 이성시, 『만들어진 고대』, 155쪽.

지탱하는 정치사상의 성립을 전제로 한다는 것이다. 그 예로, 베트남 북부에 책봉되었던 남비엣 왕과 조선 왕에 책봉되었던 위만이 중국의 황제와 군신관계를 맺었음을 주장한다. 그리고 이같이 중국과의 관계를 성립시키고 유지하기 위해서 문서작성에 필요한 한자를 배워 한문을 해독하고 작문까지 해야 했다고 밝힌다. 즉 이를 계기로 한자가 전파된 것이기 때문에 '한자 문화권은 동아시아 문화권'이라는 등식이 비로소 이해될 수 있다고 한다.37)

1970년대 이후의 일본 역사학계에서 널리 공유되기 시작해 오늘에까지 이르고 있는 이 틀은 무엇보다도 1950년대 초 일본이 처한 현실과 보다 밀접한 관련을 맺고 있다. 1950년대부터 60년대에 걸쳐 세계사에서 현대 아시아에 대한 일본인의 문제의식이 희박하다고 여겨졌고, 일본이 미국의 정치적 종속 아래에 있기 때문에 이대로는 전후의 아시아, 아프리카들과 직접 마주 대할 수 없을 뿐 아니라 세계사 안에서 생존할 수 없다고 느끼게 되었다. 제1차 대전 이후의 세계 질서는 유럽인이 그 지배대상으로 만들어낸 유럽인의 질서이며, 이것을 아시아, 아프리카 나라들이 연대하여 그 지배, 종속의 구조를 부정하고 전환을 이끌어내는 것이 당시의 절실한 과제였던 데서 비롯된 개념이다.38) 그리고 이 개념은 이 같은 위기 의식을 극복하기 위해 매진했던 우에하라 센로쿠와 함께 8년여에 걸친 세계사 교과서 작성에 종사하면서 자신의 문제의식을 투영시킨 결과물이었다고 회상했다.

그러므로 '동아시아'란 틀은 역사적인 검증 차원 이전에 1960년대의 정치적 현실에서 나온 지역 설정으로, 당시의 현실인식과 깊은 관련을 맺고 있다. 물론, 이것이 당시의 현실에 토대를 둔 틀이라 하여 옳지 않다는 것은 아니다. 다만, 이와 관련된 개념과 논의들이 교과서 단원구성의 틀로서 가능한 것인지에 대한 검토는 충분히 이루어져야 한다. 특히, 이 논의들 가운데는 자국사의 정체성과 관련된 중대한 문제들이 함께 거론되

---

37) 위 책, 143~144쪽.
38) 위 책, 158쪽.

고 있기 때문이다.

또한, 현재의 단원구성을 보게 되면 전체적인 틀로서 '발전 단계론'이 적용되고 있음을 볼 수 있다. 발전 단계론은 각 민족사, 국가사에 공통되거나 이를 초월하는 인류의 보편적 발전단계를 개별 역사의 단계에 적용함으로써 개별 역사의 의미를 결정짓게 하는 관점이다. 이것은 일종의 보편사적 접근이라 할 수 있다.[39] 즉, 역사의 특정 지역, 혹은 특정 단계를 보편적인 것으로 간주함으로써 역사발전의 한 모델로 설정하고, 이를 타문화나 타 지역의 역사에도 적용하게 되는 결과를 낳는다. 따라서 서유럽의 역사에서 도출된 역사발전 과정을 보편적인 세계사의 기준으로 삼고 있다. 유럽 중심의 역사를 탈피하고자 했으나, 동아시아에서 서유럽과 가까운 발달을 보였다고 생각되는 관련내용들을 추가해 넣고, 강조하는 방식으로 기술함으로써 서유럽의 틀을 그대로 적용하고 있는 셈이다. 그렇다고 해서 이를 무조건 배척하는 것만이 능사는 아닐 것이다. 이미 서구의 문명은 우리의 생활방식과 사고의 전반에 깊이 들어와 있기 때문에, 이를 지속적으로 부정하기만 하는 것은 어쩌면 자기 부정과 같은 것인지도 모른다. 차라리 어디쯤에서 수용하고 통제할 것인가를 단원구성의 근거와 관련지어 논의하려는 시도가 필요할 것으로 보인다.

2) 서술내용의 분석

교과서는 여전히 유럽 중심주의와 중국 중심주의의 중압감을 극복하는데 성공적으로 대처하고 있다고 보여지지는 않는다. 게다가 세계사적 전개 과정에서 유럽인들의 능동적인 참여는 강조되고 있는 반면에 비유럽인의 모습은 여전히 서구가 그려놓은 피동적이고 정체적인 이미지가 겹쳐지고 있다. 때문에 비유럽사에 관한 내용을 확대하고, 서술함으로써 곧 유럽 중심주의적 세계사상을 깰 수 있다고 보기에는 한계가 있다.

---

39) 임희완(1994), 『역사학의 이해』, 건국대학교출판부, 109~113쪽.

교과서 속에 서술된 내용을 분석함으로써 이 문제를 좀 더 구체적으로 확인할 수 있을 것이다. 근현대 세계사 관련 내용에서 아프리카는 민족운동과 관련하여 유일하게 교과서에 소단원으로 등장한다.40) 여기서 아프리카의 민족운동에 관한 서술은 각기 다른데, 우선 구체적인 서술내용부터 살펴보자.41)

〈표 7〉 각 교과서별 아프리카 민족운동 서술내용

교과서	서술 내용
①	민족자결을 주장하며 독립을 요구하는 투쟁은 아프리카에서도 광범위하게 전개되었다. 여러 지역에서 독립 운동이 활발히 일어났으며, 이집트는 반영 운동을 일으켜 완전한 독립국이 되었다. 한편, ~ 미국과 유럽의 흑인들이 범아프리카 회의를 결성하여 흑인들의 각성을 촉구하고, 아프리카의 해방을 위해 다양한 운동을 전개하였다.
②	~ 강력하게 반발하여, 민족 운동을 전개한 끝에 이집트와 이란을 비롯한 여러 나라가 독립하여 왕국을 건설하였다.
③	전후 이집트에서는 지식인을 중심으로 반영 독립 운동을 전개하였다. 영국은 이집트의 독립을 인정하고, 수에즈 운하를 제외한 모든 지역에서 군대를 철수시켰다.
④	북아프리카에서 수에즈 운하권을 빼앗긴 채 이집트만이 독립하였다.
⑤	북아프리카에서도 독립 운동을 전개하였으나, 이집트만이 독립하였다. 그러나 그 대가로 영국군의 수에즈 운하 주둔을 허용해야 했다.
⑥	아프리카에서도 민족 자결주의의 영향을 받아 독립을 위한 민족 운동이 전개되었으나, 큰 성과는 없었다.
⑦	아프리카의 모로코, 알제리 등에서도 독립 운동이 일어났다.
⑧	인도와 동남아시아, 서남아시아에서도 민족 운동이 활발하게 전개되었으며, 모로코, 알제리, 튀니지 등 북아프리카 지역에서도 제국주의 침략에 저항하는 민족운동이 전개되었다.
⑨	제시된 내용 없음.

---

40) 앞 절에서 언급한 것처럼, 동일한 학습 내용이라 하더라도, 어느 수준의 단원에서 구성되었느냐에 따라 교과서의 독자들이 이를 받아들이는 태도가 달라질 가능성이 충분하다면, 제7차 교육과정에서 보완하고자 했던, 라틴 아메리카와 아프리카사는 현재의 단원구성 형태로 보아 그 의미가 묻혀질 가능성이 크다. 근현대 부분에서 아프리카와 관련된 단원명은 다음과 같다. Ⅳ. 현대 세계의 전개 1. 제1차 세계 대전과 전후의 세계 (5) 아시아와 아프리카의 민족 운동.
41) 서술 내용이 별반 다르지 않은 것은 여기서 하나로 묶어 기술했다.

이 단원은 아시아의 민족운동과 함께 서술되어 있는데, 대부분의 교과서에서 아시아의 민족운동은 두 페이지에 가까운 분량을 할애하고 있으면서도 아프리카의 경우는 대체로 한두 줄 정도의 기술로 그치는 경우가 많다. 심지어는 단원명에서는 언급했더라도 실제 내용기술에서는 생략한 경우도 보인다.

생략의 문제는 역사교과서에서 가장 자주 등장하면서도, 가장 심각한 문제 중의 하나라고 쉬데코프는 지적한다. 물론 모든 교과서의 저자는 다른 나라의 역사가들과 교사들이 교과서에 들어가 있어야 한다고 생각하는 중요한 사항들을 어쩔 수 없이 생략하기도 한다. 교과서에 그 모든 것들을 포함시킬 수 있을 만한 공간이 없기 때문이다. 그러나 바로 여기에 아주 커다란 위험과 유혹이 도사리고 있다. 즉, '자신이 좋아하는 것만 서술하고, 그렇지 않은 것은 생략하고 싶은 유혹'이 도사리고 있는 것이다. 그러나 교과서 개선활동의 주된 주제였던 '교과서의 편견들'이 주로 '의도적 악의에 의한 것'과 '무지로 인한 것'으로 구분될 수 있다면 오늘날의 문제는 주로 후자에 해당된다.42)

그런 점에서 본다면 '아시아와 아프리카의 민족운동'이란 단원에서 아프리카에 관한 부분을 생략하거나 생략에 가깝게 간략히 기술한 것은 '좋아하는 것만 쓰고 싶은 유혹'의 결과물이라기보다는 '아는 것만 쓰고 싶은 유혹'의 결과물일지도 모른다. 즉 '무지로 인한 것'으로 이 부분에 관한 지식의 결여를 반영한다고 볼 수 있다.

그러나 교과서의 서술은 '무지'의 유혹으로 정당화될 수 있는 성격의 것이 아니다. 쉬데코프의 주장처럼, "학생들이 어른이 되었을 때 그 문제에 대한 그들의 입장에 영향을 줄 수도 있는 지식을 가르치지 않았다는 것을 의미하기 때문에, 교과서의 저자들은 이같은 자신의 결정에 대해 일정한 책임을 져야만 한다."43)

교과서의 기술은 또한 아프리카의 민족운동을 표현하는 방식에서도

---

42) 오토 에른스트 쉬데코프(2003), 「교과서 개선의 문제들과 방법론」, 129~131쪽.
43) 위 글, 132쪽.

차이를 보인다. 먼저, 아프리카를 주체적인 입장에 놓고, 아프리카의 민족운동이 보다 적극적이고, 긍정적인 것으로 인식되게끔 표현된 경우도 있고, 그렇지 못한 경우도 있다. 즉 대체로 성과가 없거나, 그리 주목할 만한 민족운동이 아니었음을 간접적으로 강조하게 되는 결과를 만들게 됨으로써 다소 부정적인 뉘앙스를 초래하기도 한다. 교과서들 간의 이러한 차이를 두고 아프리카의 민족운동에 대한 해석의 차이로까지 보기는 어려울 수도 있다. 그러나 이 같은 문체나 표현방식에서 오는 차이는 아시아와 아프리카의 민족운동이라는 전체적인 장면 속에서 서로 다른 분위기를 나타낸다. 그리고 이 분위기는 교과서를 통해 학습하는 학생들에게 더 직접적이고 감정적인 효과를 불러일으킬 가능성이 높다.

사실, 교과서로부터 기억되는 것은 연속되는 사실이 아니라 분위기, 인상, 그리고 어조라고 할 수 있는데 이것은 매우 강력하여 읽는 이로 하여금 쉽게 바뀌지 않는 개념을 형성하게 한다고 지적하기도 한다.44) 이처럼 교과서를 읽으면서 전체적인 맥락 속에서 받게 되는 아프리카 민족운동에 대한 인상이나 느낌은 아시아의 민족운동에 대한 기술분량과 비교되면서 이들 각각에 가치의 문제로 전이될 수 있다. 특히, 교과서에 따라서는 아프리카의 민족운동을 별도의 소재로 다루면서 여기에 대한 학습자료까지 첨부한 경우도 있고, 완전히 생략된 공백의 상태로 남아 있는 것도 있다. 따라서 이 같은 차이들은 학생들의 학습과정에 복합적으로 작용하여, 서로 다른 역사인식을 갖게끔 할 수도 있다.45)

그러므로 교육과정에서 아프리카나 라틴 아메리카를 교과서 내용에 포함시키도록 함으로써 비서구 세계에 대한 이해를 지속적으로 확대하고 있다고는 해도, '확대'만큼이나 고려되어야 할 것은 이것에 대한 이해가 '어떠한 종류의 이해'인가 하는 문제이다.

---

44) 양호환, 「역사교과서의 서술양식과 학생의 역사 이해」, 7~8쪽.
45) 교사나 학생의 선개념 등과도 관련된 좀 더 복합적인 문제이기는 하나 서론에서 밝혔던 것처럼 교과서에 대한 의존도가 높은 영역인 만큼 여기서는 교과서가 미치는 영향을 중점적으로 다룬다.

가령 '인도와 동남아시아 및 서남아시아'를 아시아 속에서 분리하여 또 다른 대단원으로 새로이 편성한 교과서도 있는데,46) 이는 이 지역의 역사에 대한 교과서 저자들의 관점이 단원구성에 반영된 결과라 할 수 있다. 그리고 새로운 단원으로 편성한다는 것은 그만큼 여기에 대한 이해를 넓히고자 한 것으로 보여진다. 그러나 실제, 교과서에 표현된 형태나 기술내용을 보면, 반드시 그렇지만도 않은 것처럼 보인다. 이슬람 세력의 확대과정을 보여주는 과정에서 이슬람 병사들이 칼을 휘두르고 있는 그림을 자료로 사용한다든가, 탐구 과제로 "한 손에는 칼, 한 손에는 코란이라는 말이 있는데, 무슨 뜻인가?"47)하고 제시된 것을 보면, 단지 교과서 기술의 확대가 이해의 확대로 반드시 연결되는 것 같지는 않다. 따라서 아직까지는 많은 교과서들이 서구의 관점이 아닌 그들의 입장에서 주체적으로 파악한 인식의 결과물로서 교과서의 기술을 '확대'하고 있다고 보기는 어렵다.

이 같은 분석의 결과로서 아프리카사에 대한 분량을 전문가 수준으로 확대하자고 주장하려는 것은 아니다. 다만, 아프리카의 민족운동을 아시아의 민족운동과 그 구성원들의 활동에 대한 기술과 비교했을 때, 최소한 균형있게는 서술되어야 한다. 이것은 단지 몇 페이지의 분량을 더 늘리는 것 이상의 의미이다. 물론, 교과서를 기술하는 과정에서 각각의 저자들이 아프리카의 독립운동에 대해 긍정적 견해를 가질 수도 있고, 또한 부정적 견해를 가질 수도 있다. 혹은 저자의 관점과는 관계없는 전혀 의도하지 않았던 부분일 수도 있을 것이다. 그러나 교과서를 통해 학생들이 세계에 대한 이해를 넓히고, 특정 문화에 대한 편견을 갖게 하지 않도록 하는 것이 세계사 교육의 중요한 목적 중의 하나라면, '균형'의 문제는 비유럽에 대한 내용을 확보하는 것 못지않게 고려되어야 한다. 여기에 대한 고려없

---

46) 오인석 외, 『사회 1』, 277~294쪽.
47) 이것은 서구인들이 이슬람의 호전성과 종교의 강압적 전파를 설명하기 위해서, 그리고 이교도에 대한 적개심과 이슬람 세력의 확산에 대한 위기감에서 만들어 낸 용어에 불과하다. 이희수(2003), 『이슬람 문화』, 살림, 12~13쪽.

이 분량을 늘리는 데에만 치중한다면, 이 증가된 분량이 유럽과 일본이라는 창을 통해서 내다보아 왔던 타 문화에 대한 편견을 더욱 강화하는 데에 역으로 작용할 수도 있을 것이기 때문이다.

4. 맺음말

세계사 교육에 대한 위기의식이 최근 몇 년 동안 계속해서 논란이 되고 있기는 하지만 제7차 교육과정에 이르러서 비롯된 것만은 아니다. 사실, 세계사 교육은 해방 이후부터 계속 위기 상황이었다. 이른바 세계사 교육의 맹아기로 지칭되는 교수요목기부터 세계사 체제가 졸속이라는 비판이 제기되고 있다. 몇 차례의 교육과정 개정을 거치면서, 세계사는 국사, 동양사, 서양사 3개의 교수요목이 분립되었다가 다시 국사와 세계사로 조정되는 과정이 그때 그때의 편의에 따라 운영되었다. 이러한 현상은 세계에 대한 이해와 그에 따른 학습의 필요성이 현실에서는 강조되곤 했던 것과는 달리 교육과정에서 처한 상황은 이와는 사뭇 달랐다는 것을 보여준다. 그리고 이 현실과 학교 교육 사이의 오랜 불일치는 세계의 여러 나라와 민족에 대한 우리의 인식에 영향을 미쳤고, 이 영향의 정도는 현재 세계 속의 한국인이 갖고 있는 자화상이 그 증거의 하나는 아닐까.

이제, 서론에서 언급했던 타 문화와 타 민족에 대해 한국인이 갖는 편견의 기원에 대한 문제로 다시 돌아가 보자. 흔히, 사람이 편견을 갖게 되는 데에는 누군가의 의도적이고 악의적인 왜곡에 의해서 일 수도 있고, 무지에서 비롯된 것일 수도 있다. 그리고 이 무지는 다분히 무의식적 이미지로서의 판단이 고정관념으로 자리잡거나, 선입견으로 대체되어 판단하고 행동하게끔 한다. 따라서 한국인이 타 문화와 타 민족에 대해 갖는 편견과 선입견은 서유럽이나 일본에 의해 만들어진 다소 의도적이고 왜곡된 이미지와, 우리 자신의 눈으로 세계를 보지 못했던 무지함이 중첩된 채 교과서에 반영되어 나타난 결과는 아닐까? 즉 우리는 교과서를 통해 오랫동안 무의식적 이미지에 가까운 편견들을 받아들이게 됨으로써 타 문화와 타 민족에 대해 상반된 태도를 갖게 된 것이다. 그런 점에서 본다면 타 민족과 타 문화에 대한 우리의 편견은 그동안의 교육과정과 교과서가 가꾸어 온 결과물인지도 모른다.

역사든 세계사든 사실을 바탕으로 해석된 지적 구성물일 수밖에 없다면, 그것을 구성하는 원리와 구성요소의 선정기준은 그 구성 주체가 처해 있는 조건에 따라 달라질 것이다. 하물며, 그동안 우리 교과서가 모방해 왔던 미국과 일본의 세계사 구성이 지난날의 세계사상과 비교해서 크게 달라지고 있음에도 불구하고, 우리의 교육은 이 변화를 따라가지 못하고 있다.48) 심지어, 영국의 한 학교는 전통적인 성공회 학교임에도 불구하고 학부모들에게 보낸 편지에서, "이슬람과 서구 사회의 관계가 앞으로 더 중요해질 것으로 사료되기에 이슬람 문명에 대한 보다 정확하고 폭 넓은 이해를 돕기 위해서 이슬람 종교 지도자인 이맘(Imam)을 채용키로 했다"라고 밝히기까지 한다.49)

상투적인 말이지만, 세계는 급변하고 있다. 그리고 국내외 역사학계의 일반적 추세는 이를 반영하듯, 현재를 이해하는 주요 키워드로써 근현대사를 더욱 강조하고 있다. 이 같은 강조점의 접점에 놓여 있는 근현대 세계사 교육의 중요성은 새삼 강조하지 않아도 될 것이다. 그러므로 여기에 대한 논의들이 더욱 활성화되기를 기대한다.

---

48) 유용태(2002), 「교육과정 속의 역사, 세계사, 아시아사」, 『역사교육』82, 200~201쪽.

49) 중앙일보, 2004.4.19일자 보도.

✝ 근현대사교육 논저목록

✝ 근현대사 참고 사이트

근현대사교육 논저목록

【단행본】

강만길 외(2004), 『근대 동아시아 역사인식 비교』, 선인.
김한종(2001), 『역사왜곡과 우리의 역사교육』, 책세상.
일본교과서바로잡기운동본부 편(1998), 『한·중·일 역사인식과 일본교과서』, 역사비평사.
일본교과서바로잡기운동본부·역사문제연구소 엮음(2002), 『화해와 반성을 위한 동아시아 역사인식』, 역사비평사.
일본교과서바로잡기운동본부 편(2003), 『글로벌화와 인권·교과서』, 역사비평사.
일본교과서바로잡기운동본부 엮음(2003), 『한국사교과서의 희망을 찾아서』, 역사비평사.
정재정(1998), 『한국의 논리 : 전환기 역사교육과 일본인식』, 현음사.

【논문자료】

강만길(1989), 「대학 한국사교육, 현대사 강의가 없다」, 『역사비평』 1989년 여름호.
강민정(2001), 「한국과 일본의 고등학교 세계사 교재의 비교 분석 : 중국 근대사 부분 기술을 중심으로」, 고려대 석사학위논문.
강순자(2002), 「제7차 교육과정 중학교 국사 교육목표의 구성 요소 분석 : 근대사 단원을 중심으로」, 군산대 석사학위논문.
고현덕(2004), 「한국근·현대사 교과서 인물 서술에 관한 분석」, 경희대 석사학위논문.
교육인적자원부(2002), 「선택 중심 교육과정 편성·운영의 실제 – 고등학교」, 경기도교육청 연수자료.
권성아(2002), 「근·현대 민족교육과 한민족 공동체 문제」, 『근현대사강좌』 13, 한국현대사연구회.
권 완(1987), 「남북한 전후세대의 6·25 인식과 현대사교육」, 『북한』 186, 북한연구소.

김남철(2002), 「학습자료를 이용한 현대사 수업사례 : 4·19혁명과 5·16 군사정변」, 『전국참교육 실천보고대회 보고서 : 역사교육분과』 제1회, 전국교직원노동조합.

김세호(2002), 「고등학교 세계사 교과서에 있어서 동아시아 근대사 부분의 서술 분석」, 『교육연구』 10, 한남대학교교육연구소.

김원규(1990), 「한·중·일 고등학교 세계사 교과서의 비교 분석 : 한국과 중국 근대사의 내용을 중심으로」, 중앙대 석사학위논문.

김육훈(2001), 「통일 지향의 근현대사 교육을 강화하자」, 『교육마당 21』 234, 교육인적자원부.

김종태(2002), 「남북한 고등학교 국사교과서의 근대사서술 분석 : 『국사(하)』·『조선력사(4)』를 중심으로」, 수원대 석사학위논문.

김창수(1993), 「국사교과서에 보이는 한국 근대사상 : 중학교 국사교과서 개편 준거시안의 검토」, 『산운사학』 7, 고려학술문화재단.

김현웅(1995), 「남·북한 역사교과서의 비교연구 : 중학교 국사교과서의 근대사 서술을 중심으로」, 동국대 석사학위논문.

김현정(2003), 「제5·6차 고등학교 세계사 교과서 비교 분석 : 현대사 영역을 중심으로」, 계명대 석사학위논문.

김환수(2002), 「인헌고에서의 현대사 토론극과 학급작품 발표회」, 『전국참교육실천보고대회 보고서 : 역사교육분과』 제1회, 전국교직원노동조합.

나윤선(2003), 「중학교 국사 교과서의 근대사 부분 인물 분석」, 계명대 석사학위논문.

남지대(1998), 「고교 국사교과서 근현대편의 서술과 문제점」, 『역사비평』 1998년 여름.

목진아(1995), 「고등학교 국사 교과서 근대사 분야의 내용 고찰」, 성신여대 석사학위논문.

박 강(2001), 「고등학교 세계사 교과서를 통해 본 현대사 교육 : 일본 제국주의의 전쟁범죄를 중심으로」, 『교육논총』 3, 부산외대 교육대학원.

박규원(2002), 「남·북한 중등학교 국사교과서의 근대사에 등장하는 인물 연구」, 창원대 석사학위논문.
박성수 외(1994), 「현대사의 올바른 인식과 역사교육」, 『자유공론』 326, 한국반공연맹 자유공론사.
박순교(2004), 「중학교 국사교과서 근대사 서술 내용 연구 : 국사교과서와 대안교과서에 대한 비교 분석을 중심으로」, 안동대 석사학위논문, 2004.
박영옥(1993), 「현행 고등학교 국사교과서의 근대사부분 인물분석」, 국민대 석사학위논문.
배영순(1992), 「중등국사교과서 개정판(1990년판)에 있어서 근현대사 기술의 몇 가지 문제-인식체계와 논리구성의 문제를 중심으로」, 『인문연구』 13-2.
배항섭(2003), 「현행 고등학교 근현대사 교과서 서술에서 보이는 민중상」, 『한국사연구』 122, 국사연구회.
서중석(1997), 「민족통합을 위한 한국현대사 교육」, 『민족통일논집』 13, 경상대 통일문제연구소.
서중석(2001), 「국사교과서 현대사 서술, 문제 많다」, 『역사비평』 2001년 가을호, 역사문제연구소.
서중석(2002), 「한국교과서의 문제와 전망-근현대사를 중심으로」, 『한국사연구』 116, 한국사연구회.
손숙(1999), 「국사교육과정의 개편과 근현대사 서술 내용의 변화」, 상명대 석사학위논문.
송정아(1993), 「『고등학교 국사』 교과서의 체제와 내용분석 연구 : 현대사를 중심으로」, 이화여대 석사학위논문.
신동성(1997), 「교육과정 개정에 따른 고등세계사교과서 내용 비교분석 연구 : 4차-6차 교육과정과 서양근대사 중심」, 충남대 석사학위논문.
신병철(1990), 「왜 중고교에서는 현대사 교육을 외면하나」, 『역사비평』 11, 역사비평사.
신영범(2002), 「국사 교과서의 '현대사 논쟁'」, 『교과서연구』 39, 한국교과서연구재단.
신주백(2002), 「동아시아 근현대사에서 전쟁과 평화에 대한 기억의 차이, 그리고 역사교육 : 동아시아 5개국의 중고교용 자국사 및 세계사 교과서를 중심으로」, 『역사교육』 82, 역사교육연구회.

심연숙(2001), 「일본 역사교과서의 한국사 관련 내용 연구 : 근대사를 중심으로」, 아주대 석사학위논문.

안혜순(2001), 「「동학 농민 운동」, 「4·19혁명」과 「5·16 군사정변」 서술의 사적 전개 : 초등학교 5, 6학년 사회과 교과서를 중심으로」, 인천교대 석사학위논문.

엄기환(2004), 「영화를 이용한 한국 현대사 수업 모형 탐색」, 서울시립대 석사학위논문.

양광욱(2002), 「2002년도 한·일 중학교 역사교과서 비교 분석 : 근·현대사를 중심으로」, 아주대 석사학위논문.

여운용(1994), 「중학교 국사교과서 근대사 서술부분의 분석적 고찰」, 충남대 석사학위논문.

옥지명(2003), 「중학교 『사회 2』 교과서의 비교 분 : 6·7차 교과서의 「서양 근대사회의 시작」단원을 중심으로」, 부산대 석사학위논문.

우명호(2004), 「『한국근·현대사』(7차 고등학교 교과서)의 의병 기술 분석과 『매천야록』을 활용한 심화학습모형안 : 을미의병을 중심으로」, 한신대 석사학위논문.

유용태(2002), 「중국 역사교과서의 현대사 인식과 국가주의 : 현대 한국사를 중심으로」, 『역사교육』 84, 역사교육연구회.

유재은(2004), 「남북한 교과서의 6·25 전쟁 서술 비교」, 서울시립대 석사학위논문.

윤경진(2002), 「미국 중등학교 역사교과서의 한국근·현대사 서술 경향 분석 : 주한 미군 소 속 학교를 중심으로」, 고려대 석사학위논문.

윤종영(1986), 「근·현대사 교육과 교육과정」, 『문교행정』 52, 문교부.

윤성한(1995), 「전남 교육청의 현대사 협심증」, 『중등 우리교육』, (주) 우리교육.

이경란(2003), 「북한 국사교과서의 근·현대사에 대한 연구 : 1860년대~1945년을 중심으로」, 연세대 석사학위논문.

이경식(1997), 「한국 근현대사회와 국사교과의 부침」, 『사회과학교육』 1, 서울대 사회교육연구소.

이교덕(1995), 「'조선전사'에서의 북한 현대사」, 『통일한국』 137, 평화문제연구소.

이기태(2001), 「한·일 초등 사회과 교과서의 양국관계사 내용 비교 분석」, 한국교원대학교 석사학위논문.

이돈희(1984), 「학교교육의 대중화와 문제의 난맥 : 1945~1982- 한국현대사의 위상 〈특집〉」, 『정신문화』 13, 한국정신문화연구원.

이상현(2004), 「초등학교 교수학습모형에 따른 한국근현대사 수업의 효과 분석」, 울산대 석사학위논문.

이송순(1995), 「역사바로잡기 연구논쟁- 현대사 용어에 대한 견해들과 그 문제점」, 『중등 우리교육』, (주) 우리교육.

이승은(2004), 「검정 교과서 〈한국근현대사〉의 차별성 분석 연구 : 일제 강점기를 중심으로」, 이화여대 석사학위논문.

이영림(2004), 「제7차교육과정 『한국근·현대사』교과서의 항일무장투쟁 서술과 개선방안」, 한국외국어대 석사학위논문.

이원순(1986), 「국사교육의 방법의 재검토 : 한국현대사의 올바른 인식」, 『문교행정』 52, 문교부.

이원순 외(1990), 「특별기획 통일을 위한 근현대사교육, 역사가 10인에게 듣는다」, 『역사비평』 1990년 겨울호, 역사문제연구소.

이은주(1998), 「국사 교과서 현대사 부분 서술연구」, 경희대 석사학위논문.

이정화(2002), 「고등학교 국사 교과서의 근대사 자료 활용 실태 및 개선 방안」, 계명대 석사학위 논문.

이지연(2004), 「역사과 심화 선택과목 '한국근·현대사'의 체제와 내용분석」, 고려대 석사학위 논문.

이창성(2003), 「고등학교 제7차 교육과정 「한국근·현대사」 교과서 분석」, 경희대 석사학위 논문.

이혜영(1991), 「중·고등학교 국정국사교과서 현대사 단원에 나타난 통일교육의 비판적 분석」, 『녹우회보』 32, 이화여대사범대사회생활학과.

이현희(1994), 「국사 교과서의 현대사 서술문제」, 『배달문화』 13, 민족사바로찾기국민회의.

이현희(1994), 「중고 국사교과서에 나타난 한국 현대사상」, 『한국논단』 59, 한국논단.

이현희(1995), 「중고국사교과서에 나타난 한국현대사상 : 이미 발표된 교과서 개편준거안을 비판하면서」, 『교육연구』 29, 성신여대 교육문제 연구소.

인천실업계분과, 「실업계, 현대사, 극화」, 『전국참교육실천보고대회 보고서 : 교육연극분과』 제2회, 전국교직원노동조합.

임권묵(1993), 「고등학교 국사교과서의 민중서술과 문제점」, 성균관대 석사학위논문.

임세영(2003), 「남·북한 세계사 교과서 비교 연구 : 중국 근대사 서술내용을 중심으로」, 이화여대 석사학위논문.

임세진(2003), 「고등학교 국사 교과서의 현대사 서술 변화」, 인하대 석사학위논문.

장인선(2004), 「한국근·현대사 교과서의 편찬과정과 내용 분석」, 인하대 석사학위논문.

전국역사교사모임(2000), 「7차 교육과정 무엇이 문제인가」, 『역사교육』 51, 전국역사교사모임.

전윤선(2003), 「제7차 중학교『사회』교과서 서술의 문제점 : 〈서양 근대사회의 성립과 발전〉 단원을 중심으로」, 성균관대 석사학위논문.

전제성(2003), 「인도네시아 역사교과서의 일본점령기 평가」, 『동아연구』 45, 서강대 동아연구소.

정경호(2002), 「고등학교 국사 교과서의 '국정' 체제와 '근대사회' 서술의 문제」, 부산대 석사학위논문.

정경희(2002), 「고등학교 국사교과서의 현대사 서술 분석 : 제1차 교육과정~ 제6차 교육과정」, 서강대 석사학위논문.

정연호(2000), 「국사 교과서의 국정 제도와 지배 이데올로기 분석 : 고등학교 국사 교과서 현대사 서술 중심으로」, 계명대 석사학위논문.

정재정(1995), 「국사교과서의 현대사분야 논쟁점」, 『근현대사강좌』 7, 한국현대사연구회.

정태헌(1996), 「고등학교 국사교과서의 근현대사 내용 분석」, 『사총』 45, 역사학연구회.

정혜운(2002), 「고등학교 국사교과서의 현대사 서술과 수업개선방안」, 상명대 석사학위논문. 조미숙(2000), 「남·북한 역사교과서의 근대사 서술 비교 연구」, 원광대 석사학위논문.
조홍국(2003), 「일본점령기에 대한 타이인들의 역사인식 : 역사교과서를 중심으로」, 『동아연구』 45, 서강대 동아연구소.
주진오(1990), 「국정 국사 교과서의 내용분석과 문제점 : 고등학교 '국사' 근대사 서술을 중심으로」, 『교육연구』 10, 상명여대교육문제연구소.
지수걸(2001), 「제7차 교육과정 '한국근현대사' 준거안의 문제점－근대('개항'～'해방'까지)사 관련 부분을 중심으로」, 『역사교육』 79, 역사교육연구회.
채선규(2003), 「제7차 교육과정에 따른 『한국근・현대사』 교과서의 서술체제와 서술내용」, 경북대 석사학위논문.
최갑록(2004), 「일본 역사교과서 왜곡에 관한 연구 : 근대사 관련 기술을 중심으로」, 영남대 석사학위논문.
최광식(1997), 「『고등학교 국사』 교과서의 체제와 내용분석 연구 : 6차 교육과정의 근대사 분야를 중심으로」, 경희대 석사학위논문.
최명경(2004), 「검인정제 하의 한국근・현대사 교과서 분석 : 이승만・박정희 정부에 대한 서술 내용을 중심으로」, 울산대 석사학위논문.
최종순(2002), 「이제는 교육내용을 선택할 수 있는 권리를 찾아야 할 때－교사 한석주와 한국 현대사 배움책 필화 사건」, 『쵸등 우리교육』, (주) 우리교육.
최종원(1998), 「고등학교 국사교과서 근현대사 내용분석」, 성균관대 석사학위논문.
최형숙(2004), 「고등학교 7차 교육과정 『한국근・현대사』 교과서 분석 : 근대사 부분」, 경희대 석사학위논문.
한규무(2003), 「『(검정) 한국근・현대사』 교과서에 보이는 몇 가지 문제」, 『전남사학』 20, 전남사학회.
한석주, 「삶을 생각하게 하는 현대사 수업을 위한 도전과 응전 : 이 땅에서 역사를 가르치는 것은 싸우는 것이다」, 『전국참교육실천보고대회 보고서 : 역사교육분과』 제2회, 전국교직원노동조합.
한재호(1990), 「한국근・현대사교육의 문제점과 개선방향」, 『순국』 8, 순국선열유족회.

한창수(2004), 「중국의 정치교육 : '중국의 근현대사' 교육을 중심으로」, 『논문집』 38, 한국방송통신대학교.

한철호, 「북한의 역사교육과 근대사 인식 : '문호개방'을 중심으로, 『한국근현대사연구』 27, 한국근현대사학회.

한혜승(1991), 「고등학교 세계사 교육의 문제점과 개선방안 : 현대사 교육을 중심으로」, 이화여대 석사학위논문.

허동현(2004), 「국사 교과서에 보이는 유길준(1856~1914) 관련 서술의 문제점과 제언」, 『한국사학보』 16, 고려사학회.

근현대사 참고 사이트

【학회, 관련 단체】

http://www.truelaw.net/index2.htm 강제동원진상규명시민연대
http://report.jinju.or.kr/massacre/
      경남지역 민간인학살관련자료와 진상 규명 소식
http://www.dongailbo.co.kr/docs/guhanmal/index.html#DOCTOP
      구한말 풍물사진
http://1929.or.kr/ 광주학생독립기념사업회
http://www.nanum.org 나눔의 집
http://nogunri.org/ 노근리
http://www.parangsae21.or.kr/ 동학농민혁명기념재단
http://donghak.or.kr/ (정읍)동학농민혁명계승사업회
http://www.dongailbo.co.kr/docs/guhanmal/index.html
      동아일보 구한말 풍물사진
http://report.jinju.or.kr/ 마창 역사공부방
http://www.lg.co.kr/h_lg/go/419/index.htm 미리가본 4·19묘지
http://www.genocide.or.kr/ 민간인학살진상규명범국민위원회
http://www.banmin.or.kr/ 민족문제 연구소
http://ademos.kdemocracy.or.kr/ 민주 연구단체 협의 모임
http://www.kdemocracy.or.kr/ 민주화운동기념사업회
http://www.demopark.or.kr/ 민주공원
http://www.historyfund.com/
      반성과 화해를 위한 통일시대 민족문화재단
http://anti516.jinbo.net/ 박정희 기념관 반대연대
http://www.nojum.co.kr/ 사진으로 보는 한국 100년
http://wednes.netian.com/ 수요역사연구회
http://www.japantext.net/
      아시아 평화와 역사교육 연대
http://www.yosuicc.or.kr/ 여수지역 사회연구소

http://www.518.org/ 5·18기념재단
http://www.610.or.kr/ 인터넷으로 만나는 6월 항쟁
http://www.kistory.or.kr/index.php 역사문제연구소
http://www.yukbi.com/modules/doc/index.php?doc=intro
　　역사비평사
http://www.ihs21.org/ 역사학연구소
http://www.20century.net/ 20세기 근현대사 연구
http://user.chollian.net/~islescop/menu.htm 일본 근대 100년사
http://okht.njoyschool.net 전국역사교사모임
http://altair.chonnam.ac.kr/~cnu518/ 전남대학교 5·18연구소
http://www.1945815.or.kr/ 정신대할머니와 함께하는 시민모임
http://www.genocide.jungbo.net/index.php 죽이는 이야기
http://www.cheju43.org/ 제주 4·3 끝나지 않은 역사
http://www.koreanphoto.co.kr/ korean photo
http://www.pacificwar.or.kr/ 태평양전쟁피해자보상추진협의회
http://user.chollian.net/~ikch0102/ 한국기독교 역사 연구소
http://www.rikar.org/ 한국국가기록연구원
http://kmch.or.kr/ 한국근현대사학회
http://www.hknm.or.kr/ 한국민족운동사학회
http://user.chollian.net/~prokhr/war/index.htm 한국전쟁
http://genocide.or.kr/
　　한국전쟁 전후 민간인학살진상규명과 명예회복을 위한 범국민위원회
http://www.k-comfortwomen.com/ 한국정신대문제대책위원회
http://www.trueturth.org/ 한국정신대연구소
http://www.koreanhistory.org/ 한국역사연구회
http://www.khistory.or.kr/ 한국 현대사 웹진
http://hanilhis.org/index.htm 한일관계사학회
http://www.kjnation.org/main.php 한일민족문제학회
http://minjok.com.ne.kr/ 한일역사문제 연구소

【개인 홈페이지】

http://rus1917.new21.net/ 강상원의 역사교실
http://home.cein.or.kr/~younggnn/home.htm 김영근의 역사 교실
http://www.hisphilo.com/ 고교생을 위한 근현대사
http://home.knue.ac.kr/~kimhj 김한종의 역사와 역사교육
http://hmulti.wo.to/ 대구 운암중 황상천 교사의 역사 멀티 자료실
http://myhome.nate.com/tongth/ 명덕외고 역사 교사 김태훈
http://www.guno.pe.kr/ 박건호의 역사사랑
http://nongae.gsnu.ac.kr/~kim7755/ 경상대 사학과 김상환 교수
http://todori.inje.ac.kr/~parksub/ 박섭교수의 근현대의 한국 경제
http://www.ihs21.org/bang/pjs/http/main.htm
   박준성의 역사사랑방
http://210.123.52.157/%7Ehwpark/ 박환교수의 민족운동사 연구실
http://chungdong.or.kr/middroom/syshim/framel.htm
   송영심의 역사교실
http://www.ihs21.org/bang/songcs/index.php
   송찬섭의 우리역사 찾기
http://kms4282.new21.org/ 숭덕고 김명수 교사의 국사 자료방
http://historian.new21.org/ 시공의 나그네
http://my.dreamwiz.com/historiea/
   이민식 한미관계사의 파도를 타고
http://chang256.new21.net/ 이창호의 역사교육
http://100history.njoyschool.net
   인천 운봉공고 조우성 교사의 백년의 역사
http://user.chollian.net/~eusangde/ 임효명의 국사사랑방
http://kuksa.net/ 장순복 교사의 역사 교실
http://www.ihs21.org/jun/index.htm 전명혁의 열린 강의실
http://100history.njoyschool.net 조우성교사의 100년의 역사
http://openhistory.com/index.htm 하원호의 역사마을
http://unsuk.kyunghee.ac.kr/huhdonghyun/main.html

　　　　　허동현교수와 함께하는 근현대사
http://honams.com/　홍영기의 호남의 역사와 한국
http://www.koreanwar.org/　Hal Barker과 Ted Barker의 한국전쟁

【한국근·현대사 교과서, 자료】

http://home.knue.ac.kr/~history/　금성출판사 한국근현대사 교과서
http://2jong.daehane.com/2jong/text/text_04_8.asp
　　　대한교과서 한국근현대사 교과서
http://nojum.co.kr　사진으로 보는 한국 100년
http://www.imbc.com/broad/tv/culture/cantell/vod/index.html m
　　　이제는 말할 수 있다.
http://www.kbs.co.kr/1tv/sisa/manhistory/vod/vod.html kbs
　　　인물현대사
http://www.kbs.co.kr/drama/myungsung/　KBS 명성황후
http://www.kbs.co.kr/1tv/sisa/image-story　KBS 영상실록

【박물관, 기념관】

http://www.ahnchangho.or.kr/　도산 안창호 기념관
http://museum.dokdo.go.kr/　독도박물관
http://www.independence.or.kr/　독립기념관
http://www.manhae.or.kr/　만해기념관
http://www.mongyang.org/　몽양 여운형선생 추모사업회
http://www.demos.or.kr/　민주화운동사료관
http://www.516.co.kr　박정희 기념관
http://www.kimkoomuseum.org/main/main.php　백범 기념관
http://www.kimkoo.or.kr/　백범기념사업회
http://www.seodaemun.seoul.kr/theme/prison/prison.php
　　　서대문형무소역사관
http://www.patriot.or.kr/　안중근의사 기념관

http://www.yugwansun.or.kr/ 유관순 기념관
http://www.dongnae.go.kr/woojangchun/ 우장춘 기념관
http://unsuk.kyunghee.ac.kr/ 장면박사 기념관
http://warmemo.co.kr/ 전쟁기념관
http://juntaeil.org/ 전태일열사의 집
http://www.nanum.org/main.htm 종군위안부역사 기념관

찾아보기

가시화 논리 96, 97
검정 공고 324
검정기준 301, 303, 308
경험확대법(환경확대법) 179
과학적, 실천적 역사학 61
교과내용지식 211
교과목기술분과위원회 239, 240
교과용 도서에 관한 규정 324
교사(의) 지식 82, 89, 90, 129
교수내용지식 91, 211, 296
교육과정지식 91
교육내용지식 91
교훈으로서 역사 135
구성주의 69, 307
국민공통기본교육과정 68, 205
국사 해체론 28
국사교과서 국정화 54
국사교과서 준거안 파동 26, 47, 66
『국사교본』 48
국사교육 강화정책 53
국사교육 내용전개의 준거안 23, 26, 63, 299, 303, 314
국사교육강화위원회 53, 54
국사교육심의위원회 63

국수적 역사교육 52
국적있는 교육 53
기본이수과목 297

내재적 발전론 52, 59
노동사 32
니시지마 사다오 394

동북공정 34, 43
동시대 부재적(不在的) 지식 108
동시대성 142
동아시아 세계(문화권) 394
동아시아 역사논쟁 70
『동학사』 327

『먼나라의 생활』 379
문화권적 접근 392
민주주의를 지향하는 민족주의 30
민중사관(학) 24, 25, 29, 47, 60, 61, 66

419

ㅂ

발전 단계론 396
배움책 22
버스톤 142
본문보조자료 215, 220, 264, 265, 269
분류사 체제 37

『사회과 탐구』 179
『'살아있는 한국사 교과서' 백서』 74
『살아있는 한국사 교과서』 74
『새로운 역사교과서』 34, 35, 36, 68, 75
새로운 역사교과서를 만드는 모임(새역
　　　모) 34, 43, 68, 69
생활사 178, 179, 181, 182, 185, 186, 189,
　　　193, 196, 201, 278
생활사·인물사 중심 177
생활사적 접근 171, 179, 181, 194
서구중심적 역사인식(서술) 343, 372, 373
선택심화 교과목 231
선택중심교육과정 205, 206, 210, 213
설명적 자료 266, 267
소수(minority)의 역사 312
수준별 교육과정 68
쉬데코프 376, 398
슐만 91
『시련과 극복』 56, 57
식민지 근대화론 28, 29
심화선택과목 20, 68, 206, 207, 208, 229,
　　　260, 373, 377
심화선택과정 68

ㅇ

아시아 평화와 역사교육 연대 69
암흑사관 34
여성사 31, 32, 312, 313, 329
역사분쟁 42
역사의 교훈 135, 136, 137, 138, 139, 163,
　　　164
역사적 지식을 확인하는 과제 271, 272
역연대기적 구성방식 241
역환경화대법 253, 256
연대기적 내용조직 50, 84, 86, 182, 196,
　　　241, 247, 248, 249, 250, 251, 252,
　　　254, 256
연대기적인 방식 253
연대사적 방법 383
예증적 자료 266, 267
『오하기문』 327, 328
외르크 바루트(박용) 376
『운현궁의 봄』 327
유럽 중심주의 386, 396
유추 139, 154
은유 157
이데올로기적 편향성 24, 42
이미지적 자료 266, 267
『이웃나라 생활』 379, 380
인물사 171, 178, 179, 181, 182, 185, 186,
　　　189, 201
일반선택과목 206, 207
일본교과서바로잡기운동본부 69
일본역사교과서 왜곡사건 59
일본의 역사왜곡 34
1종 도서 57
읽기자료 215, 220, 262, 264, 265, 277,
　　　278, 280, 283, 308, 309, 310, 322,

323, 327, 329, 330, 354

통사적 모습 171
통사적 성격 233

자기주도적학습 270
자생적 근대화론 59
자학사관 34
제도로서의 역사학 48
젠더사의 관점 32
주역인물론 92
주제별(주제사) 내용조직 84, 178, 246, 247, 249, 254
주제중심의 역사교육내용구성 242
주제중심적 역사교육내용조직 방식 251
주체에 의한 타자화 논리 94
중국 중심주의 386, 396
중앙집권적 역사교육과정 230
지역적 접근법 386, 388
직전사 232, 233
집필상의 유의점 301

파팅턴 105
포스트모던 역사인식 27

학교급별 교육과정 191
『한국근・현대사』 교과서논쟁 26, 27
해석을 위한 과제 271, 272
해석적 자료 266, 267
현대사 파동 66, 67
현재사 232, 233, 255
환경확대법 193, 253

추체험 182, 183, 184, 185, 194
추체험적 역사이해 183
추체험적 학습활동 185

타자(others)의 역사 31, 42, 312
타자화 94
탐구과제 177, 182, 183, 271, 272, 275, 280
탐구자료 215, 264, 265, 271, 354
탐구활동 184, 185, 262, 308, 309, 310